泰山学院学术著作出版基金资助出版

数智时代企业的云海战略

张守凤　张春子　王军生◎著

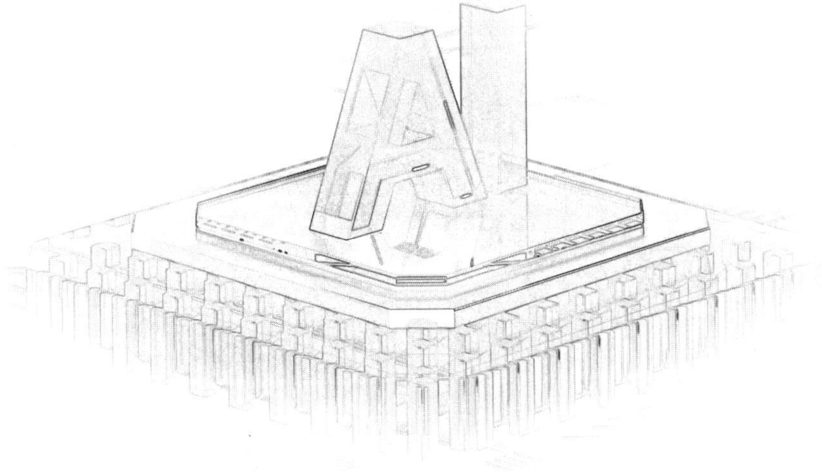

中国经济出版社
CHINA ECONOMIC PUBLISHING HOUSE
·北京·

图书在版编目（CIP）数据

数智时代企业的云海战略 / 张守凤，张春子，王军生著. -- 北京 ：中国经济出版社，2024. 12. -- ISBN 978-7-5136-8034-9

Ⅰ. F272.1

中国国家版本馆 CIP 数据核字第 20240W0K93 号

策划编辑 崔姜薇
责任编辑 贾轶杰
责任印制 李 伟
封面设计 任燕飞

出版发行 中国经济出版社
印 刷 者 河北宝昌佳彩印刷有限公司
经 销 者 各地新华书店
开 本 710mm × 1000mm 1/16
印 张 20.25
字 数 355 千字
版 次 2024 年 12 月第 1 版
印 次 2024 年 12 月第 1 次
定 价 88.00 元
广告经营许可证 京西工商广字第 8179 号

中国经济出版社 **网址** http://epc.sinopec.com/epc/ **社址** 北京市东城区安定门外大街 58 号 **邮编** 100011
本版图书如存在印装质量问题，请与本社销售中心联系调换（联系电话：010-57512564）

序　一

数智时代是一个充满机遇和挑战的时代。在这个时代，企业需要积极应对各种变革，把握时代脉搏，调整发展战略，实现数智化转型。企业家也需要不断提升战略思维能力，适应时代的发展。本书从企业家的视角出发，深入探讨在数智时代如何应对各种新的商业场景和不确定性的市场变化，帮助企业在充满严峻挑战的经济金融环境中寻找生存与发展的机会。书中回顾和解析了经典的战略理论，在此基础上，提出了数智时代的云海战略这一新的综合战略框架，对云海战略的新思想进行了深入阐述。系统论述了云海战略框架下的科技创新联盟体、融资市场多样化选择、全球互联经济一体化、企业家与专业团队协同、重要资源的构建与配置，以及相应的案例与实践指导。这种新的战略思维是为数智时代的企业家和领导者量身打造的，尤其适用于在激烈竞争中寻求生存和成长的中小企业，以及希望在市场中追求或保持领先的主导企业。

本书从独特的视角和实用的策略上，研究了在资源有限的情况下，如何运用“以小博大”的策略。这不仅是一种新战略思维方式，更是一种系统化的思考。企业应专注于自身的核心优势，将资源集中在最擅长的领域，以增强其绝对竞争优势，构筑基业常青的“护城河”，在充满挑战与机遇的数智时代中捕捉各种新的发展机会。本书强调数智时代的企业应专注于自己的核心竞争力，充分发挥和夯实企业的“长板”，要将资源和精力聚焦在自己最擅长的领域，不要四面出击，以此来提升企业核心战略的竞争优势，巩固自身的战略边疆。本书还探讨了如何在快速变化的商业环境中制定灵活的战略规划，果断和有效地执行这些规划以迎接未来的不确定性挑战。随着第四次新技术革命的快速发展和百年变局下全球市场的历史性变化，传统的战略管理模式已难以满足企业发展的实际需求。《数智时代企业的云海战略》体现了作者对当前数智化商业世界的深刻洞察，有典型案例总结，有自己独特的见解，为中小企业总结和提炼了一套可供借鉴的新战略管理体系。

本书着眼点在于为企业发展提供具有实际操作性的实战借鉴，希望通过深入分析和案例研究，帮助读者更好地理解云海战略的核心理念，并学会如何在充满挑战的新时代经营管理实践中灵活运用，中流击水，浪遏飞舟。本书还介绍了一系列具体的实战型战略工具和框架，这些工具和框架可以帮助企业有效地应对复杂市场的不确定性，抓住数智时代的新兴市场机遇，并在竞争激烈的环境中保持领先一步的战略思考。在阅读本书时，您将会发现，无论企业处于数智化发展的哪个阶段，无论面临哪种挑战，云海战略都能为您提供具有独特实用有价值的见解和建议。比如，“把市场做大，把自己做小”的战略设计就非常重要，这涉及一个关键的问题——如何在扩大市场份额的同时保持企业结构的整体精简和灵活。这意味着企业必须注重合作、共享和外部伙伴关系，而不是像在传统工业社会时代单纯追求规模的无限扩张。这种新的战略视野不仅能帮助企业家在不确定性的商业环境中导航，还能使企业准备好迎接未来的高度复杂环境的极限挑战，仗剑走天涯。未来已来，《数智时代企业的云海战略》聚焦于构建一种全新的战略范式，帮助我们预见并迎接扑面而来的数智时代的市场大变局、大分化、大重组、大创新，保持应对极端市场变化的战略预警能力。

总的来看，这本书不仅强调了新时代发展战略规划的极端重要性，还高度重视企业家战略思维方式的转变。在这个追求创新与卓越的数智时代，相信本书将为我们提供清晰的战略思维和管理路线图和实用工具，帮助您在市场变化中找到自己的立足点，通过战略创新寻求新的增长机会，抢占先机，进入新的战略利润区。因此，无论是中小企业的创始人，还是主导企业的领航人和决策者，《数智时代企业的云海战略》一书都将成为不可或缺的战略思考和实践伙伴。让我们一起走进书中，深入思考解锁企业面临的转型机遇与发展潜能的良策，在充满机遇与挑战的数智时代浪潮中，像海燕一样自由翱翔，成为一位睿智的船长，迎接崭新的中国式现代化的未来。

杨善林

2024 年 11 月

（杨善林，中国工程院院士、管理科学与信息系统工程专家，合肥工业大学管理学院教授、博士生导师、校学术委员会主任。长期从事智能决策理论与技术、信息系统理论与技术、发展战略规划与系统管理理论等基础理论研究。）

序　二

在这个快速变化和充满挑战的数智化商业世界中，《数智时代企业的云海战略》一书呈现给我们一个全新的视角，特别是对于那些渴望在竞争中生存并获得持续成长的中小企业。本书精心构建的战略框架，不仅适用于那些正在寻求引领市场地位的大型企业，更是无数先锋型中小企业成长和转型的战略指南。

这也是一本为那些面临未来极端变化环境挑战的企业准备的战略指南。无论您是中小企业的领导者，还是大型企业的决策者，都能够在这里找到战略洞察的启示。本书不仅是理论的阐述，也是对实战经验的提炼和总结。

本书强调在不断变化的市场环境中，如何运用“以小博大”的战略思维来构建企业的竞争优势。本书特别强调了大型企业的瘦身整合战略，即如何利用外部资源优势，如何精简结构、优化运营、创新商业模式以及激励内部创新创业精神，使大型企业在日益复杂的商业环境中保持敏捷和灵活，跳出狂妄自大、盲目扩张、战略迷航、寻找救命稻草、衰败和倒闭的恶性循环。正如德国奔驰公司原董事长埃沙德·路透的办公室里挂着的一幅巨大的恐龙照片下方的警语所述：“在地球上消失了的，不会适应变化的庞然大物比比皆是。”怎样创造形小神大的战略布局，怎样应对不确定的极端市场环境的变化，怎样构建适应数智时代的大型企业的瘦身战略结构，本书将为您进行这种战略格局的深入探讨。

《数智时代企业的云海战略》深入剖析了企业如何在资源有限的情况下，通过外部资源的合作构建各种竞争优势，并提出了一系列实用的战略与策略方法，将数字化技术和智能化应用作为提升企业运营效率和市场洞察力的关键。本书的核心理念在于帮助企业构建一个能够适应未来极端市场变化的战略体系，确保在不确定性中寻找成长的机会。在这个充满不确定性和机遇的时代，本书将为您提供一个独特的战略视角，帮助您在激烈的数智时代市场竞争中开拓出新的战略利润区。

在这里，您将学习到如何在变化中制定稳健而灵活的战略，如何在不断演变的市场环境中保持竞争优势，如何利用新兴的数智技术驱动企业发展，从平庸走向优秀，再从优秀走向卓越。本书的战略工具箱和实用指南，例如云海五和战略模型，结合了核心体、生态体、联盟体、融资体、环境体五大元素，强调资源的整合和各方协同合作，将帮助您在构建战略思维的同时把握市场的先机。

在本书中，您将学习到如何在极端变化的市场环境中，通过灵活的战略规划，实现企业的持续发展和竞争优势。笔者希望能够通过本书与您共同探索和挖掘更深层次的战略智慧。

《数智时代企业的云海战略》的核心不仅在于提供一套战略工具，更在于帮助企业建立一种战略思维，因此书中提出了适应不同市场环境的五种竞争策略——进攻性、防守性、危机应对、预警性和创新性，让企业能够预见变化，迅速做出反应，从而把握市场的先机。本书为那些致力于创新和追求卓越的企业家和管理者提供另一个战略维度的策划指导。

笔者期待《数智时代企业的云海战略》成为您信赖的伙伴，帮助您深入分析市场趋势、技术革新、客户需求、竞争状况等，使企业能够精准定位，陪伴您实现在商业世界中的每一步成长与飞跃。笔者诚挚地邀请您拓宽这片战略策划的新视野，开启属于您的战略新思考。

刘继永

2024 年 11 月

（刘继永，浪潮集团有限公司党委副书记、总经理。历任济南国际机场股份有限公司总经理、山东机场有限公司副总经理、山东广电网络有限公司总经理。）

自 序

中国古代有两个关于“移山”的著名故事：

其一，《孟子·梁惠王》章句（上）。孟子曰：“挟泰山以超北海，语人曰‘我不能’，是诚不能也。”孟子认为，当一个普通的人面对“挟泰山以超北海”的情况时，这是不可能做到的。

其二，《列子·汤问》。“太行、王屋二山，方七百里，高万仞。……北山愚公者，年且九十，面山而居。惩山北之塞，出入之迂也。……帝感其诚，命夸娥氏二子负二山，一厝朔东，一厝雍南。自此，冀之南，汉之阴，无陇断焉。”列子认为，愚公本身以残年余力，曾不能毁山之一毛，但是其诚意感动了天帝，于是天帝帮助他实现了移山的愿望。

在数智时代，企业面临前所未有的机遇与挑战。正如中国古代两个关于“移山”的寓言，我们或面对需要超越自身实力的“挟泰山以超北海”，或居住在充满竞争的市场中，像愚公一样“面山而居”。这两种境遇都是数智时代企业可能会经历的，而如何应对，正是我们需要深思的问题。

本书认为，愚公借助天帝之力实现自己愿望的做法为数智时代市场竞争中的企业提供了有益的启示。企业在参与市场竞争时，不仅需要打造自身的核心竞争优势或绝对竞争优势（如愚公的子子孙孙无穷匮也），更应善于借助外部资源谋求相对竞争优势或比较竞争优势，从而形成一个“形小而神大”的综合竞争优势（帝感其诚，命夸娥氏二子负二山，一厝朔东，一厝雍南），实现超越市场竞争的战略预期，获得战略预期的上限市场份额和利润（自此，冀之南，汉之阴，无陇断焉）。

本书通过借鉴愚公坚韧不拔的“志”和善用外部力量的“智”，构建一个适应数智时代、处于两极变化环境下的新竞争战略。这意味着企业要灵活运用资源，既注重内部核心实力的打造，又要善于借力外部的优势，以在极端情况下实现市场的持续领先。

企业除了具备战略眼光，在内部建立强大的核心竞争优势，还要善于抓住外部机遇，借助合作伙伴或外部资源，形成全方位的竞争优势。这样的综合竞争战略能够帮助企业突破市场竞争的限制，获取更高的市场份额和利润，进而在极端和动荡的市场环境中实现超常规发展。

在数智时代，企业力求运用战略构建核心优势并实现跨越式发展。全球互联网用户规模庞大，互联网普及率不断提高，以人工智能为核心的新数智技术的广泛开发和应用，为企业提供了广阔的市场。以中国为例，互联网发展迅猛，网民规模居世界首位，互联网普及率也明显高于全球平均水平。

在这一背景下，现代版的“愚公移山”故事可以在科技巨头微软和社交巨擘微信的成功发展中找到影子。这两家公司在数智时代持续创新，经历了奇幻冒险，实现了看似“高不可攀，峰势陡峭”的互联网“移山”故事。

微软公司由比尔·盖茨和他的团队创立，始于对个人电脑未来重要性的坚信。通过不懈努力和创新，微软最终实现了梦想，推出了各种电脑软硬件产品，改变了人们的生活和工作方式。微软在全球拥有数十亿的活跃账户和用户，并且仍在持续推出新产品和服务以满足市场需求。

腾讯公司旗下的微信是一款社交软件，用户数量已超过 10 亿，成为中国使用人数最多的社交软件之一。微信的成功在于提供了方便快捷的社交和支付功能，让人们能够随时随地保持联系。腾讯通过微信为用户创造了广阔的社交和商业空间，实现了在互联网领域的持续领先。

这两个成功的实证案例表明，数智时代的企业可以通过在互联网平台上寻求机遇，实现“愚公移山”式的跨越式发展。即使是中小企业，也有机会在大平台上谋求更广阔的市场空间，借助互联网的力量实现战略预期，实现自身的快速发展和超越。

在今天的数智时代，企业面临看似不可能的新机遇与新挑战，市场变化与风险充满了不确定性，各种优势参与者和竞争者使得市场竞争更加激烈。面对这些挑战，企业对市场机遇的适应和借势能力将直接决定其是否能够超越梦想，构建一种更包容、更开放的竞争新战略。

数智时代的云海战略，是一套“着眼于未来新趋势、立足于现实新变化、应用于复杂环境的新突破”的战略构建新体系。云海战略的核心理念是企业不仅要关注当前市场的状态，更要着眼于未来的新趋势，主动适应环境的新变化。通过对数智时代复杂环境的深入认知，企业可以更好地把握市场机遇，制定更灵活、具有前瞻性的战略。

在这个竞争激烈的时代，以专精特新为代表的中小企业扮演着数智时代市场竞争的主体角色。云海战略旨在协助这些企业在市场中实现“小而强、借外力、谋大势”；在危机中实现“突破重围、另辟新径、化险为夷”；在主导行业中实现“保持绝对竞争优势、创造相对竞争优势、打造比较竞争优势、提升综合竞争优势、持续引领市场潮流”。

这是信息飞速传递、技术创新不断涌现、数据要素重要性迅捷上升的大时代，也是企业面临前所未有的机遇和挑战的新时期。在这种环境下，战略决策对企业的生存和发展至关重要。云海战略的核心在于为中小企业提供一种全方位的战略构建新体系，助力它们在市场竞争中站稳脚跟、获得竞争优势。

本书旨在深入探讨数智时代的云海战略，这是一种在变革潮流中崭露头角的战略理念。在这个数字化、信息化的时代，企业需要更加敏锐地洞察市场、更加迅速地做出决策，而云海战略正是为了提供这样的解决方案而存在。它如同一艘在数智时代汹涌海浪中穿行的巨轮，灵活应对风浪，把握方向，助力企业稳健前行。

本书倡导云海战略这一新的企业战略体系，旨在激发读者发现一种全新的思考企业战略的方式，帮助企业家找到一种能够适应各种市场变化的新战略。云海战略的本质在于迎接新时代的新挑战，以灵活的战略思维和前瞻性的决策，在变幻莫测的数智时代中为企业赋予稳健和领先的竞争优势。

最后，用一首小诗《感恩的心》来描述笔者此刻的心境，献给亲爱的读者们：

我们要做这样的人
我就是站在巨人肩膀上的那个人
我就是山上那棵小树
我就是迎着太阳升起时
敢于引吭高歌的那个人
我非常渺小
我又非常幸运
因为在我奋起的背后
有着像巨人、像高山、像太阳
一样的朋友的帮助
为我托起一片蓝天

本书在撰写过程中，难免存在一些不足之处。在此，我们诚恳地向各位读者请教，希望您能提出宝贵的意见和建议。

2024 年于泰安

前　言

古人云："不谋万世者不足谋一时，不谋全局者不足谋一域。"在当今数智时代与变幻莫测的全球经济背景下，企业战略决定着企业的发展前景，企业家的战略能力决定着企业的生死存亡。本书旨在为读者提供一套符合未来竞争发展新趋势的企业战略体系。

一、数智时代市场的一切将瞬息变化，如何跟上这样的变化

在数智时代来临的今天，企业的发展需要从多个维度进行考量。首先，谋全局，意味着企业需要对整个市场环境有深刻的理解，及时调整战略以适应变化。其次，谋长远，要在未来竞争中保持优势，必须构建核心优势的生态体。再次，利用外部多种资源，提升综合优势，企业要善于借助外部资源，形成相对竞争优势。最后，在不确定的环境中确定战略解决方案，企业需要具备灵活的决策机制，迅速应对市场的不确定性。

为了更好地说明这些问题，我们先分析一个著名的案例——泰坦尼克号海难。泰坦尼克号，曾被公认为当时世界最安全、最豪华的游轮，却在首次航行中撞上冰山并沉没。

这艘船由英国经验丰富、声誉卓著的船舶设计专家托马斯·安德鲁斯设计。然而十分不幸的是，在第一次航行中，时间定格在1912年4月14日23点40分，泰坦尼克号右舷在大西洋上撞到了冰山，泰坦尼克号水下部位形成一系列的缝隙，钢板接合处弯曲成一段段的开口，大量海水进入。船只的漂浮力无法抵抗密舱室进水。船首开始缓缓下沉，随着倾斜角度逐渐增加，船内的海水不断涌向后舱室。最终泰坦尼克号沉没于1912年4月15日的凌晨。造成这场灾难的原因：一是夜间航速过快，船长和船员高估船舶的设计水平，低估冰山的潜在危险；二是操作决策失误，泰坦尼克号在夜间航行中发现冰山时，未能迅速采取适当的操作和规避措施；三是事前没有进行疏散演练，泰坦尼克号携带了20艘救生艇，很多救生艇下水时只坐了一半人。

这一灾难教训告诉我们，即便企业再强大，也需要有一套安全的航海战略体

系，包括对技术缺陷的认知、谨慎行驶、技术保障与预案、足够的“救生艇”和与周边海域船只构建安全畅通的应急生态体。

企业最容易被看不见的潜在风险击沉。企业无论多么强大，与变幻莫测的环境带来的风险与灾难相比，实际的抗风险能力都是有限的。

这个案例为处于数智时代的企业，包括个人事业发展，提供了对新的战略体系的思考。新的战略体系应做好对环境优势与劣势的评估与分析，以增强对未来变幻莫测的市场环境的适应性，构建自己的优势战略。

再举一个现代版的泰坦尼克号案例——我们熟悉的诺基亚手机的发展盛衰史。诺基亚曾是世界手机市场的霸主，其当时的核心竞争优势不言而喻。

首先，诺基亚当时的市场优势显而易见。品牌优势是其首要竞争力，作为手机行业领导品牌之一，诺基亚拥有极高的品牌知名度和信誉，其产品以可靠性、耐用性和先进技术闻名。其次，技术创新优势是诺基亚在早期移动通信领域取得成功的关键。公司在硬件方面取得多项突破，推动了手机功能的不断升级，引领了手机市场的发展方向。再次，产品多样性优势也是其成功的一部分，诺基亚的产品线涵盖了从基础手机到高端智能手机的各个层次，满足了不同市场和用户的需求。最后，全球市场占有率优势使得诺基亚在全球范围内占据主导地位，特别是在新兴市场和发展中国家，其手机销售量更是占据绝对优势。

然而，诺基亚的优势地位在一段时间内逐渐失去。这一失势有多个方面原因：该公司后期技术发展滞后，未能及时推出竞争力强的智能手机；生态系统逐渐落后，未能建立强大的手机应用和生态系统；关键决策失误，如选用的塞班（Symbian）操作系统未能适应市场需求；同业竞争产品的迭代压力，来自苹果、三星等同业新兴手机厂商的竞争激烈；战略调整迟缓，未能正确应对智能手机崛起的变革挑战。

这一过程与泰坦尼克号沉没事件相似，强势企业若不能及时调整战略以适应市场的变化，就有可能失去市场领导地位。因此，企业在数智时代需要具备灵活的战略思维，随时应对不确定性的变化，以保持竞争优势。

二、什么是数智时代，数智时代的战略机遇与挑战是什么

数智时代是指在信息技术高度发达的背景下，数字化、网络化和智能化技术得到广泛应用，并对社会、经济和文化产生深远影响的时代。也就是说，数智时代是以数字化为基础，整合数据资源，依托人工智能技术，实现信息化、智能化、智慧化，进而推动经济社会发展的新阶段。在这个时代，数据成为新的生产要素，人工智能技术是新质生产力的核心内涵，智慧化、智能化是新的发展要求和导向。

这一时代的特点包括数字化信息的广泛生成、传播和应用，以及通过先进技术实现智能化的各类系统和场景。数据成为数智时代企业的重要资产，战略需要围绕数据展开，谁掌握了数据的开发和利用优势，谁就占据了数智时代竞争的制高点。通过数据分析和人工智能技术可以实现智能决策，提高战略决策的精准性。

数智时代企业竞争优势的构建是企业相对于竞争对手在某个领域或方面所拥有的独特而持久的技术优势或技术领先优势。在数智时代，企业竞争优势的建立涉及如何运用数字技术、数据资产、人工智能等手段创造独特的竞争价值，并使其难以被模仿。例如，谷歌的数据驱动竞争优势。谷歌先期对海量数据的充分应用，不仅创造了领先的数智搜索引擎服务优势，还通过广告业务、云计算等领域拓展了其综合竞争优势，构建了数据驱动的战略模式。

数智时代面临诸多新的战略机遇：一是创新和发展的机会增多。数智时代为企业创新提供了广泛的可能性，颠覆了过去的许多认知。创新就是两句话：不怕做不到，就怕想不到。想不到就是最大的机会损失，数智时代推动了许多科学技术和商业模式的不断创新与发展，促进了许多行业新产品的迭代升级和服务新模式的涌现。二是信息共享。数智时代改变了信息传播的方式，使得信息被更容易、更广泛地分享，促进了知识传递方式和各类合作渠道与模式的出现。三是智能化的广泛应用。人工智能、大数据分析等技术的发展，使得各行各业都能够更智能地运营和管理，提高战略决策效率和准确性。四是全球互联互通。数智时代加强了全球互联互通，促使跨国合作和交流更加频繁，打破了地域限制。五是个性化服务增强。基于数据的分析与智能决策，企业和服务提供商能够更好地了解个体需求，提供个性化的定制化产品和服务项目，市场细分领域不断扩张。

数智时代也面临诸多新的挑战：一是社会、经济运行过程中的数据隐私和数据信息安全问题凸显。数智时代大量的数字化信息涉及隐私和安全问题，需要通过更严格的法规和技术手段来保护个人和组织的信息安全。二是数字鸿沟。数智时代的区域发展不均衡日益凸显。一些地区和群体可能面临数字鸿沟，难以享受数字化带来的机会。三是有些行业出现失业和技能结构的新转型。数据传送自动化和智能化可能导致某些传统行业岗位被替代，新的行业与岗位的需求短缺。四是信息爆炸。数智时代信息量的倍增与超载，可能导致对信息的巨大冲击，人们如果不借助人工智能等科技，则将难以高效获取和有效使用信息资源。数智时代对过去所处的环境是一把“双刃剑”，跟上了这个时代就能把握住机遇，跟不上这个时代就将落伍，公司发展面临两极化的新变化趋势。

数智时代的企业运营模式新变化。一是企业数字化转型。企业通过采用数字技术，将传统业务流程转变为数字化流程，提高企业决策效率和应对市场的灵活性。二是数据驱动决策新举措。基于大数据分析和人工智能技术，企业可以更准确地分析市场趋势、消费者行为，从而做出更明智的战略决策与灵活调整。三是智能供应链模式的推出。运用物联网、人工智能等技术构建智能供应链，实现对整个供应链的实时监控和优化。四是客户个性化服务新方式。通过对大数据的分析，企业可以为每个客户提供个性化的产品和服务，提升客户满意度。五是云计算与边缘计算。企业可以利用云计算提高数据存储和处理的效率，同时通过边缘计算实现更快速的响应和处理。例如，物联网的边缘计算是将物联网场景中传感器产生的大量数据，在设备本身或接近设备的边缘计算设备上进行处理，而不是将所有数据传输到云端。这样可以减少网络延迟，提高实时性，同时有效地利用网络带宽。

在数智时代，企业竞争战略涉及如何利用数字技术、数据分析等工具来获得市场份额，提高决策的精准度与效率，并在市场中建立有竞争优势的核心地位。

数智时代的企业战略竞争优势，可以被形象地比喻为将传统汽车的手动驾驶模式升级为数据处理与传导下的自动驾驶的新模式。

三、云海战略是在数智时代应对极不确定变化的新战略模式

随着数智时代的来临，企业面临前所未有的市场环境挑战，充满了不确定性，新兴技术不断涌现。在这一背景下，云海战略作为一种新型的战略管理模式应运而生。云海战略旨在通过高度融入云计算、大数据、人工智能等技术手段，实现组织的数字化转型和智能化升级。

云海战略是一种全新的战略体系，其核心思想是在面对复杂多变的市场环境时，通过高度数字化和智能化的手段，构建企业的竞争优势。它将战略规划与新技术的应用相结合，旨在使企业具备灵活应对市场变化的能力。

1. 云海战略的核心理念

一个战略目标：实现企业在数智时代的竞争优势，通过“左右逢源、化险为夷”确保企业在市场中具有可进、可守、可超越的战略预期。

两个战略维度：从市场经济的实体和虚体两个维度全面思考企业战略，推演如何实现企业在未来市场变化中的灵活性。

三种战略预期：底线知己战略、中线知彼战略、上限预知战略。通过这三种战略预期，企业能够在不同时间维度内做出相应的精准决策，实现战略的动态调整。

四大战略工具：市场有限论、机遇认知论、数据驱动论、战略方法论。这些工具帮助企业更全面、深入地理解市场，从而优化决策过程。

五个战略资源构建与配置：核心体（Digital Engine）、生态体（Ecosystem）、

联盟体（Alliance）、融资体（Financing）、环境体（Enviroment）。通过这五个资源的合理构建和配置，企业能够形成高层位的竞争优势。

核心竞争体的五力聚焦：产品力、品牌力、渠道力、创新力和组织力。这五力的聚焦使企业在竞争中更具有弹性和应变力。

2. 云海战略的实施路径

将确定的战略规划转化为战略实施行动：通过明确公司目标和愿景，将战略规划逐步转化为切实可行的实际行动，确保企业发展的每一步都服务于整体战略目标。

提升多维度竞争优势。在实施云海战略的过程中，企业应全方位提升竞争优势。从产品力、品牌力、渠道力、创新力和组织力五个方面聚焦，不断优化和升级。

持续创新。数智时代要求企业保持持续创新的能力。通过不断引入新技术、新理念，鼓励员工提出创新性建议，确保企业在快速变化的市场中保持竞争优势。

组织数字化转型。实施云海战略的关键在于数字化转型。企业应构建数字化基础设施，推动业务数字化，提高数据驱动决策的水平。

智能化升级。结合人工智能，特别是AI大模型等新兴技术，实现业务智能化升级，包括利用大数据分析、机器学习等技术，优化业务流程，提升效率和决策水平。

3. 云海战略的战略预期

在不同经济周期和市场环境中，云海战略提出了不同的战略预期：

一是经济周期的复苏期。企业应采取“左右逢源、化险为夷”的战略，保持对市场变化的敏感度，灵活调整战略以适应经济的复苏。

二是经济周期的上升期。在市场繁荣期，企业要借势发展，通过合理配置资源，进一步巩固和扩大市场份额。

三是经济周期的下行期。在经济衰退期，企业需要通过创新和成本控制，强化核心竞争体的各项力量，稳住市场份额，开拓新的战略利润区。

四是经济周期的危机期。面对突发危机，企业要有预警战略数据驱动机制，提前制定危机处理预案，迅速调整战略以应对危机。

4. 云海战略的竞争策略

深度融合市场经济的实体和虚体，通过实体经济和虚体经济两个维度的全面思考，使企业在两个领域都具备高品位竞争优势。

智能决策。借助机器学习和大数据分析等技术手段实现智能决策，提高决策的准确性和效率。

灵活资源配置。根据市场变化调整资源配置，包括人力资源、财务资源和技术资源，确保企业在不同阶段都能够有力应对。

战略联盟与生态建设。通过建立国际战略联盟，拓展生态体，实现资源共享与优势互补，提高整体竞争力。

数字化运营。推动企业数字化运营，包括数字化供应链、智能制造等，提高企业运营效率。

在数智时代，云海战略基于“着眼于未来新趋势、立足于现实新变化、应用于复杂环境的新突破”的战略构建新体系，为企业在复杂多变的市场环境中提供前沿的战略决策新逻辑。通过灵活应对市场变化、数字化转型、智能化升级等措施，企业能够在竞争中取得更为持久的综合优势。云海战略的提出不仅是对未来战略思考的一次创新，也是企业在数智时代应对新挑战的战略指南。

四、云海战略是创造运用内外资源构建竞争优势的新策略

云海战略是一种创新性的竞争策略，旨在充分利用内外部资源以打造独特的竞争优势。在变幻莫测的全球经济环境中，企业之间的市场竞争已经不再是简单的个体之间的较量，而是一场通过整合多元资源的全面竞争。

企业的成功不仅需要培育具备不易替代性的核心竞争优势，还需要培育具有不易复制性的资源整合的竞争优势，只有这样，企业才能构建出难以被超越的全面竞争优势。

企业在市场竞争中的宗旨是遵循“市场经济，赛马机制”，其目标在于让竞争对手无法理解企业战略，无法制定相应策略，从而使对手跟随企业的步伐变得更加困难。企业的根本目的是在市场变化中借助外部资源的力量，实现跨越式的发展，做到在市场中占据主导地位而不受其他竞争者的影响。

在未来的市场竞争中，中小企业，特别是专精特新企业将成为活跃的竞争主体，而市场的主导者将是那些能够充分整合各种资源的企业。在这个竞争激烈的环境中，能够持续盈利的将是那些具备“预知”能力的企业。企业之间的利益关系既有冲突性又有联合性，冲突性又分为直接和间接的利益冲突。因此，在制定企业战略时，企业家应避免盲目采取“四面树敌”的竞争战略，而是要首先明确“谁是我们的战略合作者，谁是我们的市场竞争对手”。企业家需要针对不同的利益主体采取差异化的竞争策略，并在弄清“依靠谁、争取谁、联合谁、防范谁、竞争谁”之后，制定“以小博大”的战略。在当前和未来的市场竞争中，企业战略的核心可以总结为联合“利益分享者”来共同应对“利益争夺者”。正如英国

前首相丘吉尔所言："我们没有永恒的敌人，也没有永恒的朋友，我们的使命就是为我们的利益而奋斗。"

如图 1 所示，企业战略存在于六种不同利益体的复杂博弈关系中，即依靠谁（客户）、争取谁（生态体）、联合谁（联盟体、融资体、环境体）、防范谁（潜在替代者）、竞争谁（行业竞争者）。

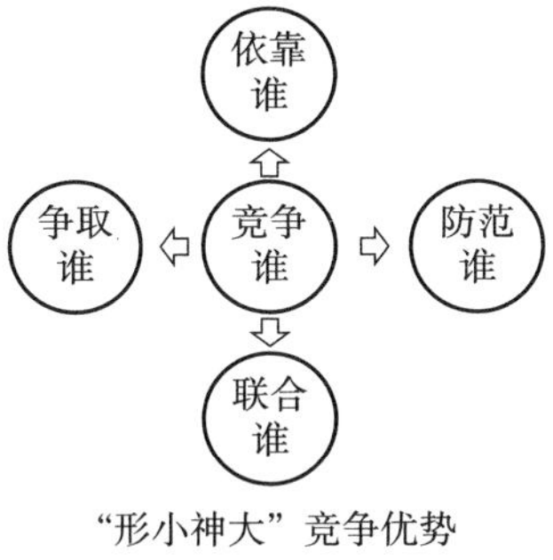

图 1 "以小博大"的战略

《道德经》中的哲学思想启示我们："天长地久。天地所以能长且久者，以其不自生，故能长生。是以圣人后其身而身先，外其身而身存。非以其无私邪？故能成其私。"这一启示表明，通过采用不先考虑自身利益的第五级企业家战略大格局，将个体利益置于整体合作利益之后，反而能够达到更为优越的战略结果。在企业战略运营中，为了实现利益最大化，必须在充分考虑各相关利益主体的利益基础上，构建正确的战略合作策略。只有这样，企业才能够在建立绝对竞争优势的基础上，充分整合外部资源，创造综合竞争优势，进而获得长久理想的市场份额和丰厚的利润。

如图 2 所示，创业与成长在春天与夏天，企业发展与决战在寒冬，经得住严寒的企业才具有竞争优势。

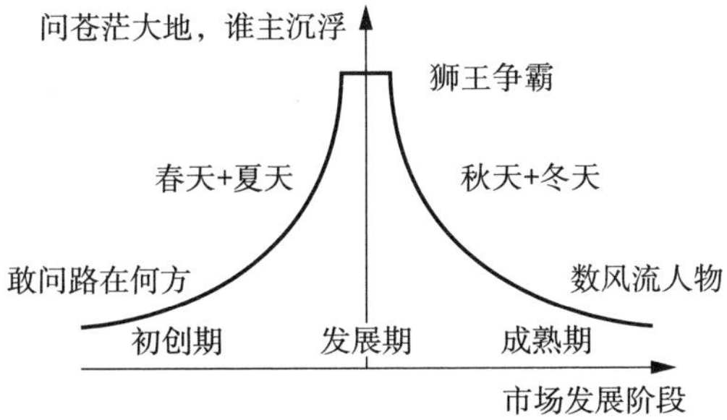

图 2 战略预期

企业战略就是“做大市场、做小自己”，借助外部资源，运用外部资源放大市场，适应寒冷时期的生存战略。

云海战略不仅适用于已经在行业中处于领导和统治地位的主导企业，也适用于在市场中快速发展的先锋型中小企业和遇到经营危机的困难企业。对于企业的发展而言，云海战略的指导意义具有普适性和规律性。企业要想在市场竞争中持续盈利，就要在企业发展的各个阶段采用机动灵活的云海战略。

云海战略是基于“势”的竞争，而在市场竞争中，这种“势”体现为一种综合竞争优势。

在云海战略中，企业的“势”可分为三种境界：造势、借势、谋势。

造势：打造自身绝对竞争优势，即构建核心优势。

借势：整合外部相对竞争优势，即获取比较优势。

谋势：创造市场综合竞争优势，即实现后发优势。

如图 3 所示，企业要在“核心体”构建核心优势，在“内循环圈”和“外循环圈”获取比较优势，在“全球一体化大市场”中实现后发优势。

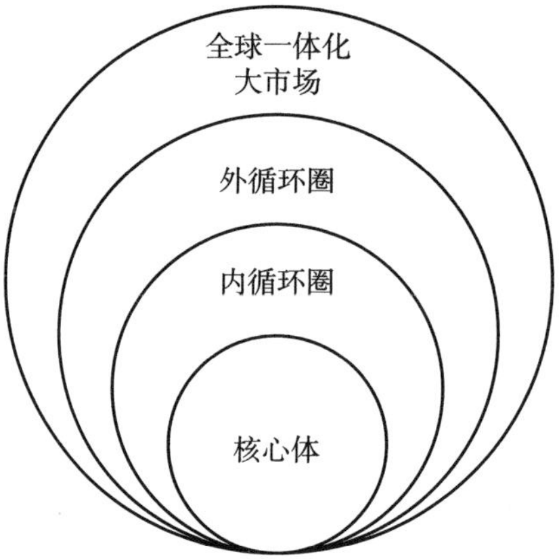

图 3　云海战略下企业综合资源运用结构

在实际竞争中，云海战略通过协助企业获取竞争能量场中的“势”，使企业在“知己”方面达到底线战略预期，通过“知彼”实现中线战略效果，通过“预知”达到上限战略目标。云海战略的战略目的是引导企业实现“知进”“知退”“知止”，最终达到“止于至善”的最高战略境界。

云海战略也可以用四个词语来简要概括：洞悉全局、未雨绸缪、资源整合、系统决策。

（一）洞悉全局

《孙子兵法》云："知己知彼，百战不殆。"这是战略研究的基本出发点与着眼点。本书基于了解企业自身、把握行业市场、预知经济动态三个层面上的研究，从一个新的战略视角来帮助企业实现战略预期效果。

在云海战略的实施过程中，洞悉全局是关键的第一步。通过对企业自身、行业市场和经济动态的大战略格局深入研究，企业能够全面了解内外部环境，把握市场变化趋势，从而制定更加精准的战略方向。

第一层面："知己"战略。

企业首先要知道自身的发展模式，即企业要具有对自身资源承载能力的"自知"能力，企业适应竞争环境变化的能力就是企业最基本的生存能力。企业自身的发展模式主要包括"企业存在模式""企业竞争模式""企业盈利模式""企业投资模式"四个方面的内容。

企业要在充分考虑市场规模对企业规模支撑能力的基础上，通过合理的"瘦身"，保持最佳经营状态。企业核心体的最优规模主要受两个因素影响，即市场规模和企业生态体的规模，核心体的规模可以用以下公式表示：

$$G=f(X, Y)$$

其中，G 为企业核心体的最优规模；X 为市场绝对量，即市场规模；Y 为企业生态体的规模。

北极熊是名副其实的北极霸主，冬天来临之前，它在身体中积累大量脂肪，通过对这些脂肪的消化来度过严寒。在现实中，脂肪储备可以形象地比喻为企业在恶劣经济环境下过冬的现金流。这不能不令我们记起达尔文的名言："能够生存下来的并不是那些最强壮的，也不是那些最聪明的，而是那些能对变化做出快速反应的。"企业的"知己"战略模式是"化整为零"，这是企业的生命底线，也是一个最低的战略预期效果。

第二层面："知彼"战略。

本书从绝对竞争规模层面将市场形象地比喻为一年的四个季节。春天、夏天代表市场规模逐渐增长，秋天代表市场规模达到最大，冬天代表市场规模急剧缩小。这样一个不断变化的、不确定的经济环境往往超出我们的预期，本书称这种意想不到的变化在逐渐增多的环境为"云海景象"，云海景象代表了企业所处外部经济环境的不确定性。

企业想要对云海景象有正确的认识，就要从静态上知道市场总需求中的政治账、经济账和科技账"三本账"，从动态上知道企业资源竞争体中的自身循环体、外部产业上下游循环体以及资金融资体“三个循环体”。

企业的“知彼”战略模式是“化零为整”，最大限度地整合社会各方面的资源，主导市场竞争的潮流。企业要有一套起步于春天、成长于夏天、发展于秋天、决胜于冬天的全天候战略体系。通过全天候战略体系的构建，实现在市场竞争中“长大”的战略预期效果，是企业发展战略的一个核心层面。

第三层面：“预知”战略。

在一个开放的经济体中，企业家要关心全球范围内的政治、经济、金融、科学技术、自然环境等多变量“动态循环圈”的动态变化。通过对“生态经济圈”“环保经济圈”“循环经济圈”等经济循环圈的系统战略认知，形成对未来发展的战略预知能力。

企业的“预知”战略就是将各种云海景象“化繁为简”，最终达到“拨开云雾见天日”的战略预期效果。从“预知”战略上讲，企业可以分为四种：

一是出局者，其战略预知能力可以被形容为“摸着石头过河”；

二是追随者，其战略预知能力可以被形容为“敢问路在何方”；

三是挑战者，其战略预知能力可以被形容为“问苍茫大地，谁主沉浮”；

四是领导者，其战略预知能力可以被形容为“数风流人物，还看今朝”。

未来的企业将面临三个关键点的竞争：一是资源控制能力的竞争；二是资源整合能力的竞争；三是对市场机会战略认知能力的竞争。通过实施“预知”战略来驾驭市场变化，将是未来企业战略的最高境界。

企业有四种不同的战略类型，如表1所示。

表1 企业的四种战略类型

企业类型	战略预知能力特征	形象描述	竞争重点	战略预期效果
出局者	战略预知能力弱，无法有效判断市场变化和趋势，依赖试错	“摸着石头过河”	缺乏资源控制能力 战略被动性	企业难以适应市场变化，最终可能被市场淘汰
追随者	战略预知能力一般，依赖观察市场动态和行业领导者行动	“敢问路在何方”	依赖行业领导者的方向 市场跟随策略	通过跟随行业趋势保持生存，但缺乏主动创新
挑战者	战略预知能力强，能够识别市场机会并积极挑战行业现状	“问苍茫大地，谁主沉浮”	资源整合能力较强 积极创新与市场突破	在激烈竞争中占据有利位置，有机会成为行业领先者

续表

企业类型	战略预知能力特征	形象描述	竞争重点	战略预期效果
领导者	战略预知能力极强，具有驾驭市场变化的能力，洞察未来趋势	“数风流人物，还看今朝”	资源控制能力强 强大的资源整合与创新能力	主导行业趋势，具备长期竞争优势并引领市场方向

（二）未雨绸缪

云海战略强调未雨绸缪，提前谋划，防范风险。通过对未来的趋势进行分析和预测，企业可以在竞争中保持灵活性和前瞻性，及时调整战略布局，更好地把握机遇，规避潜在风险，以期达到“凡事预则立，不预则废”的战略预期效果。

第一层面：防范风险。

企业要通过“知己”战略防范风险。在一个有着越来越多不确定性因素的经济环境中，企业只有通过“知己”战略的实施，才能达到“自知者明，自胜者强”的战略预期效果。

第二层面：经营风险。

企业要通过“知彼”战略经营风险。市场竞争的核心就是企业动用最大的资源参与到最大市场规模的竞争中，只有通过“知彼”战略的实施，企业才能达到“知人者智，胜人者有力”的战略预期效果。

第三层面：驾驭风险。

企业要通过“预知”战略驾驭风险。在当今变幻莫测的全球经济背景下，企业只有通过“见微知著”的“预知”战略的实施，才能达到“物动而知其化，事兴而知其归”的战略预期效果。

（三）资源整合

在云海战略中，资源整合是实现战略目标的重要策略。通过充分整合内外部资源，包括从企业微观“两个循环圈”和宏观“多层面市场连环圈”的视角，对企业所处的经济环境进行多层面、多角度和全方位的资源构建，企业能在更高级层面具备更强的竞争优势，实现长期的可持续发展。

第一层面：“两个循环圈”。

企业微观的“两个循环圈”包括内循环圈和外循环圈。

内循环圈包括三部分：一是主导企业形成的“核心体”；二是与主导企业相

配套的供应商与经销商形成的“生态体”；三是与核心体和生态体相关联的“融资体”。核心体与生态体之间存在以利益捆绑、共同分割市场为基础的利益联合，核心体、生态体与融资体之间存在以利益共享为基础的利益联盟，这个利益联盟称为内循环圈，用公式表示如下：

内循环圈 = 核心体 + 生态体 + 融资体

企业需要在多个市场循环圈中寻找资源整合的机会。外循环圈包括三部分：一是内循环圈；二是关联产业中的主导企业形成的“联盟体”；三是与联盟体相关联的“融资体”。内循环圈与联盟体之间和联盟体与融资体之间分别存在以利益共享为基础的利益联盟，这个大利益联盟称为外循环圈，用公式表示如下：

外循环圈 = 核心体 + 生态体 + 联盟体 + 融资体

企业通过与外循环圈的战略合作，获取外部资源的战略支持，以满足不同战略阶段竞争需要。

第二层面：“多层面市场连环圈”。

“多层面市场连环圈”指的是产业链中间环节形成的“过程市场”与销售终端所面临的“终端市场”之间形成的连环圈。产业链的不同中间环节形成的“过程市场”构成了庞大的信息传播源，这些不确定信息的持续传播最终形成了持续性的云海景象。而在过程市场与终端市场之间存在信息的不对称性，这进一步导致了云海景象的加剧。云海景象指的是在企业所处的市场和产业环境中，由于信息传播的复杂性和不确定性，形成了一种像云海一样变幻莫测的局势。在这种情况下，企业难以清晰地了解市场的动态，面临信息不透明、竞争态势模糊等战略挑战。

从整体来看，世界经济更符合“有限需求论”而非“有效需求不足论”。市场规模的变化实际上源于消费者消费能力的有限与市场开发的无限之间的矛盾发展。春天、夏天、秋天、冬天四个市场规模的变化主要受到三个层面复合矛盾的影响：

第一，存在有限市场规模与产能无限扩张的矛盾。这意味着社会总产能的扩张与实际市场需求之间存在不匹配，导致市场规模的波动。

第二，云海景象增多与企业认知局限的矛盾。市场中信息传播的不确定性与企业对市场的认知限制相互作用，形成了一个复杂的局面，企业往往难以全面理解市场的动态。

第三，存在消费需求刺激与生产扩张滞后的矛盾。消费需求的变化可能会超过生产能力的适应速度，导致市场上的供需矛盾。

这三个层面的矛盾导致市场环境急剧变化：当社会总产能大于总需求时，市场进入冬天；当社会总产能小于总需求时，市场的春天、夏天和秋天将到来。这种循环不断，并且生生不息。

走出云海景象的困扰，需要制订灵活的战略执行计划，不僵化于一成不变的战略路线，随时做出必要的战略调整和变革，以适应市场的需求变化。同时资源的战略整合，使企业更好地应对市场的动态变化，降低各类战略风险，提高战略执行的灵活性，从而在云海战略的实施过程中取得更为持久和显著的竞争优势。

如图 4 所示，过去是实体经济影响虚体经济，现在是虚体经济与实体经济交错，将来虚体经济会影响实体经济。

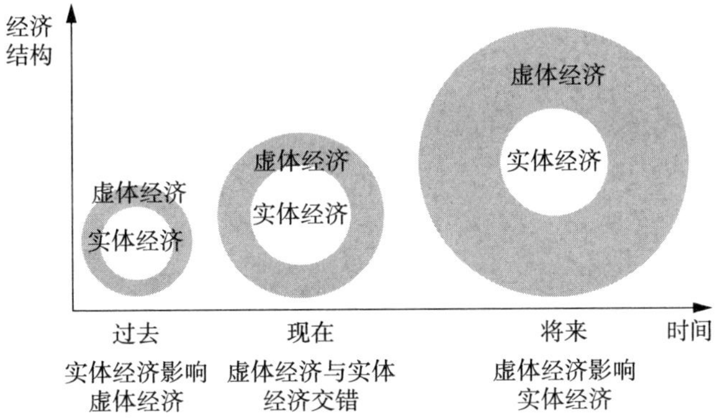

图 4　云海景象构成及趋势

何谓云海景象？企业要走出误区（雾区），冲破禁区（盲区），进入解放区（可预知区）。

化险为夷，决胜未来。

机会就在云海景象的迷雾中，稍纵即逝。机会可遇不可求。

（四）系统决策

云海战略强调系统性决策，即在制定战略时要考虑各个方面的因素，形成系统的决策方案。云海战略需要建立在市场的“需求论、认知论和方法论”三大基础之上，形成一个全面、协调的系统性战略决策方案，从而提高战略的实施效果。

第一层面：需求论。

企业战略的制定是以充分满足消费者的需求为基础的，因此需求论对于企业而言始终是第一位的。企业要通过及时发现并满足消费者的潜在需求和现实需求，做到在消费者某一需求层面上的“抢占先机”，赢得市场竞争的主动权。

第二层面：认知论。

企业要想及时发现消费者的潜在需求和现实需求，就要以认知论为基础。认知论可以帮助企业认清市场中的云海景象，看清战略迷雾，从而及时地发现市场机会，在市场变化中占据主动。

第三层面：方法论。

企业在发现市场机会之后，就要采取合理的战略方案并利用市场机会，而这就需要企业有正确的方法论作为基础。方法论决定了企业在何时、何地对何种市场采取何种竞争战略，这是决定企业竞争成败的关键。

企业战略就像“易”，既有其变化性的一面，也有其规律性的一面。只有透过变化的云海景象看清变化背后规律的企业，才能在市场竞争中先人一步。关于企业战略的思考，实际上就是一个不断“悟道”的思索过程。“悟”就是对过去和现实的总结与概括，形象的比喻就是不断地做减法。“道”就是领悟之后的融会贯通，形象的比喻就是不断地发现新的关联，不断地做加法，在看不到联系的地方发现更高层面的新联系，正所谓“众里寻他千百度，蓦然回首，那人却在，灯火阑珊处”。云海战略的核心便在于“悟道”基础之上对云海景象的深刻认知，基于“悟道”的理念构建战略，也就是战略构建与远见的战略优势，来源于“悟高为师”，反过来就是“师为高悟”。

企业是一个天然的大学校，取胜之策在于远见。

企业是一个天然的大舞台，取胜之法在于战略。

企业是一个天然的实验室，取胜之道在于优势。

企业有三个“天然”特征及取胜之策，如表 2 所示。

表 2　企业特征与取胜之策

企业特征	形象描述	取胜关键	解释	应用场景
天然的大学校	企业是一个持续学习和成长的场所	远见	企业应具备长期视野和战略规划能力，培养人才，推动知识积累与创新，确保在未来竞争中立于不败之地	培养人才、发展领导力。 关注行业趋势和技术前沿，确保企业长期竞争力
天然的大舞台	企业是展示战略和执行力的舞台	战略	企业通过制定和实施有效的战略来获得竞争优势，尤其在多变的市场环境中，通过准确的战略定位取得成功	企业制定市场竞争战略。 战略规划实施和市场开拓

续表

企业特征	形象描述	取胜关键	解释	应用场景
天然的实验室	企业是创新、实验和验证的场所	优势	企业通过持续创新和实验来探索并建立独特的竞争优势，测试新产品和新技术，在行业中脱颖而出	产品开发与市场测试。 技术创新、商业模式创新，构建独特的市场定位和竞争优势

如图 5 所示，在传统模式中，综合竞争优势等于绝对竞争优势；在成长模式中，综合竞争优势是一般绝对竞争优势与相对竞争优势之和；在云海模式中，综合竞争优势等于高质量绝对竞争优势与相对竞争优势之和。

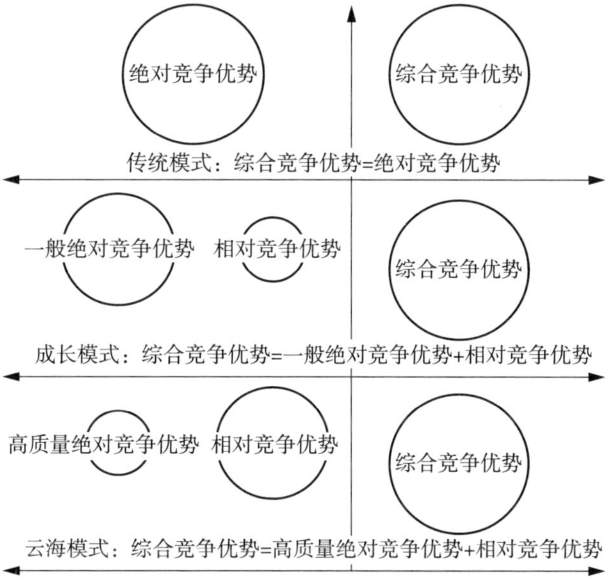

图 5 企业战略模式示意图

知识的真正力量并非仅仅在于拥有，更在于正确、创造性地运用——达成战略预期才是力量。春秋战国时期，孙膑、庞涓、苏秦、张仪四人同拜鬼谷子先生门下，孙膑和庞涓学习兵法，苏秦和张仪学习“术”。同是学习兵法，孙膑和庞涓领悟境界不同，最终在战场兵戎相见之时庞涓败在孙膑手下。同是学习“术”，苏秦和张仪在应用方面有所不同，苏秦挂六国相印实行“合纵”，张仪入秦拜相实行“连横”。正所谓企业是一部大百科全书，没有固定的模板，仁者见仁，智者见智。

正确运用知识，能高效地发挥已有知识并创造新知识，构成了企业不同层次的优势和竞争力。在这一过程中，企业家的认知至关重要。对外部环境的变化要有灵敏的洞察，并能够快速调整战略以适应市场的变化。企业家扮演着引领者和决策者的关键角色。他们领悟和运用战略的能力直接影响企业的发展和竞争地位。企业家要深度认知和灵活运用战略，不断优化自身的发展路径，实现战略预期。

站在数智时代的制高点，深入研究战略领域前沿问题，关注数智时代的新趋势和挑战。数智时代不仅需要技术的革新，还要重新对企业战略进行全面审视。本书将从不同维度深入剖析云海战略的本质，揭示其在数智时代的应用与意义。

在前沿探索的道路上，与读者共同追寻数智时代的战略奥秘，分享数字化、智能化发展的最新成果，感知云海战略的巧妙航行，共同探讨未来战略的新方向。这是一个关于智慧、创新和变革的战略之旅，让我们携手迎接数智时代的新挑战，共创未来的辉煌。

感谢您在百忙之中阅读本书，期待您的指教！

目 录

第一章 数智化浪潮下的经济社会转型 001

第一节 数智时代与新质生产力时期的新机遇 004

第二节 城镇化与智慧城市群的数智新经济 012

第三节 高速公路模式的交通网络智能布局 021

第四节 碳中和与新能源经济发展的新环境 027

第五节 数字中国发展中的中国数字新基建 035

第二章 数智时代的云海战略 041

第一节 数智时代企业新生态 044

第二节 企业战略的由来 049

第三节 企业五种动态竞争策略 057

第四节 数智云海战略体系 064

第五节 数智化拓展战略新边疆 073

第三章 数智时代科技创新的联盟体 081

第一节 高铁智能生活新节奏 084

第二节 商用飞机 C919 制造新空间 088

第三节 智能汽车制造发展的新跨越 092

第四节 华为鸿蒙系统创造新生态新未来 097

第四章 数智时代融资市场多样化选择 103

第一节 国际多元化上市渠道选择 106

第二节 国内企业上市渠道多元化发展 113

第三节　私募基金与科技企业创业　117
第四节　债券融资渠道多元化拓展及商业银行融资　123

第五章　数智时代全球互联经济一体化　131

第一节　5G 经济生态环境新时代　133
第二节　数智化供应链经济的新机遇　138
第三节　电子商务与电子购物生活新场景　144
第四节　生成式人工智能的新应用　154

第六章　数智时代企业家与专业团队协同　163

第一节　数智时代企业家的战略能力　167
第二节　专业化团队战略协同　176
第三节　提升机遇认知　182
第四节　创造发展机会　187
第五节　发掘科技新潜能　191

第七章　数智时代五大资源的构建与配置　197

第一节　创造数智时代综合竞争优势　201
第二节　打造核心体　210
第三节　优化生态体　215
第四节　争取联盟体　219
第五节　吸纳融资体　224
第六节　顺应环境体　229
第七节　数据资产新资源　233

第八章　数智化云海战略解读之道　239

第一节　中小企业的发展之道——普联软件　243
第二节　危机企业的化险之道——中国重汽　248

第三节 主导企业的常胜之道——耐克公司 254
第四节 新创公司的崛起之道——OpenAI 公司 258

第九章 未来企业云海战略的实战指导 263

第一节 新创企业的战略指导 267
第二节 困境企业的战略构建 273
第三节 主导企业的战略规划 280

后 记 292

第一章

数智化浪潮下的经济社会转型

市场经济唯一不变的，就是变

数智化（数字化与智能化）浪潮正在推动全球范围内的经济社会转型。这场变革不仅涵盖技术进步，还深刻影响了产业结构、商业模式、社会治理、就业形态等多个领域。

在数智时代，以人工智能为代表的数字技术的快速发展，推动了社会经济各个领域的创新和发展。数智时代为社会经济发展提供了前所未有的机会，也带来了一系列挑战。有效的政策、法规和技术创新是应对这些挑战的关键。这一时代有五个方面的新趋势：一是数字化转型，企业、银行和其他组织通过采用新科技，如云计算、大数据分析、区块链等，实现业务数字化转型。这不仅提高了效率，还推动了业务模式的创新。数字化创新平台的兴起促进了各行业的数字化转型。这些平台为企业提供数字技术、人才和资源，加快和扩大了创新的速度和规模。二是智能城市建设，智能城市建设通过数字平台实现资源的共享，促进城市资源的高效利用，提高了数据的安全性和透明度。数字技术在能源领域的应用，如智能电网、可再生能源管理等，有助于提高能源利用效率和促进能源可持续发展。智能城市建设主导着智能交通系统的发展，包括智能交通信号灯、智能公共交通等，以提高交通效率和减少交通拥堵。三是大数据驱动，大数据分析通过对海量数据的分析挖掘，为企业和政府提供更准确的信息，帮助决策者制定更具针对性的战略和政策。这种数据驱动的决策有助于提高效益和优化资源利用。大数据分析通常依赖于强大的计算和存储能力，而数字化创新平台的建设为企业提供了支持和便利。四是物联网普及，物联网技术的普及使设备和物品实现互联互通，创造了智能化的生活和工作环境。这种互联性改变了人们与物品互动的方式。物联网的推广促进了远程办公和教育、医疗的普及，数字技术改变了传统的工作、生活和学习模式，提高了灵活性和效率。五是人工智能应用，不断升级迭代的人工智能技术除了应用于自动驾驶和智能家居，还包括语音识别、图像识别、自然语言和文本处理等领域。这些应用正在改变人们的生产和生活方式。结合大数据和人工智能的智慧医疗系统，为个性化、远程化医疗服务提供支持，实现了精准医疗，提高了医疗效率和质量。

数智化浪潮下的经济社会转型带来了巨大的机遇和挑战，推动了传统产业的数字化升级、新兴数字产业的崛起，以及社会治理、就业形态的深刻变革。通过数字技术和智能化应用，企业和政府能够实现更高效、更精准的运营和管理，推动可持续经济发展。然而，这场转型也带来了如隐私安全、劳动力再培训、数字鸿沟等问题，需要各方共同努力，制定合理的政策框架和发展路径，确保数智时代的经济社会转型实现包容性和可持续性的发展。未来，随着技术的不断发展，还将涌现更多创新和颠覆性的行业及相应的新兴企业。

第一节　数智时代与新质生产力时期的新机遇

数智时代正在引领全球进入一个全新的经济与技术发展阶段，这一时期的新质生产力带来了诸多机遇。新质生产力是指在数字化、智能化背景下，由新技术、新模式和新资源整合推动的生产力质变。随着数智时代的到来，我们也站在了技术革新的浪潮之巅。数字化、智能化技术的飞速发展，不仅改变了传统行业格局，也为企业带来了重大的转型机遇。新质生产力时期，以科技创新为核心的技术变革推动着生产力的质的提升与飞跃，为经济社会发展注入了新的活力。习近平总书记强调，必须牢记高质量发展是新时代的硬道理，全面贯彻新发展理念，把加快建设现代化经济体系、推进高水平科技自立自强、加快构建新发展格局、统筹推进深层次改革和高水平开放、统筹高质量发展和高水平安全等战略任务落实到位，完善推动高质量发展的考核评价体系，为推动高质量发展打牢基础。发展新质生产力是推动高质量发展的内在要求和重要着力点，必须继续做好创新这篇大文章，推动新质生产力加快发展。

在数智时代，数据已成为新的“石油”。通过大数据分析和挖掘，企业能够更准确地洞察市场需求，优化产品设计和服务流程。这种数据驱动的决策方式，不仅提高了企业的运营效率，也为其在激烈的市场竞争中脱颖而出提供了有力支持。新质生产力时期，数据作为关键生产要素，其重要性越发凸显。新质生产力强调通过创新、技术改进和流程优化来实现更高效、更高质量的生产。

数智时代催生了智能化服务并推动其快速发展。从智能家居到智慧医疗，从在线教育到智能出行，智能化技术正在渗透到我们生活的方方面面。这不仅为消费者带来了更加便捷、高效的服务体验，也为企业开辟了新的市场空间和增长点。在新质生产力时期，智能化服务将成为推动经济社会发展的重要力量。

数智时代加速了不同行业之间的跨界融合。传统行业与科技的结合催生了诸多创新业态和商业模式。例如，金融科技的发展使得金融服务更加便捷、安全，智能制造的兴起推动了制造业的转型升级。在新质生产力时期，这种跨界融合将为经济发展注入更多创新元素和动力，新质生产力就像一台不仅打印速度快，而且打印质量非常清晰、无误差的高端打印机，大幅提升了生产效率与生产品质。

数智时代与新质生产力时期带来了广泛的经济和社会新机遇，从智能制造、平台经济到绿色经济和个性化服务，企业和社会正在迎接由数字化和智能化技术驱动的深刻变革。这些技术为全球经济注入了新的活力，并为实现可持续发展、个性化消费和创新驱动增长提供了全新路径。通过积极拥抱新质生产力，企业和个人都能够在数智化浪潮中抓住新机遇，推动自身发展并促进社会进步。

一、数智时代与新质生产力的协同优势

数智时代为新质生产力的发展提供了基础条件和环境，同时，新质生产力是数智时代中经济和企业成长的驱动力。数智时代与新质生产力之间存在紧密的相互促进关系。数智时代是新质生产力发展的重要驱动因素，它通过数字化和智能化技术的深度融合，为新质生产力提供了先进的技术支持和创新平台。新质生产力则是在科技进步特别是信息科技革命背景下，基于新型生产工具、劳动对象和生产组织方式的新型生产力形态，它充分利用数智化技术实现了生产效率、创新能力、资源配置效率的大幅提升。

新质生产力就像一辆高性能的赛车，而数智时代是为这辆赛车铺设的高速公路。赛车（新质生产力）需要高速公路（数智时代）来充分展现其速度与激情，高速公路（数智时代）也因赛车的飞驰（新质生产力的释放）而显得更加生机勃勃。

在数智时代，创新是推动新质生产力不断发展的关键。这种创新除了技术的创新，还包括业务模式、管理方式、服务理念等多个方面的创新。例如，通过运用大数据和人工智能技术，企业可以开发出更加个性化的产品和服务，以满足消费者的多样化需求。同时，企业可以借助数智化手段优化内部管理流程，提高决策的效率和准确性。这些创新举措都有助于企业在数智时代中保持领先地位并实现可持续发展。

以智能制造为例，在数智化的推动下，制造业正在经历深刻的变革。通过引入先进的智能化设备和系统，制造企业能够实现生产流程的自动化、智能化管理，这大幅提高了生产效率并降低了成本。例如，一些汽车制造企业利用物联网（IoT）技术对生产过程中的设备进行实时监控和预警，确保生产线的稳定运行；同时，通过大数据分析技术，对生产数据进行深入挖掘和分析，优化生产流程，提高产品质量。这种数智化与新质生产力的紧密结合，使得制造业焕发出新

的活力。

数智时代与新质生产力的协同优势体现在提升生产效率与创新能力、优化资源配置与决策支持、增强市场竞争力与客户满意度以及促进产业协同与生态构建等多个方面。这些优势共同推动了企业的持续发展和产业升级。

二、新质生产力的创新模式

在新质生产力时期，创新模式是推动企业和社会实现生产力突破的核心动力。新质生产力结合数字化、智能化以及技术创新的力量，为企业带来了全新的生产和经营方式。

新质生产力的创新模式主要集中在六个方面：一是技术整合与创新应用，利用云计算和大数据技术实时监测生产数据、分析市场需求，以调整生产计划并优化供应链效率。互联网和物联网技术的普及使得生产过程智能化、数字化，实现生产线的自动化与协调。二是智能机器人与自动化，引入具有自主学习能力的智能机器人，替代传统机械设备进行高精度、高效率的工作。自动化技术的应用减少了人为因素对生产效率的影响。三是人力资源的优化配置，人工智能和机器学习的应用改变了劳动力需求，简单重复劳动被机器取代。员工更多地集中在创新、管理等领域，提高了生产效率和员工满意度。四是产品设计与制造的创新，3D 打印和虚拟现实（VR）技术为产品设计和制造带来新的可能性。通过应用这些技术，企业可以更加高效地设计和测试新产品。五是产教融合与教育培训，高职院校与产业深度融合，共同打造产科教一体化平台。通过市域产教联合体建设，整合学校和企业资源，培养符合新质生产力需求的人才。六是产业升级与战略性新兴产业发展，新质生产力推动产业升级，着眼于未来产业的前瞻布局。积极培育战略性新兴产业，开辟新的发展领域和道路。这些创新模式共同构成了新质生产力的核心，推动了生产效率的提升、产业结构的优化以及经济的高质量发展。这些创新模式是相互关联、相互促进的，它们共同构成了一个完整的新质生产力创新体系。

新质生产力时期的创新模式包括智能制造、平台经济、共享经济、数字孪生、按需生产、全链路数字化、生态系统协同以及绿色科技与可持续发展等。这些模式不仅推动了生产力的变革，还为企业提供了新的发展路径和竞争优势。企业若能充分利用这些创新模式，将在新时代中获得持续的竞争力和成长机会。

三、新质生产力的优势与特点

新质生产力是基于数字化、智能化和技术创新推动的新型生产力形式，与传统生产力相比，具有诸多独特的优势。一是高科技含量。新质生产力以高科技为基础，通过技术的革命性突破和产业链的深度转型升级催生。这种高科技含量使得新质生产力在推动经济增长和产业发展方面具有显著优势。二是高效能。新质生产力追求高效能，通过优化生产要素配置、提高生产效率和管理水平，实现经济效益和社会效益的最大化。这种高效能不仅体现在产品生产的快速、精准上，还体现在对整个产业链的优化和协同上。三是高质量。新质生产力强调高质量的生产和服务，包括拥有自主知识产权的核心技术和关键技术，以及绿色低碳、安全高效的生产过程。这种高质量要求使得新质生产力在市场竞争中具有更强的竞争力和可持续性。

新质生产力的特点：一是创新性。新质生产力的核心在于创新驱动，以科技创新为引擎，实现关键技术突破和生产力的跃升。这种创新性不仅体现在技术研发上，还体现在商业模式、管理方式等多个方面。二是融合性。在数字时代，新质生产力展现了更强的融合性，它能够将不同的技术、产业和领域有机融合，形成新的经济增长点和竞争优势。这种融合性使得新质生产力在推动经济社会发展方面具有更大的潜力和空间。三是可持续性。新质生产力符合可持续发展要求，能够实现资源的高效利用和环境的长期保护。这种可持续性使得新质生产力在解决全球环境问题、推动绿色发展方面具有重要作用。新质生产力以高科技、高效能、高质量为优势，以创新、融合、可持续为特点，是推动经济社会发展的重要力量。

新质生产力的优势体现在通过数字化、智能化的技术创新，大幅提升生产效率，实现资源优化，增强市场敏锐性，同时推动可持续发展，实现绿色生产和技术创新驱动的竞争力提升。其特点表现为数字化深度融合、跨行业协同创新、灵活供应链、全流程管理以及高度协作的创新生态系统。这使得企业在新时代中具备应对市场复杂变化、实现快速创新和可持续发展的能力。

四、数智时代为新质生产力的发展提供了广阔的空间

数智时代为新质生产力的发展提供了广阔的空间，主要体现在以下四个方面：一是技术创新引领，数智时代的技术创新，如人工智能（AI）、大数据、云计算等，为新质生产力的发展注入了强大的动力。这些技术的广泛应用不仅提高了生产效率，还推动了产业的转型升级。例如，通过大数据分析，企业可以精准洞察市场需求，优化生产流程，实现个性化产品的大规模定制，从而突破传统生产的限制。二是产业结构优化，数智化推动传统产业的数字化转型，实现了生产过程的智能化和精细化，提高了产品质量和附加值。同时，新兴产业如数字经

济、智能制造等的快速发展，为新质生产力的融合提供了广阔的平台，促进了经济结构的优化升级。三是数据要素乘数效应，数据作为数智时代的关键生产要素，其乘数效应显著促进了新质生产力的发展。数据要素的融入使得生产过程更加高效、智能，推动了全要素生产率的提升。研究表明，基于数据要素的分析和预测与生产率显著相关，对生产率水平的提升有着积极影响。四是突破生产可能性边界，数智化技术与专业知识领域的结合，有助于发现新的规律、研究新的理论，从而推动新知识和技术的创造。这种创新不仅解决了过去难以解决的问题，还为绿色经济发展提供了新的助力。

数智时代为新质生产力发展提供广阔空间，如表 1-1 所示。

表 1-1　数智时代在四个方面为新质生产力发展提供广阔空间

方面	内容	特点	对新质生产力发展的贡献
技术创新引领	人工智能、大数据、云计算等技术创新推动新质生产力的高速发展，提高生产效率，促进产业转型升级	广泛应用于各个产业。 提高生产智能化水平。 数据驱动的决策优化	提升生产效率，优化生产流程。 实现大规模定制和个性化生产，突破传统生产方式的限制
产业结构优化	数字化推动传统产业升级，并加速新兴产业（如智能制造、数字经济）的崛起，推动经济结构的优化和产业融合	推动传统产业的数字化转型。 促进新兴产业快速发展。 增加产品的附加值和质量	实现智能化、精细化生产。 推动经济结构优化，增强新质生产力的融合能力，促进行业转型升级
数据要素乘数效应	数据作为生产要素，通过分析和预测，推动生产智能化和高效化，显著提升全要素生产率，促进生产力发展	数据驱动的智能化生产。 实时决策支持。 数据分析与预测精准度高	提升全要素生产率。 优化生产流程和资源配置，推动产业整体生产效率的提升
突破生产可能性边界	数智化技术与专业知识相结合，推动新知识和技术的创造，解决过去难以解决的问题，并为绿色经济和可持续发展提供新的路径	技术与专业领域结合创新。 促进知识和技术创新。 为绿色经济提供发展助力	打破传统生产的边界，推动科技和产业创新。 提供新的解决方案，促进绿色经济和可持续发展

数智时代通过技术创新引领、产业结构优化、数据要素乘数效应以及突破生产可能性边界四个方面，为新质生产力的发展提供了广阔的空间。这些创新不仅推动了生产效率的提升，还为企业带来了产业转型和创新发展的新机遇，极大地促进了未来生产力的可持续提升和发展。

五、新质生产力的发展新趋势

新质生产力的发展新趋势紧紧围绕数字化、智能化和技术创新的深度融合，推动全球生产力格局的变革。这些趋势体现了未来企业和社会在技术、资源、生产方式上的新特征。一是智能化与自动化深度融合，随着人工智能、物联网等技术的不断进步，新质生产力将更加注重智能化与自动化的深度融合。智能化技术将广泛应用于生产线，实现生产过程的自动化、智能化管理，大幅提高生产效率。二是绿色可持续发展，环保意识的提升将推动新质生产力向绿色可持续发展转变。企业将更加注重环保技术和设备的应用，以减少生产过程中的污染排放，实现绿色生产，提高资源的利用效率。三是数字化营销与品牌建设，数字化营销将成为新质生产力发展的重要手段。利用互联网、社交媒体等新兴媒体平台，通过大数据分析和精准投放，企业将提高品牌知名度和市场占有率，进而提升竞争力。四是个性化定制与柔性生产，随着消费者需求的多样化，个性化定制将成为新质生产力发展的又一重要趋势。企业需要具备柔性生产能力，以满足消费者的个性化需求，实现产品的多样化和定制化。五是能源转型与基础设施更新，能源结构的转变和基础设施的升级换代将进一步加速。可再生能源对传统能源的替代将成为带动传统生产力向新质生产力跃迁的先行领域。同时，新基建的投资规模将持续扩大，5G、数据中心等信息类项目和工业互联网、智慧交通等融合类新基建将得到快速发展。这些趋势将共同推动新质生产力的快速发展，为经济社会带来更大的效益和进步。

新质生产力正在数智时代背景下不断进化，其发展趋势包括数字孪生技术的应用、人工智能驱动的自主生产、个性化生产模式、全链路数字化管理、绿色生产、5G 与物联网融合、平台经济与生态系统协同以及增强现实（AR）/VR 技术的广泛应用。这些趋势推动了企业生产方式的变革、创新能力的提升以及市场竞争力的加强，为未来的生产力发展提供了广阔的空间和机遇。

六、新质生产力在实施中面临的挑战

在新质生产力实施过程中，尽管其具有巨大的潜力和优势，但也面临一些挑战。这些挑战涵盖了技术、组织、市场和环境等多个方面，企业在推行新质生产力时，必须妥善解决这些问题，以实现长期的可持续发展。

新质生产力在实际实施过程中面临以下挑战。第一，高昂的初始投资。一是自动化和智能设备，购买和安装自动化设备、机器人、传感器和其他智能设备需要大量的资金投入。二是技术研发和创新，开发和应用新技术需要持续的研发投入和高素质的人才，这对于中小企业来说可能是巨大的负担。第二，技术复杂性和集成问题。一是系统集成，不同技术和设备的集成可能会产生兼容性问题，需要复杂的系统集成和调试工作。二是数据管理，大量的数据需要高效的管理和分析，数据的采集、存储、处理和应用都需要先进的技术和管理手段。第三，员工技能和培训。一是技能提升，自动化和智能化的生产环境需要员工具备更高的技术技能，对现有员工的培训和新技术的掌握提出了更高的要求。二是员工抵触，部分员工可能对新技术的应用持抵触态度，担心自己的工作被替代，需要通过沟通和培训来缓解这种抵触情绪。第四，安全和隐私问题。一是网络安全，物联网和智能设备的应用增加了网络攻击的风险，需要加强网络安全防护措施。二是数据隐私，大量的数据采集和分析可能涉及企业和客户的隐私，需要妥善处理和保护数据隐私。第五，组织变革和文化调整。一是变革管理，推动新质生产力需要组织结构和流程的调整，这会遇到内部阻力和文化冲突。二是文化建设，需要建立支持创新和持续改进的企业文化，鼓励员工积极参与到新技术的应用和改进中。第六，质量控制和标准化。一是质量一致性，在提升生产效率的同时，确保产品质量的一致性是一个挑战，特别是在复杂的生产环境中。二是标准制定，新技术的应用需要相应的标准和规范来指导和评估质量和效率的提升。

新质生产力在实施中面临的挑战涵盖了成本与资金压力、技术整合、人才短缺、数据安全、组织变革、市场适应性以及政策法规等多个方面。企业必须采取有效的应对措施，逐步克服这些困难，才能在新质生产力时代取得快速发展，并充分发挥其潜力，推动企业创新和增长。

七、新质生产力在实施中的应对策略

新质生产力在实施过程中面临诸多挑战，企业必须通过制定有效的应对策略，确保顺利推进新质生产力的实施。

新质生产力在实施中的应对策略：第一，逐步实施和评估。一是试点项目，先在部分生产线上进行试点，评估效果和成本，再逐步推广到整个生产系统。二是阶段性投资，分阶段进行技术投资和升级，缓解一次性投资带来的资金压力。第二，加强培训和沟通。一是员工培训，提供系统的技术培训，提高员工的技能水平和适应能力。二是透明沟通，通过透明的沟通，向员工解释新技术应用的必要性和好处，缓解其抵触情绪。第三，强化安全和隐私保护。一是网络安全措施，建立健全的网络安全防护体系，定期进行安全审查和漏洞修复。二是数据管理政策，制定严格的数据管理和隐私保护政策，确保数据的安全和合法使用。第四，文化建设和激励机制。一是企业文化，建立支持创新和持续改进的企业文化，鼓励员工积极参与到新技术的应用和改进中。二是激励机制，通过绩效奖励和激励机制，鼓励员工学习新技能，积极参与技术创新。第五，标准化和质量控制。一是制定标准，根据新技术的应用，制定相应的操作标准和质量控制规范。二是持续改进，通过持续改进的方法，及时发现和解决质量问题，确保产品质量的一致性。

新质生产力在实施中的应对策略如表 1-2 所示。

表 1-2　新质生产力在实施中的应对策略

策略	内容	具体措施	预期效果
逐步实施和评估	通过试点项目和阶段性投资，分阶段实施新质生产力，降低风险，缓解资金压力	试点项目：先在部分生产线上进行试点，评估效果和成本，再逐步推广至全系统。 阶段性投资：分阶段投入技术升级资金，缓解一次性投资带来的压力	降低技术实施的风险，确保投资的回报率和可持续性。 通过评估优化技术应用，确保全系统推广的成功率
加强培训和沟通	通过系统培训提升员工技能，透明沟通减少变革抵触情绪	员工培训：提供技术培训，提高员工适应新质生产力的能力。 透明沟通：及时解释新技术的必要性和益处，缓解员工的抵触情绪	提高员工对新技术的接受度和技能水平，确保技术的顺利实施和推广
强化安全和隐私保护	建立健全网络安全和数据管理体系，确保技术安全应用	网络安全措施：定期进行安全审查，修复漏洞。 数据管理政策：制定严格的隐私保护和数据管理政策，防止数据泄露	提高网络安全性和数据合规性，防止数据泄露和黑客攻击，保障企业和客户数据的安全

续表

策略	内容	具体措施	预期效果
文化建设和激励机制	建立支持创新的企业文化和激励机制，推动员工积极参与技术应用和改进	企业文化：推广创新和改进文化，激励员工参与新质生产力的改进。 激励机制：通过绩效奖励和激励机制鼓励员工学习新技能	激发员工的创新热情和积极性，推动企业的技术创新和生产改进
标准化和质量控制	制定标准化操作流程和质量控制规范，确保新技术应用中的产品质量一致性	制定标准：根据新技术的应用，制定操作标准和质量控制规范。 持续改进：使用持续改进的方法，快速发现并解决质量问题	保证产品质量一致性，提升生产流程效率，减少质量问题，降低返工成本

企业可以更好地应对新质生产力实施中的挑战，确保新技术的顺利落地，推动高效、高质量的生产，实现创新驱动的持续发展。

第二节　城镇化与智慧城市群的数智新经济

城镇化与智慧城市群的数智新经济大发展带来了多种新业态和新趋势，这反映了数字科技在城市化过程中的重要作用。通过数字科技手段构建智慧城市群，打造了推动经济发展的新模式。这一经济模式主要依赖于先进的人工智能和大数据分析等数字技术，以提高城市管理、服务和产业发展的智能水平。

一、城镇化与智慧城市群数智新经济出现的新业态

随着城镇化和智慧城市群的加速发展，结合数智新经济的快速崛起，出现了许多新的经济形态和业态。这些新业态利用数字技术、智能化手段以及城市集群效应，推动了经济模式的创新和转型。

城镇化与智慧城市群在数智时代呈现出多重新经济趋势：一是数字化基础设施建设。城市将加速建设包括数字化基础设施在内的新基建，包括智能交通系统、智能能源管理系统、智能垃圾处理等。这些系统的构建和升级迭代将大幅提高城市的可持续性和生活质量。二是数字治理平台。数字技术支持下的数字治理

平台将成为城市决策和管理的核心，包括数字政务、城市大数据平台等，提升了城市管理的智能水平。三是智能交通与物流。利用数字技术推动交通系统的智能化，包括交通流优化、智能停车系统、智能交通信号灯等。自动驾驶技术的发展将进一步改变城市交通格局。城市物流将迎来数字化时代，实现更高效的货物运输和配送。大数据分析将优化供应链，提高物流效益和效率。四是数字化治理与公共服务。政府将采用数字技术提升治理水平，实现数字政务，包括在线政务服务、电子治安等。这将提高政府效能和服务质量。数字技术的应用将促进在线教育的发展，实现数字化学习，为城市居民提供更灵活的教育方式，推动教育产业的数字化转型，提升全社会的知识水平。五是智能建筑和房地产。智能建筑设计、数字技术在建筑领域的应用将推动智能建筑的发展，包括智能节能系统、智能安全系统等，提高建筑的可持续性和居住体验，实现节能减排。房地产业将进入数字时代，数字技术将改变房地产业务的运作方式，包括在线房地产交易平台、智能家居设备的普及等。

城镇化与智慧城市群在数智时代的新经济趋势如表 1-3 所示。

表 1-3　城镇化与智慧城市群在数智时代的新经济趋势

领域	新经济趋势	具体内容	影响
数字化基础设施建设	加速建设数字基础设施，提升城市可持续性和生活质量	智能交通系统：优化交通流、减少拥堵。 智能能源管理系统：提升能源利用效率。 智能垃圾处理：减少污染	提升城市资源利用效率，改善环境质量。 支持城市的可持续发展，提升居民生活体验
数字治理平台	数字治理成为城市决策和管理的核心	数字政务：推动在线政务服务，提升政府效能。 城市大数据平台：支持城市决策和管理	提高政府服务效率和透明度，增强政府的管理能力。 通过数据驱动决策，提升城市的智能管理水平
智能交通与物流	智能交通和物流系统提高城市运行效率	智能交通流优化：通过数字化技术改善交通信号和停车管理。 自动驾驶技术：改变交通运输格局。 智能物流：优化供应链和配送效率	减少交通拥堵，提升交通系统效率。 自动驾驶改变出行方式，提高物流和运输效率，推动经济增长

续表

领域	新经济趋势	具体内容	影响
数字化治理与公共服务	数字技术推动政府治理和公共服务的转型升级	在线政务服务：实现电子政务、便民服务。 电子治安：提高公共安全管理的智能化水平。 在线教育：数字化学习平台普及	提高公共服务的便捷性和效率。 推动教育产业数字化，提升社会知识水平和教育资源的灵活性
智能建筑和房地产	数字技术推动智能建筑和房地产业的变革	智能建筑：集成智能节能、安全系统，提高建筑的可持续性。 数字化房地产：在线交易平台与智能家居设备普及	提升居住体验和建筑物的可持续性。 改变房地产业务运营模式，提高房产交易效率，并推动智能家居市场增长

城镇化与智慧城市群正在数智时代中加速发展。这些新趋势不仅提高了城市的智能管理水平和居民生活质量，还推动了经济的创新和可持续发展，创造了新的产业机遇。

二、城镇化与智慧城市群数智新经济催生新兴态及新兴企业

城镇化与智慧城市群的融合与发展，随着数智新经济的到来，催生了多种新兴业态和新兴企业。智慧城市通过数字化、智能化技术推动城市管理、服务与基础设施的转型，助力新兴产业的崛起。

一是智能交通解决方案提供商，比如格林美交通公司，其核心业务在于提供智能交通系统、城市交通规划和数字化交通管理服务。该领域的企业致力于通过创新科技，优化城市交通流动性，提升城市交通系统的效能，以适应日益增长的城市人口和车辆数量。这一新兴业态为城市交通管理引入了先进的科技手段，包括智能交通信号灯、实时交通监测系统和智能导航服务等，以提高城市的整体交通效率。格林美交通公司等企业在此领域发挥了关键作用，为城市提供了可持续、智能化的交通解决方案，助力城市更好地适应不断发展的城镇化和智慧城市趋势。

二是在数字治理与安全服务领域，数字政通公司和深信服公司等企业崭露头角。它们的核心业务主要包括数字治理、城市安全监控和数据隐私保护等服务。这些企业致力于利用先进的技术手段，提供数字化治理方案，加强城市的安全

性，并保障居民的数据隐私。数字政通公司专注于数字治理，通过整合先进的信息技术，为城市提供数字政务服务，提高政府管理效率。同时，其城市安全监控系统有助于实时监测城市的安全状况，提升紧急事件应对能力。此外，数字政通公司通过数据隐私保护服务，确保市民的个人信息安全。深信服公司也在数字治理和城市安全服务方面发挥关键作用。其数字治理方案涵盖了政务、社区管理等多个领域，为城市提供智能化的管理解决方案。在城市安全监控方面，深信服公司通过先进的技术手段，提供全面的监控服务，有力支持城市的安全防范。

三是在智能建筑技术领域，中建智能公司和华夏幸福公司等企业成为引领者。它们的核心业务主要包括智能建筑设计、绿色建筑和智能家居系统的提供，为城市建设和住宅领域注入了先进的科技元素。中建智能公司在智能建筑领域发挥着重要作用。该公司专注于提供智能化的建筑设计服务，借助先进的技术手段，为建筑物注入更智能、更便捷的功能。此外，中建智能公司还致力于绿色建筑，通过采用环保材料和能源管理系统，推动建筑行业向可持续发展迈进。华夏幸福公司也在智能建筑技术方面取得显著进展。该公司致力于提供智能家居系统，通过整合各类智能设备，为居民提供更舒适、更便捷的居住体验。华夏幸福公司在绿色建筑方面也积极探索，倡导环保理念，推动建筑行业朝着更可持续的方向发展。

四是在共享城市服务平台领域，滴滴出行公司和途家网公司等企业是行业的领军者。它们的核心业务主要围绕数字平台，通过连接资源，实现了共享交通和共享住宿等服务，为城市居民提供了更加便捷和灵活的生活方式。滴滴出行公司的核心业务是提供共享城市交通服务。滴滴通过数字化平台，连接了大量的车辆和乘客，实现了城市内的共享出行。从打车、拼车到共享单车等多种出行方式，滴滴出行为居民提供了多样化的交通选择，推动了城市交通的智能化和便捷化。途家网公司的核心业务是提供共享住宿服务。途家网是一家在线短租平台，通过数字化的方式连接房源和租客，实现了城市内的共享住宿。房东可以通过途家网将闲置房屋分享给需要住宿的人，租客能够更加灵活地选择合适的住宿方式。

五是在物联网设备制造领域，华为技术公司、湖南海特公司和中兴通讯公司等企业是行业内的重要参与者。它们的核心业务是制造物联网设备，为城市中的智能化物联网系统提供支持。华为技术公司的核心业务是制造物联网设备。华为是全球领先的信息和通信技术解决方案供应商，致力于为城市、企业和个人提供高效、智能的物联网解决方案。其物联网设备涵盖了各种领域，包括智能城市、智能家居、工业物联网等。湖南海特公司的核心业务也是制造物联网设备。湖南海特公司是一家专注于通信设备和物联网产品制造的企业，其产品广泛应用于智能交通、智能安防、智能能源等领域，支持城市的智能化发展。中兴通讯公司的核心业务同样是制造物联网设备。中兴通讯是一家全球领先的通信设备和解决方案提供商，通过其物联网设备，为城市建设提供了智能化的技术支持，涉及智能交通、智能能源等方面。

国外著名公司的新兴业态建设也非常迅速。一是智能交通解决方案提供商。西门子交通公司是德国西门子集团的一部分，专注于提供智能交通解决方案。其业务范围涵盖城市交通规划、数字化交通管理和智能交通系统。西门子交通公司通过创新技术和系统集成为城市提供先进的交通解决方案，旨在提高交通效率、减少拥堵并改善交通安全。卡比克交通系统公司是一家总部位于美国的全球性交通解决方案提供商。该公司专注于数字支付、智能票务系统和交通管理技术。卡比克交通系统公司致力于通过创新技术帮助城市实现更智能、更高效的交通系统，提供方便的支付和出行体验。二是数字化治理与安全服务。帕兰提尔技术公司是一家美国的软件和服务公司，成立于 2003 年。该公司的核心业务是提供高级数据集成、分析和解决方案。帕兰提尔技术公司的平台用于处理大规模数据，支持数据分析、可视化和智能决策。该公司的服务涵盖数字治理、城市安全监控和数据隐私保护等领域。其平台被广泛应用于国家安全、金融、医疗和其他领域，以支持复杂的数据分析和决策过程。三是提供创新的解决方案。庄信能源公司是一家全球领先的智能建筑解决方案提供商，成立于 1885 年。该公司专注于为建筑、设备和交通提供创新的解决方案，以提高效率、优化能源使用及提升居住和工作环境。其业务涉及智能建筑管理系统、能源管理和自动化系统，以及提供绿色、可持续的技术解决方案。施耐德电气是一家全球性的能源管理和自动化解决方案提供商，成立于 1836 年。该公司专注于数字化转型、能源管理和自动化技术，为建筑、工厂、基础设施和数据中心等领域提供创新的解决方案。在智能建筑领域，施耐德电气提供智能建筑管理系统、能源效率解决方案和智能家居系统等服务。四是共享城市服务。优步是一家全球知名的共享出行服务平台，成立于 2009 年。该公司通过移动应用程序连接乘客和司机，提供共享城市交通服务。优步的核心业务包括共享出租车、拼车服务和食品外卖服务。通过数字平台，优步为城市居民提供便捷的出行选择，同时促进了共享经济的发展。爱彼迎是一家全球领先的共享住宿服务平台，成立于 2008 年。该平台通过在线预订和租赁连接房东和旅行者，提供多样化的住宿选择，包括公寓、别墅、独立房间等。爱彼迎通过数字技术实现了城市住宿资源的共享，为用户提供更具个性化和独特体验的住宿选择。微软是一家全球性的科技公司，成立于 1975 年。微软涵盖众多领域，其在智能城市服务中的核心业务主要包括提供云计算服务、数字化解决方案以及支持城市数字化转型的技术。微软通过微软云平台等产品为城市提供数字化基础设施和支持共享办公等服务。五是物联网设备制造商。思科是一家全球领先的科技公司，成立于 1984 年。该公司的核心业务包括设计、制造和销售网络设备和技术解决方案。在物联网领域，思科是一家重要的物联网设备制造商，提供各种网络设备、智能传感器和连接解决方案，支持城市中的智能化物联网系统。思科的技术在连接设备、收集数据和实现设备之间的互联方面发挥着关键作用。

在数智新经济时代，这些企业将继续发挥其关键作用，助力城市更好地适应社会经济的数智化发展趋势。随着科技的不断创新，未来会涌现出更多新兴业态和新兴企业，推动城市发展朝着更智能、便捷、可持续的未来迈进，包括更先进的智能交通系统、更智能的建筑和房地产解决方案，以及更先进的数字治理和安全服务。这些创新将提高城市生活质量、提升资源利用效率，创造更宜居、绿色和智能的城市环境。

城镇化与智慧城市群数智新经济不仅促进了城市基础设施、管理模式和服务体系的智能化，还催生了多个新兴业态和新兴企业。这些新兴企业通过技术创新、平台整合和智能服务推动了城市的可持续发展与数字化转型。未来，随着智能技术的进一步普及和跨界融合的发展，智慧城市群中的新兴业态和新兴企业将为经济社会注入更多创新动能，推动全球经济社会的可持续发展与转型。

三、城市群模式及典型城市群分析

城市群模式是现代经济和城市化发展的重要趋势，通过城市间的紧密协作和资源共享，城市群能够推动区域经济、社会、文化等方面的快速发展。在这种模式下，多个城市在空间上相对集聚，通过基础设施、产业链、交通系统的互联互通，实现资源优化配置和经济协同效应。

城市群通过中心城市的引领，与周边城市实现了资源共享、优势互补，提高了整体城市群的竞争力和可持续发展水平。城市群模式已在全球范围内成为城市发展的一种重要趋势，有助于更好地应对城市化和城镇化带来的挑战。

在城市群模式中，各城市相互联系、合作，形成相对独立又相互依存的关系网络。这种集聚体的形成有助于解决单一城市面临的问题和挑战，提升整体竞争力。城市群模式的特点和优势：一是资源共享，不同城市之间可以共享资源，包括人才、科技、文化、经济等，提高整体资源利用效率。二是优势互补，城市群内的城市可以根据各自的特色和产业优势互补合作，形成协同效应。三是提升城市化质量，城市群的形成，可以提升城市化的质量，促进城市之间的协同发展，推动城市功能的提升。四是增强整体竞争优势，城市群模式有助于整体提升区域的经济、科技、文化等综合竞争力，更好地适应全球化竞争的趋势。五是促进可持续发展，通过城市群的合作，可以更好地规划和利用区域资源，推动可持续发展目标的实现。城市群模式为城市和城镇的协同发展提供了新的路径，有助于更好地应对日益复杂和多样化的社会经济挑战。

城市群模式通过功能互补、交通连通、资源共享和产业协同推动了区域经济的快速发展。无论是京津冀、长三角、珠三角，还是成渝城市群，它们在推动区域经济协调发展、提升全球竞争力方面发挥着不可替代的作用。未来，城市群模式将在科技创新、区域协同和可持续发展中持续引领中国和全球经济的转型升级。

中国主要城市群的区域特色、优势及发展特色如表 1-4 所示。

表 1-4　中国主要城市群的区域特色、优势及发展特色

城市群	核心城市	区域特色	区域优势	发展特色
京津冀城市群	北京、天津、石家庄、雄安新区	涵盖政治、经济、文化领域，聚集了中国的政治和经济资源	政治优势：北京作为国家政治中心，提供政治引领。 经济发达：天津、石家庄等城市具备经济发展极点。 交通优势：靠近渤海湾，便于海陆联运，成为国际贸易节点。 科技创新：聚集高校和科研机构，推动科技进步	区域内产业升级快，科技创新推动经济增长。 国际贸易和物流枢纽功能显著。 经济和政策资源高度集中
长三角城市群	上海、南京、杭州	中国经济最发达的区域之一，以上海为经济中心，涵盖多个经济发达城市，创新能力强	经济活力：上海辐射周边，形成互补的产业体系。 创新生态：拥有众多科研机构和创新型企业。 人才集聚：吸引大量国内外优秀人才，形成了强大的创新力量	全球制造和科技创新中心。 高度互补的区域产业链。 拥有众多高科技产业和创新型企业

续表

城市群	核心城市	区域特色	区域优势	发展特色
珠三角城市群	广州、深圳、珠海	中国改革开放的前沿阵地，具备完善的制造业产业链，深圳是中国科技创新中心	制造业强大：拥有完善的产业链，成为中国重要制造业基地。 高科技产业：深圳带动高科技产业发展。 城市协同：各城市协同合作，推动经济增长	中国制造业基地与科技创新中心。 深圳创新产业带动区域经济。 区域合作推动整体经济协同发展
成渝城市群	成都、重庆	中国西部地区的经济中心，依托丰富的农业资源，成渝城市群在农业产业上具有优势，交通枢纽地位显著	农业优势：四川拥有丰富的农业资源，发展现代农业。 交通枢纽：重庆作为长江上游交通枢纽，带动区域发展	现代农业与物流发展。 西部经济引擎，辐射带动作用强。 区域经济合作推动了西部崛起
粤港澳大湾区城市群	香港、澳门、广州、深圳	由珠三角城市群与香港、澳门组成，香港是国际金融中心，大湾区各城市在不同领域具有产业特色，形成多元化的经济结构	金融优势：香港的国际金融体系支持企业融资。 经济多元化：各城市在科技、制造业、服务业等领域特色鲜明	国际金融中心与制造业强区相结合。 金融、科技和服务业并存，推动了多元化经济发展
武汉城市群	武汉	中国中部地区的经济引擎，依托长江经济带，武汉是交通枢纽，拥有丰富的科研和教育资源，推动科技创新和人才培养	交通枢纽：武汉是长江经济带的重要节点，物流便利。 科研与教育优势：众多高校和科研机构支撑科技创新	交通物流便利，推动区域经济发展。 新兴产业（如高科技、生物医药等）发展迅速。 多元化的经济结构推动了持续增长

每个城市群在中国的区域经济发展中都扮演了重要角色，具备独特的区域特色和竞争优势。通过政治引领、科技创新、交通枢纽、金融支持等多个方面的优

势，这些城市群不仅带动了各自区域的快速发展，还为全国的经济增长提供了强有力的支撑。

四、数智时代，智慧城市群的兴起和发展新模式

数智时代的到来加速了智慧城市群的兴起与发展，推动了城市间的数字化转型与智能化升级。智慧城市群的发展新模式是通过大数据、物联网、人工智能、云计算、5G 等先进技术，推动城市的高效管理与可持续发展。这种新模式不是单一城市的智能化，而是跨城市区域内的协同创新、产业联动和资源共享。

智慧城市群的兴起和发展新模式可理解为一种以数字技术、大数据和智能化为核心的城市群发展框架。这一模式在城市间实现信息共享、资源协同和智能化管理，促进城市群的可持续发展。

一是数据驱动的智慧决策。智慧城市群借助大数据和人工智能技术，实现对城市运行和居民需求的深度分析。这些数据被用于制定智慧决策，从而提高城市治理的效率和准确性。通过实时监测和分析城市的各类数据，决策者能够更准确地了解城市运行状况，制定更具针对性的政策和规划，以满足居民需求、提高公共服务水平，并优化资源配置。

二是智慧交通一体化。智慧城市群通过智慧交通系统的一体化管理，实现不同城市之间的交通协同，包括智能交通信号灯、车辆自动导航、共享交通工具等，以提高交通流畅度和降低碳排放。通过实现交通设施的智能化和互联互通，城市间的交通信息能够更加高效地传递和协同，减少交通拥堵，提高整体交通效率。这也能够为居民提供更便捷的出行方式，促进城市群的可持续发展。

三是生态环境监测与改善。智慧城市群致力于建设智能化的生态环境监测系统，通过传感器网络实时监测大气、水质、噪声等环境指标。城市群通过这些数据采取措施，改善环境质量，推动城市经济社会可持续发展。通过实时监测环境指标，城市群能够更精准地了解生态状况，及时发现并解决环境问题，确保城市的可持续发展。

四是跨界融合的创新生态。智慧城市群鼓励跨界创新，形成多元化的产业生态系统。不同城市之间的产业互补和合作促使创新，涌现出一系列新兴产业和新兴业态。通过不同城市间的合作与创新，产业链得以延伸和完善，城市群在各个领域都能够受益于跨界融合的创新生态。

五是数字社交与城市参与。数智时代的智慧城市群通过数字社交平台促进居民之间的互动与参与，包括数字社区、在线城市治理平台等，使城市居民直接参与城市事务，实现共治。通过数字社交平台，居民可以更便捷地分享信息、表达

意见，增强交流与互动，推动城市参与度的提高，从而更好地满足自身需求，促进城市群的共同繁荣。

六是共享经济与资源共享。智慧城市群推动共享经济的发展，通过数字平台实现城市资源的共享，包括共享交通、共享办公、共享空间等，提高资源利用效率。这一模式促进了城市间资源的共享与互补，加强了居民对城市资源的灵活利用，提高了城市整体资源利用效率。

七是区域协同发展。智慧城市群注重区域协同，通过信息技术促进不同城市间的合作。这种协同发展包括共同解决区域性问题、推动基础设施建设等。通过区域协同，城市群能够更好地应对共性问题，实现资源的优化配置和互补发展，推动整个城市群的可持续繁荣。

八是数字技术赋能城市服务。智慧城市群利用数字技术提升城市服务的水平，包括智能化城市管理、数字化物业服务、在线教育等，满足居民多样化的需求。通过数字技术的赋能，城市服务更加智能、高效，提高了居民的生活品质，推动城市向更为数字化和智能化的方向发展。这些新模式共同构建了一个以数字技术和智能化为核心的智慧城市群发展框架，为城市群的可持续发展和居民生活质量的提高提供了全新的路径。

数智时代的智慧城市群是推动城市高效、智能、可持续发展的重要模式。通过数字基础设施一体化、区域经济协同、智能管理和绿色发展的新模式，智慧城市群不仅为城市居民提供了更优质的生活环境，还提升了区域经济的竞争力。未来，随着技术的不断进步，智慧城市群将迎来更广阔的发展空间，并在全球范围内发挥重要的引领作用。

第三节　高速公路模式的交通网络智能布局

高速公路模式的交通网络智能布局是现代智慧城市和智慧交通系统发展的关键组成部分。通过利用大数据、物联网、人工智能、5G 通信、云计算等先进技术，高速公路交通网络能够实现智能化调度、自动化管理、动态响应，提升交通效率和安全性，减少交通拥堵，并推动城市群及区域经济的高效联动。

中国高速公路包括国家高速和省级高速两个体系。截至 2023 年 11 月底，我国已经具有在全球处于前列的高速公路的交通网络智能布局，高速公路总通车里程达 17.73 万千米，其中国家高速公路里程达 11.99 万千米，连续 11 年位居全球第一。该系统构建了国内 18 条横向线和 11 条纵向线的大布局网络体系。利用先进的信息技术和智能系统对高速公路交通网络进行不断规划、优化和完善管理，提高了交通效率、安全性和可持续性。

国家高速公路网由 7 条首都放射线、11 条北南纵线、18 条东西横线（简称“71118”），以及 6 条地区环线、12 条都市圈环线、30 条城市绕城环线、31 条并行线、163 条联络线构建而成。

首都放射线——7 条，包括京哈高速、京沪高速、京台高速、京港澳高速、京昆高速、京藏高速、京新高速。

北南纵线——11 条，包括鹤大高速、沈海高速、长深高速、济广高速、大广高速、二广高速、呼北高速、包茂高速、银百高速、兰海高速、银昆高速。

东西横线——18 条，包括青银高速、沪蓉高速、沪昆高速、杭瑞高速、广昆高速、绥满高速、珲乌高速、丹锡高速、荣乌高速、青兰高速、连霍高速、宁洛高速、沪陕高速、沪渝高速、福银高速、泉南高速、厦蓉高速、汕昆高速。

高速公路模式的交通网络智能布局将推动交通系统的全面数字化和智能化，通过车路协同、自动驾驶、智能监控等技术，提升交通效率、减少拥堵、提高安全性，并推动交通网络的绿色可持续发展。未来，随着技术的不断成熟，智能高速公路将与智慧城市、智慧物流等领域紧密融合，推动城市群和区域经济的协同发展。

一、高速公路交通网络智能布局发展的新趋势

高速公路交通网络智能布局正在成为全球智能交通发展的重要方向，随着数字化、智能化技术的不断进步，多个新趋势正在推动高速公路交通网络的进一步演化。这些趋势包括车路协同技术的广泛应用、自动驾驶车辆的快速普及、智慧物流的深度整合等。

一是智能交通管理系统，通过引入尖端的智能交通技术，如智能信号灯和车辆自动导航系统，实现对高速公路交通流的智能调度，包括智能交通信号灯的优化，使其能够根据实时交通状况进行智能调整，从而减少拥堵，提高道路通行能力。此外，通过充分利用大数据和人工智能技术，实时分析交通运行和居民需求的数据，使决策者做出更为智能和准确的决策，提高整体交通管理的效率。通过部署智能监控系统，包括摄像头和传感器等设备，实时监测交通状况，以提高整体交通安全水平。例如，艾特瑞斯公司提供交通管理和智能运输系统解决方案，包括交通数据分析和智能交通信号控制。

二是数据驱动的决策，通过充分利用大数据和人工智能技术进行实时数据分析，以助力决策者制定更为智能、准确的策略，从而提高交通管理的效率。这种

智能决策模式可以更好地应对复杂的交通状况和动态变化，使管理者能够更及时地做出决策，有力地优化整体的交通流程。例如，英瑞克斯公司专注于提供实时交通数据和分析，帮助决策者更好地了解交通状况。

三是智能交通信号优化，运用智能化算法对交通信号进行优化。通过算法的智能调整可以减少交通拥堵，提高道路通行能力。这种智能交通信号优化是一种有效的手段，能够根据实时交通状况灵活调整信号灯的配时，以适应不同时间段和交通流量的变化。这有助于提升整体的道路运输效率，改善交通流畅度。

四是智能安全监控，通过部署智能监控系统，运用摄像头、传感器等设备实时监测交通状况，提升交通安全水平。这种系统不仅可以快速检测交通违规和事故，还能够通过实时数据分析预测潜在的安全风险，为相关部门提供及时的信息反馈，从而有效减少交通事故发生的可能性。这一智能安全监控系统为交通管理提供了更为全面和精准的安全保障。例如，菲力尔系统公司提供智能交通监控解决方案，包括智能交通摄像头和传感器技术。

五是可持续交通，通过引入新能源车辆推动电动化和智能化交通工具的发展，促进高速公路交通的可持续发展。这一发展方向旨在减少对传统燃油的依赖，提高交通系统的环保性和能源效率。采用新能源车辆、电动交通工具等创新技术，不仅有助于减少空气污染和温室气体排放，还能够降低能源消耗，为高速公路交通的长期可持续性贡献力量。这种可持续交通的模式不仅有益于环境保护，也符合未来交通发展的绿色趋势。

这一智能布局使得国内高速公路系统在世界范围内处于领先优势。通过引入先进的信息技术，包括智能交通管理系统、实时监控设备以及数据分析工具，高速公路系统得以更加灵活、高效地应对日益增长的交通需求。不断进行规划和优化管理，有助于提高整体路网的运输能力和通行效率。

高速公路交通网络的智能布局正在经历快速的技术迭代与创新发展。未来，车路协同、自动驾驶、智能基础设施、无感支付、智能充电网络等新趋势将大幅提升高速公路的效率、安全性和推动高速公路的绿色发展。与此同时，数字孪生、5G 通信、跨区域智能交通网络等技术将进一步推动交通网络的智能化和全球化，为现代交通体系带来深刻的变革。

二、高速公路交通网络智能布局带来的新业态及新企业

高速公路交通网络智能布局的推进带来了众多新兴业态和新兴企业。这些新兴业态和新兴企业利用物联网、人工智能、车路协同（V2X）、自动驾驶、5G 等先进技术，推动了高速公路及其相关领域的数字化、智能化发展，形成了多个前

景广阔的新产业。

一是智能交通服务商，提供智能交通解决方案、数据分析服务等，为高速公路管理部门提供智能化的支持。这些新兴业态带来了与之对应的新兴企业——智能交通服务商：①腾讯云交通解决方案。腾讯云提供了智能交通解决方案，包括车辆识别、交通流分析等服务，通过大数据分析为交通管理提供支持。②百度智能云交通大脑。百度智能云推出了交通大脑，通过人工智能和大数据技术，为城市交通管理提供智能化解决方案。③华为交通管控系统。华为提供综合的交通管理解决方案，包括智能信号灯、城市交通规划等，以提高交通效率。

二是电动化交通产业，以电动车辆为核心，发展电动车充电基础设施和相关服务。这些新兴业态带来了与之对应的新兴企业——电动化交通产业：①蔚来公司是一家新能源汽车制造商，总部位于上海。它专注于新能源汽车的设计、研发和生产，是中国新能源汽车行业的重要参与者之一。蔚来公司成立于 2014 年，并在 2018 年在美国纳斯达克证券交易所上市。②理想汽车致力于打造智能电动汽车，推动电动化交通的发展，并提供智能化的车辆解决方案。③爱驰汽车是一家专注于电动智能汽车的企业，致力于推动电动交通的可持续发展。

三是智能交通设备制造商，制造智能交通设备，如智能交通信号灯、智能监控摄像头等。这些新兴业态带来了与之对应的新兴企业——智能交通设备制造商：①海康威视是国内领先的智能安防和交通监控设备制造商，提供智能交通摄像头、监控系统等产品。②大华股份专注于视频信息处理和智能分析技术，为智能交通领域提供高质量的设备和解决方案。③中兴通讯在物联网领域涉足智能交通设备制造，包括智能传感器等，为城市智能化建设提供支持。

四是车联网服务提供商，企业可以通过提供车联网服务，使车辆实时与高速公路系统通信，获取实时路况和导航信息。车联网服务提供商在智能高速公路布局中发挥着关键作用，通过实时与高速公路系统通信，这些企业提供了多样化的服务，以提升驾驶者和公路管理者的体验。①实时路况服务。车联网服务提供商通过搜集车辆数据、交通摄像头等信息，向驾驶者提供实时路况信息，包括道路拥堵情况、事故报告、施工信息等。百度地图和高德地图在这方面具有领先优势，通过其应用程序向用户提供准确的实时路况。②智能导航和路径规划。车联网服务可以为驾驶者提供智能导航和路径规划服务，考虑实时路况、天气状况、车辆状态等因素，提供最优的行车路径。这有助于减少通勤时间、降低燃油消耗，并提高驾驶的便捷性。导航服务（如高德地图和百度地图）通过持续的算法优化提供了这方面的服务。③远程车辆监控。车联网技术还允许车主通过智能手机或其他设备远程监控车辆状态，包括车辆位置、燃油状态、车辆锁定状态等。

这提高了车主对车辆的管理和控制能力。

国外新兴业态及新兴企业介绍：一是智能交通服务商，提供智能交通解决方案、数据分析服务等，为高速公路管理部门提供智能化的支持。例如，森赛斯盖特索集团提供交通管理和安全解决方案，包括智能交通摄像头和数据分析服务。卡普什交通通信提供智能交通管理系统，包括电子收费、车辆检测和智能交通解决方案。艾特瑞斯公司提供交通管理和智能运输系统，包括交通数据分析和智能交通信号控制。二是电动化交通产业，以电动车辆为核心，提供电动车充电基础设施和相关服务。例如，特斯拉公司提供电动车辆和超级充电站网络，致力于推动电动交通的发展。充电点公司提供电动车充电基础设施和充电网络服务，支持电动交通的普及。三是智能交通设备制造商，制造智能交通设备，如智能交通信号灯、智能监控摄像头等。例如，菲力尔系统公司提供智能交通监控解决方案，包括智能交通摄像头和传感器技术。智能交通信号优化，例如由西门子移动公司提供的智能交通信号控制系统，用于优化交通流量。

这些新兴业态的新兴企业在各自领域，抓住高速公路交通网络智能布局带来的新机遇，实时创新市场，提供先进的相关技术和解决方案，为智能交通服务、电动化交通和智能交通设备制造等行业的发展另辟蹊径。这些企业的市场优势主要体现在创新技术、可靠性和对智能交通发展的持续关注方面。

高速公路交通网络的智能布局带来了诸多新兴业态和新兴企业发展机会，从自动驾驶、无人驾驶货运、智能基础设施到智慧充电、无感支付，智能交通的各个环节都在经历数字化与智能化的变革。新兴企业通过技术创新、商业模式创新，可以在智能交通这个庞大的市场中占据一席之地，推动全球交通体系的智能升级，并创造新的经济增长点。

三、区域经济布局与智能高速共同构建新的发展格局

在区域经济布局与智能高速相互作用的背景下，形成了新的发展格局，为经济社会带来了全新的活力和机遇。区域数字化经济发展趋势更加明显，数字产业与实体产业深度融合。智能高速不仅是交通基础设施，更是数字化经济的重要枢纽。

一是智能高速催生数字化产业集聚。①数字化物流中心。智能高速促进了物流行业的数字化转型与升级，形成了数字化物流中心，通过智能化的运输、仓储和配送，提高了物流效率，降低了成本，促进了物流业务的发展，助力产业集聚。②智能交通科技园区。区域经济布局将智能高速纳入科技园区规划，鼓励并吸引智能交通科技企业入驻。这促成了交通科技、信息通信技术等企业在园区内展开合作与创新，形成数字化产业集聚区，推动科技创新和产业发展。

二是区域数字化经济引领。①数字化决策支持中心。智能高速为区域政府提供了大量的实时交通和运输数据，借助这些数据，政府能够建立数字化决策支持中心，更精准地制定区域经济发展战略，提高决策效率。②新型数字服务业孵化。区域布局积极培育新型数字服务业，通过智能高速的信息网络，鼓励并支持数字创新企业的孵化，推动数字经济的快速发展，为区域经济注入新的活力。

三是区域内产业协同发展。①智能交通与产业融合，区域经济布局鼓励智能交通与其他产业的深度融合。智能高速与制造业、物流业等产业形成紧密的协同，提高了生产效率，促进了产业升级。科技创新型模式强调在高速公路沿线建设科技园区，并通过数字化技术推动数字经济的发展。例如，硅谷（美国加利福尼亚州）是全球科技创新的重要中心之一，许多高科技企业集聚在这个地区。高速公路网络便捷，为企业提供了便利的物流通道。深圳前海湾自贸区（中国广东省深圳市）紧邻香港，是中国的重要创新驱动区域。高速公路与港珠澳大桥相连，构建了一个便捷的科技创新走廊。②数字化农业与城市连接，智能高速不仅连接城市间的数字化产业，也通过信息技术将城市与农村相连接。这促进了数字化农业的发展，实现了城乡经济的协同增长。杭嘉湖平原位于浙江省，是中国著名的稻米产区。高速公路的建设使得农产品能够更迅速地运输到城市，同时便于发展农村旅游。

四是智能高速下的创新生态系统。①智能交通创新中心。区域布局建立智能交通创新中心，吸引科研机构和企业在智能高速领域进行创新研究。这一中心为区域提供技术支持和创新动力。②数字化产业链孵化。智能高速构建数字化产业链，从智能交通设备制造到数据分析服务，形成创新的产业生态系统。这一生态系统助力企业不断推陈出新，推动数字经济的发展。

五是区域生态可持续发展。①绿色交通生态圈，智能高速引导绿色出行，促进电动车辆的普及，形成以清洁能源为核心的绿色交通生态圈。这有助于降低交通排放，改善空气质量，推动可持续发展。②生态旅游发展，区域经济布局结合智能高速，推动生态旅游发展。智能高速的建设不仅提高了交通便捷性，也为区域内的生态景区、乡村旅游提供了更好的联通条件，推动了生态旅游产业的繁荣。

区域产业协同发展、数字创新、生态旅游等方面迎来新的发展格局。数字化产业链的构建为企业提供了更广阔的发展空间，生态旅游、数字教育等新兴领域的发展带来了新的商机。

在智能高速与区域经济相互融合的过程中，新的发展格局不仅使得区域更具竞争力，也为居民提供了更便捷、更智能的生活方式。同时，数字经济、智能科技的持续创新将继续为区域带来更多机遇，推动区域经济不断向前发展。

第四节　碳中和与新能源经济发展的新环境

碳中和目标和新能源经济的发展正在塑造全球经济的新环境。随着全球应对气候变化的需求日益迫切，碳中和已成为各国政府、企业和社会追求的战略目标。通过发展新能源、提高能源效率和推动产业转型，碳中和带来的新经济环境正在形成一个绿色、可持续发展的未来。

通俗来说，碳中和就是通过发展新能源，逐步替代传统能源，从而使人类的生存环境回归到大自然可持续发展的原生态。这一理念的核心思想是减少对大气中二氧化碳等温室气体的排放，以降低对地球气候系统的影响，达到碳排放与碳吸收相平衡的状态。这意味着采取措施来减少燃烧化石燃料、提高能源利用效率，并加大对可再生能源的利用，以实现零碳排放的目标。这不仅有助于缓解气候变化的影响，还有助于保护生态系统，创造更清洁、可持续的生存环境。

碳中和与新能源经济正在引领全球经济的绿色转型，未来数十年内，清洁能源技术、绿色产业和低碳经济将成为全球经济发展的主旋律。随着技术进步、政策支持和资本流入，全球将逐步形成一个以绿色、可持续发展为核心的经济体系。企业和投资者若能够抓住这一趋势，将在新能源经济中获得巨大的机遇。同时，全球社会将在碳中和目标的驱动下，迈向更清洁、更健康的未来。

一、碳中和发展的起源与时代背景

碳中和的发展起源和时代背景深刻反映了全球应对气候变化的长期努力与现代经济向可持续发展转型的需求。随着全球气温升高、极端天气事件增多，碳中和目标逐渐成为各国应对气候变化的核心战略。

一是《联合国气候变化框架公约》（UNFCCC）。在 1992 年《联合国气候变化框架公约》的框架下，国际社会开始共同应对气候变化。这为后来碳中和目标的设定和实施奠定了基础。

二是《京都议定书》。1997 年通过的《京都议定书》是对 UNFCCC 的一个重要补充，其中包括碳市场机制和清洁发展机制等工具。这为碳交易和碳市场的发展提供了机会，鼓励各方在全球范围内降低碳排放。

三是《巴黎协定》。2015 年通过的《巴黎协定》是国际社会为应对气候变化所达成的里程碑协议。该协定确立了全球温室气体减排目标，其中包括在 21

世纪中叶实现碳中和。各国通过自主贡献（国家自主确定的贡献）提出了减排目标。

四是企业和城市的承诺。随着气候变化意识的增强，越来越多的企业和城市开始自愿承诺实现碳中和。一些大型企业和城市在其经营和规划中纳入碳中和目标，这种趋势在近年来越发显著。

五是科技进步和可再生能源发展。随着科技的进步和可再生能源的大规模发展，一些国家和地区逐渐减少对传统化石燃料的依赖，转向更清洁的能源，为碳中和提供了实施的技术基础。

碳中和的发展起源可以追溯到 20 世纪的环保运动、温室效应理论的提出和全球气候变化的研究，经历了《京都议定书》和《巴黎协定》的推动，碳中和逐渐从一个科学概念转变为全球共识。进入 21 世纪，随着技术进步、政策支持、国际合作和新能源革命的到来，碳中和成为全球应对气候变化和推动经济转型的核心路径。未来，随着各国政府和企业的持续努力，碳中和目标将进一步加快全球绿色经济的转型，推动可持续发展的新时代到来。

二、国际碳中和的发展新趋势与新机遇

国际碳中和发展的趋势和机遇正在全球范围内快速扩展，推动经济、技术和政策的深度变革。各国和各地区的碳中和政策、技术创新和产业转型，正在为未来几十年全球绿色经济和低碳发展的框架奠定基础。

一是碳中和战略目标的普及。越来越多的国家、企业和城市正在确立碳中和战略目标，将碳中和作为长期发展目标。这为各方提供了明确的方向，激励各界加大碳减排力度，形成全球共识与开展合作的基础。

二是零碳目标的时间表制定。一些国家不仅提出了碳中和目标，还设定了零碳的具体时间表。这种明确的时间目标有助于推动实际行动和投资，形成具体的减排路径，促进全球碳减排的实质性进展。

三是碳中和技术的创新。新的碳中和技术不断涌现，包括碳捕获和储存技术、碳利用技术等。这些创新技术为实现碳中和战略提供了更多的选择，也为推动碳中和战略提供了更为高效和可持续发展的技术支持。

四是跨行业合作的增加。跨行业的碳中和合作逐渐增加，企业间、国际组织间的碳中和合作越发密切。这种合作可以实现资源共享，共同应对碳排放挑战，形成全球性的协同努力，推动碳中和的全球化发展。

五是碳市场的建设与发展。国际上越来越多的地区在建设碳市场，推动碳交易的国际化，通过碳交易等方式鼓励碳减排。这为企业提供了经济激励，推动其

采取更加清洁和可持续的发展模式。

六是全球碳金融的崛起。随着碳中和的发展，碳金融成为一个新兴领域，金融机构越来越关注碳中和领域，推出了一系列碳中和金融产品，如碳市场基金、碳信用等，为碳中和行动提供了融资渠道，为投资者提供了参与碳减排的机会，也为企业提供了融资的新途径。

七是碳中和标准的国际认可。国际上对碳中和标准的认可逐渐增加，形成了一些国际通用的碳中和认证标准。这一趋势对碳中和的推动和规范起到了重要作用：①提高透明度，国际通用的碳中和认证标准有助于提高碳中和项目的透明度。企业和国家可以按照这些标准制定和公布碳中和目标，使其更加清晰、明确，便于监督和评估。②增强可比性，统一的认证标准有助于不同地区和组织之间的碳中和目标和成果进行比较。这样一来，国际社会更容易了解各方碳减排的进展，促进全球碳中和努力的协同推进。③促进国际合作，具有国际认可的碳中和标准有助于不同国家和组织间的合作。在共同认可的标准下，国际合作更容易形成，促进资源共享、技术交流，加速碳减排技术和经验的传播。④引导市场机制，国际认可的碳中和标准对碳市场的发展具有引导作用。企业在市场中推行碳中和目标时，遵循国际认可的标准可以提升其在市场中的竞争优势，推动碳市场规范健康发展。

这些趋势和机遇为国际碳中和的发展提供了更为广阔的空间，激发了各方在碳减排领域加大投入和创新，推动了碳中和战略更加广泛和深入的实施，也带来了一些碳中和发展中的新业态，以及一系列相关产业的创新与发展。

三、碳中和战略带来的新经济业态及新发展模式

碳中和战略带来了多种全新的经济业态和发展模式，推动全球产业结构、技术创新和经济模式的深刻转型。各国通过低碳技术、绿色产业链、智能化系统等多个方面的革新，促进了以低碳、绿色、可持续发展为核心的新经济业态。

一是绿色能源革命。碳中和战略推动绿色能源的广泛应用，太阳能、风能等可再生能源产业迎来爆发性增长，形成了全新的清洁能源经济。

（1）太阳能产业。在碳中和战略的推动下，太阳能产业取得了显著发展。太阳能光伏技术的不断进步降低了太阳能发电的成本，促使大规模太阳能电站的建设。分布在城市屋顶、农田和沙漠等地的光伏电池板不断推动清洁电力的生产，为可持续能源发展提供了强大支持。

（2）风能产业。风能作为清洁能源的代表，同样在碳中和战略的引领下取得显著进展。高效的风力涡轮机不断涌现，海上风电和陆地风电项目得到了大规模

建设。这不仅推动了清洁电力的生产，也为能源结构的转型提供了关键支持。

（3）电池技术与储能。为了解决可再生能源的间歇性特点，电池技术和储能系统得到了极大的关注与发展。碳中和战略催生了高性能、低成本的储能技术，如锂离子电池等，以提高清洁能源的可靠性。这些储能技术的进步不仅有助于平稳供应电力，还为电力系统提供了更灵活的调度手段，从而更好地整合可再生能源。

（4）智能能源管理系统。碳中和战略促进了智能能源管理系统的发展。通过先进的数据分析和人工智能技术，这些系统实现了对能源的智能监控、调度和管理，提高了能源利用效率。智能能源管理系统的应用，使得能源消耗更加智能化和可持续，为碳中和目标提供了实际支持。

（5）新兴清洁能源。除太阳能和风能之外，碳中和战略还催生了其他新兴的清洁能源，如潮汐能、地热能等。这些新型清洁能源的开发和利用为能源多元化和可持续性发展提供了更多可能性，有助于降低对传统能源的依赖。

（6）绿色能源创新项目。为推动碳中和目标，各地涌现出一系列绿色能源创新项目，涉及能源生产、储存、使用等多个方面，形成了一个全新的产业生态系统。这些创新项目推动了技术的进步，激发了创业活力，为碳中和战略的实施提供了更为广泛的支持，包括各类创新的能源科技、能源管理模式以及可再生能源的商业化应用。

二是碳中和科技创新。碳中和战略催生了一系列碳捕获、碳利用、碳存储等技术的创新，形成了以科技推动碳中和的新经济业态。

（1）碳捕获技术创新。碳捕获技术旨在从工业排放源和发电站等地点捕获二氧化碳，防止其释放到大气中。新型的碳捕获技术包括物理吸附、化学吸附、膜分离等多种方式，以提高捕获效率和降低成本。

（2）碳利用技术创新。碳利用技术致力于将捕获的二氧化碳转化为有用的产品，如燃料、化学品和建材。电催化、生物催化、化学催化等技术的创新推动了碳利用领域的发展，实现了废弃二氧化碳的资源化利用。这为碳中和过程中的碳循环经济提供了关键支持，将废弃物转变为有价值的物质。

（3）碳存储技术创新。碳存储技术旨在将二氧化碳永久封存在地下或海底，避免其进入大气层。地质封存、海洋封存等技术的不断创新提高了碳存储的可行性和安全性。这些技术的发展有望降低大气中二氧化碳的浓度，对应对气候变化产生积极影响。

（4）智能碳中和系统。利用人工智能、大数据等技术，设计智能碳中和系统，实现对碳排放的实时监测、分析和控制。这些系统有助于企业和城市更加精准地实施碳中和战略，通过实时数据监测和分析，提高碳排放管理的效率和准确性。

（5）区块链应用于碳交易。区块链技术被应用于碳交易领域，建立透明、不可篡改的碳排放权交易平台，推动碳市场的形成和发展。区块链的去中心化和安全特性有助于建立可信赖的碳交易系统，增强碳市场的透明度和公平性。

（6）数字孪生技术应用。利用数字孪生技术创建真实系统的虚拟模型，为企业提供碳减排方案的优化和仿真，提高碳中和决策的科学性。数字孪生技术可以模拟碳排放的影响，帮助企业制定更加精准和可行的碳减排策略。

（7）碳中和创新生态园区。一些地区建设碳中和创新生态园区，汇聚高校、企业和研究机构，推动碳中和技术和产业的集聚和孵化。这种生态园区为创新提供了平台，促进碳中和领域的研发和实践，加速创新成果的转化和推广。

碳中和战略推动了上述一系列的技术创新，这些科技创新推动了碳中和战略的实施，为解决气候变化和减缓温室气体排放提供了更为可行和可持续的发展新途径。

四、碳中和联盟模式形成了产业协同、共享资源的新型发展格局

碳中和联盟模式的形成为产业协同和资源共享提供了新的发展格局。在该模式下，企业、政府、科研机构和其他利益相关者通过联盟的形式共同推进低碳技术的研发、推广和应用。这种协同效应不仅可以优化资源配置、降低各方的碳排放成本，还能够推动整个产业链的绿色转型。这些联盟的战略合作特点如下。

（1）协同创新。联盟成员可以共享技术、研发资源和专业知识，推动碳中和技术的协同创新。这有助于避免重复投资，提高研发效率。

（2）规模效应。联盟能够汇聚多个企业的力量，形成规模效应。大规模的联合研发和创新项目更有可能获得政府支持和国际合作，加速碳中和技术的应用。

（3）资源共享。联盟成员可以共享测试设备、实验室、人才培训等资源，降低碳中和技术研发的成本，促进资源的高效利用。

（4）碳市场参与。联盟有可能通过共同参与碳市场，实现碳交易和碳配额管理，推动企业更积极地参与碳中和行动。

（5）政策倡导。联盟作为一个组织体，可以更有力地向政府提出碳中和相关政策建议，推动政府支持碳中和产业的发展。

这种模式符合当今全球碳中和目标的趋势，能够为产业的可持续发展提供更为强大的动力与竞争力，促进绿色经济的发展。

例如，欧洲多个国家的企业、研究机构和政府组成碳中和创新联盟，通过跨

国合作推动碳中和技术的发展。该联盟积极参与碳市场，推动碳交易和碳减排目标的实现。美国碳中和技术创新联盟由美国多家企业和研究机构组成，致力于推动碳中和技术的研发和商业化应用。该联盟通过共享实验室、研究资金和技术专业知识，推动了碳捕获、碳利用等领域的创新。

目前国内创新联盟模式正处于初期发展阶段。例如，清华大学碳中和研究院致力于碳中和技术的研发、政策研究和产业合作。该研究院已与企业、政府等多方建立合作关系，推动碳中和领域的创新与实践。华电集团在其清洁能源发展战略中提出碳中和目标，计划在 2035 年前实现整体碳中和，包括投资清洁能源项目和推动碳捕获利用技术应用。

清洁能源企业之间也展开合作，共同推动可再生能源和碳减排技术的应用，如太阳能企业、风能企业合作打造低碳能源生态系统。一些地方政府与企业共同推动碳中和目标的实现，通过政策引导鼓励企业采用清洁能源、推动碳捕获利用技术的研发等。

五、新能源经济发展的新环境与派生出的新业态

在新能源经济的推动下，全球正进入一个全新的经济发展环境，派生出了许多新业态。随着技术进步、政策支持和市场需求的变化，新能源经济的快速发展不仅推动了能源产业的转型，还催生了许多创新型的商业模式和行业。

一是新能源产业集群化。新能源产业不是单打独斗，而是与其他产业形成集群化发展，形成新能源装备制造业、新能源服务业、新能源数字化等新业态。

二是创新驱动。新能源经济的发展离不开创新，包括技术创新、模式创新、业态创新等，以适应新能源经济发展的新环境和新趋势。

三是政府主导下的市场化运作。新能源经济需要市场化运作，通过市场机制实现资源的优化配置，同时要加强政府的引导和支持。

四是跨界融合。新能源经济需要跨界融合，涉及交通、建筑、信息技术等多个领域。这种跨界合作促进了创新，与其他产业、技术、金融等相结合，形成新的商业模式和业态。

新能源经济不仅改变了传统的能源格局，还派生出了一系列创新的业态，这些新业态将在未来的绿色经济发展中占据重要地位。

一是新能源汽车产业。新能源汽车包括电动汽车、混合动力汽车、氢燃料电池汽车等。例如，特斯拉公司是以电动汽车为主导的企业，致力于推动电动交通的发展。比亚迪公司专注于电动汽车、电池技术等领域，是世界领先的新能源汽车制造商之一。

二是储能新业态。储能技术是新能源经济的重要组成部分，可以确保新能源电力的稳定供应。宁德时代专注于新能源储能领域，是全球领先的锂离子电池制造商之一。亿纬锂能以锂电池及储能解决方案为主营业务，致力于推动清洁能源的应用。

三是光伏新业态。光伏企业利用太阳能发电，提供清洁能源。隆基公司是全球领先的光伏产业公司，专注于太阳能光伏技术的研发和制造。通威股份公司是中国光伏产业的龙头企业，提供全球领先的光伏解决方案。

四是风电新业态。风电企业利用风能发电，为新能源经济提供重要支持。金风科技公司以风电设备制造为主，是中国最大的风电装备制造商之一。

五是氢能新业态。利用氢燃料电池技术，为企业提供更稳定的能源供应。中国石化集团在氢能领域积极投入，致力于氢能技术的研究和应用。中国能建公司参与氢能项目，推动氢能产业的发展。

六是新能源设备制造新业态。包括生产太阳能板、风力发电设备、储能设备等。中电光伏公司是中国领先的太阳能光伏制造商，提供太阳能电池板和组件。金风科技公司是中国最大的风电装备制造商之一，专注于风力发电设备的研发和生产。

七是新能源服务新业态。包括新能源电站运营、新能源咨询服务等。国电电力公司为国家电投集团旗下，积极参与新能源电站的运营和管理。光大新能源公司提供新能源项目的全方位解决方案，包括投资、建设、运营等服务。华能新能源公司为华能集团旗下，专注于新能源电站的规划、建设和运营。

八是新能源数字化新业态。随着新能源经济的发展，出现了许多新能源数字化企业，利用数字化技术提升新能源产业的管理和运营效率。国网智能能源研究院在智能电网和数字化能源管理领域进行研究和创新。富士电机（中国）公司利用数字化技术提升能源管理效率，致力于智能电网和工业自动化领域的创新。

这些新经济业态和发展模式不仅在经济层面推动了碳中和战略的实施，也为社会和企业带来新的发展空间，展现了碳中和在引领经济转型中的独特价值。

六、东西部大区域的三种新能源协同发展新布局

东西部大区域新能源协同发展的新布局，是中国在推进碳中和与能源转型过程中，通过区域优势互补与合作实现绿色发展的重要策略。东西部在地理、资源、经济等方面的差异为新能源的协同发展提供了广阔的空间。

一是资源优势互补。东部城市群和西部地区通过资源互补合作，将东部发达地区的技术和市场需求与西部地区丰富的清洁能源结合起来，实现资源的互惠共赢。

具体布局上，西部地区拥有丰富的清洁能源，如风能、太阳能和水能，而东部地区具备高度发达的制造业和服务业，以及巨大的电力需求。通过构建清洁能源输电通道，实现东部地区的清洁电力供应，有助于帮助西部地区发展清洁能源产业。

二是产业链协同发展。在产业链上，东部城市群和西部地区通过协同发展形成产业链闭环，实现清洁能源生产、传输、应用的全过程协同。

具体布局上，西部地区通过发展清洁能源发电、储能等环节，为东部城市群提供稳定、清洁的电力。东部地区则在此基础上推动清洁能源的高效利用，如电动汽车制造、数字化能源管理等。这种协同发展促使两地形成相互依存的清洁能源产业链。

三是经济增长协同效应。东部城市群和西部地区通过清洁能源的协同发展，实现经济的增长协同效应，推动两地的可持续发展。

具体布局上，清洁能源的输送和利用不仅为东部地区提供了稳定的电力，也创造了新的清洁能源产业，推动了就业和创新。西部地区则通过清洁能源的开发和销售，实现了经济结构的调整和升级。这种协同效应推动两地的经济同步增长。

东西部新能源协同发展的新布局不仅是能源生产和消费的简单分工，也是一种深度融合的协作模式。通过资源互补、产业链协同和生态协同，东西部能够共同应对能源转型的挑战，推动区域间的协调发展，同时实现经济增长与生态环境保护的统一。这种协同发展模式为中国实现碳中和目标提供了有力支撑，也为全球能源转型树立了典范。

七、东西部区域的新能源发展优势双赢新模式

东西部区域的新能源发展优势双赢新模式是指通过电力互补、资源互补和产业协同等方式，使东部地区在新能源需求大、技术创新强的基础上，与西部地区在清洁能源资源丰富、产业发展有待提升的基础上形成协同机制，共同推动清洁能源的生产、传输、应用全过程，实现资源的优势互补，形成全新的区域经济发展格局。

一是西部地区的优势是拥有丰富的清洁能源。新疆、青海、甘肃、宁夏、内蒙古等西部地区拥有丰富的风能和太阳能资源，是可再生能源的重要基地。甘肃、宁夏等地也具有其他可再生能源的优势，如水能等。

二是东部地区的优势是拥有多元化产业结构。京津冀、长三角、珠三角、成渝等东部城市群拥有多元化的产业结构，包括工业、科技、服务等领域。长三角地区

经济发达，制造业和高科技产业具有竞争力，京津冀则在工业和科技创新方面具有优势。

三是协同发展机会。京津冀城市群可通过与西部地区的清洁能源合作，推动清洁技术产业的协同发展，满足东部地区的电力需求。长三角城市群可通过与西部地区的电力互补，支持清洁能源的大规模应用，促进清洁技术产业的升级。珠三角城市群作为制造业和科技创新中心，可以与西部地区形成合作，推动清洁能源技术在制造业中的应用，促进可持续产业发展。成渝城市群可以与东部沿海地区形成合作，共同推动清洁能源产业的发展，实现产业链的协同发展。

四是电力互补协同发展机制。通过建设清洁能源输电通道，实现西部地区清洁电力向东部地区供应，促进资源优势互补。产业链闭环促使东西部地区形成相互依存的清洁能源产业链，实现生产、传输、应用全过程的协同。经济增长协同效应推动两地的经济同步增长，通过清洁能源产业创造新就业机会，促进创新，实现双方经济的可持续发展。

通过东西部区域间协同发展、优势双赢的合作机制，东西部地区可以实现清洁能源和清洁技术的跨区域合作，形成全产业链的协同发展，实现新能源领域的优势双赢。这种模式有助于推动全国清洁能源的发展，形成全面协同的新能源经济格局。

第五节　数字中国发展中的中国数字新基建

中国数字新基建（新型基础设施建设）是推动数字中国发展的核心力量之一。数字新基建的重点是通过先进的数字技术构建和提升中国的基础设施，以适应数字经济的快速发展。它不仅推动了传统行业的数字化转型，也为新兴行业的创新发展提供了基础支持。

中国数字新基建起步于 2019 年，在 2020 年受到新冠疫情的冲击后，数字新基建成为促进经济复苏和推动创新发展的关键战略。数字新基建的发展旨在构建数字经济和智能社会的基石，具有全面性、前瞻性和国际合作的特点。

中国数字新基建是以数字技术和信息通信技术为核心，以人工智能、大数据、云计算、5G 等为支撑，通过建设数字化基础设施和推动数字化转型，以提升社会生产力、促进创新发展、改善生活服务为目标的全新基础设施建设和发展模式。通过数字新基建的推进，中国正迈向全面的数字化转型，助力数字中国的快速发展。

一、中国数字新基建新的发展趋势

数据新基建可比喻为网络上的高速公路，其是以数据为关键生产要素、核心驱动力和流转方式，通过建设数字设施，构建数据要素市场，以数据流动为驱动，形成数据价值创造与共享经济。它像网络上的高速公路一样，为数字经济的发展提供了基础支撑和保障。中国数字新基建的发展趋势紧跟全球科技创新的步伐，并结合中国自身的经济和社会需求，呈现出多样化、深度融合和可持续发展的特点。一是高效性。数据新基建能够实现数据的快速传输和高效处理，提高了数字经济的运行效率。二是连通性。数据新基建能够将不同的设备和系统连接起来，形成一个互联互通的网络，使得数据可以自由流动。三是开放性。数据新基建是一个开放的平台，各种应用和设备都可以接入其中，实现数据的共享和交换。四是安全性。数据新基建需要注重数据的安全性和隐私保护，确保数据不会被泄露和滥用。数据新基建是数字经济发展的基础设施。

数字新基建是中国在数字经济时代推动经济转型的一项战略性举措，旨在构建数字化、智能化的基础设施，推动城市、产业、社会基础设施的智能化和数字化建设，提升生产效率、改善民生服务。

一是加速推动5G网络建设。提供更高速、更高带宽、低延迟的、更可靠的通信服务，支持大规模物联网、智能城市和新一代数字应用。

关键作用：加速5G网络基站的建设，可以推动数字经济和智能产业的发展。

二是物联网技术应用领域广泛。在工业、农业、城市管理等多个领域，通过物联网技术实现设备互联、信息共享、智能决策。

智能制造的工业物联网的应用，提升生产效率，实现智能制造和工业升级。

智慧农业的农业物联网的推广，提高农业生产效益，实现精准农业管理。

智能城市管理中应用物联网，提升城市运行效率，改善市民生活。

三是人工智能发展。人工智能在各行业的深度融合，推动自动化、智能化的生产和服务模式升级。

智能决策：在各个领域融入人工智能技术，实现数据驱动的智能决策，提高系统智能化水平。

自动化应用：通过人工智能技术实现自动化生产、服务和管理，提高效率。

四是大数据分析和应用。为政府、企业、科研机构提供更深入的洞察和决策支持。大数据应用是中国数字新基建中的关键方向之一，涵盖了各个领域的数据收集、分析和应用。

五是云计算和边缘计算。云计算基础设施的建设，提供灵活、高效、安全的计算和存储服务。

云服务的兴起为企业提供灵活、高效、可扩展的计算资源，推动数字化转型。

边缘计算针对对延迟敏感的应用，让计算和存储资源更接近数据源，提高数据处理效率。

六是区块链技术应用。区块链技术在数字身份认证、供应链管理、金融等领域的应用，提高信任和透明度。

信任建设上，区块链技术在数字新基建中用于建立可信赖的数据交换和管理机制，增强数字经济体系的信任度。

七是智能城市建设。以数字技术为基础，构建智能交通、智能安防、智能环保等方面的城市基础设施。城市管理上运用数字技术提升城市管理水平，包括智能能源管理、智能环境监测等。

虚拟建模方面，利用数字孪生技术创建实体的数字副本，用于模拟和优化生产、城市规划等过程。

八是数字化医疗和健康。推动医疗健康领域的数字化转型，包括远程医疗、健康监测等，有助于提升医疗资源利用效率，推动健康管理的个性化和精准化发展。

数字新基建的发展不仅是中国经济转型的关键一步，也为全球数字化发展提供了新的范本。这一战略性举措将为中国在数字经济时代的可持续发展奠定基础。

二、中国数字新基建对未来区域经济发展的影响

数字新基建将为中国未来的区域经济发展注入强大动力，加速推动区域经济数字化转型，中国数字新基建对未来区域经济发展的影响体现在多个方面。

一是推动数字经济崛起。数字新基建将推动数字经济的崛起，各个行业将更加依赖数字技术和数据驱动的运营模式。其对区域经济的影响是在数字化转型方面更为领先的地区将更有可能在数字经济中取得竞争优势。

二是创新产业培育。数字新基建将为创新产业提供更强有力的支持，包括人工智能、大数据、云计算等领域的企业将在新经济时代崭露头角。其对区域经济的影响是能够培育和引进高科技企业的地区将在新经济中成为创新的重要源泉。

三是智能制造升级。数字新基建将推动制造业的智能化升级，提高生产效率，促使传统产业转型升级。其对区域经济的影响是制造业密集的地区有望在数字化制造方面取得领先地位，成为数字新基建的核心区域。

四是就业新机会。数字新基建的推动将创造大量的新就业机会，涉及数字技术、网络建设、数据分析等领域。其对区域经济的影响是能够培养数字化人才的地区将吸引更多的高素质劳动力，推动区域经济发展。

五是城市智能化提升。智能城市建设是数字新基建的一个重要方向，将提升城市管理效率、改善市民生活质量。其对区域经济的影响是成功实施智能城市项目的地区将成为未来城市化发展的典范。

六是区域协同发展。数字新基建将促进区域之间的数字化协同，实现数字技术在不同区域的融合与互通。其对区域经济的影响是有利于各地区发挥各自优势，形成数字新基建的合作共赢格局。数字新基建将深刻改变中国各个地区的经济发展格局，带动社会结构和经济格局的深刻变革，加速推动区域经济的数字化、智能化、绿色化转型，为未来的可持续发展奠定坚实基础。

三、中国数字新基建战略布局的六个关键时期

中国数字新基建战略布局可以划分为六个关键时期，每个时期在推动中国数字经济和科技创新方面都发挥了重要作用。

基础阶段（2018 年以前）。在这一时期，数字经济的基础设施建设主要集中在通信网络、数据中心等方面。中国政府开始大力推动 5G、物联网和云计算等新兴技术的发展，为数字新基建奠定了基础。

起步阶段（2019 年）。2019 年，中国政府首次提出“新基建”概念，明确指出包括信息基础设施、融合基础设施和创新基础设施等。这一时期的重点是 5G 网络建设、人工智能、工业互联网等领域的探索和试点。

加速阶段（2020 年）。2020 年是中国数字新基建的加速期。全国范围内的 5G 网络建设大规模推进，同时，人工智能、数据中心、工业互联网、物联网等关键领域的发展速度加快。特别是新冠疫情期间，数字技术在远程办公、线上教育和智慧城市等方面发挥了重要作用。

全面推进阶段（2021 年）。2021 年，数字新基建成为中国“十四五”规划的核心内容之一。政府进一步明确了新基建的发展方向，强调在全国范围内加快布局，特别是在数字经济、智能制造、智慧交通、智慧能源等领域的创新应用。

深化布局阶段（2022—2023 年）。在这一时期，国家开始深化数字新基建的战略布局。以“双碳”（碳达峰、碳中和）目标为背景，智能电网、绿色数据中心和绿色智能制造等绿色新基建成为重点。同时，5G 与工业互联网、智慧城市的融合应用逐步推广。

融合创新阶段（2024 年及以后）。随着数字新基建的逐步完善，未来的重点

将集中在更高水平的技术融合与创新应用上。人工智能与5G、物联网、区块链、大数据等技术的深度融合将推动数字经济迈向新的高度，并在更多传统行业中实现数字化转型。此外，国家对“东数西算”工程（促进东西部数据资源协调利用）的进一步部署也将助推全国范围内的数据资源整合与共享。

这六个关键时期体现了中国在数字新基建领域的持续投入与创新，推动了科技与经济的深度融合，加速了中国在全球数字经济中的崛起。

本章从城市群的智能化、交通网络的智能化、生存环境与新能源发展以及网络上的高速公路四个维度，深入探讨了未来社会与经济的发展前景，呈现了数智时代的美好蓝图，描绘了未来可能的新业态变化。这样的变革不仅是一场技术革新，也是对我们思考未来的一次深刻启示。

在这一背景下，我们需要站在企业战略的高度，以战略视野来把握这一时代的机遇。机会往往稍纵即逝，因此发现机会和抓住机会同样重要。战略视野让我们能够更清晰地看到未来的发展方向，更好地规划和应对变化。

这一时代的变革不仅影响科技和产业，还将深刻地改变我们的生活方式、城市格局以及经济生态。因此，要想在变革的浪潮中脱颖而出，不仅需要敏锐地发现机会，更需要有长远的战略眼光，积极适应并引领未来的发展。

第二章

数智时代的云海战略

人无远虑，必有近忧。——孔子

战略上唯一预知的就是不完全预知，或不能预知。

《孙子兵法》最早将战略作为一种概念提出，但《孙子兵法》里的战略是一种模糊概念。古希腊开始将战略作为一门学科进行研究，英文单词 Strategy（战略）的词根最早就是希腊语 Strategos（将军），后来演变为 Strategicon（将道），最后才形成今天的 Strategy（战略）。1938 年，巴纳德在其《经理人员的职能》一书中阐述了战略思想、组织思想、管理思想。1962 年，钱德勒在其著作《战略与结构》中将企业战略更深层地与结构联系在一起。1965 年，安索夫在其著作《公司战略》中注重具体的战略与现实相结合，更加注重实用，自此企业战略理念基本成形。这一时期，随着战后西方市场经济的高速发展，企业在面对竞争日益激烈的经济环境时，开始形成并探索企业发展战略。市场竞争的加剧促使企业认识到制定有效战略的重要性，从而推动了企业战略理论的逐步形成和发展。在这个过程中，企业不断通过实践检验和验证战略，逐渐总结出适应市场变化和获取竞争优势的战略方法。企业战略理论在实战中逐渐成熟，并逐步形成了一系列理论框架和概念，为企业提供了系统性的战略指导。

当今世界已经进入数智经济新时代，企业战略也进入了一个新的发展时期，即云海战略阶段。在数字化和智能化支撑的新经济时代，企业战略将更加注重以人工智能为核心的金融科技支持的战略决策。彼得·德鲁克的名言“所谓战略，不是研究我们未来做什么，而是，今天做了什么，才可能有未来”深刻阐释了战略的本质。这一重要阐述揭示了五个关键的战略路径：第一，战略的目的是创造未来；第二，战略需要超前思考；第三，战略是长期的企业导向；第四，需要企业持续创新；第五，战略需要综合考虑其他资源与环境。这些路径构成了企业在数智时代制定云海战略的基础。在当今时代，云海战略的关键在于充分利用数智时代提供的数字化和智能化手段，获取企业在复杂多变的市场环境中的竞争优势，包括更加精准的数字驱动战略决策、超前思考未来趋势、长期导向的企业规划、持续创新以适应快速变化的市场，以及在制定战略时综合考虑各种资源和环境因素。云海战略的制定需要企业紧密结合数智时代的特点，灵活应对挑战，创造有利的未来。

第一节　数智时代企业新生态

什么是数智时代？数智时代是指以数字化为基础，融合运用大数据、云计算、区块链、元宇宙、生成式人工智能模型等新一代数字技术，全面支撑社会生产、管理、服务等场景，引领产业升级，并不断迭代延伸出一些新兴的业态和技术趋势的时代。

什么是数智时代企业新生态？数智时代企业新生态是指在数字化、智能化的时代，企业在经营和发展中形成的全新生态系统。这一生态系统包括数字技术、数据驱动、智能化应用等多个方面，为企业创造了全新的经营环境和商业模式。

在数智时代，企业生态系统发生了深刻的变革和重构。随着数字化、智能化技术的广泛应用，企业的运营模式、业务生态和市场环境均呈现出新的特点和趋势。企业新生态的形成不仅推动了企业内部结构的优化，还催生了跨行业、跨区域的合作模式，推动了整体经济的转型升级。

数智时代企业新生态呈现出数字化、智能化、平台化、开放性和可持续发展等特征。通过全产业链数字化、平台经济、智能技术赋能、开放式创新、绿色发展、数据资产化、灵活组织和区域协同等新形态，企业不仅优化了自身的运营模式，还通过构建多方协同的生态系统，实现了可持续的创新和增长。这一新生态为企业应对复杂的市场环境和技术变革提供了全新的思路与发展路径。

一、数智时代企业新生态的新变化与新趋势

在数智时代，随着数字化、智能化技术的深入发展，企业新生态呈现出显著的新变化和新趋势。这些变化不仅改变了企业的运作方式，还重新定义了企业与市场、客户、合作伙伴之间的关系，推动了全球商业环境的变革。

（1）数智时代推动智能城市和智能交通发展。在数智时代，智能城市的发展主要通过先进的数据分析、5G 和 6G、人工智能等数字技术来实现，包括优化城市规划、改善交通流动性和提高资源利用效率。通过物联网、大数据、云计算等技术，智能城市实现各个系统的智能化管理，为居民提供更高效、便捷的城市生活。例如，智能交通系统可以通过实时数据监测和智能信号控制来缓解交通拥堵。

（2）5G 和 6G 技术在数智时代发挥着至关重要的作用。它提供了更快的数据

传输速度和更低的延迟，推动了各种数字化应用的发展，包括智能手机、物联网设备、智能工厂和自动驾驶、虚拟现实等。5G 的高速连接为实时数据传输和大规模设备连接提供了支持，6G 网络将是一个地面无线与卫星通信集成的全连接世界。5G 的广泛部署推动了更高速、更可靠的无线通信，为各类数字化应用提供了更好的支持，5G 和边缘计算的结合为更多场景提供了高速、低延迟的网络支持，对工业互联网等领域同样具有深远影响。

（3）算力成为数智时代发展的重要基础。云计算和边缘计算为企业提供了强大的计算和存储能力。云计算通过网络连接远程服务器，使得企业能够在云端进行数据处理和存储；而边缘计算将计算和存储推向离数据源更近的地方，降低了延迟，适用于对实时性要求较高的场景，如智能制造。这些技术的结合为企业提供了更灵活、高效的数据处理和管理方式。

（4）物联网在数智时代得到广泛应用。物联网使各种设备和物体能够互相连接和交互，涵盖智能城市、智能家居、工业互联网等领域。随着传感器和嵌入式技术的进步，物联网设备变得更加智能化，为数据采集和实时监测提供了便利。在智能城市中，物联网可以用于监控交通流量、改善能源利用效率以及提升城市的整体运行效率。

（5）可再生能源和绿色技术市场潜力巨大。数智时代，企业越来越注重可持续性和环保，采用可再生能源、智能能源管理和绿色供应链等技术有助于降低企业的环境影响。通过利用太阳能、风能等可再生资源，企业可以减少对传统能源的依赖，推动绿色能源的发展。这有助于企业在社会责任方面展示可持续经营的承诺，同时降低对有限资源的过度依赖。

（6）区块链技术促进了新数据存储与交易革命。区块链为企业提供了一种去中心化、透明、安全的数据存储和交易方式，广泛应用于金融、供应链管理和数字身份验证等领域。区块链技术能够增强数据安全性、提高交易透明度，进而改善业务流程。企业可以利用区块链建立信任机制，确保数据的完整性和安全性，尤其在跨境交易和供应链管理方面具有显著的优势。

（7）生物技术和基因编辑将改变人类生命进程。生物技术的发展为医疗、农业和环境领域带来了新的解决方案。基因编辑技术在医学上具有巨大潜力，如基因编辑技术可以应用于一些遗传性疾病的治疗。在农业领域，精准农业技术能够提高农产品的产量和质量。这些生物技术的应用有助于解决一些重大健康和环境问题，为企业创造新的商业机会。

（8）虚拟现实技术和增强现实技术及 AI 视频生成将带来人类社会颠覆性革命。虚拟现实技术和增强现实技术为企业提供了创新的交互和体验方式。在培训、产品展示、远程协作等领域，这些技术逐渐崭露头角。通过虚拟现实技术和增强现实技术，企业能够提供更沉浸式的用户体验，拓展了创新的空间。例如，虚拟现实技术在培训中可以模拟真实场景，提高员工的技能水平。在产品展示方面，增强现实技术可以为消费者提供更丰富的购物体验，增强品牌吸引力。OpenAI 视频生成服务 Sora 的出现可能会催生出一场创造力的风暴，影响人们的职业选择和就业形势，引发一些社会和伦理上的讨论。

这些新兴业态构建了数智时代企业新生态，推动着经济和社会的不断创新与发展，为企业带来了更多的创新和竞争机会。企业需要紧跟科技发展趋势，灵活调整战略，以提升竞争优势，适应日益变化的商业环境。

数智时代下的企业新生态正经历快速的变化与发展，跨行业协同、智能自动化、平台化经济、个性化消费和绿色发展等成为企业生态系统的核心特征和发展趋势。未来，企业将更加注重开放式创新、智能技术应用、数据资产化管理和可持续发展，通过构建更为灵活、开放、协同的生态系统，推动自身在数智时代实现持续增长和竞争力提升。

二、数智时代新生态环境下企业战略体系构建新动向

在数智时代新生态环境下，企业战略体系正呈现新的发展动向。随着数字化和智能化的快速发展，企业战略体系的构建正在经历重大变革。数字化和智能化的迅速崛起不仅改变了市场格局，也重新定义了企业竞争的规则。在这一新的动向中，企业战略体系不再仅是一套应对市场变化的策略，更是一个全面融合数字技术和智能手段的战略框架。

企业战略体系强调数字共创共生的理念，积极参与数字化生态系统建设。企业通过与外部合作伙伴、供应商和客户形成紧密的连接，实现资源、信息和技术的共享，从而提高创新力和灵活性。这一新动向强调了企业与外部生态系统的深度互动，通过开放的合作，实现共同创造战略的价值目标。数智时代，企业战略体系构建的新动向涵盖了以下七个方面：一是数据驱动的决策。数智时代要求企业建立充分利用数据的战略体系，包括高效的数据收集、精准的分析和灵活的数据应用能力。这需要深度融合数据科学和业务战略，以科学可靠的数据为决策提供支持。二是技术创新和数字化转型。企业需要保持对技术创新的敏感性，并进行数字化转型以适应市场的快速变化。战略体系需要包括对新兴技术的战略规划，同时涉及业务流程的重新设计和组织架构的调整。三是灵活性和适应性。数智时代商业环境变化迅速，企业需要更强的灵活性和适应性来应对挑战。战略体系需要具备灵活的战略规划和执行机制，以及对新兴业态和技术趋势的敏感

性。四是生态合作和伙伴关系。企业战略体系需要注重构建数智生态合作和伙伴关系，与其他企业、创新型公司、科技平台等形成紧密的合作，实现共赢。数字化平台和开放的生态系统有助于整合资源、创新和服务。五是客户体验和个性化服务。数智时代注重个性化和定制化，战略体系需要关注客户体验和提供个性化服务。通过数据分析和技术创新，企业可以更好地理解客户需求，实现产品和服务的个性化定制。六是可持续发展和环境责任。企业战略体系需要关注可持续性及环境、社会和治理（Environmental，Social and Governance，ESG），评估企业经营的可持续性与对社会价值观念的影响需要从环境、社会和治理三个维度入手，特别是可再生能源利用、绿色供应链建设和环境友好型产品的研发等。这有助于降低企业经营对环境的影响，建立积极的企业形象，满足环保意识日益增强的国内外消费者需求。七是人才培养和组织文化。数智时代，企业需要构建强大的人才队伍，特别是要具备数字化领域的专业技能。战略体系需要考虑如何吸引、培养和留住高素质的数字化人才。同时，建设具有创新、合作和适应性的组织文化也是关键，以适应数智时代的价值观和工作方式。

新生态环境下的企业战略体系构建着眼于数字化引擎的打造，并将其视为核心驱动力。这不仅包括技术实力的提升，更注重内部组织创新力和人才储备的强化。企业需要通过加强内部组织的创新力、技术实力和人才储备，构建坚实的核心体，以确保在数智时代保持领先地位。

三、在数智时代新生态环境下，企业战略体系构建面临新机遇与新挑战

在数智时代新生态环境下，企业的战略体系构建面临前所未有的机遇与挑战。数字化、智能化技术的快速发展正在重塑企业的业务模式和市场环境，同时催生了新的商业机会。然而，这些变革也带来了不确定性和复杂性，要求企业在制定和执行战略时更加灵活和敏捷。

企业战略体系构建新机遇：一是创新发展。数智时代提供了丰富的数字技术和数据资源，企业可以通过创新的战略体系充分利用这些资源，推动业务发展。二是智能决策。数据驱动的决策成为可能，企业可以构建战略体系以实现更智能、更敏捷的决策过程，更好地把握市场机会。三是生态合作。数智时代鼓励生态合作和伙伴关系，企业战略体系可通过与其他企业、科技平台等形成合作，实现资源共享、创新合作，推动企业及利益相关者共同成长。四是个性化服务。借助数智时代的技术，企业可以更精准地了解客户需求，提供个性化服务，增强客户体验，从而建立更牢固的客户关系。五是可持续发展。数智时代注重可持续

性，企业可构建战略体系以实现可持续发展，包括环保实践、绿色供应链和社会责任，提升企业形象。

企业战略体系构建新挑战：一是技术变革。数智时代的技术迅速发展，企业需不断调整战略体系以适应新兴技术的影响，避免被技术变革淘汰。二是市场竞争。数智时代带来更激烈的市场竞争，企业需要构建具有竞争力的战略体系，不仅要吸引客户，还要能在竞争中脱颖而出。三是数据隐患。大量的数据使用也带来了隐患，企业在构建战略体系时需要注意数据隐私和安全，以避免潜在的风险和法律纠纷。四是组织文化调整。数智时代要求企业具备创新、合作和适应性的组织文化，调整组织文化可能面临内部阻力和变革管理的挑战。五是人才挑战。数智时代需要数字化人才，企业在构建战略体系时可能面临招聘、培养和留住高素质数字化人才的挑战。

数智时代经济社会发展速度快，变化多端，企业战略体系应当具备超前的战略眼光，能够预见数智时代未来发展的新趋势。企业战略体系需要具备灵活性和适应性，能够迅速调整战略方向以适应不断变化的市场条件。战略体系需要整合数据驱动的决策机制，借助先进的分析工具和技术，实现更智能、更敏捷的决策过程，以更好地应对复杂多变的商业环境。例如，苹果公司智能手机的创新推出，体现了企业战略中对消费者需求的高度敏感以及对未来科技发展的准确预测。苹果公司通过提前进行战略布局，成功引领市场潮流。这一成功经验凸显了企业战略中对市场趋势的洞察力和战略决策的前瞻性。

苹果公司通过深刻理解消费者需求，及时捕捉到了智能手机市场的巨大潜在机会。通过对未来科技发展趋势的准确洞察，公司在战略上迅速制定了创新性的决策，推出了领先市场的不断升级迭代的智能手机产品。这种对市场变化的敏感和对未来趋势的准确预测，使得苹果公司能够提前抢占市场份额，并成为行业的领军者和资本市场的佼佼者。

在数智时代新生态环境下，企业战略体系的构建趋向于全方位的数字化和智能化融合，以应对日益复杂和快速变化的市场挑战。这一新动向为企业提供了更灵活、更具前瞻性的战略选择，使其能够更好地适应数智时代的竞争环境。

在数智时代的新生态环境中，企业战略体系的构建既面临巨大的新机遇，如数字化转型、平台经济、全球市场扩展和智能技术创新，也面临严峻的新挑战，如技术复杂性、数据安全、全球竞争和人才短缺等。企业需要在抓住机遇的同时积极应对这些挑战，构建灵活、敏捷、创新的战略体系，以保持长期的竞争优势。

第二节　企业战略的由来

“企业战略”这一概念的产生可以追溯到军事战略的思想，随着商业环境的复杂性和竞争加剧，企业战略逐步演变成现代企业管理的重要组成部分。它指的是企业在市场环境中为实现长期目标而制订的行动计划和路径。企业战略的由来涉及多个阶段的发展和不同领域的思想演进，结合了经济学、管理学、军事理论等多个学科的智慧。

企业战略的形成源于对市场变化灵活应对的需求，以及在市场信息不对称的情况下制定战略决策的需求。企业的经营发展如同一艘航行在茫茫大海中的船只，其需要一个可靠的导航系统，而当今的导航系统正是企业战略，它成为企业长期发展的可靠指南。在不断变化的经济环境中，企业战略充当着引领和规划未来的关键工具，确保企业在复杂多变的市场中取得成功。

一、SWOT 战略模型的探究

在早期研究企业战略的理论中，钱德勒在《战略与结构》（1962 年）一书中提出：“战略可以被定义成一种长期目标和企业的客观目的，以及为实现这个目标需要整合的资源和采取的行动。”这一定义强调了战略的长期性、目标导向性以及资源整合的必要性。他的核心观点是，企业的战略应该驱动其组织结构的设计，而组织结构应该支持和促进企业战略的执行。钱德勒认为，随着企业规模的扩大和市场环境的变化，企业需要逐渐调整其组织结构以适应新的战略方向，实现更高效的运营，并认为大型企业更容易通过集中决策和资源配置来实现高效率。随着企业规模的扩大，应提倡逐渐实现权力的分散，以便更好地应对复杂的市场和管理挑战。

安德鲁斯（Andrews）于 1971 年在《公司战略的概念》（*Concepts in Corporate Strategy*）一书中提出了 SWOT 战略模型。他的战略思想侧重于组织对环境变化的应对和适应。他的战略观点：一是战略的制定需要对外部环境进行深刻的分析，包括市场、竞争者、技术和法规等因素。二是企业内部资源和能力的重要性，他认为组织应该根据其独特的资源和能力选择战略方向，以获取竞争优势。三是战略的动态性，企业应该具备适应性，能够灵活地调整战略以适应变化的环境。

SWOT 战略模型是一种用于分析组织内外部环境的战略管理工具，评估组织内部的优势（Strengths）和劣势（Weaknesses），以及外部的机会（Opportunities）和威胁（Threats），并基于这些洞察制定战略方向。

SWOT 战略模型的优势在于综合性的分析框架，同时考虑了内外部因素，模型简单、直观，易于理解和应用，适用于各种规模和类型的企业。SWOT 分析可促使企业家深入思考企业的现状和未来。

该战略理论的局限性：一是主观性。预判结果受到个体主观判断和观点的影响，因此在不同人员之间可能存在主观差异。二是过于简化。由于其简化的性质，SWOT 未能提供深入的战略洞察，缺乏对关键关系和相互作用的深入理解。三是静态性。SWOT 模型更侧重于对当前状态的分析，而忽略了战略制定中的动态和演变。

例如，一家新兴科技公司进行 SWOT 分析，可能发现自己拥有先进的技术团队（优势）和创新产品（机会），同时可能存在财务状况尚不稳定（劣势）和市场竞争激烈（威胁）。基于这些发现，公司可以制定战略，例如，加强市场营销以应对竞争，同时寻求外部投资以改善财务状况。

SWOT 战略模型为企业战略思考提供了一个基础框架，在企业战略思考的早期阶段发挥了积极作用，对后来战略模式的发展产生了深远影响。

二、PEST 战略模型的探析

阿吉拉尔（Aguilar）在其 1967 年出版的代表著作《扫描商业环境》（*Scanning the Business Environment*）中提出的 PEST 战略模型是一种战略管理工具，用于分析宏观环境中的政治（Political）、经济（Economic）、社会（Social）和技术（Technological）因素。这个模型帮助组织了解外部环境中可能影响其业务和决策的关键因素，为制定战略提供重要信息。

PEST 战略模型的优势与局限性。该战略模型的优势体现在：一是全面性分析。PEST 模型提供了全面的外部环境分析，涵盖政治、经济、社会和技术四个方面，有助于组织全面了解外部环境的各种影响因素。二是提供战略信息。通过分析政治、经济、社会和技术趋势，组织可以获得有关未来可能的机会和威胁的信息，从而指导制定相应的战略。三是风险管理。PEST 分析有助于组织识别潜在的政治、经济、社会和技术风险，使其能够更好地预测和规避不利因素。该战略模型的局限性体现在：其一，静态性。PEST 模型更注重当前环境的分析，缺乏对这些因素变化趋势的动态性分析，不能很好地应对不断变化的市场。其二，信息量庞大。由于考虑多个因素，PEST 分析可能生成大量信息，组织难以有效处理和利用这些信息。其三，主观性。PEST 分析涉及对政治、经济、社会和技术四个领域的主观判断，分析结果可能受到个人主观观点的影响。

例如，一家科技公司使用PEST战略模型对某区域市场进行分析。一是政治因素。政府对科技产业的监管政策可能影响公司的研发和市场准入。二是经济因素。区域市场波动对公司的销售和利润水平可能产生影响。三是社会因素。消费者对数字隐私和数据安全的关注，可能塑造产品设计和市场推广策略。四是技术因素。快速的技术进步和创新，可能影响公司的产品竞争力和市场地位。

SWOT战略模型+PEST战略模型复合战略工具如图2-1所示。

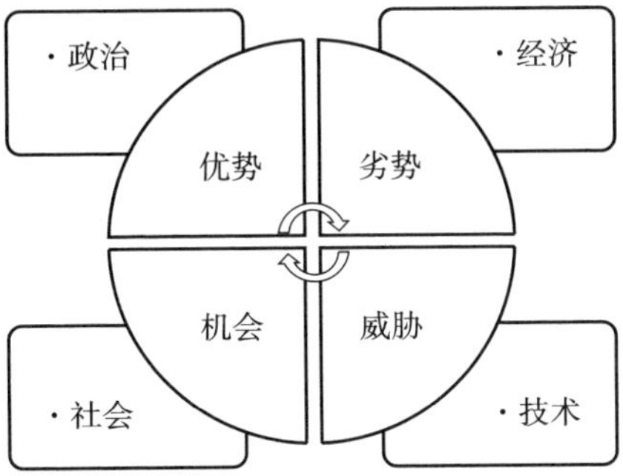

图2-1　SWOT战略模型+PEST战略模型复合战略工具

通过多维视角对市场进行深入分析，可充分挖掘区域市场的特点及趋势，更细化地了解区域市场的外部环境，识别出潜在的机会和威胁，包括对市场需求、竞争格局、法规环境、技术趋势等多个方面的全面了解。通过这种全面的市场了解，企业能够更准确地捕捉到市场中的机会，从而制定更具前瞻性的战略；有针对性地调整战略，以更好地适应不断变化的市场环境。

三、波特五力战略模型的影响

20世纪80年代，美国哈佛大学著名学者迈克尔·波特提出了波特五力战略模型，用于分析一个行业的竞争环境。该模型主要包括五个竞争力量：买方的议价能力、供方的议价能力、替代品或服务的威胁、新进入者的威胁以及现有竞争者之间的竞争程度。波特对战略的贡献包括《竞争战略》《竞争优势》《国家竞争优势》三部重要著作，对商业界产生了深远的影响。

波特五力战略模型内容：一是买方的议价能力，衡量买家对产品或服务价格的影响程度。如果买家有强大的议价能力，他们可以推动价格下降，对企业利润产生负面影响。二是供方的议价能力，衡量供应商对企业的影响力，如果供应商有较大的议价能力，他们可以推高产品或服务的价格，对企业造成不利影响。三是替代品或服务的威胁，衡量替代品或服务对行业产品或服务的威胁程度。如果存在替代品，消费者更容易转向其他选择，对行业形成竞争。四是新进入者的威胁，衡量新公司或企业进入行业的难易程度。如果新进入者容易进入，现有竞争者将面临更激烈的竞争，影响行业盈利水平。五是现有竞争者之间的竞争程度，衡量行业内现有竞争者之间的竞争激烈程度。如果竞争激烈，企业可能面临价格战、利润下降，甚至亏损倒闭。

企业置身市场，必须直面上述五大威胁和挑战，如临深渊，如履薄冰。波特五力战略模型为企业提供了深刻的外部环境分析工具，有助于制定更为精准、有针对性的战略来应对多样化的挑战。通过对买方的议价能力、供方的议价能力、替代品或服务的威胁、新进入者的威胁以及现有竞争者之间的竞争程度的全面评估，企业能够更好地理解市场格局，准确洞察潜在风险。

这一竞争模型的价值在于帮助企业识别和理解市场上的关键因素，从而有效应对外部环境的不确定性挑战。通过明晰这些关键威胁，企业可以有针对性地调整战略，降低风险，把握机遇。

波特五力战略模型的优势。一是全面性。该模型全面考虑了行业内外各种竞争因素，有助于企业全面了解其竞争环境。二是战略指导。该模型提供了制定战略决策的框架，帮助企业更好地应对竞争压力。三是深入分析。通过深入分析每种力量，企业可以更具洞察力地理解行业的竞争动态。

波特五力战略模型的局限性。一是静态性。波特五力战略模型未考虑数智时代环境变化对竞争力量的影响。二是信息依赖性。对于某些行业或市场，在数智时代获取相关信息可能较为困难，影响分析的准确性。三是单一行业视角。该模型主要关注单一行业，对跨行业的影响可能较少考虑。

以电子零售行业为例，买方的议价能力较大，因为消费者有多种选择；供方的议价能力也较大，因为有限的供应商可能掌握关键“卡脖子”的零部件；替代品的威胁来自实体零售店和在线购物平台；新进入者的威胁相对较小，因为需要大量资本和品牌建设；现有竞争者之间市场份额争夺激烈。通过分析上述五种力量，企业可以制定更有针对性的发展战略来应对数智时代的行业竞争。

波特五力战略模型 +PEST 战略模型的复合分析工具如图 2-2 所示。

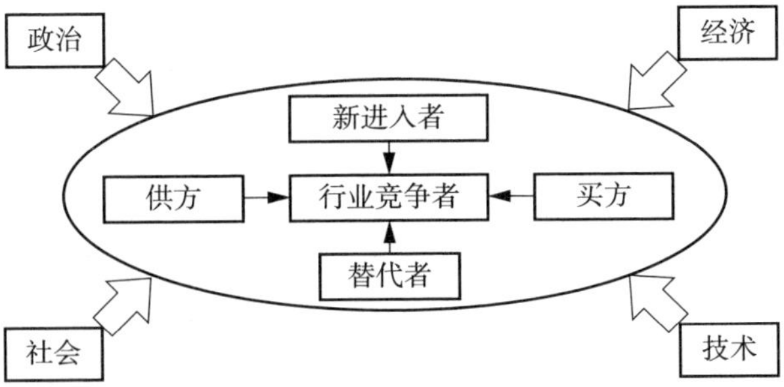

图 2-2　波特五力战略模型 +PEST 战略模型的复合分析工具

波特五力战略模型绘制了红海战略的画卷，揭示了企业在市场中所面临的五大威胁和危机。这一竞争模型仿佛勾勒出红海市场“四面楚歌”的境地，企业必须时刻保持警惕，谨慎应对外部环境的多样挑战。

正如海尔集团原董事长张瑞敏所言，企业需“战战兢兢”，始终保持高度警觉。这种心态体现了在市场红海竞争中生存的艰难，企业需要时刻关注外部动态，灵活调整竞争策略，以迎接市场变化带来的挑战，保持竞争的敏锐性和适应性。

四、平台战略、生态系统思维战略和创新理论战略的兴起

平台战略、生态系统思维战略和创新理论战略是企业在不同层面面对市场竞争时采取的战略思维。以下对这些战略进行简要分析。

（1）平台战略的创始人为帕克、埃尔斯泰恩和邱达利。他们于 2017 年出版合作著作《平台革命：改变世界的商业模式》。平台战略的兴起源于数字化时代，特别是互联网和技术的发展。平台战略的核心理论框架强调企业构建和运营平台，通过吸引和整合生态系统中的多方参与者，实现价值的创造和共享。平台通过网络效应和规模经济来获得竞争优势，吸引更多的用户和参与者加入，进而推动创新和增加平台的价值。企业通过构建平台，吸引多方参与者在其上进行交互，创造共享价值。平台战略强调平台经济和生态系统的崛起，提倡开放性和多样性的创新，分析企业如何建立和拓展平台，以及平台如何影响市场动态。

这种战略的优势：一是创造强大的生态系统，平台成功吸引多方参与者，构建庞大而互动性强的生态系统，通过生态系统实现更广泛的创新，形成良性循环。二是持续创新，多方参与者的加入促使创新不断，使平台能够适应市场变化并提供新的价值。

这种战略的局限性：一是技术和市场变化。企业需要不断适应技术和市场的

变化，分析平台生命周期，技术和市场的快速变化可能导致平台失去竞争优势。二是管理复杂性。建立和管理生态系统平台涉及复杂的协同和治理，对企业管理与外部协同提出更高要求。

平台战略适用于需要构建多方生态系统、依赖网络效应和创新的行业。特别是在数字化、信息化程度较高的领域，平台战略能够更好地发挥作用。

（2）创新理论战略的创始人为亨利·切萨布鲁夫。其于 2003 年出版的著作《开放式创新：从技术中获取和创造价值的新规律》被认为是开放创新理论的经典之一。创新理论战略的核心理论框架主要围绕开放创新的概念。他提出了开放创新理论，强调企业应积极利用外部创新资源，包括外部合作、技术采购和技术转让，以推动创新过程。这一理论框架鼓励企业在创新过程中与外部合作伙伴合作，更快速、更灵活地推动创新，从中获取新思路、新技术和新市场；提出跨组织的边界，即创新不再受限于组织内部，企业可以通过与外部伙伴的合作，获取来自不同领域和行业的创新资源，从而提升自身的创新能力。

这种战略的优势：一是通过开放创新，企业能够更迅速地获得外部的先进技术和知识，加速创新过程。二是通过与合作伙伴共享资源，企业可以降低研发成本，避免重复投资。

这种战略的局限性：一是开放创新模式引入了更多的合作伙伴和外部参与者，增加了管理的复杂性，涉及合作伙伴关系的协调和治理。二是需要有效处理合作伙伴关系和知识产权等问题，适用于需要迅速响应市场变化、强调合作和共创的行业。

在当今快速变化的商业环境中，创新理论适用于更加需要开放地与外部合作伙伴互动，以实现更快速、更灵活的创新的行业，被认为是新时代创新需求的一种有效方式。

（3）生态系统思维战略的创始人为穆尔。其于 1996 年出版著作《竞争的衰亡：商业生态时代的领导与战略》。该理论强调企业与外部环境的互动，倡导构建广泛的伙伴关系网络，通过协同创造更大的价值。生态系统思维战略注重多元化合作和开放创新，强调构建广泛的伙伴关系网络，使企业能够更好地适应不断变化的市场环境。

这种战略的优势：一是多元化合作。通过多元化合作促进开放创新，关注企业在更大生态系统中的位置，分析企业如何在生态系统中建立合作关系，推动创新。二是提高灵活性。适应不同合作伙伴的专业化，提高组织的灵活性。

这种战略的局限性：一是协同复杂性。生态系统的复杂性可能导致协同难度。分析组织如何应对生态系统中的不确定性和合作伙伴关系的管理，可能导致管理不同组织之间的协同变得复杂，涉及文化和管理差异。二是竞争关系。在生态系统中，伙伴也可能成为竞争对手，需要处理竞合关系。

在数字化、全球化的时代，生态系统思维战略尤其适用于需要构建多方生态系统、强调合作和共创的行业。

数智时代企业战略发展新趋势如图 2-3 所示。

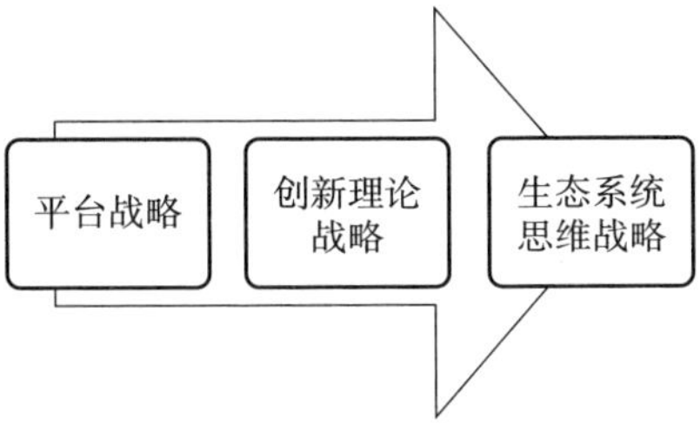

图 2-3　数智时代企业战略发展新趋势

综上所述，通过对几位不同时期企业战略家的战略理论进行深入分析，我们认识到每一种战略理论在特定环境下都具有实战的制高点。这些理论从不同角度深刻探讨了企业战略的精妙之处，为我们在数智时代创建适应的战略理论提供了重要的启示和思考逻辑。

国外具有影响力的主要战略工具如表 2-1 所示。

表 2-1　主要战略工具

战略模型	核心概念	优势	局限性	适用场景
SWOT 战略模型	分析企业的内部优势和劣势，以及外部机会和威胁	简单直观，适用于任何企业规模。 综合考虑内部和外部因素。 促使企业家深入思考现状和未来	过于简化，无法深入分析关键关系。 容易受到主观性影响。 静态分析，忽略市场的动态性	适用于各种规模的企业进行初步战略制定，特别是早期市场评估
PEST 战略模型	分析企业外部的政治、经济、社会、技术因素，了解宏观环境对企业的影响	全面分析外部环境的各个因素。 提供未来的机会和威胁信息。 帮助识别外部环境中的风险	静态性强，忽略趋势的变化。 信息量庞大，难以有效处理。 可能因主观判断导致分析偏差	适用于需要了解宏观环境影响的大型企业，特别是在新市场进入和长期规划时

续表

战略模型	核心概念	优势	局限性	适用场景
波特五力战略模型	分析行业的五大竞争力：买方的议价能力、供方的议价能力、替代品或服务的威胁、新进入者的威胁和现有竞争者之间的竞争强度	全面分析竞争环境。 提供制定竞争策略的框架。 通过五种力量帮助理解行业动态	静态分析，忽略市场变化。 信息依赖性强，部分市场数据难以获取。 不适用于跨行业的复杂市场	适用于行业分析和市场竞争激烈的企业，特别是需要评估行业威胁和制定应对策略时
平台战略	通过构建平台吸引多方参与者，利用网络效应实现规模经济和创新共享	构建强大的生态系统，实现持续创新。 平台模式带来规模经济效应。 通过网络效应增加用户价值	需要不断适应技术变化。 平台管理和治理复杂。 需要吸引足够的用户和合作伙伴加入生态系统	适用于数字化程度高的行业，如电子商务、互联网平台、金融科技等，强调多方参与和合作的市场
创新理论战略	强调开放创新，通过与外部合作伙伴的协同创新，利用外部技术和资源推动企业的创新进程	加速创新过程，降低成本。 与外部合作伙伴共享资源。 更灵活地应对市场变化	管理复杂，涉及知识产权和合作伙伴关系。 对外部合作依赖大，协调难度高	适用于需要快速响应市场变化、依赖外部资源推动创新的企业，尤其是科技行业和快速变化的市场
生态系统思维战略	强调企业在生态系统中的合作，通过多方合作伙伴关系网络推动协同创新和价值创造	促进多元化合作，推动开放创新。 提高企业适应不同合作伙伴和市场的灵活性	协同复杂性高，管理难度大。 合作伙伴可能成为竞争对手，处理竞合关系困难	适用于需要构建复杂合作关系网络、强调全球化和跨行业合作的企业，尤其是面临快速变化的市场环境

表2-1对比了SWOT战略模型、PEST战略模型、波特五力战略模型、平台战略、创新理论战略及生态系统思维战略的优势、局限性及其在不同维度的应

用。不同的战略模型适用于不同的企业规模、行业和市场环境。企业在制定战略时，可以根据自身的具体情况，选择适合的战略工具来利用机遇和应对市场挑战。

第三节　企业五种动态竞争策略

企业战略与企业竞争策略之间存在密切的关系，可以通过简单的比喻来理解——战略是指明方向的地图，竞争策略是在这个地图上选择的行进方式。企业战略是企业在长期发展中制定的总体指导方针和计划，包括企业的愿景、使命、价值观等，明确企业要达到的长远目标。企业竞争策略则是在特定竞争环境下制定的具体行动方案。它是战略的具体实施方式，是为了在市场竞争中获取优势而采取的策略性手段。竞争策略分为静态竞争策略与动态竞争策略。正确而灵活地运用竞争策略，可以确保企业在特定的竞争中取得优势。

静态竞争策略主要关注企业如何在当前市场环境中获得竞争优势，包括低成本竞争策略（通过成本领先实现市场优势）、差异化竞争策略（通过独特产品或服务实现市场优势）和集中市场竞争策略（通过专注于特定细分市场实现市场优势）。

动态竞争策略更注重企业在不同时期应对市场变化的能力，包括进攻性竞争策略（主动开拓新市场）、防守性竞争策略（保护现有市场份额）、危机性竞争策略（应对市场危机）、预警性竞争策略（提前感知市场变化）和创新性竞争策略（通过不断创新保持竞争优势）。

从策略运用方式来看，企业首先明确自身战略定位和目标，然后根据市场环境选择适当的竞争策略。这涉及对内外部环境的深刻分析，以确保制定的竞争策略与企业的战略一致且相互支持。此外，企业需要灵活调整竞争策略以适应市场变化，保持战略的动态性和适应性。

一、静态竞争策略和动态竞争策略适应环境分析

静态竞争策略和动态竞争策略是企业在不同的市场环境下采用的两种不同类型的竞争策略。

静态竞争策略适用于相对稳定、不太频繁发生变化的市场环境。这种策略更注重在当前市场条件下，通过有效的管理和执行，实现企业在同质化市场中的竞争优势。当市场竞争格局相对稳定，主要竞争对手之间变化不大时，静态竞争策

略更易于制定和执行。企业可以在已知的竞争条件下寻求长期的竞争优势。这种竞争策略的优势是：稳定性和可控性较强，有助于建立品牌忠诚度和市场份额；成本较低，适用于相对固定的市场条件。这种竞争策略的局限性是：可能导致对市场变化的反应较慢；在快速变化的市场中可能面临被淘汰的风险。

动态竞争策略适用于市场环境变化频繁、不断演进的情况。这种策略更关注企业如何主动适应、应对和塑造市场的变化，以保持或获得竞争优势。这是一种灵活调整战略方向，不断创新和适应市场的策略模式。这种策略注重企业对变化的敏感性和能够迅速调整战略以适应新情况的能力。在市场竞争激烈、消费者需求快速变化的环境中，企业需要灵活调整战略以适应新的趋势和变化，这时动态竞争策略更为合适。这种竞争策略的特点：其一，适应性强，更适应市场变化，保持竞争优势。其二，创新驱动，通过不断创新，能够更好地应对竞争挑战。这种竞争策略的局限性：其一，不稳定性，可能导致战略频繁调整，增加不确定性。其二，资源分散，追求灵活性，可能导致资源分散，影响核心竞争力的建立。

当市场变化不确定，难以预测未来发展方向时，动态竞争策略可以帮助企业更灵活地应对不确定性，及时做出调整。当竞争对手迅速调整策略、推出新产品或服务时，企业需要具备动态响应能力，以保持竞争地位。这种策略强调适应性和敏捷性，使企业能够迅速适应市场的动态变化，抓住新机遇，并有效化解潜在的威胁。动态竞争策略的核心在于不断调整战略，以适应不断演变的市场条件，从而保持竞争力和创新能力。在数智时代快速变化和充满不确定性的商业环境中，企业倾向于采用动态竞争策略，以便更好地适应市场的变化和灵活调整战略。

二、数智时代动态竞争策略的两大优势

前面我们已经探讨了在当今数智时代，市场环境变化的速度之快以及新技术的不断涌现，使得企业战略体系必须具备高度的灵活性和及时的调整性。在这样的背景下，动态竞争策略显得更为适应未来企业竞争的需要。

下面我们探讨动态竞争策略的两大优势。动态竞争策略具有高度的灵活性：实时数据驱动的决策。动态竞争策略充分利用数智时代提供的大数据和实时信息，通过数据分析和人工智能技术，企业能够做出实时决策。这使得企业战略能够更敏捷地应对市场变化、客户需求和竞争动态，提高战略决策的准确性和灵活性。主要表现在四个方面：一是快速响应市场变化。数智时代的市场变化非常迅速，企业需要敏锐感知市场变化，并迅速调整战略以适应新的条件。二是创新驱动。通过持续创新，企业能够在竞争中保持领先地位。动态竞争策略鼓励创新，并能够迅速将新的创意和技术融入业务模式，使企业保持竞争优势。三是数据驱

动决策。利用大数据分析和人工智能等技术，企业能够更好地理解市场趋势和客户需求，有助于制定更具预见性的战略。四是灵活的组织结构。动态竞争策略需要支持灵活的组织结构，能够快速调整团队和资源以适应新的业务需求。

动态竞争策略具有及时的调整性：快速适应技术创新。数智时代涌现出各种创新技术，如人工智能、物联网、区块链、大数据分析等。动态竞争策略使企业战略能够更迅速地整合和应用这些新技术，推动业务创新，提高生产效率，降低成本。企业战略能够更灵活地适应技术的迭代和升级，保持在技术领域的竞争优势。主要表现在四个方面：一是监测绩效指标。设定明确的绩效指标，并定期监测和评估战略执行的效果，及时发现问题并进行调整。二是快速决策机制。建立快速决策机制，使决策能够在短时间内得到执行，提高应对市场变化的速度。三是敏感性和适应性。动态竞争策略需要具备对新兴趋势和市场变化的敏感性，以及灵活适应的能力，确保企业能够紧跟潮流。四是快速适应技术创新。数智时代涌现出各种创新技术，动态竞争策略使企业战略更迅速地整合和应用这些新技术，推动竞争模式创新。

动态竞争策略在数智时代的两大优势，即高度的灵活性和及时的调整性，使其成为企业适应数智时代变化和挑战的有效战略选择。这种战略方向帮助企业更好地利用数智时代的机遇，有效地规避风险，为可持续发展奠定坚实的基础。

三、五种动态竞争策略适用于不确定的市场环境

动态竞争策略适用于充满变化和不确定性的市场环境，为增强战略与策略的高度协同与敏捷性，引入以下五种动态竞争策略。

云海战略下的五种动态竞争策略如图 2-4 所示。

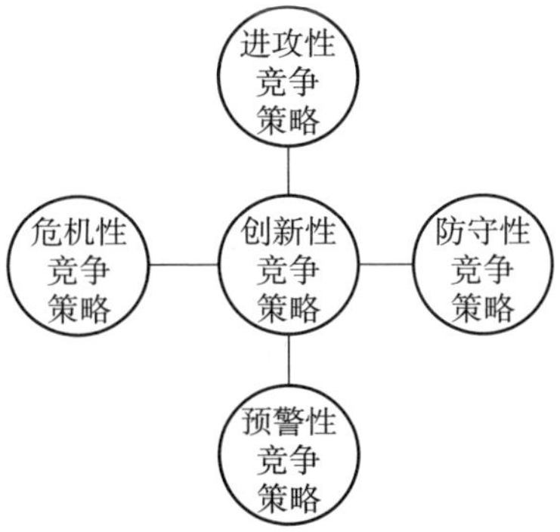

图 2-4　云海战略下的五种动态竞争策略

1. 进攻性竞争策略适用于市场有增长机会，或者企业希望打破竞争格局的情境，以迅速占领市场份额和实现持续增长。

这一策略的核心在于通过积极主动的手段获取更多市场份额。进攻性竞争策略有以下举措：一是市场扩张。通过拓展产品线、服务范围或进入新的市场空间，迅速占领更广阔的市场领域；创造新的需求，拓展现有市场份额，提高企业在市场中的曝光度。二是新产品推出。不断推陈出新，引入创新产品，以满足市场不断变化的需求；通过持续创新，吸引新客户，同时留住现有客户，实现市场份额的增加。三是并购竞争对手。通过收购竞争对手或合并业务，实现资源整合，迅速增强市场竞争力；利用合并带来的协同效应，提高整体运营效率和市场占有率。四是渠道拓宽。扩大销售渠道，包括线上渠道、线下零售网点等，以增加产品的销售机会；寻找新的合作伙伴，建立更广泛的分销网络，提高产品的市场覆盖率。五是品牌营销。通过巧妙的品牌营销策略，提高品牌知名度，吸引更多潜在客户的关注；创造独特的品牌形象，与目标市场形成深度连接，建立品牌在市场中的领导地位。六是技术创新。投入研发，不断引入最新的技术，提高产品的竞争力；通过技术优势，打造市场上独有的产品或服务，吸引更多客户选择企业的解决方案。

采取一系列进攻性竞争策略，使企业具备市场洞察力、灵活性和执行力，以便有效地抓住市场机会，实现可持续增长。

2. 防守性竞争策略适用于市场竞争激烈，企业需要保持现有市场份额和地位的情境。

企业在执行防守性竞争策略时，采取一系列措施以抵御竞争对手的进攻，同时巩固自身在市场中的竞争地位。防守性竞争策略有以下举措：一是差异化产品质量。提高产品的质量标准，通过卓越的产品性能和品质差异化赢得客户信赖；强调独特的特性和技术优势，以创造更高的产品附加值。二是成本优势维持。通过有效的成本控制措施，保持相对成本的竞争优势；降低生产和运营成本，以提供更有竞争力的价格，抵制竞争对手的价格战。三是市场营销策略。采用巧妙的市场营销手段，强调品牌形象、价值主张，塑造积极的企业形象；通过广告、促销和公关活动，提高品牌知名度，形成品牌忠诚度。四是客户关系管理。维持并增进与现有客户的关系，提供个性化的服务和关怀，以增加客户黏性；建立客户反馈机制，迅速响应客户需求和投诉，提高客户满意度。五是技术创新。投入研发，不断进行技术创新，以推出具有竞争优势的新产品；利用技术创新提高产品性能、功能或附加值，满足客户不断变化的需求。六是合作伙伴关系。建立战略性的合作伙伴关系，以共享资源、技术和市场信息；通过合作伙伴关系扩大企业在产业链上的影响力，形成更强大的联合体。七是产品组合优化。优化产品组合，提供多样化的产品选择，以满足不同客户群体的需求；针对市场细分，推出具有独特性的产品，巩固企业产品在各个细分市场的地位。企业采取一系列防守性竞争策略，可以巩固自身地位并有效抵制竞争对手的压力。

3. 危机性竞争策略适用于企业陷入危机，需要迅速应对，减少损失的情境。

企业在执行危机性竞争策略时，采取一系列措施以在危机中保护自身利益，尽量减少潜在的经济和运营损失。危机性竞争策略有以下举措：一是裁员策略。通过合理的裁员计划，降低人力成本，使企业在经济不景气时能够更灵活地应对危机，如近年来国内互联网大厂的裁员和一些商业银行裁撤机构网点；确保裁员措施与企业长远发展战略相一致，防止核心人才的损失。二是紧缩开支。对非紧急和非核心业务进行成本削减，优化资源配置，确保关键业务的正常运作；在紧缩开支的同时，需要确保不影响关键职能和服务，以维持企业的核心竞争力。三是战略调整。迅速审视和调整企业战略，以适应危机期间的市场变化和客户需求；或者可能需要调整产品组合、市场定位或经营模式，以提供更符合市场需求的解决方案。四是债务管理。与金融机构积极沟通，协商债务还款计划，确保企业在财务方面能够渡过难关；可以寻求延期付款、贷款重组等方式，减轻财务压力。五是市场多元化。寻找新的市场机会，通过扩大产品线或进入新的市场领域，减少对特定市场的依赖；多元化市场可以减轻危机对企业的冲击，提供额外的收入来源。六是危机沟通。实施有效的危机沟通策略，向利益相关者解释企业危机背后的原因和采取的对策；透明而及时的沟通可以减轻外部对企业的负面影响，维护企业声誉。七是供应链优化。优化供应链管理，确保原材料和产品的流通畅通，降低供应链中断的风险；与关键供应商建立紧密的合作关系，共同应对供应链上的挑战。通过实施一系列危机性竞争策略，企业可以更好地应对不可预测的危机，降低潜在的经济和运营损失，维护企业的可持续性。

4. 预警性竞争策略适用于企业在市场环境变化之前，通过监测市场趋势和竞争对手的举措，预测未来变化，并迅速采取行动以适应新的市场情境。

预警性竞争策略有以下举措：一是市场趋势监测。借助先进的数据分析工具和市场调研手段，对市场趋势进行全面监测；收集和分析消费者行为、产业动态、技术发展等信息，准确把握市场的变化方向。二是竞争对手分析。对竞争对手的策略、产品创新和市场表现等进行深入分析；了解竞争对手的动向，更好地预测市场竞争格局的演变和潜在的市场威胁。三是快速行动。在预测到市场变化的情况下，迅速制订并实施相应的战略计划，这可能包括调整产品组合、改进营销策略、优化供应链等方面的行动，以确保企业能够迎合新的市场需求。四是库存调整。通过预测市场需求的变化，调整库存水平，避免过度库存或库存不足的情况发生；灵活的库存管理可以降低库存成本，并提高对市场变化的应变能力。五是产品创新和优化。在预见新趋势的情况下，加速产品创新和优化，以满足市场的新需求；企业可以通过不断提升产品特性、推陈出新，确保产品与市场趋势保持一致。六是营销策略调整。根据预测到的市场变化，调整营销策略，确保与目标受众的沟通更加精准；可能需要调整广告宣传、促销活动等方面的策略，以更好地吸引和留住客户。七是敏捷决策机制。建立敏捷的决策机制，使企业能够在短时间内做出应对市场变化的战略决策；快速响应市场动态是预警性竞争策略的核心要素之一。

通过实施一系列预警性竞争策略，企业能够更好地预测市场的变化，提前做好应对准备，努力在市场竞争中保持领先地位。这种策略注重对市场动态的敏感性和灵活性，为企业在不断变化的商业环境中保持竞争优势提供了有效手段。

5. 创新性竞争策略适用于需要持续创新以保持竞争优势的行业，通过不断创新产品、服务或业务模式，寻求新的竞争优势的战略选择。

创新性竞争策略有以下举措：一是持续创新。企业在创新性竞争策略下，注重持续不断地进行产品、服务或业务模式的创新；创新包括技术创新、产品设计创新、服务流程创新等多个方面，以满足市场不断变化的需求。二是技术领先地位。通过在技术研究和开发上的投入，企业追求在行业中达到技术领先地位。三是市场引领者。创新性竞争策略旨在使企业成为市场的引领者，通过引入独特的、领先的产品或服务来塑造市场格局；企业通过在创新方面取得优势，能够吸引更多的客户，并建立品牌的独特卖点。四是灵活的组织文化。为支持创新性竞争策略，企业需要培养一种灵活的组织文化，鼓励员工提出新想法和尝试创新方案。五是快速的市场响应。企业需要快速响应市场变化，迅速将创新的产品或服务推向市场。六是合作和开放创新。创新性竞争策略强调与外部合作伙伴的紧密合作，共同推动行业的创新；开放创新模式可以帮助企业更好地获取外部创新资源，加快创新的速度。七是不断学习和改进。持续学习和改进是创新性竞争策略的关键，企业需要不断审视市场、行业和技术的变化，并对自身的创新能力进行提升。

通过实施一系列创新性竞争策略，企业能够在激烈的市场竞争中保持领先地位，不断满足客户的新需求，并持续推动行业的发展。这种策略注重对市场变化的敏感性和对创新的不断追求，为企业在竞争激烈的环境中保持竞争优势提供了有效途径。

云海战略下的五种动态竞争策略如表 2-2 所示。

表 2-2　云海战略下的五种动态竞争策略

动态竞争策略	定义	适用场景	关键举措
进攻性竞争策略	通过积极主动的方式获取市场份额，迅速占领市场，实现持续增长	适用于市场有增长机会或企业希望打破竞争格局的情境	市场扩张 新产品推出 并购竞争对手 渠道拓宽 品牌营销 技术创新
防守性竞争策略	采取措施保护现有市场份额和地位，巩固竞争优势，抵御竞争对手的进攻	适用于市场竞争激烈，企业需要保持现有市场份额和地位的情景	差异化产品质量 成本优势维持 市场营销策略 客户关系管理 技术创新 合作伙伴关系 产品组合优化
危机性竞争策略	在企业陷入危机时，通过灵活调整和应对措施减少损失，维持企业生存与运营	适用于企业处于危机期，需要迅速应对，减少损失的情境	裁员策略 紧缩开支 战略调整 债务管理 市场多元化 危机沟通 供应链优化
预警性竞争策略	通过监测市场趋势和竞争对手的动态，预测变化并快速采取行动，适应新的市场环境	适用于企业需要预见市场变化，提前做好应对准备的情境	市场趋势监测 竞争对手分析 快速行动 库存调整 产品创新和优化 营销策略调整 敏捷决策机制

续表

动态竞争策略	定义	适用场景	关键举措
创新性竞争策略	通过持续创新产品、服务或业务模式，寻求新的竞争优势并保持市场领先地位	适用于需要持续创新以保持竞争优势的行业	持续创新 技术领先地位 市场引领者 灵活的组织文化 快速的市场响应 合作和开放创新 不断学习和改进

这五种动态竞争策略涵盖了企业在不同市场情境下的应对方式，从进攻性、防守性到危机应对，再到预警性和创新性，帮助企业在不确定的市场环境中增强敏捷性，提高战略协同能力，并通过持续的创新和灵活应对市场变化的能力，保持竞争优势和市场领先地位。

在面对变幻莫测的市场竞争环境时，可以基于对市场的观察和分析，建立起对应五种变化场景的动态竞争策略的具体预案。这有助于企业在实际市场战略执行中更具前瞻性和应变能力，达到有备无患的最高境界。

通过灵活运用这五种动态竞争策略，企业可以更好地适应不同市场情境，及时调整战略方向，把握机遇，应对挑战，最终实现长期竞争优势。

第四节　数智云海战略体系

数智时代的云海战略，作为企业应对快速变化的市场和技术环境的重要战略框架，强调利用数字化技术和智能化手段，推动企业实现全面的数字化转型与智能化升级。云海战略的核心在于通过整合内外资源，构建一个具有高效协同、开放创新能力的生态系统，以获取持续竞争优势。

云海战略中的五和战略模型（核心体、生态体、联盟体、融资体、环境体）是其关键组成部分，这一框架旨在实现数字化转型，通过五大资源整合和创新战略模式，提高企业战略调整的灵活性，构建多种市场布局环境的竞争优势。

数智时代的云海战略体系同时涵盖企业使命与愿景、战略目标、战略维度、战略模式、战略工具以及战略资源构建等多个方面。

数智时代的企业云海战略体系通过有机整合虚拟数字和智能的优势，借助实体五和战略模型，构建了一个全方位的竞争优势体系。在这个战略体系中，数字引擎被赋予战略核心体的地位，旨在通过数字化技术和智能化手段引领未来的创新。该战略的目标是在数字化和智能化的战略优势基础上，使企业在战略运营和决策方面取得全面的领先地位，实现与实体创新的深度融合，最终形成综合的竞争优势。

数智时代云海战略体系的核心要素如表 2-3 所示。

表 2-3 数智时代云海战略体系的核心要素

要素	说明	关键作用
使命与愿景	云海战略的使命是通过数字化技术和智能化手段，实现全面的业务协同与创新，打造行业领先地位；愿景是通过数字引擎驱动未来创新，增强市场竞争力	为企业提供明确的战略方向，帮助企业在数智时代保持领先地位
战略目标	云海战略的目标是在数字化和智能化的基础上，通过高效的技术与资源整合，提升企业在全球市场中的竞争力，实现业务运营的全面数字化转型和深度协同	确保企业通过智能化与创新技术获得市场优势，同时提升运营效率
战略维度	战略涵盖多个维度，包括技术创新、市场布局、生态系统构建、财务规划、组织变革等，确保企业能够灵活应对市场变化	通过全面布局，帮助企业从不同角度提升其应对市场变化的能力和战略适应性
数字引擎（核心体）	数字引擎作为企业的核心体，整合数字技术与智能化应用，推动产品与服务创新，并通过数字化管理提升企业整体运营效率	帮助企业在数智时代中实现技术创新与业务扩展的深度融合，是企业战略的核心推动力
市场布局与竞争优势	数字技术与智能应用帮助企业构建多个市场布局，云海战略体系通过精细化管理、数据驱动决策、生态系统构建等手段，确保企业在不同市场中实现竞争优势	通过在多个市场中的灵活布局和精准战略，提升企业的市场适应性和竞争力
智能化协同	云海战略强调通过智能化手段实现业务协同与创新管理，确保企业能够快速响应市场需求，提升运营效率和客户满意度	通过智能化协同，企业能够快速调整运营策略，满足客户需求并提升市场反应速度

表 2-3 展示了数智时代的云海战略体系如何通过整合数字化与智能化技术，构建灵活、创新和高效的战略框架，提升企业的整体竞争优势。

一、五和战略模型详解

五和战略模型是基于资源整合与协同作用的战略框架，特别适合数智时代的企业发展。它通过对核心体、生态体、联盟体、融资体和环境体五大资源的综合运用，帮助企业在竞争激烈且快速变化的市场环境中建立长期竞争优势。五和战略模型强调多维度的资源整合，通过协同作用提升企业的创新能力、市场适应力和资源优化能力。

数智时代的云海战略体系——五和战略模型见表 2-4。

表 2-4　五和战略模型

资源体	定义与核心理念	作用与目标	关键举措
核心体	云海战略的基石，作为企业的数字引擎，关注技术实力、组织创新力和人才储备的提升	引领企业未来创新，实现技术和人才上的持续竞争优势，推动企业在数智时代的核心创新	强化技术研发，提升创新能力。 打造内部创新文化，推动组织变革。 加强高素质人才的引进与培养
生态体	强调数字共创共生的理念，与外部合作伙伴、供应商和客户形成紧密连接，建立开放的数字化生态系统，实现资源和技术的共享	通过数字化生态系统提升企业的创新力和灵活性，促进资源、信息和技术的流通，实现共创共赢	搭建开放的生态平台，促进资源和技术共享。 建立紧密的供应链伙伴关系，增强协同创新能力
联盟体	强调数字时代的战略共赢，通过与行业内外的战略伙伴建立紧密的联盟，实现技术、资源共享，共同分担风险，增强企业的市场适应力和影响力	通过联盟合作，增强企业抵御市场变化的能力，扩大市场影响力，提升整体实力	建立与行业龙头企业或初创企业的合作伙伴关系。 形成数字化联盟，共同推动技术研发与市场开拓
融资体	涉及企业的资金管理和融资渠道，包括股权融资、债务融资等多元化的融资手段，确保企业在数智时代有足够的资金支持其发展与投资	通过多元化融资渠道获取稳定资金，支持企业的持续创新和业务拓展，保障企业的财务健康和未来投资	通过股权融资、债务融资、风险投资等多元渠道获取资金。 优化资金配置，支持技术研发和市场拓展

续表

资源体	定义与核心理念	作用与目标	关键举措
环境体	强调企业对外部环境的适应性，包括法规、政策、社会文化等外部因素，确保企业在复杂的环境下保持战略灵活性，通过数字智能的战略规划提高竞争力	提升企业对外部环境变化的敏感性和应对能力，确保在不确定市场环境中的持续竞争优势和政策合规	实施数字智能的战略规划，评估外部环境变化。 建立风险管理机制，灵活调整企业战略以应对政策或法规变动

数智时代的云海战略体系通过整合五大资源体（核心体、生态体、联盟体、融资体、环境体），为企业构建了一个灵活、创新和高效的战略框架。这一体系不仅强调数字技术和智能化的核心引领作用，还通过外部生态系统的共创、战略联盟的合作、融资渠道的优化以及外部环境的适应性，帮助企业在数字化转型中实现全面的竞争优势，确保在不断变化的市场环境中保持持续的成长和创新能力。

一是核心体，核心体是云海战略的基石，被视为引领未来创新的数字引擎。它注重技术实力的提升，同时关注内部组织创新力和人才储备的强化。通过加强内部组织的创新力、技术实力和人才储备，企业可以构建坚实的核心体，确保在市场竞争中持续拥有竞争优势。

二是生态体，生态体强调数字共创共生的理念，通过与外部合作伙伴、供应商和客户形成更紧密的连接，实现数字化生态系统的共同创造。企业通过建立开放的生态系统，实现资源、信息和技术的共享，从而提高创新力和灵活性。

三是联盟体，联盟体是数字时代的战略共赢联盟，通过与行业内外的战略伙伴建立紧密的联盟，实现数字技术和资源的共享，分担风险。联盟合作使企业更好地适应市场变化，形成强大的数字时代战略联盟，提升整体实力和市场影响力。

四是融资体，融资体涉及企业的资金管理和融资渠道，包括股权融资、债务融资等多元化的融资手段。通过多元化的融资渠道，企业可以确保有足够的资金支持其在数智时代的发展和投资。

五是环境体，环境体强调数字智能的外部环境适应性，考虑法规、政策、社会文化等因素。通过数字智能的战略规划和风险管理，企业在复杂多变的外部环境中保持战略灵活性和竞争力。

这五个相互依存的资源体的构建与配置，旨在形成高层次的市场比较竞争优势或综合竞争优势，使企业能够更好地适应不同的市场情境，实现创新、合作、融资和环境优势的全面升级。这个战略体系为企业在数智时代提供了全方位的支持，为其战略选择提供了前瞻性的思考和灵活性。

云海战略五和模式如图 2-5 所示。

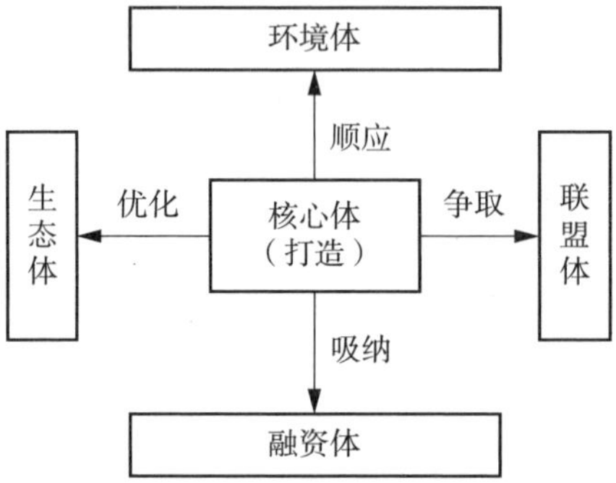

图 2-5　云海战略五和模式

二、五和战略模型在实战中可以灵活运用

五和战略模型具有高度灵活性，在实战中可为企业提供多种战略选择，企业可以根据自身不同阶段的发展和战略需求，灵活组合各种模式，追求更有优势的发展路径。

在创建期，企业可以采用 1+1 模式，专注于打造自身核心体的竞争优势，同时建立外部生态体的相对竞争优势。这有助于在初期建立品牌、技术等方面的基础。

随着企业发展到不同阶段，可以逐步演进为 1+2 模式、1+3 模式、1+4 模式。在发展期，注重构建外部融资体的比较竞争优势；在成熟期，建立外部战略联盟体的绝对竞争优势；在高级发展期，追求构建外部环境体的综合竞争优势。

这种战略模型的灵活性使企业能够根据市场变化、技术发展等因素，灵敏地调整战略方向。同时，企业可以根据实际情况，灵活重组模式，以更加开放的姿态构建更强大的市场竞争优势。这种战略的多元性和动态性，有助于企业在不同阶段保持竞争力，并为未来发展创造更多机遇与高位竞争优势。

五和战略模型在实战中的灵活运用如表 2-5 所示。

表 2-5 五和战略模型在实战中的灵活运用

企业发展阶段	战略模式	战略重点	目标	灵活运用的举措
创建期	1＋1 模式	打造自身核心体的竞争优势，构建外部生态体的相对竞争优势	初期建立品牌和技术基础，增强内外竞争力	核心体：专注于产品质量、技术研发，打造企业核心竞争力。 生态体：建立初步的市场合作伙伴，拓宽市场渠道，增强市场影响力
发展期	1＋2 模式	保持核心体的竞争优势，构建外部融资体的比较竞争优势，进一步提升外部生态体	提高融资能力，拓展业务范围，推动企业快速增长	核心体：强化品牌影响力和技术优势。 生态体：扩大合作伙伴网络，拓宽销售渠道。 融资体：寻求外部投资，提升资本运作能力
成熟期	1＋3 模式	维持核心体的绝对竞争优势，构建外部战略联盟体的绝对竞争优势，完善融资体和生态体	强化市场地位，通过战略联盟与外部合作形成稳固的市场垄断优势	核心体：巩固市场份额，强化技术壁垒。 生态体：深化合作伙伴关系，优化供应链。 联盟体：构建强大的战略联盟，实现协同效应
高级发展期	1＋4 模式	构建外部环境体的综合竞争优势，全面提升生态体、融资体、联盟体的竞争能力	实现全方位的综合竞争优势，推动可持续发展，适应复杂市场环境	核心体：保持技术和产品领先地位。 环境体：推动绿色发展，增强社会责任感。 融资体：优化资本结构，支持长期发展

五和战略模型具有高度灵活性，能够根据企业不同阶段的发展需求进行动态调整。通过在创建期、发展期、成熟期和高级发展期采用不同的 1+1 模式、1+2 模式、1+3 模式、1+4 模式，企业可以在不断变化的市场环境中灵敏应对，逐步增强核心竞争力、外部合作能力、融资能力以及整体生态系统优势，最终实现长期多维度竞争优势。

三、五和战略模型的优势与局限性分析

五和战略模型是一种综合性战略管理框架，旨在通过企业内部和外部的全面协同发展，构建企业的竞争优势。该模型围绕五和资源这一核心理念，强调企业

在五个维度上的平衡与协调发展。

这一战略模型的优势包括：一是全面性竞争优势。五和战略模型通过核心体、生态体、联盟体、融资体、环境体五大资源体的构建，形成全面竞争优势。企业能够从不同维度出发，提高自身在市场中的竞争地位。二是适应性强。五和战略模型强调数字引擎、数字化生态系统、战略联盟、多元融资、环境适应性五个方面，使得企业更具适应性。无论是内部创新还是外部合作，都能够灵活调整，适应不同的市场环境。三是创新驱动。通过数字引擎和数字化生态系统的构建，企业能够在数字化和智能化的基础上实现创新，引领未来的发展。四是战略联盟支持。联盟体作为五大资源之一，强调数字时代的战略共赢联盟。通过与行业内外的战略伙伴建立紧密的联盟，企业能够实现数字技术和资源的共享，提升整体实力和市场影响力。五是多元融资渠道。五和战略模型的融资体关注企业的资金管理和融资渠道，包括股权融资、债务融资等。这种多元融资手段能够确保企业有足够的资金支持，支持其在数智时代的发展和投资。

这一战略模型的局限性包括：一是复杂性。五和战略模型涵盖了多个维度，包括内部核心体、外部生态体、联盟体、融资体和环境体，使得战略的制定和执行较为复杂。企业在实施时需要具备较高的管理水平。二是市场适应性。五和战略模型的适应性强，但在一些特定市场条件下可能不太适用。例如，某些行业可能更注重传统的资源配置而非数字化和智能化。三是风险管理。联盟体和融资体的构建涉及风险共担和资金管理，需要企业具备较强的风险管理能力。一旦联盟关系出现问题或融资手段不当，可能导致企业面临较大风险。四是执行挑战。五和战略模型的制定容易，但在实际执行中落地并取得预期效果是一项挑战。企业需要具备良好的执行力，确保战略的各个方面得到有效推进。

五和战略模型作为一种全面的战略管理框架，强调多维度的五和发展，具有很强的协同与可持续性优势，能够帮助企业在数智时代应对复杂的内外部环境，提升其长期竞争力。然而，该模型的实施难度较大，尤其在资源有限、短期压力较大的企业中，可能面临执行障碍和效果衡量的挑战。因此，企业在采用五和战略模型时，需要根据自身资源状况、行业特点和外部环境，灵活调整各个维度的优先级，并加强执行力与效果监控。

四、五和战略模型适用的市场环境

五和战略模型是一种灵活且多维的战略框架，旨在通过整合五大资源体（核心体、生态体、联盟体、融资体和环境体）来提升企业在不确定市场中的竞争力。该模型的灵活性使其能够适应不同类型的市场环境，尤其在面对快速变化的市场时展现出独特的优势。

五和战略模型适用的市场环境：一是快速变化的市场。五和战略模型适用于那些市场变化迅速、新技术不断涌现的行业。该模型通过数字引擎、生态体、联盟体等资源的构建，使企业能够灵活应对市场的快速变化，抓住机遇，迎接挑战。二是数字化程度高的行业。五和战略模型主张将数字引擎作为核心体，强调数字化和智能化的战略优势。因此，在数字化程度较高的行业，如科技、互联网、人工智能等，该模型更容易发挥其优势，引领创新。三是需要战略联盟的行业。联盟体是五和战略模型的关键组成部分，适用于那些需要跨界合作、共享资源的行业。在复杂多元的市场环境中，通过建立战略性联盟，企业能够共同应对市场挑战，实现资源互补。四是多元化融资需求的企业。五和战略模型的融资体关注多元化的融资手段，包括股权融资、债务融资等。因此，适用于需要灵活融资、资金需求多样化的企业，特别是在多元化投融资的数字化领域的企业。五是对外部环境变化敏感的行业。环境体考虑外部环境的适应性，包括法规、政策、社会文化等因素。五和战略模型适用于对外部环境变化较为敏感，需要在战略规划中考虑外部因素影响的行业。六是强调创新的行业。数字引擎和生态体的构建使五和战略模型更适用于强调创新和持续发展的行业。企业通过模型构建的创新生态系统，能够不断推动行业创新，保持竞争优势。

五和战略模型适用于多种复杂且不确定的市场环境，在技术驱动、政策影响、竞争激烈、新兴市场等背景下展现出强大的灵活性。通过核心体、生态体、联盟体、融资体和环境体的综合运作，企业能够快速适应市场变化，分散风险，增强协同效应，实现持续的竞争优势。这一战略框架的动态性和多元化资源整合，使其成为应对未来商业挑战的有力工具。

五、五和战略模型适用于小而强的中小企业

与传统战略不同，五和战略模型特别适用于打造小而强的中小企业。在把市场做大的同时，企业保持相对较小的规模，以取得更为灵活的竞争优势。

该战略模型的优势在于：一是灵活性和适应性。通过保持相对较小的企业规模，企业更容易调整战略、适应市场变化，降低对外部环境的依赖性，增加灵活性。二是战略调整的迅速性。较小规模的企业更容易进行战略调整和创新，快速适应市场需求和变化，降低因规模庞大而引起的冗余和僵化。三是集中资源优势。通过五和战略模型中的资源配置，企业可以更集中地利用核心体、生态体、联盟体等资源，提高资源利用效率，实现小规模下的相对竞争优势或借用外部资源建立市场上的综合竞争优势。四是危机时的抵抗力。在市场极端危机环境中，

小而强的企业更有可能快速应对、灵活调整，降低危机对企业的冲击。五是适用于中小企业。五和战略模型特别适用于中小企业，帮助其在竞争激烈的市场中保持竞争力，同时实现规模扩大和创新。

五和战略模型也需要注意一些潜在的局限性：一是市场规模效应相对受限，由于追求相对较小的企业规模，市场扩张会受限。二是需要高度的协同与精细管理，企业要追求与外部资源的协同效应，确保各个方面协同运作，才能发挥资源的最大效能。三是提升对未来市场环境的预知，保持灵活的机动优势，需要在市场定位上做出精准选择。

五和战略模型为小而强的中小企业提供了一种高度灵活且可操作的战略框架，帮助企业通过数字引擎、生态系统合作、战略联盟、多元化融资以及外部环境的适应，在竞争激烈和充满不确定性的市场中构建长期竞争优势。通过灵活运用五和战略模型，中小企业能够更有效地利用有限资源，快速响应市场变化，实现持续创新和增长。

六、数智环境下，五和战略模型帮助大企业“瘦身”

在数智环境下，五和战略模型为大企业提供了一种有效的工具，帮助其“瘦身”，使企业能够在数字化转型的过程中实现更高效、灵活的运营。大企业往往因为规模庞大、结构复杂导致运营效率低下，决策链条过长。在这种情况下，五和战略模型通过优化资源配置、增强外部协同、推动数字化创新，帮助大企业去除冗余部分，提升核心竞争力和市场适应力。

五和战略模型对大企业优化臃肿规模有五个优势：一是核心体技术升级与效率提升优势。对五和战略模型中的核心体，大企业可进行技术升级，引入数字化和智能化技术，从而提高生产和运营效率。这有助于大企业摆脱复杂的管理结构，实现更为精简的运作。二是生态体共创共生与资源整合优势。五和战略模型强调生态体，企业通过与外部合作伙伴、供应商以及客户形成紧密连接，实现数字化生态系统的共同创造。在这一过程中，大企业可以更好地整合外部资源，避免自身过度膨胀，实现资源的精细配置。三是联盟体战略共赢与协同合作优势。通过五和战略模型的联盟体，大企业可以与其他企业、研究机构等建立战略性合作，共同应对市场挑战，实现战略共赢。这种协同合作有助于大企业优化业务结构，避免单打独斗，实现“瘦身”经营。四是融资体多元化支持与精准资金运作。五和战略模型通过融资体，为企业提供多元化的资金支持，包括股权融资和债务融资等方式。大企业可以进行精准资金运作，将资金用于战略性投资，避免资本浪费，实现规模的有序“瘦身”。五是环境体适应性与战略调整。五和战略模型注重数字智能的外部环境适应性，使大企业能够灵活调整经营策略，适应数字化时代的市场环境。大企业可以根据外部因素的变化进行战略调整，避免规模臃肿导致的应对不灵活的情况。

数智环境下，五和战略模型有助于大企业实现规模“瘦身”，更加灵活地适应数智环境下的市场要求，实现业务的高效运营。

波特五力战略 + 价值链战略 + 五和战略模型构建战略工具分析链如图 2-6 所示。

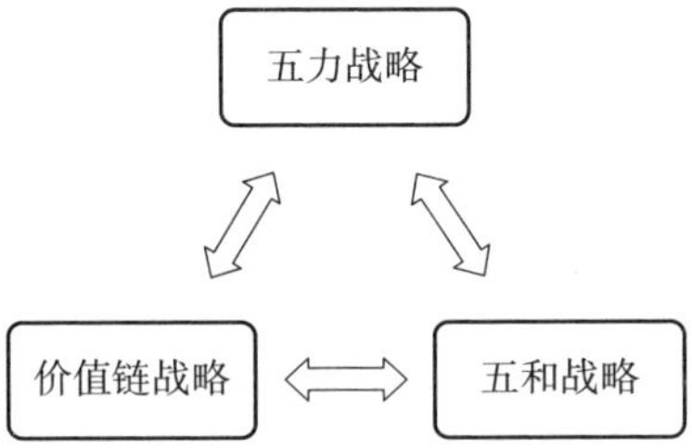

图 2-6　波特五力战略 + 价值链战略 + 五和战略模型构建战略工具分析链

在数智环境下，五和战略模型能够帮助大企业通过优化资源配置、外部协同、简化管理流程和优化资本结构，有效实现“瘦身”目标，去除臃肿的规模和冗余的业务部门。通过这一战略，大企业能够专注核心竞争力，同时借助外部资源和伙伴提升运营效率，增强市场竞争力，并实现更加灵活、高效的业务运营。

第五节　数智化拓展战略新边疆

数智化拓展战略新边疆是指企业在数智化转型过程中，通过技术创新、商业模式变革、市场拓展和生态系统构建等手段，开辟新的增长领域和市场边疆。随着数字技术的深入发展，企业不仅要适应已有的竞争格局，还要主动拥抱数智化带来的新市场机会，以突破传统业务边界，打造全新的竞争优势。也就是说，数智化拓展战略新边疆强调企业在特定领域采用数字技术进行创新和扩展，进入新的蓝海型业务领域，实现战略拓展。企业在特定领域的创新和拓展，强调采用数字技术在特定业务领域中取得竞争优势。例如，关注领域有智能科技与人工智能、元宇宙、数字化健康与生物技术、智能制造与工业互联网、数字金融与区块链、教育科技创新、智能城市建设、数字娱乐与文化产业、环境科技与可持续发展、社交媒体与数字营销、智能交通与物流等特定方面。

进一步看，数智化拓展战略新边疆强调技术创新和行业拓展，而数智时代企业新生态注重企业在数据、灵活性、合作、客户体验等方面的全面优化。它们在不同方向上为企业提供了新的机遇，推动了企业战略体系的不断创新和发展。在实际应用中，企业需要根据自身业务特点和市场需求，综合考虑这些因素，制定有针对性的战略体系，以更好地适应数智时代的发展趋势。

数智时代企业新生态和数智化拓展战略新边疆都强调数字技术的应用和创新，企业需要在变革中找到新的商业机会。而数智时代企业新生态更注重整个商业生态系统的变革，数智化拓展战略新边疆更专注于在特定领域采用数字技术进行战略性拓展。数智时代企业新生态提供了更宏观的战略指导，而数智化拓展战略新边疆关注更为具体的特定领域。企业在制定战略时可以综合考虑两者，以更好地适应数智时代的变革。

一、数智化拓展战略新边疆

数智化拓展战略新边疆是一项系统性的战略，它依赖于技术驱动的创新、商业模式的变革、市场拓展和生态系统的建设。企业可以通过清晰的战略规划和有效的实施路径，在数智化的推动下，开辟全新的市场领域，提升其全球竞争力，确保在未来复杂的商业环境中持续增长。

一是智能城市建设领域。在智能城市建设领域，数智化拓展战略新边疆通过运用大数据和物联网技术，实现了智能交通管理和环境监测的创新发展。例如，某城市通过建立智能交通系统，利用大数据分析实时交通流量，优化信号控制，提高道路通行效率。同时，物联网传感器用于监测环境数据，包括空气质量、噪声水平等，从而实现对城市环境的精准监控和管理。这些创新措施不仅提升了城市管理效率，也改善了居民生活质量。二是智能科技与人工智能领域。在智能科技与人工智能领域，数智化拓展战略新边疆推动企业引入自动化、机器学习等技术，以提高生产效率和创新能力。例如，某生产企业引入智能机器人用于装配线，通过机器学习算法实现自适应生产，提高了生产效率和产品质量。这样的创新带动了制造业向更智能、高效的方向发展，同时促使企业不断寻求更先进的科技应用，以保持在市场中的竞争优势。三是智能制造与工业互联网领域。在智能制造与工业互联网领域，数智化拓展战略新边疆通过数字化转型，提高了制造业的生产效率、质量和灵活性，实现了智能制造。例如，工业企业采用工业互联网技术，实现设备之间的实时数据共享和协同生产。这种创新不仅加速了生产过程中的信息传递和决策制定，还为企业打造了更具竞争力的制造体系。四是数字金融与区块链领域。在数字金融与区块链领域，数智化拓展战略新边疆通过区块链等技术改进金融服务，提高支付安全性和效率。例如，银行引入区块链技术用于跨境支付，通过去中心化、不可篡改的特性，实现更快速、安全的国际资金转移。这种创新不仅提升了金融系统的安全性，还简化了跨境交易的流程，促进了全球金融体系的创新发展。五是环境科技与可持续发展领域。在环境科技与可持续发展领域，数智化拓展战略新边疆通过运用科技推动环保和可持续发展，包括清洁能源等。例如，能源公司采用智能能源管理系统，通过数据分析实现能源利用效率的提高，降低环境影响。这种创新不仅有助于企业降低能源消耗，还对全球可持续发展目标产生积极影响。六是智能交通与物流领域。在智能交通与物流领域，数智化拓展战略新边疆通过运用技术提升交通和物流效率，如智能交通系统、物流管理系统等。例如，物流公司利用物联网技术实现实时货物追踪和智能仓储管理。这种创新不仅提高了物流运输的可视化管理，还加速了货物的流通速度，从而提升了整个供应链的效率。

此外，还有数字化健康与生物技术领域以及教育科技创新领域等，在此不一一列举。数智化拓展战略新边疆在这些方面助力企业在创新、效率、市场拓展和竞争优势等方面取得新进展、新突破，使其更好地适应数智时代的新生态。

二、云海战略体系在数智化拓展战略新边疆环境中的优势

云海战略体系通过整合数字化技术、智能化应用和资源协同，帮助企业在面对不确定性和快速变化的市场环境时，更加灵活、高效地开辟新市场、拓展新业务，并构建长期的竞争优势。

云海战略体系在数智化拓展战略新边疆的环境中具有的优势体现在以下六个方面：一是灵活性和前瞻性的战略选择。云海战略体系注重数字化和智能化手段的运用，使企业能够更加灵活地应对数智化拓展带来的新边疆环境。通过深度数字化，企业可以灵活选择适应当前和未来市场趋势的战略，保持对市场变化的前瞻性洞察。二是全方位竞争优势的构建。云海战略体系包含核心体、生态体、联盟体、融资体、环境体五大资源体的构建与配置，使企业能够形成高层次的比较竞争优势。这有助于企业在数智化拓展的新边疆环境中更全面、更有力地应对竞争挑战。三是数字引擎的核心作用。云海战略体系的核心体即数字引擎被视为战略的核心，致力于通过数字化技术和智能化手段引领未来的创新。在数智化拓展的新边疆环境中，具备强大的数字引擎将使企业更好地适应新技术、新趋势，为企业在创新方面提供持续动力。四是战略联盟与资源整合。云海战略体系中的联盟体注重数字时代的战略共赢联盟。在数智化拓展的新边疆环境中，企业通过建立紧密的战略伙伴关系，实现数字技术和资源的共享，可以更好地适应新的市场

格局，共同探索创新机会。五是多元化融资支持。数智化拓展需要资金，云海战略体系中的融资体提供了多元化的融资手段，包括股权融资、债务融资等。这为企业在新边疆环境下进行拓展提供了资金保障。六是外部环境适应性与风险管理。云海战略体系中的环境体注重数字智能的外部环境适应性，有助于企业在新边疆环境中进行战略规划和风险管理。这使企业能够更好地适应复杂多变的外部环境，降低不确定性对业务的影响。

在数智化拓展战略新边疆的环境中，云海战略体系展现了其卓越的优势。通过数字引擎的创新驱动、生态系统的共创共生、战略联盟的资源共享与风险分担、融资体的资金支持以及环境体的市场敏捷应对，云海战略体系帮助企业在新市场中取得核心竞争优势与综合竞争优势。这种战略体系不仅提升了企业在数智化转型中的灵活性和适应力，还为企业在全球市场中的持续拓展和创新发展提供了有力支撑。

三、云海战略体系在数智化拓展战略新边疆环境中的局限性

尽管云海战略体系在数智时代的拓展中，特别是在推动企业数字化转型、智能化协同和资源整合方面展现出强大的优势，但仍存在一些局限性。这些局限性可能影响其在拓展战略新边疆时的应用效果。

一是依赖技术发展的不确定性。云海战略体系强调数字化和智能化的战略优势，然而数字技术的发展是不断变化的，因此企业在数智化拓展时可能面临依赖技术发展的不确定性。新技术的引入和变革可能对企业的战略规划产生影响，需要不断调整和适应。二是资源整合难度。虽然云海战略体系强调了资源的整合与配置，但在实际操作中，跨足多个资源领域可能涉及复杂的资源整合难题。企业需要克服资源整合的困难，确保各个资源能够协同合作，而不是产生冲突。三是对外部环境变化的敏感度。尽管云海战略体系强调了外部环境的适应性，但企业对外部环境变化的敏感度仍然是一个挑战。快速变化的市场条件和法规政策的调整可能会影响企业的战略执行，企业需要及时而灵活地调整战略规划。四是数字化转型的成本压力。数智化拓展需要必要的数字化转型投入，包括技术更新、培训人才等方面的成本。中小企业需要在投入和产出之间取得平衡。五是市场竞争的激烈性。随着更多企业采用云海战略体系，市场竞争可能变得更加激烈。在数智化拓展的新边疆环境中，企业需要应对竞争对手的挑战，保持自身的竞争优势。六是战略执行的复杂性。云海战略体系涉及多个资源领域，使得战略的执行变得更为复杂。企业需要具备有效的战略执行能力，确保战略在实际操作中有效落地。

尽管云海战略体系为企业在数智化拓展战略新边疆中提供了极具前瞻性的路径和工具，但在实施过程中也存在一系列局限性，包括数字化转型的高门槛与成本、对外部合作的依赖、市场适应性不足、管理复杂性增加、融资难题、文化与人才变革挑战，以及数据安全与隐私风险。为了克服这些局限性，企业在实施云海战略时需要制定清晰的规划，提升管理能力，灵活应对市场变化，并加强技术与人才储备，以最大限度地实现战略价值。

四、数智化拓展战略新边疆适用于采用五和战略模型的小企业

数智化拓展战略新边疆非常适合采用五和战略模型的小企业。这种战略能够帮助小企业突破传统业务边界，利用数字化技术与智能化手段，在快速变化的市场环境中保持竞争力，进入新兴市场并开辟新的增长领域。通过灵活高效的资源配置和战略实施，小企业能够最大限度地利用有限资源，打造具有差异化的竞争优势。

在数智化拓展战略新边疆中，五和战略模型发挥了独特的优势，为小企业提供了灵活性、前瞻性和适应性。一是小企业的灵活性。五和战略模型注重企业在扩大市场规模的同时，保持相对较小的自身规模。对于小企业而言，这意味着更大的灵活性和机动性，能够更迅速地适应数智化拓展战略新边疆中的市场变化。二是前瞻性的战略调整。五和战略模型强调创新、合作、融资和环境优势的全面升级，使小企业能够在数智化拓展的战略新边疆中更具前瞻性。通过采用进攻性、防守性、危机性、预警性和创新性等动态竞争策略，小企业能够更好地把握市场机会，提前预测变化并做出相应调整。三是资源优化的适应性。五和战略模型中的核心体、生态体、联盟体、融资体和环境体的资源配置为小企业提供了优化资源的途径。小企业可以根据自身情况，更灵活地整合各种资源，以适应数智化拓展战略新边疆中的需求。四是抵御市场竞争的优势。小企业采用五和战略模型可以在市场竞争中保持相对独特的优势。通过灵活性的战略调整、与合作伙伴的紧密联盟和多元化的融资手段，小企业能够更好地抵御竞争压力，保持竞争地位。五是数字化转型的适应性。数智化拓展战略新边疆要求企业进行数字化转型，而五和战略模型为小企业提供了适应这一变革的途径。通过强调核心体的数字引擎、生态体的数字共创共生，小企业能够更顺利地实现数字化转型。

数智化拓展战略新边疆为小企业提供了前所未有的市场机遇。通过五和战略模型，小企业可以利用核心体的创新驱动，通过生态体与联盟体的外部合作，整合资源，扩大市场影响力；借助融资体获取资金支持，并通过环境体应对市场变

化，实现战略灵活调整。

这种高度灵活、协同的战略模式，帮助小企业克服资源有限的劣势，最大限度地利用外部资源和数字化技术，迅速进入新兴市场，拓展新的边疆。同时，五和战略模型能够帮助小企业在数智化环境下实现持续创新与成长，构建差异化和综合的市场竞争优势。

数智化拓展战略新边疆适用于采用五和战略模型的小企业，其优势如表 2-6 所示。

表 2-6　五和战略模型适用于小企业的优势

五和战略模型资源体	适用于小企业的数智化拓展优势	关键举措
核心体	小企业通过技术创新与智能化应用，提升产品差异化和运营效率，在新兴市场中建立技术优势	利用现成的数字技术平台（如 AI、云计算）进行低成本创新。 推出个性化智能产品或服务，快速进入新市场。 优化内部流程，提高运营效率，削减成本
生态体	小企业通过外部合作伙伴的资源共享与协同创新，扩大市场覆盖面，降低进入新市场的成本和风险	与技术平台、供应链合作，降低成本并加速产品创新。 通过与合作伙伴资源整合，迅速进入新市场。 与大企业合作共享市场资源，提升市场影响力
联盟体	小企业通过与其他企业或行业伙伴结成联盟，降低市场进入难度，分享技术和市场资源，扩大市场机会	与其他企业联合进行市场营销，提升品牌认知度。 通过渠道合作伙伴迅速拓展业务网络。 与研发合作伙伴联合创新，降低技术开发成本
融资体	小企业通过多元化融资渠道，获取资金支持，进行创新和市场拓展，解决资本不足的问题	利用股权融资、众筹等方式为技术创新和市场拓展获取资金。 灵活运用融资资金，优先投资于核心业务和新市场拓展。 通过融资优化资源配置，支持数智化转型

续表

五和战略模型资源体	适用于小企业的数智化拓展优势	关键举措
环境体	小企业通过灵活应对新市场中的政策、文化和法规变化，快速适应不同市场环境，实现本地化运营	根据当地法规调整运营模式，确保合规。 通过市场反馈机制灵活调整产品或服务，适应不同市场需求。 通过文化适应和本地化营销，提高市场接受度并降低文化差异风险

表 2-6 展示了五和战略模型中的五大资源体（核心体、生态体、联盟体、融资体、环境体）如何帮助小企业通过数智化拓展战略在新兴市场和行业边疆中实现竞争优势。小企业可以借助技术创新、外部合作、战略联盟、融资支持和市场适应性，突破资源限制，灵活进入新兴市场并推动业务持续增长。

本章从数智时代企业新生态、企业战略的由来、企业五种动态竞争策略、数智云海战略体系、数智化拓展战略新边疆五个维度深入解读了云海五和战略模型所处的新环境与面临的市场竞争新机遇。在数智时代，云海战略的核心理念在战略层面接受不完全预知的现实，并通过构建灵活的战略体系来应对不确定的市场环境变化。这种战略方式更注重对变化的敏感性和对战略的调整能力，使企业能够更好地面对未知的挑战。因此，云海战略在战略预知不完全的前提下，强调战略的可塑性和适应性。

在战略层面，唯一可以预知的就是不完全预知，或者说，某些事情是不能事先准确预知的。这一理念在云海战略中得到了体现。在不确定性和变化性的市场环境下，企业很难对所有未来情景进行准确的预测。这种不完全预知的状态要求企业采取更加灵活、适应性强的战略，而云海战略正是为应对这一挑战而提出的。

在实践中，云海战略强调灵活性、前瞻性和适应性。企业需要根据市场的动态变化随时调整战略，以更好地适应未知的情况。这种战略思维要求企业在制定战略时考虑不同的变数，并为应对未来的不确定性做好战略准备。

第三章

数智时代科技创新的联盟体

你能走多远，关键取决于你与谁同行

在数智时代，科技创新的联盟体是企业与外部合作伙伴、科研机构、技术平台等组成的一个战略合作生态系统，旨在利用各方资源、能力和技术，共同推动科技创新和商业成功。联盟体的建立使企业在复杂的技术变革和快速发展的市场中能够更好地应对挑战，抓住机遇。这些科技联盟体不仅在推动科技创新方面发挥着重要作用，而且为数智时代的可持续发展奠定了坚实的基础。

在科技企业未来的发展方向中，加强跨行业、跨领域的协同创新将成为科技联盟体的重要任务。这意味着不同领域的合作将变得更加紧密，推动数字技术的广泛应用，以解决更加复杂和跨领域的问题。此外，科技联盟体还需要持续加强国际合作与协调，推动科技的全球化，以应对全球社会面临的共同挑战。

这里介绍一些有代表性的全球科技联盟体。一是开放源代码社区。开放源代码社区包括 Linux 基金会、Apache 基金会等，致力于推动开源软件开发和共享。未来发展趋势包括在云计算、人工智能、物联网等领域的广泛应用，加强全球合作，促进标准化。

二是全球标准化组织。如国际电工委员会（IEC）、国际标准化组织（ISO），致力于制定全球性技术标准。未来的发展趋势包括加强数字化标准制定，以适应新兴技术的挑战，促进全球产业互操作性。

三是产业联盟。产业联盟包括汽车联盟、工业互联网联盟等，旨在促进特定行业内的技术创新和合作。未来发展趋势包括加强数字化转型合作，推动行业生态系统的协同发展。

四是人工智能合作组织。如开放 AI 合作组织，致力于推动 AI 伦理标准的制定，促进 AI 技术的可持续和负责任发展。

五是区块链联盟。由企业和研究机构组成，旨在推动区块链技术的研究和应用，如超级账本（Hyperledger）项目等。未来的发展趋势包括推动跨行业的区块链应用，提升数字信任和透明度。

六是数字化创新生态系统。其是由不同领域的创新者、投资者和政府构建的生态系统，未来的发展趋势是加强产业界、学术界和政府之间的合作，打造更加开放、有利于创新的数字化生态系统。

七是可持续发展联盟。其是旨在促进可持续发展目标实现的联盟，涉及能源、环境、社会等方面。未来的发展趋势包括强化数字技术在可持续发展中的作用，推动绿色科技的创新。

全球科技联盟可以整合全球科技资源，促进技术创新和合作，加速科技成果转化和应用。通过跨学科、跨领域的合作，联盟可以突破单一组织或企业的局限性，提高整体竞争力。此外，联盟还可以加强国际交流与合作，推动科技领域的国际互认和标准制定，促进科技全球化发展。

科技创新的联盟体在数智时代为企业提供了新的合作和创新机会，能够通过资源共享、风险分担和跨领域合作，推动技术创新和市场拓展。然而，联盟体也面临管理协调、文化差异和数据安全等挑战。通过合理的机制设计和有效的协同合作，科技创新联盟体将成为企业在数智时代拓展战略新边疆的强大推动力。

第一节　高铁智能生活新节奏

绿色高铁产业的发展模式在不同国家有着不同的特色，体现了各国在推动绿色高铁领域发展上的创新和努力。绿色高铁产业发展加速推动了区域经济的一体化。国内第一条商业运营的高铁线路是 2008 年开通的京津高铁，标志着智能高速铁路起步的新节奏。截至 2023 年底，中国高铁里程达到 4.56 万千米，形成国内强大的大动脉交通网络体系。

南北走向为“纵线”，东西走向为“横线”。早在 2004 年，国家《中长期铁路网规划》便提出建设“四纵四横”客运专线，列车速度目标值达到每小时 200 千米以上。

2016 年，新修订的《中长期铁路网规划》在“四纵四横”主骨架的基础上，勾画了“八纵八横”高速铁路网的宏大蓝图，打造以沿海、京沪等“八纵”通道和陆桥、沿江等“八横”通道为主干，城际铁路为补充的高速铁路网。绿色高铁经济促进资源共享、推动区域之间城市群的协同发展。

绿色高铁产业作为国家战略的重要组成部分，承载着百年基础建设与工程的使命，既是市场经济发展的巨大环境使然，也融入了碳中和与新能源发展的共同目标，为优化区域经济与智慧城市的内涵提供了更为广阔的空间。第一，推动碳中和。绿色高铁以电力驱动、低能耗、零排放为特点，符合碳中和的目标要求。通过逐步替代传统内燃机火车，绿色高铁有望在交通运输领域降低碳排放，推动可持续发展。第二，新能源整合。绿色高铁产业对新能源的发展提出了新的要求。电力作为主要动力源，促使相关领域加速发展清洁能源、储能技术等，从而构建可持续的能源体系。第三，百年基础建设与工程。高铁作为一项百年基础建设工程，涉及线路、站点、车辆、通信等多个方面的建设，为国家提供了长期的基础设施投资和就业机会。第四，市场经济发展的大环境。绿色高铁产业的发展拉动了相关产业链的升级，从线路建设到列车制造，再到相关设备和技术的研发，形成了一个庞大而完整的产业生态系统。第五，智慧城市建设。绿色高铁的推进不仅解决了城际交通问题，还通过智能化技术的引入，使车站、列车、票务等多个环节得到智慧化改造，为智慧城市的建设提供了典范和支持。第六，区域经济优化。绿色高铁的连通作用有助于加强城市之间的联系，推动区域协同发展，优化资源配置，促进了区域经济的整体提升。第七，科技创新推动。绿色高铁的发展对交通运输领域的科技创新提出了更高要求，推动了相关技术的不断进步。例如，轨道交通自动驾驶、新材料的研发等，推动了国家科技实力的提升。

数据显示，截至 2023 年底，全国铁路营业里程达到 15.9 万千米，其中高铁 4.56 万千米。

一、高铁经济是对传统内燃机模式的根本颠覆

高铁经济的发展标志着对传统内燃机火车模式的重大改变，为交通行业树立了新的标杆，指明了发展方向。高铁经济也是一种更为现代、便捷、绿色的新型交通模式，对整个社会经济产生了重大影响。高铁经济的核心价值体现在七个方面：一是高速度、高效率。高铁相较于传统内燃机火车具有更高的运行速度，使得旅客在短时间内能够快速到达目的地。这种高速度、高效率的特点为出行者提供了更为便捷的选择。二是电力驱动和清洁能源。高铁通常采用电力驱动，较内燃机火车更为环保，减少了对传统燃油的依赖，有利于降低碳排放，符合可持续发展的理念。三是交通枢纽优势。由于高铁速度快、运力大，可以有效减轻城市之间的交通压力，减少交通拥堵，改善道路交通状况。四是智能化技术。高铁系统通常应用先进的智能化技术，包括自动列车控制、智能调度系统等，提高了整个交通系统的智能化水平，有助于提升运输效率。五是城市发展带动。高铁的建设通常伴随着相关基础设施和城市规划的提升，有助于带动沿线城市的经济发展和城市化进程。六是舒适与便捷。高铁车辆内部通常设计舒适，提供更加

宽敞的座椅和先进的娱乐系统，为旅客提供良好的出行体验。七是更强的安全性。高铁系统通常采用先进的安全技术和系统，包括自动列车控制、紧急制动等，提高了列车运行的安全性。这对减少事故发生和提高运输系统的可靠性至关重要。

高铁经济的崛起为传统内燃机火车带来了一种更为先进和综合的交通模式，推动了交通体系的升级，促使城市间建立更为紧密的联系。这一新模式为未来的交通发展提供了创新的方向，将进一步提升高铁经济的影响力和可持续性。

二、高铁经济在区域经济发展中的多重优势

高铁产业在区域经济发展中的多重优势，可比喻为快速飞跃在城市与乡村之间的一座桥梁，连接着各个城市和地区经济，架起了一条便捷、高效的发展通道。这不仅为城市提供了互联互通的便利，还创新出互联互通的经济生态新系统，使区域内的经济资源可以更迅速地流动，推动着区域经济之间发展的速度和效率。一是比较优势促进资源高效利用。高铁通过快速连接经济中心，使得各个地区能够充分发挥各自的比较优势，更有效地利用资源，提高生产效率。这有助于形成各区域之间更加紧密的联系。二是后发优势助推产业升级。引入高铁通常伴随着先进的交通技术和管理模式，后发地区在引入高铁时有机会采用最新的技术和管理经验，提高交通系统的效率和服务水平，从而推动产业结构的升级。三是区域经济协同发展。高铁网络的建设促进了各个地区之间的联系，形成区域经济协同发展的局面。不同地区的比较优势可以通过高铁网络实现更加紧密的连接，形成相互依存、互补的经济体系。四是并存优势形成新格局。比较优势和后发优势的城市可以通过互补合作，形成联动效应。通过高铁连接，资源、人才、产业等方面的共享更为便捷，促进了区域内城市之间的合作共赢，形成新的发展格局。五是城乡一体化和战略优势提升。高铁的连接有助于缩小城乡之间的发展差距，为农村地区提供更多发展机会，推动城乡一体化发展。区域内高铁的密集布局能够提升整个区域的战略优势，形成更具竞争优势的经济区域。六是环保和可持续发展。相对于传统交通工具，高铁通常更为环保，电气化和高效能的特性减少了对环境的污染，符合可持续发展的理念。高铁经济也需要国际合作与技术交流，有助于国际的各种技术创新。同时，高铁经济提升了在国际上的城乡一体化的竞争优势。

进入高铁经济时代，区域经济之间通过互补合作、资源共享、城乡一体化等方式，为区域经济发展提供了更广阔的创新机遇空间，有助于推动经济增长、提升社会基础设施、提高城市群竞争优势，并为可持续发展提供多维度的支撑。

三、高铁智能在工业发展新业态中的特有创新优势

高铁智能在工业发展中具有独特的创新优势，这些优势涵盖了技术、效率、服务等多个方面。一是先进的列车控制系统。高铁智能系统采用先进的列车控制技术，通过自动驾驶、智能调度等功能提高列车运行的安全性和效率，从而实现更为精准的时刻表和更短的运行时间。二是智能维护与故障预测。高铁智能系统可实时监测列车运行状态，通过大数据分析和人工智能技术进行故障预测。这有助于提前发现潜在问题，降低维护成本，提高列车可用性和可靠性。三是客户体验优化。高铁智能系统通过智能化座位预订、实时信息更新、自助服务等方式，优化了乘客的出行体验。这些创新提升了服务质量，增加了乘客的满意度，同时推动了相关服务产业的发展。四是智能安全控制。智能化技术在高铁的安全控制中起到关键作用。通过智能监测、智能防护系统等手段，可以提高高铁系统的安全性，有效防范潜在的风险。五是绿色智能交通。高铁智能系统在节能减排方面具有独特的优势，通过智能驾驶、能源管理等技术，实现了高效能源利用和减少环境污染，促进了绿色可持续交通发展。六是智能化的运营管理。高铁智能系统可以通过智能调度、物流优化等手段提高运营效率，减少能源浪费，降低运营成本，进一步推动了智能交通系统的发展。七是技术创新的引领。高铁智能系统在技术研发方面处于领先地位，其在自动驾驶、物联网、云计算等领域的创新，不仅改变了高铁运行方式，还对其他工业领域产生了推动作用。八是开放平台与合作。高铁智能系统往往是基于开放平台的，这有助于吸引更多创新者和企业参与，形成产业协同效应，推动了智能交通生态系统的建设。

高铁智能在工业发展中的创新优势体现在提升列车运行效率、改善乘客体验、增强安全性和可靠性等多个方面，为未来智能交通和工业发展开辟了新的前景。

四、高铁产业在数智时代的发展前景

高铁产业在数智时代的发展前景广阔，将受益于数字化、智能化技术的快速发展，实现在多个方面的创新和提升。一是智能化运营管理。数智时代将推动高铁产业实现更为智能化的运营管理。通过大数据分析、人工智能和物联网技术，高铁能够更精准地进行列车调度、维护管理和故障预测，提高运输效率，减少能源消耗和维护成本。二是客户体验升级。数智时代的技术应用将改善乘客的出行体验。高铁可以通过人脸识别、智能座椅预订、自助服务等方式提供更便捷、个性化的服务，推动高铁旅行变得更加智能和舒适。三是数字化服务平台。高铁产业有望建立更强大的数字化服务平台，整合多种服务，包括票务、餐饮、旅游信

息等。这将为用户提供全方位的数字服务，从而提升高铁在整个交通和旅游产业链中的地位。四是智能交通一体化。在数智时代，高铁将更好地与其他交通工具实现一体化。通过数字技术，不同交通方式之间的衔接更为紧密，乘客可以更方便地规划和实施跨领域的出行计划。五是数字化安全管理。数智时代的安全管理手段使得高铁能够更加精准地监测和预防潜在风险。智能监控、预警系统等数字化工具有助于提高高铁的安全水平，保障乘客和运营的安全。六是绿色智能交通。数智时代的高铁将更加注重绿色可持续发展。通过数字化管理能源、智能驾驶、碳足迹监测等技术，高铁有望实现更低的能源消耗和环境影响，助力推动可持续交通发展。七是开放式创新。数智时代将推动高铁产业朝着开放和创新的方向发展。高铁企业可以更广泛地与科技公司、创新型企业合作，共同推动技术创新，加速数字技术在高铁行业的应用。八是智慧城市融合。数智时代将高铁与智慧城市建设相互融合，通过数字技术实现与城市其他智能设施的互联互通。这将促进城市群体系的发展优势，推动区域一体化创新。

数智时代为高铁产业提供了广泛的发展机遇，将进一步推动高铁智能化、数字化和可持续发展，提升其在交通和旅游领域的竞争优势。

第二节　商用飞机 C919 制造新空间

商用飞机公司（COMAC）成立于 2008 年 5 月，总部位于上海，是中国政府推动民用飞机产业发展的关键举措。在成立初期，公司注重自主研发，推出了 ARJ21（中国产支线客机）项目，于 2008 年 11 月 28 日成功首飞，标志着中国在支线客机领域的突破。

2009 年，商用飞机公司正式启动 C919 项目，旨在挑战波音和空客等主流飞机市场份额的单通道干线客机。公司积极引入国内外专业技术和经验，通过战略联盟和合作，不断提升自身的研发和制造水平。

C919 于 2017 年 5 月 5 日成功首飞，成为中国首次成功发展并飞行的大型干线客机，为中国商用飞机产业树立了新的里程碑。随后，C919 进行了一系列试飞和认证工作，逐步积累飞行数据和提升安全性能，为商业运营做好准备。

商用飞机公司不仅注重 C919 项目的推进，还在不断拓展产品线，如 C929 大型远程宽体客机，以进一步扩大国际市场份额。公司通过自主研发、国际合作和战略联盟，努力挑战国际航空巨头的垄断地位，实现在全球民机市场的竞争与合作，为中国航空产业的发展提供更多空间。

一、商用飞机 C919 制造所具有的后发优势

商用飞机 C919 制造在后发竞争中具有一些独特的优势，从技术创新、市场需求、全球供应链、数字化制造到国际竞争等多个方面都具备了推动产业发展的潜力。这些优势不仅对国内航空产业的崛起至关重要，也在全球商用飞机市场上为中国的制造业树立了良好的形象。一是技术自主创新。C919 是中国自主研发的大型喷气式客机，标志着中国在航空领域的技术实力和自主创新水平的提升。这有助于减少对外依赖，提高国家的技术独立性。商用飞机 C919 能够充分借鉴和吸收先进的航空技术，避免了一些早期飞机制造时的技术“瓶颈”。公司能够采用最新的设计和制造技术，保持先进的竞争优势。二是满足国内需求。作为后来者，商用飞机 C919 可以更好地洞察市场需求，了解先前飞机存在的一些问题和不足，并进行相应改进。这有助于更好地满足当今和未来市场的需求。随着中国国内航空市场的不断扩大，C919 有望满足国内及亚太地区对中短程客机的需求。这有助于推动国内制造业的发展，创造就业机会。三是采用全球供应链模式。C919 吸引了来自不同国家和地区的供应商，促进了国内产业链的全球融合，提高了整个工业体系的水平。后发的企业可以借鉴前期企业的经验，更有效地控制成本。通过学习其他公司的成功和失败，C919 制造可以更加智慧地进行资源配置，降低制造和运营成本。四是数字化制造。引入数字化技术，如数字孪生、大数据分析等，有助于提高生产效率、质量控制和定制化生产能力，推动制造业向智能制造的转型。借助先进的生产工艺和自动化技术，C919 制造能够缩短交付周期，从而更好地满足市场需求。五是国际竞争。C919 参与全球商用飞机市场，提高了中国在国际市场上的竞争力。这有助于推动国内制造业提升品牌价值和国际声誉。六是强调航空安全。C919 在制造过程中严格遵循国际航空安全标准和认证要求，确保飞机的安全性和可靠性。这有助于获得国际市场的认可，提高飞机的全球适航性和销售竞争优势。七是环保和能源效益。C919 注重环保和能源效益，通过创新的能源管理和环保技术降低对环境的影响，提高能源利用效率。C919 采用更先进的动力系统和材料，以满足国际对航空产业不断提高的环保标准。这符合全球绿色发展的趋势，也为飞机在市场上的可持续性发展提供了有力支持。

二、商用飞机 C919 制造需要不断创新升级

商用飞机 C919 的制造需要克服技术、管理、市场等多个方面的难题，才能成功实现商业化运营。航空市场的需求受到宏观经济、航空运输市场走势、政策

法规等因素的影响，存在多个方面的不确定性。C919 的制造必须考虑市场需求的变化和风险，做好市场预测和风险管理。一是国际竞争激烈。在全球商用飞机市场，C919 需要与国际知名飞机制造商竞争，提高自身的市场份额。这需要应对国际激烈竞争的挑战，吸引航空公司和租赁公司的订单。这不仅需要进行产品性能和质量的竞争，还需要考虑售后服务、价格等方面的竞争优势。二是技术创新压力。制造涉及先进的航空技术，需要应对不断演进的技术挑战。在技术创新方面需要不断投入研发，以保持技术领先地位。C919 是中国自主研发的大型客机，技术上需要解决飞机设计、材料、制造工艺、系统集成等方面的问题。尤其是需要保证飞机的安全性、可靠性和满足国际航空标准的性能，这需要耗费大量的时间和精力。三是全球供应链风险。依赖全球供应链模式，可能受到国际政治、贸易等因素的影响，存在一定的风险。全球供应链的不稳定性可能对生产和供应造成困扰。商用飞机制造牵涉复杂的供应链，需要协调大量零部件和系统的供应商，确保零部件的质量、交付时间和成本控制，这是一个非常复杂的管理任务。四是市场需求不确定性。随着全球经济波动和航空行业的不确定性变化，C919 在市场上的需求也可能受到影响，对市场的需求变化要保持灵活应对。五是国际认可和安全标准。商用飞机的制造需要符合国际航空安全标准和相关认证要求，确保其在全球范围内的运营安全。这需要满足国际认证的严格要求，包括美国联邦航空局（FAA）和欧洲航空安全局（EASA）的认证。六是商用飞机制造需要巨额资金支持，包括研发、生产、销售等各个阶段的资金投入。面临资金投入与回报不平衡的挑战，需要制定合理的资金策略和长期规划。七是国内外法规差异。C919 在全球销售和运营时，需要遵循各国不同的法规和标准。适应国内外法规差异，以及在制造过程中满足多样化的国际法规标准是一项复杂的任务。商用飞机制造往往需要跨国合作，包括与国外公司合作开发技术、采购零部件等。在国际合作中需要处理好技术保密、知识产权等问题，确保合作的顺利进行。八是人才和技术团队建设。高水平的技术和管理团队是商用飞机制造过程中的关键因素。确保拥有足够的高素质工程师和技术人才，以及保持团队的创新能力，是制造过程中的重要挑战。

商用飞机 C919 在制造过程中既面临激烈的国际竞争、技术创新的压力、全球供应链的风险、市场需求的不确定性、国际认可和安全标准等挑战，又需要处理资金与回报的平衡、国内外法规差异、人才和技术团队建设等多个方面的复杂问题。应对这些挑战将是 C919 制造过程中需要着重关注和解决的关键问题。

三、商用飞机 C919 制造对未来航空产业的关联优势

一是技术创新推动航空产业升级。C919 的制造涉及先进的航空技术，包括飞机设计、航空材料、航电系统等。通过不断的技术创新，可以推动整个航空产业的升级。相关技术的研发和应用将带动相关行业的技术水平提高，促使航空产业在全球范围内保持领先地位。

二是国际市场竞争提升产业影响力。C919 需要在全球商用飞机市场与国际知名飞机制造商竞争，这推动了中国航空产业在国际市场上的影响力的提升。通过不断提高产品质量和技术水平，中国航空制造业有望在全球竞争中获得更大份额，推动整个航空产业的国际化发展。

三是全球供应链促进产业链融合。采用全球供应链模式的 C919 吸引了来自不同国家和地区的供应商，促进了国内产业链的全球融合。这不仅提高了产业链的整体水平，还促使各个环节更好地适应国际标准和质量要求，推动整个航空产业的一体化发展。

四是数字化制造引领智能航空产业。引入数字化技术，如数字孪生、大数据分析等，有助于提高生产效率、质量控制和定制化生产能力。数字化制造的引入推动了航空产业向智能制造的转型，提高了整个航空制造业的现代化水平。

五是人才培养推动产业发展。C919 在制造中需要大量高素质的工程师和技术人才，这推动了相关领域人才的培养和引进，提高了整个航空产业的技术水平。这对培育新一代的航空产业专业人才，推动产业可持续发展具有积极意义。

六是带动相关产业链的发展。C919 的制造过程涉及大量的航空材料、先进设备、电子系统等，刺激了相关产业链的发展，包括航空材料制造、电子技术、航空设备制造等领域，推动了这些产业的发展和升级。

商用飞机 C919 的制造过程不仅推动了航空产业本身的发展，还通过技术创新、全球供应链、数字化制造等方面的引领作用，带动了整个相关产业链的升级和创新。这对推动国内航空产业的可持续发展，提高技术水平和国际竞争力具有深远的影响。

四、商用飞机 C919 制造带来新趋势与新业态

商用飞机 C919 的制造带来了一系列新趋势和新业态，也为相关企业和整个产业链带来了新的机遇和业态，涌现了一些新兴企业，展示了航空产业的不断创新和发展。

一是新兴供应商和中小型企业。C919 的制造采用全球供应链模式，为新兴

供应商和中小型企业提供了参与大型飞机制造的机会。这些企业可能涉及零部件制造、航空材料供应、数字技术应用等领域。二是数字化技术服务商。C919 引入了数字化制造技术，包括数字孪生、大数据分析等。数字化技术服务商有机会提供先进的数字解决方案，帮助航空制造企业提升效率、质量和智能化水平。三是航空材料创新企业。为了提高飞机的性能、减轻重量、提高燃油效率，航空材料的需求不断增加。新兴的航空材料创新企业可能会在高性能材料领域取得突破，满足飞机制造的需求。四是智能航空系统企业。随着飞机的数字化和智能化程度提升，智能航空系统的需求也在增加。企业可以专注于开发先进的航电系统、自动驾驶技术等。五是航空设计与工程服务提供商。C919 是中国自主研发的大型客机，因此对航空设计和工程服务的需求会增加。企业可以提供航空设计、仿真分析、飞行测试等服务。六是航空培训机构。随着新型飞机的投入使用，培训需求也将增加。航空培训机构可以提供针对 C919 的飞行员培训、机械师培训等服务。七是维护、修理和运营服务商。随着 C919 商业运营的开展，相关的维护、修理和运营服务商将迎来机遇，包括飞机维修企业、地勤服务提供商等。八是航空数字化平台提供商。针对数字化制造和智能化运营，企业有机会提供集成的数字化平台，帮助航空公司提升整体运营效率。

商用飞机 C919 的制造在技术、市场和国际竞争等方面面临挑战，但也带来了国内技术创新、市场拓展和产业升级的机遇，为整个航空产业链的发展注入新的活力。

第三节　智能汽车制造发展的新跨越

智能汽车制造的兴起可追溯到 2010 年以后。随着信息技术和人工智能的迅猛发展，汽车制造业开始融合先进的智能技术，逐渐探索智能汽车制造。其中包括自动驾驶技术、车联网、人工智能等多个领域的重要突破。随着对环境保护的关注重视，各种智能技术的整合和创新推动了汽车制造业的变革。

一、智能汽车制造对传统汽车行业的颠覆与创新

智能汽车的出现给传统汽车行业带来了颠覆和创新，体现在以下五个方面：一是智能驾驶技术的应用。智能汽车引入了诸如自动驾驶、自动泊车、车辆远程控制等智能驾驶技术，这些技术的应用改变了传统汽车的驾驶方式，提高了驾驶安全性和舒适性。同时，智能驾驶技术能够提高交通效率，缓解交通拥堵问题。

二是车联网和智能交通系统。智能汽车通过车联网技术实现了车辆与车辆、车辆与基础设施之间的互联互通。这使得交通信息可以实时共享和传输，提高了交通系统的智能化和效率。智能交通系统能够根据实时交通情况进行智能路线规划、智能信号控制等，优化交通流量，提高道路利用率。三是智能车载系统和人机交互界面。智能汽车提供了丰富多样的车载系统和人机交互界面，如语音识别、手势控制、触摸屏等。这使得驾驶员可以更便捷地操作车载设备，获取所需信息，提高了驾驶的便利性和安全性。四是新能源汽车和智能电动车。智能汽车的出现推动了新能源汽车和智能电动车的发展。电动汽车的普及程度越来越高，智能化技术的应用使电动汽车的续航里程、充电效率等得到了大幅提升，为减少尾气排放、改善环境质量做出了诸多创新。五是汽车产业链的变革。智能汽车的出现改变了传统汽车产业链的格局。智能汽车需要集成更多的智能化技术和硬件设备，推动了汽车产业链向更加智能化、集成化的方向发展。智能汽车产业链涉及汽车制造商、电子元器件供应商、软件开发商等多个领域，形成了一个新的产业生态系统。

智能汽车的出现给传统汽车行业带来了颠覆和创新，推动了汽车产业的转型升级，提升了汽车的智能化水平和竞争力。随着技术的不断发展和市场的不断变化，智能汽车将继续推动汽车产业的发展，并对未来的交通和出行方式产生深远影响。

二、智能汽车制造发展的新趋势

智能汽车制造领域正在快速发展，未来的新趋势包括五个方面：一是自动驾驶技术的发展。自动驾驶技术将是智能汽车制造的重要趋势。随着人工智能、传感器技术和数据处理能力的不断提升，自动驾驶汽车将更加安全、可靠，逐步实现全面商用化。未来，自动驾驶技术将不断拓展应用场景，包括城市道路、高速公路和特定工业场景等。二是车联网技术的普及应用。车联网技术将成为智能汽车制造的另一个重要趋势，通过车辆之间、车辆与基础设施之间的互联互通，实现车辆信息共享、交通管理优化、智能出行服务等功能。未来，车联网技术将进一步普及，为智能交通系统的建设和智能出行方式的推广提供技术支持。三是智能电动汽车的普及和智能化。随着环保意识的增强和新能源汽车政策的支持，智能电动汽车将逐步普及。未来，智能电动汽车将不断提升技术水平，包括续航里程、充电速度、智能驾驶辅助等方面。同时，智能电动汽车将更加智能化，具备更多的智能互联功能，如远程控制、智能路线规划等。四是人工智能在汽车制造中的应用。人工智能技术将在智能汽车制造中发挥越来越重要的作用。通过机器学习、深度学习等技术，智能汽车可以实现更精准的识别、预测和决策，提高驾驶安全性和舒适性。未来，人工智能技术将在自动驾驶、车辆管理、用户体验等方面发挥更大的作用。五是智能化生产和制造技术的创新。智能汽车制造将更加注重智能化生产和制造技术的创新，通过工业互联网、大数据分析、智能制造等技术，实现汽车生产过程的智能化和自动化，提高生产效率和产品质量。未来，智能汽车制造将更加灵活、智能，适应不断变化的市场需求和生产环境。

智能汽车制造的新趋势包括自动驾驶技术的发展、车联网技术的普及应用、智能电动汽车的普及和智能化、人工智能在汽车制造中的应用以及智能化生产和制造技术的创新等方面。这些趋势将推动智能汽车产业的快速发展和技术创新，为未来智能出行新方式的实现拓展新领域。

三、智能汽车制造面临的诸多新挑战

一是技术成本。一些智能汽车技术的研发和应用需要较高的成本，可能影响智能汽车的价格和普及速度。二是安全性和隐私问题。自动驾驶技术引发了人们对车辆安全性和驾驶数据隐私的担忧，需要制定相关法规和标准。三是基础设施建设。实现智能交通需要相应的基础设施支持，包括智能交通信号灯、无线网络等，这需要大规模的投资和建设。四是人才短缺。智能汽车制造需要掌握先进的科技，而相关的专业人才可能短缺，需要进行更多的培训和教育。五是能源储存问题。电动汽车的制造离不开高性能的电池技术，而目前的电池技术仍然存在能量密度不足、寿命短等问题。六是法律法规和道德伦理的挑战。智能汽车的发展需要适应各国的法律法规，并考虑道德伦理问题，如自动驾驶车辆在紧急情况下应该如何做出决策。这需要国际社会和企业共同努力，制定统一的标准和规范。七是用户接受度和教育。由于智能汽车是新兴技术，用户可能对其安全性、可靠性等方面存在疑虑，需要通过广泛的宣传和教育，提高用户对智能汽车的接受度，促使市场更好地接受这一新技术。八是产业链协同和合作。智能汽车涉及众多领域的技术，需要各个产业链环节的协同和合作。跨行业、跨领域的合作对于推动智能汽车产业的发展至关重要。

智能汽车制造面临多样挑战，需要政府、企业和社会各界的共同努力，以解决技术、法律、道德等多个方面的问题，确保智能汽车能够安全、可靠地投入市场，并推动整个交通出行领域的转型升级。

四、智能汽车制造对汽车工业格局的新突破

智能汽车制造对汽车新业态格局的发展产生了深远影响，推动汽车产业迎来

了一系列新的业态和格局，集中在四个方面：一是技术驱动下的创新竞争。智能汽车制造促使汽车行业进入一个技术驱动下的创新竞争时代。制造商不仅需要关注传统的汽车工程技术，还需要投入大量资源开发智能化、互联化的汽车技术，如自动驾驶、车联网、人工智能等。这种技术创新竞争在一定程度上改变了传统汽车行业的格局，对于那些能够快速适应并引领智能化趋势的企业而言，带来了新的竞争优势。二是新的产业链结构。智能汽车制造推动了汽车产业链的重构和升级。传统的汽车产业链主要包括汽车制造商、零部件供应商、销售渠道等，而智能汽车增加了软件、云服务、人工智能等新的产业链环节。新的产业链结构使得原本的汽车制造商需要与软件公司、互联网企业等合作，形成更加综合化、智能化的产业生态系统。三是用户体验的重视。智能汽车制造注重用户体验，推动汽车行业从单纯的产品销售向服务型和用户体验型转变。智能汽车提供了丰富的智能互联功能，如语音识别、自动驾驶、智能导航等，提升了驾驶员和乘客的出行舒适度和便利性。制造商需要不断优化产品设计、提升服务水平，以满足用户日益增长的个性化需求。四是市场格局的变化。智能汽车制造带来了市场格局的变化，推动了新兴企业和新技术的崛起。传统汽车制造商仍然是市场的主导者，但一些新兴的智能汽车企业，尤其是以互联网和科技公司为代表的企业，通过技术创新和服务创新，逐渐在市场上崭露头角。这些新兴企业在一定程度上改变了传统汽车行业的竞争格局，推动了整个行业向更加智能化、创新化的方向发展。

智能汽车制造对汽车工业格局的新突破体现在技术驱动下的创新竞争、新的产业链结构、用户体验的重视以及市场格局的变化等方面，这些变化正在推动整个汽车行业迎接更加智能化、互联化的未来。

五、我国智能汽车制造新业态及著名企业

我国智能汽车制造可以追溯到 2009 年前后。尽管在这个领域的研发工作在更早的时候已经开始，但是 2009 年是一个重要的转折点，标志着国内开始了在智能汽车领域的持续投入和创新。智能汽车制造涌现了多种新业态，主要包括：一是自动驾驶技术。自动驾驶技术是智能汽车制造中的一个重要新业态，涉及传感器、人工智能、数据处理等领域。这些技术使得汽车能够在不需要人类干预的情况下行驶，大幅提高了交通安全性和驾驶舒适度。二是车联网技术。车联网是指将汽车与互联网连接，实现车辆之间、车辆与基础设施之间的信息交换和数据共享。这一新业态涉及通信技术、软件开发、数据分析等多个领域，为智能交通系统的建设和智能化出行提供了技术支持。三是智能电动车。智能电动车是指集成了智能化技术的电动汽车，具有自动驾驶、智能导航、远程控制等功能。这些

智能化功能提高了电动车的驾驶体验和便利性，推动了电动汽车产业的发展。四是新能源汽车服务平台。随着新能源汽车的普及，新能源汽车服务平台成为一个新的业态。这些平台为用户提供电动汽车充电、维护、保险等服务，为电动汽车的推广和普及提供了便利。比亚迪是中国知名的新能源汽车制造商，也在智能汽车领域取得了一定成就。该公司于 2015 年推出了中国第一款自动驾驶公交车“云轨”。比亚迪还在智能驾驶、智能电动汽车等领域进行了一系列研发工作。蔚来汽车是中国一家专注于电动汽车和智能化技术的高科技公司，成立于 2014 年。该公司推出了多款智能电动汽车，并在智能驾驶、智能互联、智能电池交换等领域进行了探索和创新。小鹏汽车是中国的一家新兴电动汽车制造商，也在智能汽车领域取得了一定进展。该公司致力于自动驾驶、车联网、人工智能等技术的研发和应用，并推出了一系列智能电动汽车产品。华为作为中国领先的信息和通信技术公司，也开始了在智能汽车领域的探索。该公司于 2019 年推出了“华为智慧汽车解决方案”，包括智能驾驶、智能电动、智能互联等方面的技术支持。

这些企业在智能汽车制造新业态的发展中发挥了重要作用，推动了智能汽车产业的快速发展和技术创新。随着技术的不断进步和市场的不断拓展，预计将有更多的企业加入智能汽车制造中。

六、吉利汽车集团成为中国智能汽车新业态的领军企业

吉利汽车集团是中国最大的汽车制造商之一，也是中国智能汽车领域的领军企业之一。该公司于 2016 年成立了吉利智能汽车事业部，致力于智能驾驶、智能网联、智能电动、智能共享等领域的研发和创新。吉利汽车集团高层认为，电动化只是汽车产业变革的序幕，智能化才是下半场的重头戏，这一理念对汽车行业未来发展方向有着深刻的洞察。自动驾驶作为汽车智能化发展的典型场景之一，对车载算力和数据处理能力提出了极高的要求。随着自动驾驶技术水平的不断提升，对算力和数据的需求也会呈指数级增长。因此，拥有海量数据和强大的智能计算能力将成为汽车制造商在智能化竞争中的重要优势。

吉利汽车集团在智能计算领域的探索始于 2018 年，为了满足自动驾驶和智能化发展的需求，建立了吉利星睿智算中心。该中心的建成提升了吉利汽车集团整体的研发效能，为吉利汽车集团进入智能化时代奠定了创新与研发基础。2023 年，吉利汽车集团和阿里巴巴签署战略合作。双方将共同努力推动智能化技术在汽车领域的应用和普及，为用户提供更加智能、便捷、安全的出行体验。吉利汽车集团和阿里巴巴的战略合作，充分发挥互补的主导优势。作为国内自主品牌的领军企业，吉利汽车集团在智能电动车出行领域拥有丰富的经验和积累；而阿里

巴巴作为国内互联网行业的领军企业，在数字化领域拥有深厚的底蕴和独到的创新。这种强强联合将在云计算和工业互联网、汽车智能化及智能出行、数智化营销、可持续发展四个方面展开，共同打造智能汽车行业的全链路数字化解决方案。这一解决方案将涵盖从汽车生产到销售服务的全过程，包括数字工厂、自动驾驶、智能座舱、工业互联网、出行业务、整车直销等领域。此外，吉利汽车集团在智能汽车发展上的新举措：一是吉利汽车集团通过技术投资和收购，不断提升自身的智能汽车技术。其中包括收购太力飞行汽车公司，与百度合资注册成立集度汽车有限公司等。二是吉利汽车集团与其他汽车厂商、科技公司的合资合作，加速了智能汽车技术的研发和应用，比如，与腾讯合资成立的动车网络科技有限公司，以及与戴姆勒合资成立的蔚星科技有限公司。三是吉利汽车集团不断推动技术创新，涵盖了自动驾驶技术、人工智能、互联网连接等领域，致力于打造智能化、电动化、高端化的汽车产品。四是吉利汽车集团推出了一系列智能汽车产品，并在智能驾驶、智能互联、智能安全等方面取得了一些新进展。

吉利智能汽车前景展望。一是随着自动驾驶技术的不断成熟和普及，吉利汽车集团将继续投入研发，争取在这一领域保持竞争优势，并将自动驾驶技术应用于更多的车型中。二是智能互联。吉利汽车集团将进一步加强智能互联技术，提供更多智能化的汽车功能，为用户带来更加便捷、安全的驾驶体验。三是吉利汽车集团将不断推出更多高性能、高品质的新能源汽车产品，满足市场和消费者的需求。四是吉利汽车集团将继续加强在全球范围内的市场布局和品牌推广，努力成为全球领先的智能汽车制造商之一。

吉利智能汽车的发展前景广阔，随着技术的不断创新和市场的不断拓展，吉利汽车集团将在智能汽车新业态有更大的创新前景。

第四节 华为鸿蒙系统创造新生态新未来

什么是华为鸿蒙新生态？可将华为鸿蒙新生态比喻为一座数字花园，在这座花园中，不同的设备如同花园中的各种花朵一样，它们通过无缝连接和智能协同，共同构成了一幅巨大的动感画面。用户在这个数字花园中，自如地穿行于各个设备之间，体验到高度一体化、无障碍的数字化新生态。

华为鸿蒙新生态是建立在鸿蒙操作系统基础上的一种全新应用和服务体系，旨在构建一个跨终端、全场景的数字化生态系统，通过设备之间的智能连接和协同工作，提供更出色的用户体验。

一、华为鸿蒙系统在数智转型中具有特别竞争优势

华为鸿蒙系统在数智转型中具有一些特有的竞争优势：一是全场景支持。鸿蒙系统致力于支持全场景的数字化转型，包括智能手机、平板电脑、智能穿戴、智能家居、汽车信息娱乐系统等。这种全场景的覆盖使得鸿蒙系统能够满足不同行业和应用领域的数字化需求，促进跨行业的智能互联。二是分布式架构。鸿蒙系统拥有分布式架构，可以整合不同设备上的计算能力、存储资源等，形成一个高效、灵活的系统。这有助于实现设备之间的协同工作，提高整个数字化生态的效率。三是多设备协同。鸿蒙系统致力于实现多设备之间的协同工作，通过设备的互联互通，提供更为智能化和便捷的使用体验。这对企业和个人用户在数字化环境中的协同办公和生活具有积极作用。四是一次开发多端适配。开发者可以使用鸿蒙 OS 一次编写，多端适配。这简化了应用程序的开发过程，同时为不同设备提供了一致性的用户体验。这对于加速数字化转型、推动应用创新来说非常重要。五是开源。鸿蒙系统是一款开源操作系统，这为开发者提供了更大的灵活性和自由度。开发者可以自由获取、使用和修改其源代码，促进了开发者社区的活跃，推动技术创新。六是安全性强化。安全性一直是华为的重要关注点，鸿蒙系统在设计上注重安全性。通过分布式架构和统一的安全标准，鸿蒙系统提供了更强大的安全性保障，适用于涉及个人隐私和敏感信息的多种场景。七是推动产业生态发展。鸿蒙系统的推出有望推动智能设备产业的发展，为产业链上的企业提供了更多合作和创新的机会。这将促进数字化转型在不同行业的深入应用。

这些优势使得鸿蒙系统成为数字化转型中的一项强有力的工具，推动企业和个人在智能互联时代更好地适应和创新。

二、华为鸿蒙操作系统推动创新与拓展新业态

华为鸿蒙操作系统（鸿蒙 OS）作为新一代分布式操作系统，具有广泛的应用前景，将在多个领域发挥重要作用，提升各个领域的数字化、智能化水平，并催生一系列新的业态。一是智能手机和移动设备。鸿蒙 OS 最初被设计用于智能手机，将在华为及其他厂商的手机上得到广泛应用。鸿蒙 OS 提升了智能手机的分布式协同工作能力，能够增强设备之间的互联互通，改善用户体验。二是智能家居。鸿蒙 OS 有望在智能家居设备中得到广泛应用，如智能家电、智能音响、智能摄像头等。它加强了智能家居设备的统一管理和控制，能够实现设备之间的智能互通，提高家居生活的便利性和智能化水平。三是智能汽车。鸿蒙 OS 可以在智能汽车的娱乐系统、控制系统等方面得到应用，推动车载设备的数字化升

级。它提升了智能汽车系统的分布式协同能力，支持车内外设备的智能互联，提高了车辆的智能化水平。四是智能穿戴设备。鸿蒙 OS 有望在智能手表、智能眼镜等穿戴设备中得到应用，提升其智能化水平。它强化了穿戴设备的分布式操作和数据互通，提高了用户对健康、运动等信息的智能监测和管理。五是物联网和工业互联网。鸿蒙 OS 可在物联网和工业互联网中发挥作用，加强设备之间的数据共享和协同工作。它提高了物联网设备的智能互联性，促进工业互联网的数字化转型，提高生产效率。六是智慧城市。鸿蒙 OS 强化了城市基础设施的智能化管理，提高城市服务水平，推动城市可持续发展。七是教育和医疗领域。鸿蒙 OS 可在教育和医疗设备中得到应用，提升教育和医疗服务的智能化水平。它强化了设备之间的数字化协同，改善教学和医疗流程，提高服务的智能性和便捷性。

鸿蒙 OS 的广泛应用将在这些领域创造新的业态，推动数字化转型的进程，为用户提供更智能、便捷、安全的服务和体验。

三、华为鸿蒙新生态面临未来市场新挑战

华为鸿蒙新生态面临未来市场的一系列挑战，这些挑战会对其推广和发展产生影响。

一是激烈的市场竞争压力。移动操作系统市场已经被 iOS 和 Android 双头垄断，这两者在全球范围内拥有巨大的用户基础和强大的生态系统。鸿蒙 OS 需要在竞争激烈的市场中寻找差异化，吸引用户和开发者，赢得用户的认可和信任。用户通常对已经熟悉和信任的操作系统有较高的忠诚度，因此说服用户改用新的操作系统是一项具有挑战性的任务。二是应用生态建设。庞大的应用生态系统对操作系统的成功至关重要。目前，iOS 和 Android 的应用商店拥有数以百万计的应用，鸿蒙 OS 的生态系统相对较新，需要吸引大量开发者和应用。生态系统的丰富程度直接影响用户体验，而丰富的生态系统需要时间和资源来建设。三是硬件厂商支持。鸿蒙 OS 的成功需要得到硬件制造商的支持，使其成为它们设备的首选操作系统。争取更多制造商的支持，特别是在全球范围内，确保更多制造商选择预装鸿蒙 OS 是一项具有挑战性的任务。四是适应国际化。鸿蒙 OS 需要适应不同地区和国家的文化、法规和市场需求。在全球范围内推广需要灵活性，以满足不同地区用户的需求，需要充分了解各个地区的特殊要求。五是应用兼容性。用户通常依赖在其他操作系统上常用的应用程序。确保鸿蒙 OS 兼容并能够运行常用应用是至关重要的，否则用户可能面临转换的困难。此外，在全球市场上成功推广鸿蒙 OS 需要与各种利益相关方进行合作，包括运营商、开发者、

硬件制造商等。建立广泛的合作伙伴关系对于推动鸿蒙 OS 的全球化至关重要。六是技术标准和合规性。在全球范围内，不同地区可能有不同的技术标准和法规要求。鸿蒙 OS 需要确保其符合各种国家和地区的技术标准和法规，以确保其全球部署的顺利进行。七是安全性和隐私问题。在当今数字化时代，用户对数据安全和隐私问题越来越关注。鸿蒙 OS 需要采取有效的安全措施，建立用户信任，遵守各地的隐私法规，采取有效措施以满足用户的合规性期望。

鸿蒙 OS 在竞争激烈的市场中，虽然具有许多创新性和先进的特性，但仍需要应对技术、生态系统、市场适应性等多个方面的挑战，通过创新和战略合作来确保其在未来市场上的成功，并不断优化和适应市场需求，构建全球范围内的生态系统。

四、华为公司继续走在数智时代创新前列

华为成立于 1987 年，最初的业务是销售交换机设备。在早期的发展阶段，公司主要依赖于代理销售。第二阶段为自主研发起步时期（1997—2004 年）。任正非决定进行自主研发，推动了公司产品线的拓展。在这一时期，华为推出了自己研发的第一个交换机，并开始涉足光通信领域。第三阶段为国际市场拓展时期（2005—2010 年）。华为逐渐进军国际市场，特别是在发展中国家推动电信基础设施建设。公司积极参与 3G 和 4G 标准的制定，提高了企业在通信领域的国际影响力。第四阶段为智能手机崛起时期（2011—2018 年）。华为逐渐成为全球领先的通信设备制造商之一。在智能手机领域，公司推出了一系列备受欢迎的产品，如 Mate 系列和 P 系列。华为成为全球最大的电信设备制造商之一，并在智能手机市场上取得显著成就。第五阶段为 5G 领域领先时期（2018 年至今）。华为在 5G 技术领域取得领先地位，成为全球 5G 基站设备的主要供应商。

华为公司在数智时代有着广阔的创新展望：一是数据智能技术的应用。通过人工智能、大数据分析、机器学习等技术，挖掘和利用海量数据中的价值，为企业提供更智能、更精准的决策支持和业务优化。二是智能物联网的构建。通过物联网技术将各种物理设备连接起来，实现设备之间的数据共享和互联互通，为各行各业提供智能化的解决方案和服务。三是 5G 和边缘计算的融合。推动 5G 和边缘计算技术的融合，为智能汽车、智能工厂、智能医疗等应用场景提供更强大的支持，推动数字化转型和智能化升级。四是人工智能的创新应用。推动人工智能技术在各个行业的创新应用，为企业和个人提供更智能、更便利的服务和产品。五是生态战略合作伙伴的构建。加强与生态战略合作伙伴的合作，共同推动数字化转型和智能化升级，共同打造数智化时代的新生态。

华为将继续深耕技术领域，不断推动数字化转型和智能化升级，为构建数字世界和智能社会不断创新前行。

第三章深入探讨了数智时代高铁智能、商用飞机 C919 制造、智能汽车制造以及华为鸿蒙系统新生态四个维度的创新发展。通过对这些领域的分析，揭示未来数智时代的发展前景以及由新业态带来的商业机遇。这些多维度的研究为企业提供了在新时代中制定战略的重要参考。

第一，高铁智能。在数智时代，高铁智能将成为交通运输领域的重要趋势。通过实施智能化的列车控制系统、智能维护与故障预测，高铁能够提高运输效率，增强客户体验，同时为企业创造新的服务商机。

第二，商用飞机 C919 制造。C919 代表了新一代商用飞机的制造水平，数字化制造和智能化设计使得飞机更加高效、安全。在数智时代，飞机制造业的数字化趋势将为企业提供创新空间，从设计到生产实现更高水平的集成与自动化。

第三，智能汽车制造。在数智时代，智能汽车制造将引领汽车产业变革。通过应用人工智能、大数据和自动驾驶技术，智能汽车不仅提升了行车安全，还创造了智能交通新模式。企业在这一领域的投资与创新将开辟全新的商业机会。

第四，华为鸿蒙系统新生态。华为鸿蒙系统新生态代表了一个跨终端、全场景的数字生态系统，为企业提供了融合各种智能设备的平台。企业通过参与这一生态系统，可以在数字化时代提供更丰富、个性化的服务，同时拓展商业边界。

在未来数智时代，企业战略应站在创新和数字化的高度，充分利用自身实力，融入这些潜在变革的市场中。通过不断适应和领先于行业变革，企业可以获得不断发展与提升的商机。优化产品和服务，深度整合数字技术，以更高效、更智能的方式创造市场需求，是企业在这一时代中取得成功的关键路径。

第四章

数智时代融资市场多样化选择

市场环境唯一确定的，就是不确定

我们将全球融资市场多样化选择比喻为一张多元化的餐桌，不同的融资渠道就像是桌上的各种菜肴，每一种都有其独特的风味和营养成分。企业和机构在筹措资金时，就像是在自助餐厅中选择适合自己口味和饮食需求的菜肴一样，可以根据自身情况和资金需求，选择不同类型、不同地区、不同工具的融资市场。有时候可能会选择股票市场，享受其中的多样化投资机会；有时候可能会转向债券市场，寻求相对稳定的融资来源；有时候也会考虑银行贷款或风险投资等其他融资渠道，以满足资本需求的多样性和灵活性。就像在自助餐厅中可以根据自己的口味和饮食偏好选择不同的菜肴一样，企业和机构在融资市场上也可以根据自身需求选择最合适的融资方式，从而实现资金的多元化筹措和利用。

全球融资市场多样化选择是指企业和机构在筹措资金时可以选择不同类型、不同地区、不同工具的融资市场，以满足其资本需求，包括股票市场、债券市场、银行贷款、风险投资等多种融资渠道。主要融资市场及其特点：一是股票市场是公司通过发行股票来获取资金的地方。投资者购买公司股票，成为公司的股东。科技创新板是国内设立的一个新的创新板块，主要定位于支持高科技、高成长的专精特新企业，重点服务于科技创新型企业和创新驱动发展战略。二是债券市场是企业发行债券筹措资金的地方。投资者购买债券成为债权人，公司承诺按期支付利息和本金。案例：国债是政府发行的主权债务工具，特点是以政府信用背书，具有较低的风险和稳定的收益，是投资者组合中的重要资产之一。三是银行贷款。企业可以通过与银行签署贷款协议获得资金，以支付日常经营或开展特定项目。案例：工商银行、建设银行、招商银行、中信银行等国际大型银行提供各类贷款服务。四是风险投资是投资者向初创企业提供资金，以换取股权，通常与企业共担风险和回报。经纬中国是一家专注于国内市场的风险投资公司，其投资领域涵盖互联网、消费品、企业服务等多个行业。该公司曾投资京东、滴滴出行、今日头条等知名企业。五是私募股权市场是非公开的股权交易市场，适用于大型机构和高净值个人。金沙江创投是一家专注于 TMT（科技、媒体、通信）领域的私募股权投资公司，成立于 2002 年。该公司在中国科技创新领域有着丰富的投资经验，曾投资阿里巴巴、小米科技等知名企业。

这些多样化的融资市场为企业提供了广泛且灵活的融资工具，使其能够根据自身需求和市场状况灵活选择最适合的融资方式。这种趋势不仅促进了企业的融资效率和灵活性，还为投资者提供了更多元化的投资选择。随着金融科技和创新的不断推进，预计未来将会出现更多新型融资工具和市场机制，为企业融资提供更广阔的空间和更丰富的选择。

全球融资市场多样化新趋势。一是数字化融资。利用科技发展，数字化融资工具和平台逐渐成为趋势。区块链技术为融资提供了更安全、透明的解决方案，如通过智能合约进行的数字资产发行。美国作为科技和金融创新的领先者，在数字化融资方面拥有丰富的案例。二是可持续融资。可持续融资和绿色金融逐渐崭露头角。投资者更加关注企业的环境责任、社会和治理表现，支持符合可持续发展目标的项目。华夏银行为符合绿色发展标准的企业提供绿色信贷支持，通过贷款等方式支持这些企业的可持续发展项目，如节能减排、环保科技等。三是特殊目的收购公司（SPACs）热潮。SPACs 成为吸引资本的新兴趋势，企业通过 SPACs 途径更迅速地实现上市。SPACs 是一种特殊目的收购公司，它们通过并购私人企业来实现上市。通常情况下，一家 SPACs 公司成立后，会通过首次公开发行（IPO）筹集资金，然后利用这些资金收购一家私有企业，使其上市。这种方式通常能够更快速地实现一家企业的上市，因为它避免了传统的 IPO 流程中需要进行的一系列审核和审批程序。自 2009 年以来，美国 SPACs 市场逐年增长，吸引了大量投资者和企业的关注。许多知名企业通过 SPACs 的方式实现了快速上市，如软件开发工具公司基拉布（GitLab）等。

这些创新融资方式在全球范围内处于起步阶段，受制于各国市场环境、监管政策和投资者偏好的差异，因此采用这些融资方式的程度和方式也存在差异。未来将会不断涌现更多的创新融资方式，这是全球发展的新潮流。

第一节　国际多元化上市渠道选择

国际多元化上市渠道选择，就像一个商家在不同的商场摆摊销售自己的产品一样，企业选择在不同的证券交易所上市，以吸引不同国家和地区的投资者，扩大市场覆盖范围，降低财务风险，实现更大的商业目标。

国际多元化上市渠道选择对于企业来说是一个重要的决策，因为选择合适的上市渠道可以帮助企业获得更多的资金、扩大国际知名度、提高市场透明度。

一、全球主要融资市场的新趋势与新特点

全球主要融资市场的新特点和新趋势主要包括以下八个方面：一是科技融资市场持续火爆。科技创新企业成为融资市场的主角，特别是数字货币、区块链、人工智能、生物科技、新能源等领域的初创企业在全球范围内备受关注。美国的 OpenAI 和中国的云从科技都是在人工智能领域颇具影响力的公司，它们吸引了大量的投资，反映了投资者对人工智能技术发展的信心。二是私募股权市场活跃。私募股权市场投资活跃度较高，投资者对中早期创业项目投资较多，且投资金额较大。私募基金不仅提供资金支持，还会提供战略指导、业务发展支持等，帮助技术初创企业实现可持续发展。三是债券市场发展迅速。特别是企业债券发行规模不断扩大，成为企业融资的重要渠道。四是绿色金融发展加速。随着全球环保意识的增强，绿色金融发展加速，绿色债券、绿色基金等绿色金融产品不断涌现，越来越多的投资者关注绿色投资。五是跨境融资日益重要。随着全球化的推进，跨境融资日益重要，越来越多的企业选择在海外上市或发行债券，以拓宽融资渠道和降低融资成本。六是风险投资市场活跃。投资者对初创企业的投资热情较高，且投资金额较大。七是投资者结构多元化。投资者结构日益多元化，包括个人投资者、机构投资者、家族办公室、养老基金等，不同投资者在投资标的、投资期限、风险控制等方面存在差异。八是数字化和智能化趋势。融资市场日益数字化和智能化，包括数字化风控、智能投顾、大数据分析等技术的应用，提高了融资的效率和透明度。

二、企业选择国际多元化上市渠道的优势

国际多元化上市渠道为企业带来了诸多比较优势，企业可选择在不同国家或地区的股票市场上市的机制，充分利用全球金融市场的资源和优势，提升自身的核心竞争优势。

第一，可分散风险。通过在多个国家或地区上市，企业可以分散地域风险，降低特定国家或地区金融市场波动性对企业的影响，提高企业的稳定性和抗风险能力。扩大融资渠道，通过多元化上市，企业可以拓展全球投资者基础，增加融资渠道，降低融资成本。提升知名度，在不同国家或地区上市有助于提升企业的国际知名度和品牌形象，吸引更多国际投资者的关注。

第二，选择上市地点。企业首先需要选择适合其业务和战略的上市地点，可以是中国内地、中国香港、美国、新加坡等国际金融中心。企业需要遵守所选择上市地的相关法规和规定，进行资产披露、审计等必要的程序。企业向所选

择的交易所提交上市申请，包括公司介绍、财务报表、经营计划等资料。交易所对企业的上市申请进行审查和审核，符合条件后，企业正式在该交易所上市交易。

第三，全球化融资。国际多元化上市渠道使企业能够在全球范围内进行融资，拓宽融资渠道，吸引更多国际投资者。企业在不同国家或地区上市能够吸引来自各个地区的投资者，增加投资者基础，降低单一地区风险。国际多元化上市有助于提升企业的国际知名度和形象，增强企业的竞争力和品牌价值，吸引更多国际投资者的关注，为企业在全球范围内的发展打下良好基础。案例：中国移动香港是中国移动在香港的子公司，于 1999 年 10 月在香港上市。上市融资额约为 10 亿美元。

国际多元化上市渠道为企业提供了更多选择和灵活性，企业能够最大限度地利用全球金融市场的资源和优势，提高自身的核心竞争优势，有助于企业在全球范围内拓展业务，获得更多的融资资源和投资机会。

三、全球九大证券交易所上市的优势与特点

根据世界证券交易所联合会（World Federation of Exchanges，WFE）发布的全球证券交易所市值情况，截至 2024 年 8 月 31 日，全球总计约有 80 家可以进行证券交易的市场，上市公司总市值达到 118.73 万亿美元。其中 18 家证券交易所上市公司市值超过 1 万亿美元，这 18 家交易所的总市值达到 109.83 万亿美元，占全球所有上市公司市值的 92.5%。不同的证券交易所适合不同类型的企业上市，而选择合适的交易所可以为上市公司带来各种优势。

一是纽约证券交易所（NYSE），成立于 1792 年，是全球最大、最具影响力的证券交易所之一，截至 2023 年底，总市值约为 22.5 万亿美元，拥有约 2300 家上市公司。纽约证券交易所的优势在于其历史悠久，拥有众多知名上市企业；具有较高的流动性和市场认知度，吸引了全球投资者的关注；严格的监管和规范的市场环境，有利于保护投资者权益。

二是纳斯达克证券交易所，成立于 1971 年，截至 2023 年底，总市值约为 16.7 万亿美元，拥有约 3300 家上市公司。纳斯达克证券交易所是知名科技企业和创新型企业的聚集地，被誉为“科技股之家”。该交易所注重科技和新兴产业的发展，有利于吸引科技行业投资者和企业；上市公司可以享受到更多的市场关注度和投资机会；提供更灵活的上市条件和更便捷的交易环境，吸引了众多初创企业，有利于吸引投资者和提高股价表现。纳斯达克证券交易所的优势在于其科技股和新兴产业股的集中度高，是全球最大的科技股交易所之一，也是全球最具

创新活力的交易所之一，适合高成长、高科技和创新型企业。

三是东京证券交易所，成立于 1878 年，截至 2023 年底，总市值约为 6.2 万亿美元，拥有约 2400 家上市公司。东京证券交易所的优势在于其在亚洲地区的影响力和资本市场的稳定性，是亚洲地区最大的证券交易所之一，是日本和其他亚洲地区重要的资本市场；涵盖了多个行业和领域的企业，具有较高的流动性和投资者基础；监管严格，市场稳定，受到国际投资者的青睐；适合稳健、以传统产业为主的大型企业，上市公司可以受益于亚洲地区的经济增长和稳定的投资环境；提供更广泛的投资者基础和更高的流动性，有助于增强公司的市场地位和资金实力。

四是上海证券交易所，成立于 1990 年，截至 2023 年底，总市值约为 5.2 万亿美元，拥有约 2000 家上市公司。截至 2024 年 9 月 30 日，上海证券交易所的上市公司数量为 2271 家。上海证券交易所的优势在于其在中国资本市场的地位和对国内经济的重要性，是国内主要的股票交易所之一；适合中国国内企业，特别是国有企业和传统产业企业；上市公司可以获得更多政策支持和市场资源，有助于提高国内和国际的知名度和影响力；提供更多的融资机会和更便捷的资本流动，有利于企业扩大规模和实现战略目标；在推动国内经济发展和改革开放中发挥着重要作用，吸引了大量国内外投资者。

五是深圳证券交易所，成立于 1990 年，截至 2023 年底，总市值约为 5.1 万亿美元，拥有约 2200 家上市公司。截至 2024 年 9 月 30 日，深圳证券交易所的上市公司数量为 2839 家。深圳证券交易所的优势在于注重支持创新企业和新兴产业的发展，是科技型企业和成长型企业的聚集地，提供了多种上市渠道和资本市场服务；在推动中国经济结构调整和产业升级中发挥着重要作用，受到国内外投资者的青睐。

六是香港交易及结算所有限公司（香港交易所），其前身香港股票经纪协会成立于 1891 年，截至 2023 年底，总市值约为 4.9 万亿美元，拥有约 2500 家上市公司。截至 2024 年 9 月底，香港交易所的上市公司数量为 2621 家。其中，主板上市公司 2299 家，创业板（GEM）上市公司 322 家。香港交易所的优势在于其作为国际金融中心的地位和在亚洲地区的地理位置优势，是亚洲最重要的金融市场之一，具有重要的国际地位和影响力；作为连接中国内地和国际资本市场的桥梁，吸引了众多国际企业和投资者；提供了多元化的上市渠道和交易产品，包括主板市场、创新企业板等；适合国际化程度高、亚洲地区业务发展的企业；上市公司可以受益于香港作为国际金融中心的地位和便利的资本流动；提供更多的融资机会和更广泛的投资者基础，有助于企业拓展全球业务和提升市场竞争力。

七是伦敦证券交易所，成立于1801年，截至2023年底，总市值约为4.6万亿美元，拥有约2300家上市公司。伦敦证券交易所的优势在于其作为全球金融中心的地位和丰富的金融产品，是欧洲最大的股票交易所之一，吸引了来自全球各地的投资者和资金；最适合跨国公司、金融机构和国际化企业；涵盖了多个行业和地区的企业，具有丰富的国际化资源和投资者基础；提供了多元化的上市产品和服务，包括主板市场、AIM市场等，满足不同类型企业的需求；上市公司可以获得更广泛的国际投资者关注度和更便捷的国际融资渠道，有助于提升公司的国际化程度和全球市场竞争力。

八是法兰克福证券交易所，成立于1585年，截至2023年底，总市值约为2.2万亿美元，拥有约1500家上市公司。法兰克福证券交易所的优势在于其作为欧洲最大的证券交易所之一和对德国经济的重要支持；最适合德国和欧洲的制造业、汽车业和科技企业；涵盖了多个行业和地区的企业，具有较高的流动性和市场认知度；在欧洲资本市场一体化进程中发挥着重要作用。

九是新加坡交易所，成立于1999年，截至2023年底，总市值约为1.6万亿美元，拥有约2000家上市公司。新加坡作为亚洲的金融中心之一，处于亚洲经济增长的前沿地带，吸引了大量来自亚洲和其他地区的投资者和企业。在监管和规范方面具有较高的标准，有助于保护投资者权益和维护市场秩序；推出了一系列科技型和新兴产业企业的上市平台，吸引了众多科技公司和投资者；为国际投资者提供了便利的投资渠道，吸引了众多跨国企业在此上市。

全球九大证券交易所的优势与特点如表4-1所示。

表4-1 全球九大证券交易所的优势与特点

证券交易所	成立年份	总市值（万亿美元）	上市公司数量（家）	优势与特点
纽约证券交易所	1792	22.5	2300	全球最大、最具影响力的证券交易所，具有高流动性和市场认知度，吸引全球投资者，适合大公司。监管严格，适合稳定发展和成熟的企业
纳斯达克证券交易所	1971	16.7	3300	全球最大的科技股交易所之一，注重科技和新兴产业，灵活的上市条件，适合高成长、高科技和创新型企业

续表

证券交易所	成立年份	总市值（万亿美元）	上市公司数量（家）	优势与特点
东京证券交易所	1878	6.2	2400	亚洲地区最大的证券交易所之一，市场稳定，适合传统产业和大型企业。严格监管，提供高流动性和广泛投资者基础
上海证券交易所	1990	5.2	2000	中国资本市场的主要平台，适合国内企业和国有企业，提供政策支持和市场资源，有助于企业提升知名度和实现战略目标
深圳证券交易所	1990	5.1	2200	支持创新企业和新兴产业，科技型企业和成长型企业的聚集地，提供多种上市渠道，助力企业扩大规模并吸引投资者
香港交易所	1891	4.9	2500	亚洲最重要的金融市场之一，国际化程度高，连接中国内地与国际资本市场，适合国际化企业和亚洲业务发展企业。提供更多融资机会和投资者基础
伦敦证券交易所	1801	4.6	2300	欧洲最大的股票交易所之一，最适合跨国公司、金融机构和国际化企业。提供广泛的金融产品和服务，帮助企业提升国际化程度和市场竞争力
法兰克福证券交易所	1585	2.2	1500	欧洲最大的证券交易所之一，支持德国经济，适合制造业、汽车业和科技企业，具有较高的流动性和市场认知度
新加坡交易所	1999	1.6	2000	亚洲的金融中心之一，吸引来自全球的投资者，具有较高的监管标准，推出科技型和新兴产业企业的上市平台，适合跨国企业

注：表中数据为截至2023年底的数据。

表4-1概述了每个交易所的特点及其对企业的吸引力，帮助企业在全球范围内选择最合适的上市地点。

四、企业从战略发展角度考虑选择适合的交易所上市的原则

选择适合的交易所上市是企业战略的重要组成部分，需要考虑多个方面因素。企业选择交易所上市的原则：一是市场定位与公司发展阶段。企业应根据自身的规模、成长阶段和行业特点选择适合的交易所市场。初创企业可能更适合选择创业板或者新兴市场，成熟稳定的企业可能更适合选择主板市场。二是市场认知度与流动性。企业应选择能够为其提供足够流动性和良好市场认知度的交易所市场，以吸引更多的投资者和资金。一些知名的交易所市场可能更容易被投资者接受和关注。企业通常会选择与其行业相关的交易所，因为这些交易所可能拥有更多了解该行业的投资者，有助于提升公司的知名度和吸引力。三是监管环境和法律制度。企业应选择监管环境健全、法律制度完善的交易所市场，以确保合规性和保护投资者权益。对于跨境上市的企业来说，还需要考虑不同国家或地区的监管要求和法律制度。四是投资者偏好和资本市场发展。企业应根据目标投资者的偏好和资本市场的发展情况选择合适的交易所市场。一些市场可能更受国内投资者青睐，另一些可能更受国际投资者青睐。五是成本和审批流程。企业应考虑上市的成本和审批流程。不同的交易所市场可能对上市企业的要求和流程不同，企业应选择能够承担和满足其要求的市场。上市交易所的上市成本、年度费用、披露要求等也是企业考虑的因素。同时，企业应考虑交易所的地理位置、语言和文化差异等对其上市过程的影响。六是行业特点和市场需求。企业应考虑所处行业的特点和市场需求，选择能够更好地满足其需求的交易所市场。例如，科技行业的企业可能更适合在科技创新板或者科技股专门交易所上市。七是战略目标和未来规划。结合企业的战略目标和未来规划，选择能够支持企业长期发展和实现战略目标的交易所。考虑交易所的市场影响力、发展前景和未来战略规划与企业的战略规划是否相匹配。

综合考虑以上因素，企业可以选择适合自身发展和战略目标的交易所进行上市，以实现企业长期发展战略和价值增长。

五、双重主要上市模式也是企业战略的一种趋势

双重主要上市模式是指一家公司在两个不同的地区（通常是在境内和境外市场）分别进行主要上市的模式。这一模式的目的是通过在多个交易所上市，以更灵活地获取来自不同地区和投资者的资金，提高公司在全球范围内的曝光度，提供更多选择给投资者，并增强公司在国际资本市场的竞争力。一是多元融资来源。双重主要上市模式使公司能够从不同地区的资本市场吸引资金，通过同时在

境内和境外市场上市，公司可以更灵活地选择融资途径，并降低对特定市场的依赖性。二是国际化战略。采用双重主要上市模式的公司通常追求更广泛的国际化战略，以扩大全球业务、提高品牌知名度，并吸引更多的国际投资者。三是服务本地投资者。在双重主要上市模式下，公司可以更好地服务本地投资者，提供更方便的投资渠道，并提升其在本地市场的形象。四是提高公司估值。在不同的交易所上市可以增加公司的流动性，提高其市值和估值，为公司未来的融资活动和业务扩张提供更有利的条件。五是政策和监管考虑。双重主要上市模式可能涉及不同地区的监管体制和法规，公司需要仔细考虑并遵守各自市场的规定。此外，政治和地缘政治因素也可能对这一模式产生影响。六是丰富投资者选择。双重主要上市模式为投资者提供更多的选择，使其能够在不同地区和不同交易所中更灵活地配置投资组合，同时分享公司在多个市场的成长潜力。

例如，腾讯控股于 2004 年在香港联合交易所有限公司上市，成为中国最大的互联网公司之一。后来，腾讯于 2018 年在纳斯达克证券交易所进行了第二次上市，募集了约 52 亿美元。双重主要上市模式使腾讯在境内外市场都拥有了大量的投资者和资金来源，提高了公司的全球影响力和竞争实力。又如，小鹏汽车于 2020 年 8 月在纳斯达克证券交易所进行了首次上市，融资超过 15 亿美元。后来，小鹏汽车于 2021 年 6 月在香港交易所进行了二次上市。通过双重主要上市模式，小鹏汽车扩大了在中国和国际市场的曝光度，也为中国内地和香港的投资者提供了更多选择。这些案例说明，双重主要上市模式在全球范围内逐渐成为企业融资战略发展的一种趋势，有助于企业获得更多的资金来源、投资者基础和市场机会。

双重主要上市模式是一种战略性的财务和资本市场策略，旨在拓宽公司的战略融资渠道、提高全球市场的认知度，并服务更广泛的投资者基础。

第二节　国内企业上市渠道多元化发展

随着国内资本市场的不断发展，上市渠道的多元化趋势在加速。除传统的上海证券交易所、深圳证券交易所和香港联合交易所有限公司外，还出现了一些新的上市渠道和新兴市场，这些渠道为企业提供了更多选择和机会。一是科创板。中国科创板于 2019 年 7 月正式开市，旨在服务高科技和创新型企业。它以市场化的方式为企业提供融资渠道，并采取了一系列改革措施以促进市场活力和创新。二是创业板。深圳证券交易所的创业板是为了支持创新型、成长型企业而设立的，相对于主板和中小板而言，创业板更注重对企业成长性和潜力的认可。三是新三板。全称为全国中小企业股份转让系统，是中国股权市场的重要组成部分。相对于主板和创业板而言，新三板门槛较低，是许多初创企业和中小企业的选择。四是区域性股权交易市场。在中国各地设立了一些区域性的股权交易市场，如北京股权交易中心、上海股权交易所等，这些市场为当地企业提供了更为便捷的融资和资本运作渠道。五是海外上市。随着中国企业国际化步伐的加快，越来越多的中国企业选择在海外上市，其中纽约、新加坡等国际主要金融中心是它们的首选目的地。随着这些新兴市场的不断壮大和完善，国内企业在选择上市渠道时拥有了更多的灵活性和多样性，可以根据自身特点和发展阶段选择最适合的市场和方式。

一、国内各股市未来发展的新趋势与新模式

国内各股市未来发展的新趋势与新模式：一是科技驱动和创新型企业的崛起。随着科技进步和创新能力的提升，未来股市可能会出现更多的科技类企业，如人工智能、生物技术、新能源等领域的企业。这些企业将成为未来股市的新引擎，推动行业的创新和发展。二是多层次资本市场的建设。未来股市可能会进一步完善多层次资本市场体系，包括主板市场、中小企业板市场、创业板市场等。这样的多层次市场体系能够更好地满足不同类型企业的融资需求，促进企业的健康发展。三是资本市场与实体经济的深度融合。未来股市可能会更加注重与实体经济的深度融合，通过资本市场的力量支持实体经济的发展，包括支持制造业、服务业、科技创新等领域的企业发展，推动产业升级和经济转型。四是绿色金融和可持续发展。随着环保意识的增强和可持续发展理念的普及，未来股市可能会越来越重视绿色金融和可持续发展的理念，包括支持环保、清洁能源、低碳经济等领域的企业上市，并为这些企业提供更多的资金支持和政策倾斜。五是创新的投资和融资模式。未来股市可能会出现更多创新的投资和融资模式，如股权众筹、区块链融资、科技创投等。这些新模式能够为初创企业和创新型企业提供更多的融资渠道和投资机会，推动更多优质企业成长壮大。

未来股市的发展趋势将更加注重科技创新、多层次市场建设、与实体经济的深度融合、绿色金融和可持续发展，以及创新的投资和融资模式。这些趋势将为中国资本市场的健康发展和经济的持续增长注入新的动力。

二、国内各股市上市的特点和优势

各股市在上市门槛、流动性、投资回报和企业发展方面有不同的特点和优

势：一是上海股市是一个综合性股票交易市场，上市门槛相对较高。这种高门槛有利于吸引财务状况良好、盈利能力强的大型企业上市，提高了市场的整体质量和稳定性。上海股市具有较好的流动性和投资回报，投资者可以选择具有成长潜力的企业进行投资。此外，上海股市注重企业治理和信息披露，有利于投资者对企业进行准确评估和长期投资。二是深圳股市是一个以中小型公司为主的股票交易市场，上市门槛相对较低。这种低门槛有利于吸引创新型企业和成长型企业上市，为市场带来更多的活力和创新动力。深圳股市具有较高的投资回报和较好的成长潜力，投资者可以参与到新兴产业和科技创新领域的投资中。市场注重企业的创新能力和市场前景，给予企业较高的估值和融资支持，有利于推动科技创新和产业升级。三是北京证券交易所（以下简称北交所）是一个专注于创新型中小企业的股票交易市场，致力于为中小企业提供更好的融资渠道和投资机会。北交所上市门槛相对较低，有利于创新型中小企业快速上市和发展。市场注重企业的创新能力和成长潜力，给予企业较高的估值和融资支持，有利于培育和支持创新型企业。同时，北交所注重投资者教育和保护，提高投资者的风险意识和风险承受能力，促进市场的健康发展。

国内各股市上市的特点和优势因市场而异，不同股市在上市门槛、企业类型和投资特点上存在差异，企业和投资者可以根据自身需求和风险偏好选择适合的股市进行上市或投资。

三、企业在国内上市的战略选择原则

企业在国内上市时，应考虑以下战略选择原则：一是市场定位和战略一致性。企业选择上市的市场应与其战略目标和发展规划相一致。比如，如果企业希望获得更多的资金支持和国际认可，可以选择在上海或深圳股市上市；如果企业是一家创新型中小企业，可以选择在北交所上市。二是行业特点和市场需求。不同行业的企业可能适合不同的上市市场。企业应考虑所处行业的特点、市场需求和竞争环境，选择能够最大限度满足其发展需求的上市市场。三是公司规模和成长阶段。企业的规模和成长阶段也是选择上市市场的重要考虑因素。规模较大、具有较高成长潜力的企业，可以选择在上海或深圳股市上市；中小企业或创新型企业，可以选择在北交所上市。四是融资需求和投资者偏好。企业应考虑自身的融资需求和投资者偏好，选择能够提供符合企业需求的融资渠道和投资机会的上市市场。五是监管环境和政策支持。不同的上市市场有不同的监管环境和政策支持。企业应考虑所选择市场的监管力度、政策支持以及对企业发展的影响，选择符合企业发展需要的上市市场。六是投资者关系管理和品牌形象。企业应考虑选择上市后需要建立和维护的投资者关系，以及上市后对品牌形象和企业声誉的影响，选择能够更好地提升企业价值和形象的上市市场。

企业在选择国内上市的战略时应考虑市场定位、行业特点、公司规模、融资需求、监管环境、投资者关系管理等多个方面的因素，以实现与企业战略一致的战略选择。

四、股市融资对上市企业在战略发展上的推动优势

股市融资对上市企业在战略发展上的推动优势主要包括：一是资金支持和扩大规模。股市融资为上市企业提供了丰富的资金来源，有助于企业扩大规模、增加产能、开拓市场、进行研发创新等。通过融资，企业能够更快地实现战略目标，推动战略发展。二是提升企业知名度和形象。上市企业通常会吸引更多的关注，上市本身就是对企业实力和潜力的一种认可。这有助于提升企业的品牌知名度和形象，为企业的战略发展提供更好的平台。三是加强治理和透明度。上市企业需要遵守更加严格的法律法规和监管要求，加强公司治理和信息披露。这有助于提高企业的管理水平和透明度，降低经营风险，为企业的长期发展提供良好的基础。四是激励员工和提高士气。股市融资可以通过员工持股计划等方式，激励企业员工的积极性和创造力，提高员工的忠诚度和归属感。这有利于提高企业内部凝聚力和团队合作精神，推动企业战略发展。五是加强竞争力和市场影响力。通过股市融资，企业可以加强自身的资金实力，提高市场竞争力。这可以通过技术创新、产品优化、市场拓展等方式实现，从而在行业内获得更大的话语权和影响力，推动行业发展。

股市融资对上市企业在战略发展上的推动优势体现在资金支持、知名度提升、治理透明度加强、员工激励和竞争力增强等方面，有助于企业实现战略目标，促进企业持续健康发展。

五、科创板对中小科技企业的战略推动优势

科创板是中国资本市场的重要组成部分，其主要目标是支持创新型企业的发展，尤其是中小科技企业。科创板对中小科技企业的战略推动优势包括以下五个方面：一是融资便利性提升。科创板提供了更为便利和灵活的融资渠道，相较于传统的融资方式，如银行贷款、风险投资等，上市公司可以通过发行股票的方式直接获取资金。这种便利性有助于中小科技企业更快速地获得资金支持，推动企业的研发、技术创新和产业升级。二是市场认可度提升。科创板作为一个专注于支持科技创新和战略性新兴产业的资本市场平台，对中小科技企业的发展给予了

更多的关注和支持。企业在科创板上市后，其创新能力和发展潜力得到了市场的认可，有助于提升企业的品牌形象和市场地位，进而推动企业的战略发展。三是技术创新加速。科创板的设立促进了中小科技企业的技术创新和产业升级。为了满足资本市场的要求，企业需要加大研发投入，提升技术水平，不断推出具有市场竞争力的创新产品和技术。科创板的上市标准和监管要求有助于企业加速科技成果的转化和商业化进程。四是企业治理水平提升。科创板对企业的信息披露、内部治理、财务管理等方面提出了更高的要求，促进了企业治理水平的提升。企业需要加强内部管理，规范运作，提升透明度和信誉度，增强投资者信心，进一步推动企业的战略发展。五是行业竞争优势凸显。科创板聚焦于支持高新技术和战略性新兴产业，有利于中小科技企业在相关领域形成竞争优势。企业在科创板上市后，将受到更多的行业关注和支持，有助于提升企业在行业内的地位和影响力，进一步扩大市场份额。

科创板对中小科技企业的战略推动优势在于提升融资便利性、市场认可度、技术创新速度、企业治理水平和行业竞争优势，有助于推动企业长期稳健发展，推动中国经济的创新和高质量发展。

第三节　私募基金与科技企业创业

私募基金起源于20世纪50年代的美国，最初由富裕个人投资者或家族财团设立，旨在灵活投资，追求更高回报。随着时间推移，私募基金逐渐发展成为专业化的投资机构，吸引了越来越多的资金和投资者。20世纪80年代末至90年代初，随着金融市场改革和全球化趋势加速，以及对高风险高回报投资机会需求的增加，私募基金获得了更快的发展。

一、私募基金选择投资企业的原则

私募基金选择投资企业时通常会遵循一系列原则，以确保投资能够获得高回报并降低风险。私募基金在选择投资企业时的原则有以下七个：一是行业与成长潜力。私募基金会寻找具有良好成长潜力的企业，包括市场规模、行业增长率、产品创新能力等因素。二是管理团队。私募基金会评估企业的管理团队，包括领导能力、经验背景、执行力等方面，以确定企业的发展潜力和管理质量。三是技术或产品竞争优势。私募基金会寻找具有竞争优势的企业，包括品牌影响力、专利技术、成本优势等方面的优势，以确保企业能够在市场竞争中取得优势地位。四是财务状况。私募基金会对企业的财务状况进行评估，包括资产负债结构、现金流状况、盈利能力等方面的指标，以确保企业具有稳健的财务基础。五是行业趋势。私募基金会关注目标企业所处行业的发展趋势，包括技术变革、政策法规、消费趋势等因素，以确定行业的长期潜力。六是风险控制。私募基金会进行全面的风险管理，包括市场风险、行业风险、企业特定风险等方面的评估和控制，以确保投资组合的稳健性和收益性。七是退出机制。私募基金会考虑投资企业的退出机制，包括 IPO、并购、股权转让等方式，以确保能够及时实现投资回报。

这些原则通常会因私募基金的投资策略和偏好而有所不同，但以上原则是私募基金在选择投资企业时普遍会考虑的因素。私募基金可以更加科学地选择优质的投资标的，从而实现长期稳健的投资回报。私募基金能更有效地评估投资机会，有助于实现投资组合的优化和风险的控制。

二、私募基金的优势与特点

私募基金的优势在于其灵活性、专业性和高回报，适合于对风险有一定承受能力并且追求较高收益的投资者。私募基金管理人通常具有丰富的投资经验和专业知识，能够根据市场情况和投资者需求灵活调整投资策略，以追求更高的回报。

一是灵活性。私募基金通常不受公开市场的限制，可以采用更加灵活的投资策略和组合，以追求更高的回报。二是专业性。私募基金管理人通常具有丰富的投资经验和专业知识，能够为投资者提供个性化的投资服务。三是高回报。相较于传统的公募基金，私募基金的投资策略更加灵活，可以更好地把握市场机会，获取更高的回报。四是机密性。私募基金的投资者通常是高净值个人或机构投资者，基金的运作和投资策略相对较为保密，有利于维护投资者的利益。五是风险管理。私募基金通常拥有专业的风险管理团队，能够有效控制投资风险，保障投资者的资金安全。六是多样化。私募基金可以投资各种不同类型的资产，包括股票、债券、期货、外汇等，从而实现资产的多样化配置，降低投资风险。七是长期投资。私募基金通常会采取长期投资的策略，注重价值投资和长期收益，有利于实现投资组合的稳健增长。

三、企业如何选择适合自身发展战略的私募基金

企业在选择适合自身发展战略的私募基金时，应该考虑以下六个关键因素：一是战略契合度。选择私募基金时，企业应该考虑基金的投资策略和重点领域是否与企业的发展战略相契合。例如，如果企业计划扩大国际市场，可能会选择一

个具有国际化投资经验和资源的私募基金。二是行业经验。企业应该选择那些在其所处行业具有丰富经验和资源的私募基金。熟悉行业的私募基金可以提供更深入的战略指导和资源支持，帮助企业更好地实现战略目标。三是资本支持。除资金投入外，私募基金还可以提供战略性的资源支持，如业务拓展、人才引进、技术支持等。企业应该选择那些能够为企业提供全方位支持的私募基金。四是合作历史。企业可以考虑选择与其有良好合作历史的私募基金。建立在互信和合作基础上的关系更有利于双方的长期合作和共赢。五是退出机制。企业应该考虑私募基金的退出机制是否与企业的发展战略相符。私募基金的退出方式通常包括 IPO、并购等，企业需要选择与自身战略目标相一致的退出路径。六是专业背景。企业可以考虑选择那些具有丰富投资经验和专业背景的私募基金。私募基金管理团队的专业能力和投资经验对于企业的发展至关重要。

企业可以选择与自身发展战略相符合的私募基金，实现战略目标并获取长期价值。同时，企业在选择私募基金时应充分考虑基金的声誉、管理水平和投资业绩等因素。

四、硅谷是推动全球科技企业创新的私募基金聚集地

硅谷位于美国加利福尼亚州，以其高度发达的科技产业和创新生态系统而闻名于世。硅谷作为全球科技产业的中心，不仅是众多知名科技企业的发源地，也是私募基金的聚集地之一。硅谷成为全球科技创新的中心可以追溯到 20 世纪 70 年代和 80 年代，硅谷的投资活动主要集中在研究机构、大学和政府实验室之间的合作项目上，如斯坦福大学和贝尔实验室。一是技术企业集聚。硅谷拥有世界上最大的科技企业集聚区，包括谷歌、苹果、脸书、惠普等知名科技企业，这些企业聚集在一起形成了强大的创新力量。私募基金在这里可以接触到最前沿的科技创新和创业项目，寻找具有高成长潜力的投资标的。二是风险投资生态系统。私募基金可以在这里找到各种类型的投资项目，包括种子轮、初期、成长期等不同阶段的企业。硅谷拥有世界上最发达的风险投资生态系统，吸引了大量的风险投资资金和投资人才，为初创企业提供了丰富的资金和资源支持。三是顶尖人才聚集。硅谷拥有全球顶尖的科技人才聚集区，吸引了大量的技术专家、工程师、设计师等高素质人才，为科技创新提供了强大的人力资源支持。硅谷拥有众多专业服务机构，包括律师事务所、会计师事务所、咨询公司等，为私募基金提供了全方位的专业服务支持，助力它们进行投资活动。四是创新文化。硅谷的创新文化是科技企业蓬勃发展的重要因素之一。这里鼓励创新思维、鼓励失败教训、推崇风险精神，形成了一种独特的创业文化和生态系统。五是高等教育机构支持。

硅谷周边地区拥有众多世界一流的高等教育机构，如斯坦福大学、加州大学伯克利分校等，这些高校为硅谷提供了丰富的人才和科研资源。六是政府支持和政策环境。加利福尼亚州和联邦政府对科技产业的支持力度大，提供了便利的创业环境、税收政策和监管框架，为科技企业的创新和发展提供了有利条件。

硅谷吸引了大量的科技人才和创业者，私募基金可以通过与这些人才和企业家的合作，获取更多的投资机会和资源支持。硅谷凭借其强大的技术企业集聚、丰富的风险投资生态系统、顶尖的人才资源、创新的文化氛围、高等教育机构支持、政府支持和政策环境等因素，成为全球科技企业创新的摇篮之一。

五、深圳：国内私募基金与科技企业创新的摇篮

深圳作为中国科技产业的重要中心之一，被称为国内科技企业创新的摇篮，自 20 世纪 80 年代以来，其开始崛起为中国最重要的科技创新和创业中心之一。深圳作为国内硅谷的地位得益于五个方面的因素：一是科技创新氛围浓厚。深圳拥有丰富的科技人才和创新资源，形成了浓厚的创新氛围。政府、高校、科研机构和企业之间密切合作，促进了科技成果的转化和产业化。二是创新创业政策支持。深圳市政府一直致力于支持科技创新和创业发展，出台了一系列优惠政策和扶持措施，包括税收减免、创新基金支持、人才引进等，吸引了大量的科技企业和创业者在此落地发展。此外还有科技企业孵化基地建设、创业投资基金设立、科技成果转化奖励等，为科技企业提供了良好的政策环境和扶持措施。三是优越的地理位置。深圳位于珠江三角洲经济区，毗邻香港，拥有便利的交通和物流条件，是连接内地与海外的重要枢纽，为科技创新和国际合作提供了便利条件。四是产业集聚效应明显。深圳拥有众多的科技园区和创新中心，如深圳高新技术产业园、南山区科技园等，聚集了大量的高新技术企业和科技人才，形成了产业集聚效应。五是创新创业生态系统完善。深圳拥有完善的创新创业生态系统，包括风险投资机构、创业加速器、孵化器等，为初创企业提供了丰富的资源支持和创业服务。

深圳作为中国科技产业的重要中心之一，拥有丰富的科技人才和创新资源、创新创业政策支持、优越的地理位置，众多产业科技园区和完善的创新创业生态系统，成为私募基金与科技企业创新的重要摇篮之一。

六、谷歌是一个典型的硅谷初创公司成功案例

1998 年，斯坦福大学的两位研究生拉里·佩奇和谢尔盖·布林在硅谷创建了谷歌，后改名为字母表有限公司。起初，他们的搜索引擎项目是在斯坦福大学的研究项目中开始的，后来得到了硅谷的一些天使投资人的支持。随着谷歌搜索引

擎的成功和市场份额的不断增长，谷歌吸引了更多的风险资本和投资者，成为全球最大的互联网公司之一。谷歌的成功也激发了更多创业者和投资者涌入硅谷地区，推动了硅谷的科技创新和投资活动的持续发展。

字母表有限公司是一家美国的跨国科技公司，成立于 2015 年。它是谷歌的母公司，通过其多个子公司从事各种科技相关的业务。字母表有限公司的核心业务包括谷歌搜索引擎、广告业务、云计算服务、软件开发、硬件制造等。此外，字母表有限公司还拥有一些其他业务部门，如自动驾驶汽车技术、生命科学和健康技术、城市规划和技术创新等。

谷歌的成功源于创始人的创新精神、创新的技术、良好的用户体验、开放的文化和创新环境、持续的扩张和多元化发展战略以及收购和并购战略。一是创始人的创新精神。谷歌的创始人拉里・佩奇和谢尔盖・布林都是斯坦福大学的研究生。他们在校期间开始合作，致力于改进网络搜索引擎的效率。二是创新的技术。谷歌致力于改进网络搜索技术，开发了页面排名算法，基于网页之间的链接关系评估网页的重要性，提高了搜索结果的准确性和相关性。三是用户体验的优化。谷歌注重用户体验，设计了简洁而有效的搜索界面，让用户可以快速找到所需信息。此外，它推出了谷歌邮箱、谷歌地图、谷歌文档等产品和服务，提供全方位的互联网体验。四是开放的文化和创新环境。谷歌建立了开放、创新的工作环境，鼓励员工提出新想法和创意。推行“20% 时间”政策，允许员工将工作时间的 20% 用于自由开发项目，激发了员工的创造力和创新意识。五是持续的扩张和多元化发展。谷歌从搜索引擎拓展到云计算、人工智能、自动驾驶技术等领域，不断扩张和多元化发展，成为全球领先的科技公司之一。六是收购和并购战略。谷歌通过收购和并购战略获取大量技术和人才资源，加速了自身的发展壮大。收购油管、安卓等公司为谷歌带来了巨大的成功和收益。其创业成功经验为许多初创企业提供了宝贵的启示和借鉴。

七、科技企业创业与私募基金合作新潮流与新模式

科技企业创业与私募基金合作的潮流正在不断演进，出现了一些新的趋势和模式。一是专注垂直领域。私募基金越来越倾向于在特定的科技领域或行业进行投资，而不是广泛地涉足各个领域。这种专注于特定领域的投资策略有助于私募基金更好地理解行业发展趋势，提供更精准的投资支持。二是重视早期投资。私募基金对早期科技企业的投资越来越重视，尤其是在初创阶段的种子轮和天使轮融资。这种早期投资的趋势促使私募基金与初创企业建立更紧密的合作关系，通过提供资金和资源支持帮助其成长壮大。三是战略合作与产业整合。私募基金不

仅提供资金支持，还通过与科技企业进行战略合作和产业整合，共同探索新的商业模式和增长机会。这种合作模式有助于科技企业更好地整合产业资源，拓展业务领域，实现跨界发展。四是技术创新驱动。私募基金越来越关注技术创新领域的投资机会，特别是人工智能、区块链、生物科技等前沿领域。它们积极寻找具有颠覆性技术和商业模式的创业公司，以加速技术创新和产业变革。五是全球化战略布局。私募基金在科技企业创业领域的投资不再局限于本地市场，而是积极布局全球，寻找全球范围内的优质项目和机会。这种全球化的投资布局有助于私募基金获取更广阔的市场和资源，提升投资回报率。

科技企业创业与私募基金合作的潮流呈现出更加专业化、多样化和全球化的趋势，为双方带来了更多的机遇和挑战。通过合作，科技企业可以获得资金、资源和市场支持，为科技创新和产业发展注入了新的活力和动力。私募基金也可以分享科技创新的成果和商业价值。

八、国内著名科技初创公司与私募基金合作案例

成立于 2012 年的字节跳动是由张一鸣创立的科技公司。最初，公司专注于开发智能化推荐算法，为用户提供个性化的新闻内容服务，在创业初期得到了多家知名私募基金的支持。一是红杉资本——全球知名的风险投资公司，曾投资许多成功的科技公司。字节跳动在创业初期曾获得红杉资本的支持和投资。二是 IDG 资本——一家专注于科技行业投资的国际私募股权投资公司。字节跳动在早期阶段也曾获得 IDG 资本的投资。三是海纳亚洲——一家知名的亚洲私募股权投资公司，也是字节跳动早期的投资者之一。四是纪源资本——一家专注于种子期和初创期科技企业投资的风险投资公司，曾投资众多知名科技公司，包括字节跳动。这些私募基金的投资不仅为字节跳动提供了资金支持，还为其在创业初期的发展提供了重要的战略指导和资源整合。这些资金和支持有助于字节跳动迅速成长为一家全球知名的科技公司。

2016 年，字节跳动推出了其第一款短视频应用——抖音。抖音以其独特的内容创作和分享功能迅速走红，成为全球范围内广受欢迎的社交娱乐平台。随着抖音在国内的成功，字节跳动开始着手海外市场的拓展。2017 年，公司推出了 TikTok，这一短视频应用在国际市场取得了巨大成功，成为全球最受欢迎的社交应用之一。除抖音、TikTok 之外，字节跳动还陆续推出了一系列其他产品和服务，包括今日头条（Toutiao）——一款新闻资讯应用，以及国际版的 TikTok 和 Vigo Video 等。字节跳动逐渐成为一家全球化运营的科技公司，其产品和服务覆盖全球数十个国家和地区，拥有庞大的用户群体和广泛的影响力。字节跳动

不断进行科技创新和研发投入，在人工智能、大数据分析、算法优化等领域取得了重要进展，为用户提供更智能、个性化的服务。字节跳动在快速增长的同时，面临监管、竞争和舆论等多个方面的挑战。然而，公司仍然保持着持续稳健的发展势头，并不断寻求创新和突破。

九、私募基金和科技企业创业之间存在密切的战略关联优势

私募基金和科技企业创业之间存在密切的战略关联优势。私募基金通常是一种由资本投资者组成的基金，旨在投资不同类型的资产，包括科技企业。以下是私募基金与科技企业创业之间的一些关系和影响：一是资金支持。私募基金为科技企业提供了重要的资金支持。创业公司通常需要大量资金来进行研发、市场推广、人才招聘等活动，而私募基金可以为它们提供必要的资本。二是行业经验和资源。私募基金通常具有丰富的行业经验和资源，包括专业的投资团队、行业专家和广泛的人脉关系。这些资源可以为科技企业提供战略指导、业务拓展和市场推广方面的支持。三是战略合作与并购。私募基金可以帮助科技企业寻找战略合作伙伴或并购目标，从而加速企业的发展和壮大。通过与其他企业合作或收购具有关键技术或市场渠道的公司，科技企业可以拓展业务范围，提升竞争力。四是市场洞察力。私募基金通常具有丰富的市场洞察力和行业分析能力，能够帮助科技企业更好地了解市场趋势和竞争格局，指导企业调整战略和优化业务模式。五是风险管理。私募基金可以帮助科技企业进行风险管理和投资组合优化，降低经营风险，提高企业的长期竞争力和盈利能力。六是退出机制。私募基金通常会在一定的时间段后退出其投资，这为科技企业提供了一种退出机制。通过私募基金的投资，科技企业可以在未来的某个时候选择进行 IPO 上市、被收购或进行其他形式的退出，以实现投资回报。

私募基金为科技企业创业提供了重要的资金支持、战略指导和市场认可，促进科技企业的发展和壮大，提升多个方面的竞争优势和市场地位，帮助其在竞争激烈的市场中取得成功。

第四节 债券融资渠道多元化拓展及商业银行融资

债券融资可被比喻为企业的“多功能工具箱”，就像工具箱中的不同工具可以根据需要进行组合和使用一样，债券融资也可以根据企业的具体情况和融资需求选择不同的工具和方式。

一、国内债券融资的新趋势与新模式

国内债券融资的新趋势和新特点涉及以下六个方面：一是短期融资工具的多样化。随着金融市场的不断发展，短期融资工具也变得更加多样化。除传统的债券之外，还出现了各种新型短期融资工具，如短期票据、商业票据、中期票据等，为企业提供了更多的融资选择。二是绿色金融债券的兴起。随着环境保护和可持续发展的重视，绿色债券在国内市场上得到了迅速发展。这种债券用于资助环保和可持续发展项目，如清洁能源、节能减排、环境保护等，吸引了越来越多的投资者。三是科技创新债券的增加。随着科技创新的重要性日益凸显，越来越多的科技型企业和高新技术企业开始通过债券融资来支持其研发和创新活动。这些债券通常具有较高的风险和收益，吸引了许多投资者的关注。四是债券市场开放度提升。随着我国金融市场的不断开放，外国投资者在中国债券市场的参与度逐渐增加。境外机构和个人可以通过投资人民币债券来获取更多投资机会，同时为中国债券市场带来了更多的资金和流动性。五是普惠金融债券的发展。普惠金融债券旨在支持贫困地区和弱势群体的经济发展，包括小微企业、农村地区和低收入群体。这些债券的发行可以促进经济包容性增长，减少贫困和不平等现象。六是区块链技术的应用。区块链技术在债券市场的应用越来越广泛。区块链可以提高债券发行和交易的安全性、透明度和效率，降低成本。未来，债券市场可能会出现更多基于区块链技术的创新产品和服务。

这些新趋势和新特点不仅为国内债券融资提供了更多的发展机遇和创新空间，也为投资者提供了更多的选择和可能性。

国内债券融资新趋势和新特点如表 4–2 所示。

表 4–2　国内债券融资新趋势和新特点

趋势 / 特点	描述	核心意义 / 核心内容
短期融资工具的多样化	短期融资工具更加多样化，包括短期票据、商业票据、中期票据等，为企业提供了更多选择，满足不同的融资需求	提供灵活、多样的融资选择，降低企业短期融资成本，增加融资渠道的可选性，增强市场流动性
绿色金融债券的兴起	绿色债券迅速发展，资助环保和可持续发展项目，如清洁能源、节能减排、环境保护等，吸引了重视环境保护和可持续发展的投资者	推动环保与可持续发展项目融资，提升企业社会责任感，吸引注重环保的投资者，助力绿色经济转型

续表

趋势 / 特点	描述	核心意义 / 核心内容
科技创新债券的增加	越来越多的科技型企业和高新技术企业通过债券融资来支持其研发和创新活动，债券具有较高的风险和收益，吸引了关注科技创新的投资者	鼓励科技创新企业通过融资加速研发和产业化进程，推动高新技术产业发展，提升市场对高风险、高收益创新型债券的接受度
债券市场开放度提升	随着金融市场开放，外国投资者在中国债券市场的参与度增加，境外机构和个人可以通过投资人民币债券获取更多投资机会，带来更多资金和流动性	吸引国际资本，提升债券市场的国际化水平，增加市场流动性和资金流入，促进中国资本市场与全球接轨
普惠金融债券的发展	普惠金融债券支持小微企业、农村地区和低收入群体，促进经济包容性增长，减少贫困和不平等现象，推动经济发展和社会包容性	促进金融包容，扶持经济弱势群体，推动区域经济均衡发展，助力国家脱贫攻坚和乡村振兴战略，提升金融体系的社会责任感
区块链技术的应用	区块链技术在债券发行和交易中的应用日益广泛，提高安全性、透明度和效率，降低交易成本，未来可能会有更多基于区块链技术的创新产品和服务	利用区块链技术提升债券市场的效率和安全性，推动债券市场数字化转型，促进技术创新在金融领域的应用，增强市场透明度和可信度

二、短融融资工具与中期票据对企业发展的优势

短期融资工具和中期票据都是企业融资的重要工具，它们具有各自的优势，可以满足不同期限和资金需求的企业。一是短期融资工具。商业票据是一种短期债务工具，通常期限在 1 年以内。企业可以通过发行商业票据来筹集短期资金，用于应急资金周转、采购原材料、支付短期债务等。商业票据具有期限灵活、融资成本较低、流动性强等特点，适用于短期资金需求较为紧急的情况。二是中期票据。中期票据是企业或金融机构发行的期限为 1~7 年，也有更长期限的一种债务工具。中期票据通常用于中长期资金筹集，可以用于企业扩大生产、技术改造、项目投资等方面。相较于短期融资工具，中期票据的期限更长，融资金额更大，适用于一些资金需求规模较大、项目周期较长的场景。短期融资工具和中期票据对企业发展的优势包括：一是灵活性和多样性。企业可以根据自身资金需求和资金用途选择合适的融资工具，以满足不同期限和规模的资金需求。二是成本

优势。相对于长期债券或股权融资，短期融资工具和中期票据通常具有较低的融资成本，有利于企业降低融资成本、提高融资效率。三是快速融资。短期融资工具和中期票据的发行周期相对较短，可以快速筹集资金以满足企业的资金需求，提高资金使用效率。四是提高企业信用度。通过发行短期融资工具和中期票据，企业可以建立良好的融资纪录和信用度，有利于未来融资和合作的开展。五是改善财务结构。短期融资券和中期票据的发行可以优化企业的财务结构，增加企业的资金流动性，为企业未来的投资和扩张提供更为灵活的资金支持。

短期融资券和中期票据的发行为企业提供了一种灵活、低成本、快速融资的方式，有助于提升企业的融资效率、降低融资成本，进而推动企业的发展战略。

三、企业选择适合自身发展战略的债券融资

企业选择适合自身发展战略的债券融资品种时，可以考虑以下五个方面：一是资金需求和期限匹配。首先要根据企业的资金需求和使用周期选择合适的债券融资品种。如果企业需要短期资金周转，可以选择短期融资券；如果企业有较长期的投资计划或资产购置需求，可以选择中期票据或其他长期债券。二是融资成本和风险承受能力。不同类型的债券融资品种的融资成本和风险水平不同。企业需要根据自身的财务状况和风险承受能力，选择合适的债券融资品种。一般来说，长期债券的融资成本可能更高，但风险相对较低；短期融资券虽然成本较低，但存在更高的再融资风险。三是市场需求和流动性。企业还应考虑市场对不同类型债券的需求和流动性。一些债券品种可能更受市场欢迎，具有更高的流动性，有利于企业融资时获得更好的价格和条件。四是法律法规和监管环境。不同类型的债券融资品种受到的法律法规和监管要求也不同。企业需要了解并遵守相关法律法规，选择符合自身条件和要求的债券融资品种。五是公司形象和品牌效应。发行债券融资不仅是企业融资的手段，也是企业形象和品牌的体现。选择适合自身发展战略的债券融资品种可以提升企业的品牌形象，增强市场竞争力。

企业在选择适合自身发展战略的债券融资品种时，需要考虑资金需求、融资成本和风险、市场需求和流动性、法律法规和监管环境以及公司形象和品牌效应等因素，并综合权衡做出合适的选择。

四、企业如何选择发债的主承销商

企业选择发债的主承销商是一个重要决策，需要考虑多个因素。一是经验和专业能力。企业应考虑主承销商的经验和专业能力，包括其在债券市场的知名度、历史业绩、承销规模等。选择具有丰富经验和专业能力的主承销商可以提高

发债的成功概率。二是市场影响力。主承销商的市场影响力对债券的发行和定价具有重要影响。选择具有良好市场声誉和广泛投资者关系的主承销商可以提高债券的认可度和吸引力。三是定价能力。主承销商的定价能力对债券的发行效果和成本影响很大。企业应选择具有良好定价能力和市场敏感度的主承销商，能够帮助企业获得合理的债券定价，降低融资成本。四是服务质量。主承销商的服务质量对于企业的融资体验和后续合作至关重要。选择服务态度良好、沟通畅通、响应及时的主承销商可以提高合作效率和质量。五是费用水平。主承销商的承销费用对企业的融资成本具有直接影响。企业应该与主承销商充分沟通，并比较不同承销商的费用水平，选择费用合理且服务质量高的承销商。六是战略配合。主承销商与企业的战略配合也是选择的考虑因素之一。企业应考虑主承销商是否与自身业务战略相契合，是否能够提供符合企业发展需要的融资解决方案。七是风险管理能力。主承销商的风险管理能力也是一个重要因素，尤其是在面对复杂市场环境和风险较高的情况下。企业需要选择具有有效风险管理机制和专业团队的主承销商。企业可以选择与其需求和发展战略最匹配的主承销商，从而实现高效、顺利的债券发行和融资目标。

五、企业选择商业银行授信等业务合作的战略考虑

企业选择与商业银行合作，特别是授信等业务，需要进行战略考虑。企业在选择商业银行合作时应考虑的战略因素有以下七个方面：一是资金需求和融资成本。企业首先需要评估自身的资金需求，并比较不同商业银行提供的融资产品和利率等条件，选择与资金需求和融资成本相匹配的合作银行。二是商业银行信誉和稳定性。企业应考虑合作银行的信誉和稳定性，选择具有良好声誉、资金充足、经营稳健的商业银行，以降低合作风险。三是银行业务覆盖范围。企业需要考虑合作银行的业务覆盖范围和服务能力，包括贷款、信用证、保理、结算等业务，选择能够满足自身需求的银行合作伙伴。四是合作银行的行业经验。针对不同行业特点，企业可以选择具有相关行业经验和专业知识的商业银行，以获得更专业的金融服务和支持。五是综合金融服务能力。企业可以综合考虑合作银行的综合金融服务能力，包括财富管理、投资银行、资金管理等方面，选择能够提供全方位金融服务的银行合作伙伴。六是合作银行的地理位置。根据企业的地理位置和业务需求，选择与企业距离近、便于沟通和合作的商业银行，以提高合作效率和便利性。七是合作银行的数字化服务能力。随着数字化技术的发展，企业也需要考虑合作银行的数字化服务能力，包括网上银行、移动支付、电子票据等，以提升金融服务的便捷性和效率。企业可以更加全面地评估不同商业银行的合作

优势，选择最适合自身发展战略的合作伙伴。

六、商业银行选择企业授信等业务合作的双赢考虑

商业银行在选择与企业合作授信等业务时，通常会考虑双赢的因素，以确保合作关系的稳定和长期发展。商业银行在选择企业授信等业务合作时的双赢考虑包括以下五个方面：一是风险可控。商业银行会评估企业的信用状况、财务实力和经营风险，确保授信业务的风险可控。通过科学的风险评估和有效的风险管理措施，商业银行可以降低不良资产的风险，保障自身资产质量。二是盈利能力。商业银行会根据企业的还款能力和资金需求，合理定价和结构化贷款产品，确保授信业务的盈利能力。通过优化贷款结构和定价策略，商业银行可以实现合作业务的盈利最大化。三是资金利用效率。商业银行会根据企业的资金需求和项目特点，提供定制化的融资方案和资金管理服务，帮助企业提高资金利用效率和运营效益。通过优化资金结构和提升资金周转速度，商业银行可以帮助企业降低融资成本和资金风险。四是长期合作关系。商业银行会积极维护与企业的长期合作关系，提供全方位的金融服务和支持，共同推动双方的长期发展。通过建立良好的合作信任和互利共赢的合作模式，商业银行可以与企业实现长期稳定的合作关系。五是品牌价值提升。商业银行与优质企业的合作关系有助于提升自身品牌价值和市场地位，树立良好的企业形象和品牌形象。通过与行业领先的企业合作，商业银行可以提升自身的市场影响力和竞争优势，吸引更多客户和投资者的关注和信任。

商业银行选择与企业合作授信等业务时，会考虑双方的风险控制、盈利能力、资金利用效率、长期合作关系和品牌价值提升等因素，以实现双赢的合作效果和长期稳健的合作关系。

第四章详细研究了国际多元化上市渠道选择、国内企业上市渠道多元化发展、私募基金与科技企业创业、债券融资渠道多元化拓展及商业银行融资四个方面的内容。通过对这些领域的分析，揭示企业在多元化选择融资市场时的发展前景，并探讨企业在这一商业环境中所面临的机遇与挑战。

这些维度的研究提升了企业在各个发展阶段的融资战略选择，成为制定战略的重要依据。企业可以通过战略思维有效利用这些资源，以增强自身的竞争优势：一是国际多元化上市渠道选择。企业可以根据自身战略定位和发展需求，在全球范围内选择适合的上市渠道，如香港交易所、纳斯达克证券交易所等。选择适合的国际上市渠道有助于扩大企业的知名度、提升国际形象，吸引更多全球投

资者的关注。二是国内企业上市渠道多元化发展。企业可以根据不同阶段和战略目标选择国内上市平台，如主板市场、创业板、科创板等。此外，通过并购重组、定增等方式灵活利用国内资本市场资源，有助于获取更多资金支持、提升企业品牌认知度。三是私募基金与科技企业创业合作。私募基金对科技企业的创业具有重要支持作用。企业可以与私募基金建立合作关系，共同探索创新业务模式、拓展新市场，获得更多资金支持和行业经验。四是债券融资渠道多元化拓展及与商业银行的合作。企业可以根据资金需求选择适合的债券品种，并与商业银行建立战略合作关系，共同推动融资发展。多元化的债券融资渠道和商业银行的合作有助于降低融资成本、提高融资效率。

通过有效运用这些资源，企业可以提升融资能力、拓展业务范围、增强竞争优势，实现持续稳健的战略发展。

第五章

数智时代全球互联经济一体化

互联网是巨大的社会发展与创新引力

全球互联经济一体化好比一张巨大的全球经济网络，各个国家就像网络中的节点，彼此之间通过各种连接方式实现信息、资源和价值的共享。贸易、投资、技术创新等活动好比这个网络中不断传递的数据包，从一个节点传递到另一个节点，推动整个网络的运转。国家之间的经济合作就像各节点之间互相交换信息、共同协作，共同构建了一个复杂而高效的全球经济系统。生产过程不再局限于单一国家，而是跨越多个国家和地区，不同环节的生产和加工相互依存，形成了全球化的生产网络。

全球互联经济一体化使得不同国家和地区之间的经济联系和依存关系日益加深，各国经济间的边界逐渐模糊，形成一个紧密相连、相互依存的全球化经济体系。这一概念强调国际经济活动的互通性、互补性和相互支持性，超越了传统的国家边界，将全球各地的经济主体纳入一个共同的发展大格局中。

在这个全球网络中，各国相互依存，共同面对挑战和机遇，不仅促进了全球资源的高效配置，也为各国提供了更多的发展机会。数字化经济正成为全球经济的新引擎。云计算、大数据、人工智能等新技术的应用正在改变传统产业的商业模式，促进了产业数字化、智能化和网络化，为全球企业提供了新的增长机遇。它已经深刻地改变了人们的生活方式、商业模式、社交方式，并为全球范围内的社会发展和创新提供了巨大的推动力。

第一节　5G 经济生态环境新时代

互联网是连接全球信息资源的庞大网络，使信息得以自由流动、交换和共享，将世界各地联系在一起。作为当今信息社会的重要基础设施之一，互联网促进了知识、经济、科技等领域的创新与发展，并对全球经济产生深远的影响。

一、互联网从 1G 到 5G 技术发展史

1G（模拟手机网络），20 世纪 80 年代至 20 世纪 90 年代初，第一代移动通信技术，主要基于模拟信号传输。1G 时代的互联网基础设施简单，数据传输速度慢，主要用于语音通话，无法实现数据传输。

2G（数字手机网络），20 世纪 90 年代初至 21 世纪初，第二代移动通信技术，采用数字信号传输。2G 时代的互联网开始出现，可以实现简单的文本消息发送和接收，但数据传输速度仍较慢。

3G（宽带无线网络），21 世纪初至 21 世纪 10 年代初，第三代移动通信技术，具有更高的数据传输速度和带宽。3G 时代的互联网开始普及，用户可以通过移动设备访问互联网、观看视频、浏览网页等。

4G（LTE 网络），21 世纪 10 年代初至 21 世纪 20 年代初，第四代移动通信技术，具有更高的数据传输速度和稳定性。4G 时代的互联网加速普及，推动了移动互联网应用的繁荣，如视频直播、在线游戏等。LTE 网络是一种高速数据传输技术，旨在提供更快的数据传输速度和更稳定的连接，以满足用户对移动互联网和多媒体内容的高需求。4G 已经成为现代移动通信网络的主流技术之一。

5G（超高速移动网络），当前移动通信领域的最新一代技术，于 2019 年开始商用。5G 技术具有超高速率、超低延迟和大连接性的特点，能够支持更多的设备接入和更丰富的应用场景，支持更多智能设备的连接，推动物联网、智能城市、工业互联网等新业态的发展。5G 被认为是推动数字经济、智能化社会和产业升级的重要基础设施。

各代移动通信技术的发展催生了不同的互联网应用和业态。随着移动通信技术的升级，互联网的覆盖范围、速度和稳定性不断提升，为各种在线服务、数字内容提供商、智能设备制造商等带来了更多的商机和发展空间。

互联网从 1G 到 5G 技术发展历史如表 5-1 所示。

表 5-1　互联网从 1G 到 5G 技术发展历史

代次	时期	主要技术特点	核心应用及发展
1G	20 世纪 80 年代至 20 世纪 90 年代初	基于模拟信号传输，主要用于语音通话，数据传输速度极慢，无法实现数据传输	仅支持语音通话，互联网基础设施非常简单，数据功能几乎不存在
2G	20 世纪 90 年代初至 21 世纪初	采用数字信号传输，支持文本消息的发送和接收，但数据传输速度较慢	互联网开始萌芽，可以进行简单的文本通信，如短信，但无法支持丰富的数据应用

续表

代次	时期	主要技术特点	核心应用及发展
3G	21世纪初至21世纪10年代初	具有更高的数据传输速度和带宽，支持移动设备访问互联网，用户可以浏览网页、观看视频等	互联网普及，推动移动互联网的发展，出现了移动端的互联网应用，但速度和稳定性仍有提升空间
4G	21世纪10年代初至21世纪20年代初	具有更高的数据传输速度和稳定性，支持视频直播、在线游戏等高数据需求的应用。LTE网络成为主流，提供高速数据传输和稳定连接	移动互联网应用繁荣，视频流媒体、社交媒体、在线游戏等高速数据应用广泛流行，极大地推动了移动互联网产业的发展
5G	2019年开始商用	超高速率、超低延迟和大连接性，支持更多设备接入，推动物联网、智能城市、工业互联网等应用场景的发展	5G成为推动数字经济、智能化社会和产业升级的重要基础设施，广泛应用于物联网、智能制造、自动驾驶、虚拟现实等新兴领域

表5-1反映了从1G到5G的技术演进与互联网发展的关系，展示了各代移动通信技术的核心特性及对社会的影响。

二、从PC互联网到移动互联网的发展

PC互联网是个人电脑上的互联网使用，移动互联网是通过移动设备（如智能手机、平板电脑）上的互联网使用。两者的区别有以下五个方面：一是设备类型，PC互联网主要通过个人电脑访问互联网，而移动互联网通过移动设备，如智能手机、平板电脑等进行互联网访问。二是使用场景，PC互联网使用场景主要集中在办公室、家庭等固定场所，而移动互联网可以随时随地进行使用，适用于更多的场景，如户外、旅途等。三是访问方式，PC互联网使用的网页页面通常是为了适应桌面电脑而设计的，而移动互联网更多地采用响应式设计或者专门为移动设备优化的应用程序。四是网络速度，一般情况下，PC互联网使用的是有线网络，而移动互联网使用的是无线网络，因此网络速度和稳定性可能会有所不同。五是互联网应用，随着移动互联网的发展，许多应用和服务更适合在移动设备上使用，如移动支付、社交媒体、地图导航等，而PC互联网更适合一些专业性较强的应用，如编程开发、图形设计等。PC互联网和移动互联网都是互联网的形式，但由于使用设备、使用场景和访问方式的不同，它们在用户体验和应

用场景上存在一些差异。

移动互联网可追溯到2000年初期，国内移动互联网行业还处于起步阶段，互联网接入速度慢，移动设备稀少，互联网普及率低。但随着技术的不断发展和市场的需求增加，移动互联网产业迅速崛起。政府出台了一系列政策措施，以促进移动互联网的发展，包括加快宽带建设、推动3G和4G网络的建设和普及等。互联网企业积极探索移动互联网的商业模式，推出了一系列创新产品和服务，满足用户日益增长的移动互联网需求。

随着智能手机的普及和移动应用的兴起，移动互联网产业迅速发展。移动支付、社交网络、在线视频、电子商务等行业蓬勃发展，涌现出了一批知名的移动互联网企业，如阿里巴巴、腾讯、百度、京东、美团、滴滴出行等。

三、移动互联网环境下的新业态发展趋势

在移动互联网环境下，新业态的发展趋势体现在五个方面。一是移动支付和电子商务。随着智能手机的普及和移动支付技术的发展，消费者对线上购物和便捷支付的需求不断增长，电子商务市场将持续扩大，同时新的商业模式和消费场景将不断涌现。二是共享经济和共享出行。共享经济已经成为全球性的发展趋势，在移动互联网环境下，共享出行、共享住宿、共享办公等新业态将继续蓬勃发展。未来，随着技术的不断创新和服务的不断完善，共享经济将进一步拓展到更多领域，为用户提供更便捷、更灵活的服务。三是智能家居和物联网。智能家居和物联网技术的发展将使家庭设备和电器实现互联互通，为用户提供智能化的生活体验。未来，随着5G网络的普及和物联网技术的进一步成熟，智能家居和物联网将成为一个新的增长点，推动相关产业的快速发展。四是在线教育和远程办公。移动互联网为在线教育和远程办公提供了便利条件，未来这两个领域将继续发展壮大。随着在线教育技术的不断创新和远程办公工具的不断完善，教育和工作将变得更加灵活和高效，为用户提供更多选择和可能性。五是在线内容和娱乐服务。移动互联网为用户提供了丰富的在线内容和娱乐服务，如视频、音乐、游戏等。未来，随着5G网络的普及和高清内容的传输，在线内容和娱乐服务将进一步丰富和个性化，同时虚拟现实和增强现实等新技术将带来全新的娱乐体验。

那么，什么叫增强现实？增强现实可以比喻为一面魔镜，它能够将真实世界与数字信息相结合，通过在用户视野中叠加虚拟的图像、文字或视频等内容，让用户在现实环境中获得增强的信息和体验。就像一面魔镜能够为用户呈现出超越现实的世界，让他们能够更深入地了解和体验现实环境。什么叫虚拟现实？虚

拟现实可以比喻为一扇通往另一个世界的门，它通过头戴式显示器等设备使用户完全沉浸到一个虚拟的环境中，让用户感觉仿佛置身于一个全新的现实世界之中。就像一扇通向梦幻世界的门，让用户能够体验到与现实世界完全不同的感受。

在移动互联网环境下，新业态的发展趋势将继续向着便捷、个性化、智能化和共享化的方向发展，为用户提供更多元化和高品质的服务和体验。

四、5G 经济生态环境新时代

如果传统的经济发展是一座美丽的花园，那么 5G 经济生态环境的新时代则是这座花园的扩建和升级，它拥有更广阔的空间和更丰富的植被，标志着数字化时代的无限发展空间。

5G 经济生态环境不仅影响人们的生活方式和工作方式，还将重塑产业格局和经济生态。5G 技术的高速连接和低延迟将推动各种应用场景的发展，包括智能交通、智能医疗、工业互联网等，从而提升生产效率和服务质量。一是超高速连接。5G 技术将实现超高速的数据传输，极大地提升网络的速度和带宽，为各种互联网应用提供更强大的支持。这将催生出更多基于大数据、物联网、人工智能等技术的创新应用，加速数字化转型。二是智能化应用。5G 的低延迟和高可靠性将推动智能化应用的发展，包括智能交通、智能制造、智能医疗等领域。通过 5G 技术，各种设备和系统可以实现实时交互和数据传输，提升效率和智能化水平。三是边缘计算。5G 将加速边缘计算的发展，使得数据处理和存储更加分布式和智能化。这将为各种应用场景提供更快速、更安全的数据处理能力，推动更多的计算任务向网络边缘迁移。四是数字经济生态。5G 将促进数字经济生态的形成和壮大，推动各种新兴产业和业态的兴起。从智能物联网到虚拟现实，从 5G+ 工业互联网到智慧城市，5G 技术将成为连接一切的关键基础设施，推动数字经济的蓬勃发展。五是创新生态系统。5G 时代将催生出更加开放、包容的创新生态系统，吸引更多的创业者和企业家参与到新技术的研发和应用中。这将推动产业链的重构和创新模式的涌现，为经济发展注入新的活力和动力。

5G 经济生态环境新时代将是一个充满活力和机遇的时代，各种新技术和新应用将不断涌现，重塑经济格局和社会结构，推动数字化时代的发展进程。

五、5G 时代经济发展的新格局与新模式

5G 时代的到来将催生出全球经济发展的新格局和新模式：一是智能化产业升级。5G 技术的广泛应用将推动传统产业向智能化转型升级。通过 5G 技术的支

持，智能制造、智慧城市、智能交通等领域将迎来爆发式增长，提高经济整体效率和竞争力。二是数字化经济生态的形成。5G 技术将成为连接一切的关键基础设施，5G 时代将促进数字经济生态的形成和壮大。智能物联网、虚拟现实、工业互联网等新兴产业和业态将蓬勃发展，催生出更多数字化、智能化的产品和服务，数字经济将成为经济增长的新动力，推动经济结构不断优化和升级。三是产业融合与协同创新。在 5G 时代，不同行业之间的融合将更加深入，产业边界将变得模糊。通过 5G 技术的支持，智能制造、数字医疗、智慧交通等领域将实现更紧密的协同创新，促进产业链上下游的协同发展。这种产业融合将带来更多交叉创新和产业链上的新业态，推动经济的跨越式发展。四是全球化数字经济竞争。各国企业将加大在 5G 技术领域的投入和竞争，争夺技术领先地位和市场份额。全球数字经济的竞争将更加激烈，各国将通过加强创新、人才培养和国际合作等手段提升自身竞争力。五是全球化竞争与合作。各国企业在加大 5G 技术领域的投入和竞争的同时，国际合作将更加紧密，共同推动 5G 技术的发展和应用。这种全球化竞争与合作将促进全球数字经济生态的健康发展。六是创新生态系统的开放与包容。5G 时代将催生出更加开放、包容的创新生态系统，吸引更多的创业者和企业家参与到新技术的研发和应用中。基于 5G 的高速网络和低延迟特性，创新者可以更快速地验证和推广新产品、新技术，降低创新门槛，促进创新资源的共享和交流。这将推动产业链的重构和创新模式的涌现，为经济发展注入新的活力和动力。

5G 时代将带来数字经济生态和创新生态系统的全新格局和模式，推动各种新兴产业和新兴业态的兴起，促进产业链的重构和创新模式的涌现，为经济发展注入新的活力和动力。

第二节 数智化供应链经济的新机遇

数智化供应链经济通过数字技术和智能化应用优化供应链管理，提升效率、降低成本，并推动业务创新和市场拓展。

数智化供应链经济就像一张网络，连接着供应商、制造商、分销商和最终客户，通过信息共享和智能化决策，整个供应链像一个智能体系一样运转，高效地实现资源的流动和价值的传递。

数智化供应链经济为企业在复杂多变的市场环境中提供了新的机遇。通过供应链的可视化、智能化优化、弹性管理、全渠道整合、定制化服务以及绿色供应链的构建，企业能够提升供应链的效率、降低风险，并推动业务创新与可持续发展。这些新机遇不仅提升了供应链的运营能力，还为企业带来了更强的市场竞争力和更好的客户体验。

一、供应链经济是中小企业发展的舞台

供应链经济的兴起为众多中小企业提供了发展的舞台。随着数智化技术的广泛应用，供应链经济为中小企业提供了更多的机会和资源，使它们能够更好地融入更广阔的市场、提升竞争力、优化运营效率。一是市场准入门槛降低，传统时代，中小企业可能面临巨大的市场准入门槛，如与大型企业竞争、建立自己的供应链等。但随着供应链经济的发展，中小企业可以通过参与供应链中的某个环节来进入市场，如成为某一领域的供应商或服务提供商，从而降低了市场准入门槛，不再受地理位置和规模限制。二是参与全球化或区域化竞争，供应链经济的发展使得中小企业可以更容易地参与全球化或区域化竞争。它们可以通过与国际企业建立合作关系，成为其供应链的一部分，进而将产品或服务推向国际市场。供应链经济通过建立多方协作的生态系统，让中小企业可以参与到大型企业的供应链中，借助大企业的资源、平台和技术，实现业务拓展。三是技术和信息共享，供应链经济鼓励企业之间的合作和信息共享。中小企业可以通过与其他企业合作，共享技术和信息资源，从而提高自身的竞争力和创新能力，借助数字化供应链技术，中小企业能够为客户提供更加个性化的体验和定制化的产品服务，提高客户满意度和忠诚度。四是成本和风险分担，参与供应链经济可以帮助中小企业分担成本和风险。例如，它们可以与其他企业共享物流和仓储设施，降低运营成本；同时，与其他企业合作可以分担市场风险，共同承担订单波动和市场变化带来的压力。中小企业通过加入供应链网络，可以共享物流、仓储等资源，降低单独承担这些成本的负担。五是获得更多发展机会，供应链经济为中小企业提供了更多的商机和合作机会。通过与其他企业建立合作关系，它们可以接触到更广泛的市场和客户群体，从而扩大业务范围，增加收入来源。通过供应链合作，中小企业能够接触到大企业的客户群，借助大企业的市场渠道，扩大自身市场份额。

供应链经济为中小企业提供了更广阔的发展空间和更多的发展机会。通过数智化技术支持和供应链协同合作，中小企业能够降低运营成本、提升效率，并获得更多的市场机会与融资支持。无论是通过创新合作、共享资源，还是通过供应链金融的支持，中小企业都可以在供应链经济中发挥重要作用，实现自身的快速发展和市场拓展。

二、供应链经济的发展模式

供应链经济的发展模式主要是通过数字化和智能化技术的应用，推动整个供应链的协同运作、资源优化和创新发展。供应链经济涵盖了多种模式：一是功能性供应链模式。这是一种围绕核心企业建立起来的供应链上下游企业之间的关联模式，核心企业会根据产品生产和销售的需要选择与其进行原材料采购和产品销售的供应商，并通过签订购销合同或供应合同将购销行为合法化。这种模式的特点是生产同类产品或原材料相同的企业之间建立战略联盟的关系。二是"链主"供应链模式。其主要特征是"一核、两拓、多闭环"，"链主"企业作为供应链上的核心，通过订单拉动、产销协同、内外协同等多种方式，促进供应链上下游企业之间建立紧密的业务协作关系。三是平台型供应链模式。其主要特征是"数字化协作、生态化共享、智能化运营"，通过构建数字化平台实现生态内各方的信息交互和协作，进而推动供应链各环节的资源共享和优化配置。四是现代供应链模式。现代供应链模式强调信息的共享和协同，采用先进的信息技术和管理方法，实现供应链各环节的协同优化。这种模式下，企业之间通过信息系统实现信息共享和协同作业，实现了生产计划的精准、库存的降低和物流的优化。五是智能供应链模式。智能供应链模式是在现代供应链模式的基础上，进一步应用人工智能、大数据、物联网等新技术，实现供应链的智能化和自动化。通过数据分析和预测技术，智能供应链能够更加精准地预测市场需求、优化生产计划和调配资源，提高供应链的效率和灵活性。六是区块链供应链模式。区块链技术的应用为供应链管理带来了革命性的变化。区块链技术可以实现供应链信息的去中心化存储，不可篡改，确保信息的安全性和可信度，减少信息造假和欺诈。同时，区块链技术可以实现智能合约等功能，简化供应链交易流程，降低交易成本。

供应链经济的发展模式充分利用数智化技术推动供应链的优化与创新。无论是通过数字化和智能化供应链模式提升运营效率，还是通过绿色供应链和全球化供应链模式实现可持续发展和全球资源配置，供应链经济都为企业提供了多种优化供应链运作的途径。此外，平台经济供应链和全渠道供应链的发展趋势表明，协同与整合是未来供应链发展的重要方向。企业可以根据自身的行业特点和战略目标选择适合的发展模式，提升供应链的整体效能。

各种类型的供应链经济发展模式如表 5-2 所示。

表 5-2 供应链经济发展模式

供应链模式	关键特征	优势	适用场景
数字化供应链模式	全程可视化 智能决策 信息共享	提高供应链效率 数据驱动决策 各环节无缝连接	适用于希望通过数字技术提升供应链效率、实现透明管理的企业
智能供应链模式	智能物流与自动化 AI 驱动决策 柔性生产	减少人为干预 快速响应市场需求 提高灵活性	适用于高度依赖自动化、柔性生产的制造企业和快速响应需求变化的市场
全球化供应链模式	跨国供应链网络 跨国数据同步 跨境物流优化	资源全球整合 提高市场响应速度 强化抗风险能力	适用于全球运营的企业，特别是涉及跨国供应链和多区域布局的行业
绿色供应链模式	低碳排放 环保生产 循环经济	降低资源浪费 满足可持续发展需求 提升企业环保形象	适用于追求可持续发展和绿色转型的企业，如制造行业、物流行业
全渠道供应链模式	库存整合 订单处理优化 全渠道物流	提升客户体验 实现多渠道资源共享 优化库存和物流管理	适用于线上线下相结合的企业，如零售业、电商平台
平台经济供应链模式	多方参与协同 数据驱动 协同创新	提高合作效率 共享资源和信息 加速创新	适用于搭建生态系统、整合供应链资源的平台型企业，如大型制造、分销和物流公司
供应链金融模式	应收账款融资 订单融资 供应链信用管理	帮助中小企业缓解资金压力 提升资金流动性 加强供应链稳定性	适用于需要融资支持的中小企业和供应链上下游企业

表 5-2 归纳提炼了七种供应链经济发展模式，通过这些模式的关键特征、优势和适用场景，企业可选择适合自身运营需求的供应链优化策略。

三、供应链经济从纸质票据到电子票据模式

供应链经济从纸质票据到电子票据模式的转变，标志着供应链管理和金融交易的数字化进程加速发展。这一转变不仅提升了企业在供应链中的操作效率，还推动了整个供应链的透明化和安全性。一是减少纸质流程和成本。传统的纸质票据需要大量的手工处理和存储，容易出现信息丢失、错误和延误，增加了供应链管理的成本和风险。而电子票据模式通过数字化和自动化的方式，减少了纸质流程，降低了管理和运营成本。二是提升信息可视化和实时性。电子票据模式使得

供应链中的各个环节和参与方之间的信息流动更加顺畅和透明。通过数字化的方式，供应链管理者可以实时监控和追踪货物和订单的状态，及时处理异常情况，提高了供应链的可视化和实时性。三是加强信息安全和可信度。电子票据模式通过数字签名、加密等技术手段，保障了票据信息的安全性和可信度。相较于纸质票据容易被篡改和伪造，电子票据具有更高的安全性和可追溯性，降低了供应链管理中的风险和诈骗可能性。四是促进供应链金融创新。电子票据模式为供应链金融创新提供了基础和支持。通过数字化的票据信息，金融机构可以更准确地评估供应链中各个环节的风险和信用，为供应链中的企业提供更灵活、便捷和低成本的融资服务，促进了供应链金融的发展和创新。五是支持供应链智能化和升级。电子票据模式是供应链数字化和智能化的重要基础。通过数字化的票据信息，供应链管理者可以应用人工智能、大数据分析等技术手段，实现供应链的智能化和升级，提升了供应链的管理效率和竞争力。

从纸质票据到电子票据的转变，推动了供应链经济的数字化和智能化进程。电子票据模式为企业提供了更高效、安全、透明的票据处理方式，降低了人工成本和操作风险，同时推动了供应链金融的创新。随着技术的发展和标准的完善，电子票据将在供应链经济中发挥更加重要的作用，为供应链管理带来更多优势和机遇，推动供应链的数字化、智能化和升级。

四、从供应链经济到数智化供应链新模式

从供应链经济到数智化供应链，意味着供应链管理和运营从传统的手工处理、线性模式，逐渐转型为依靠数字化和智能化技术驱动的高效、协同、灵活的运营模式。数智化供应链新模式不仅提升了供应链的效率和响应速度，还实现了更精确的决策、个性化的客户服务和全流程的透明化。一是信息化程度提升。数智化供应链将信息技术应用于供应链管理的各个环节，包括物流、采购、生产、库存等，实现了供应链信息的实时、全面、准确共享，从而提高了供应链的透明度和效率。二是数据驱动决策。数智化供应链通过大数据分析、人工智能等技术，对海量的供应链数据进行挖掘和分析，为企业决策提供了更加精准的依据。企业可以基于数据驱动的决策，更好地应对市场变化、优化资源配置、降低成本等。三是智能化运营。数智化供应链借助物联网、云计算、机器学习等技术，实现了供应链的智能化运营。通过自动化设备、智能仓储系统、智能物流等手段，提升了供应链的运营效率和灵活性。四是生态合作共赢。数智化供应链强调生态合作和共享经济理念，构建了开放、共享的供应链生态系统。企业通过与供应商、合作伙伴、客户等各方的合作共赢，实现资源优化配置、降低交易成本、提

升竞争力。五是定制化服务。数智化供应链注重个性化需求和定制化服务，通过数字化技术和智能化系统，实现了对客户需求的精准识别和个性化定制。企业可以根据客户需求进行产品设计、生产和服务提供，提升了客户满意度和品牌价值。

数智化供应链新模式通过数字化、智能化技术的应用，彻底颠覆了传统的供应链模式。它不仅提高了供应链的效率、灵活性和透明度，还通过智能决策和实时数据分析，帮助企业更好地应对市场变化，优化资源配置。随着技术的不断发展，数智化供应链将为企业创造更多的商业价值，并推动全球供应链体系的持续创新与绿色转型。它为企业提供了更加智能、高效、灵活和个性化的供应链管理和服务方式。

五、数智化供应链经济催生出的新业态

数智化供应链经济正在催生出一系列新业态。一是智能物流和配送平台。利用物联网、大数据和人工智能技术，提供智能化的物流和配送服务，包括智能路线规划、智能仓储管理、智能配送车辆调度等，提高物流效率和配送准时性。二是供应链金融服务。结合区块链和金融科技，为供应链企业提供供应链融资、供应链风险管理、供应链支付结算等金融服务，解决企业融资难题，降低融资成本，提升供应链运转效率。三是智能仓储和库存管理。通过自动化设备和智能软件，提供智能化的仓储和库存管理服务，包括智能仓储设备、智能库存监控系统等，提高仓储效率和库存精准度。四是供应链数据分析和咨询。利用大数据和人工智能技术，为企业提供供应链数据分析和咨询服务，帮助企业优化供应链结构、降低成本、提高效率，实现供应链数字化转型。五是共享型供应链平台。建立共享型的供应链平台，吸引供应链各方共同参与，共享资源和信息，实现供应链各环节的协同优化和合作创新。六是物联网智能设备服务。提供物联网智能设备的租赁、维护和管理服务，包括智能传感器、智能标签、智能机器人等，帮助企业实现供应链数字化和自动化。七是定制化供应链解决方案。针对不同行业和企业的需求，提供定制化的供应链解决方案，包括物流方案设计、库存管理方案、订单管理方案等，帮助企业构建适合自身发展的供应链体系。八是跨境供应链服务。为跨境电商企业提供跨境物流、跨境支付、跨境仓储等一系列跨境供应链服务，促进跨境贸易的便利化和发展。

这些新业态为供应链管理和服务提供了全新的思路和解决方案，推动了供应链经济的数字化、智能化和高效化发展。这些新业态将为供应链经济注入新的活力和动力，推动供应链数字化转型和智能化升级，提升供应链的竞争力和市场地位。

六、数智化供应链经济的优势与特点

数智化供应链经济是通过整合数字化技术（如物联网、人工智能、大数据、区块链等）与智能化应用，构建一个高效、透明、灵活且可持续的供应链体系。相较于传统供应链，数智化供应链具有显著的优势和特点，能够帮助企业在快速变化的市场中保持竞争力。一是精准预测与优化规划。通过大数据分析和人工智能算法，数智化供应链经济能够准确预测市场需求、供应链“瓶颈”以及生产、物流等方面的情况，有助于企业优化生产计划和资源配置。二是实时监控与数据分析。数智化供应链经济利用先进的信息技术，实现对供应链各个环节的实时监控和数据分析，帮助企业快速获取供应链信息，并基于数据做出决策。三是灵活应变与快速响应。数智化供应链经济使企业能够更加灵活地应对市场变化和突发事件，快速调整供应链策略，降低因不确定性而带来的风险。四是降低成本与提高效率。通过优化供应链流程、减少库存和物流成本、提高生产效率等手段，数智化供应链经济可以降低企业的运营成本，提高资源利用效率。五是提升客户满意度。数智化供应链经济可以更好地满足客户需求，提高订单交付的准时性和产品质量，从而提升客户满意度，增强客户忠诚度。六是增强竞争力与持续发展。通过实现供应链的数字化、智能化和网络化，数智化供应链经济有助于企业提升竞争力，扩大市场份额，实现可持续发展。

数智化供应链经济凭借数字化技术和智能化应用，为企业提供了高效、透明、安全且可持续的供应链解决方案。它在提高供应链运营效率、优化成本、提升客户响应速度和推动可持续发展方面具有显著优势。随着技术的不断进步，数智化供应链将进一步增强供应链的弹性与韧性，为企业创造更多价值。

第三节　电子商务与电子购物生活新场景

电子商务与电子购物生活的不断演进，在数智时代催生了诸多全新场景，极大地改变了消费者的购物习惯、企业的经营模式以及社会的经济形态。这些新场景融合了数字化技术、智能化设备和个性化服务，带来了更加便捷、互动和个性化的购物体验。

如果将电子商务比喻为一个多维立体的虚拟商场，电子购物则是在这个多维立体虚拟商场中的一种全新的体验。就像在现实中的商场购物一样，消费者可以通过互联网在虚拟商场中选择商品、下订单、进行支付，并且享受送货上门的便利服务。

供应链经济和电子商务在制造业中扮演着不同但互相联系的角色，共同构成了制造业的全景图。一是供应链经济，在制造业的上游，供应链经济负责原材料采购、生产制造、物流配送等环节。供应链经济通过优化供应链的各个环节，实现了原材料的及时供应、生产成本的降低和生产效率的提高，为制造业的正常运转提供了基础支持。二是电子商务，在制造业的下游，电子商务负责产品销售、市场推广和客户服务等环节。电子商务通过在线销售平台和数字营销手段，将制造业生产的产品直接推向终端消费者，实现了销售渠道的多元化和销售效率的提升，为制造业的产品输出提供了便利和渠道。

电子商务与电子购物生活的新场景不仅改变了消费者的购物行为，还重新定义了购物体验。通过技术与场景的深度融合，电子商务已经从传统的线性购物模式转向智能化、个性化、互动性更强的模式。随着科技的进一步发展，电子购物生活将继续呈现出更多创新的场景和模式，提升消费者的生活质量与购物乐趣。

一、从电子银行到电子商务的发展

从电子银行到电子商务的发展，代表了金融与商业领域数字化转型的历史进程。这一进程中的技术创新和市场需求的变化推动了金融服务与商业模式的融合，形成了现代电子商务的复杂生态系统。从电子银行到电子商务的发展，涉及多个关键时间节点，随着信息技术的进步，逐步推动了金融和商业领域的变革。

1.20 世纪 60 年代——电子银行的起步

20 世纪 60 年代末，电子银行（Electronic Banking）开始萌芽，主要用于银行间的数据交换和资金转账。最早的自动取款机（ATM）于 1967 年由巴克莱银行在伦敦推出，标志着电子银行服务的开始。

2.20 世纪 80 年代——电子支付系统的崛起

20 世纪 80 年代，随着计算机技术的发展，电子支付系统（Electronic Payment Systems）逐渐发展起来。1981 年，家用个人电脑的普及和互联网技术的初步应用，使得银行提供了基于计算机的金融服务。

3.20 世纪 90 年代初——互联网银行的出现

20 世纪 90 年代初，互联网技术的成熟推动了互联网银行（Internet Banking）的兴起。1994 年，第一家完全虚拟的银行——美国安全第一网络银行（Security First Network Bank）成立，提供了完全基于互联网的银行服务。

4.20 世纪 90 年代中期——电子商务的萌芽

20 世纪 90 年代中期，电子商务（E-commerce）开始出现。1995 年，亚马逊（Amazon）和eBay成立，开启了在线零售的先河。同年，SSL加密技术的发展使得网上支付更加安全，推动了电子商务的进一步发展。

5.21世纪初——移动支付和电子商务的快速增长

21世纪00年代，随着移动通信技术的发展，移动支付（Mobile Payment）和电子商务迅速扩展。2004年，支付宝（Alipay）推出，为电子商务平台（如淘宝）提供了安全的支付解决方案。同一时期，PayPal也在全球范围内成为广泛使用的在线支付平台。

6.21世纪10年代——移动商务和跨境电商的兴起

21世纪10年代，移动设备的普及推动了移动商务（M-commerce）的兴起，越来越多的消费者通过智能手机进行购物和支付。2014年，Apple Pay推出，进一步推动了移动支付的发展。此外，跨境电子商务（Cross-border E-commerce）也成为全球贸易的新趋势。

7.21世纪20年代——数字货币与区块链技术的应用

21世纪20年代，随着区块链技术的成熟，数字货币（如比特币、以太坊）和去中心化金融（DeFi）系统逐渐对电子银行和电子商务产生深远影响。同时，电子商务平台持续整合社交媒体、大数据、人工智能等技术，提供更加个性化和高效的购物体验。

从电子银行到电子商务的发展反映了金融服务和商业模式的数字化进程。电子银行的发展为电子商务提供了安全、便捷的支付方式，推动了电子商务的快速崛起。随着技术的不断创新，电子银行与电子商务正在深度融合，形成了一个全新的、智能化的消费和金融生态系统。未来，随着区块链、人工智能、数字货币等技术的进一步发展，这一融合将持续推动全球商业和金融领域的变革。

电子银行与电子商务发展历史如表5-3所示。

表5-3　电子银行与电子商务发展历史

时间节点	主要事件与发展	核心内容
20世纪60年代	电子银行起步：银行间数据交换和资金转账开始，1967年巴克莱银行推出了世界上首台ATM	电子银行的雏形，标志着银行服务的自动化开始
20世纪80年代	电子支付系统崛起：家用个人电脑的普及和互联网技术的发展推动了基于计算机的金融服务	电子支付技术的初步发展，银行服务进入家庭，开启了数字化转型的第一步

续表

时间节点	主要事件与发展	核心内容
20 世纪 90 年代初	互联网银行出现：1994 年美国安全第一网络银行成立，提供完全基于互联网的银行服务	互联网银行的诞生，金融服务逐渐从线下转移到线上，方便了用户远程管理财务
20 世纪 90 年代中期	电子商务萌芽：亚马逊和 eBay 成立，SSL 加密技术推动网上支付安全性提升	电子商务进入大众视野，在线零售和网上支付开始形成，安全支付成为关键推动力
21 世纪初	移动支付和电子商务快速增长：支付宝和 PayPal 等平台推动电子商务发展，移动支付技术逐渐成熟	移动支付与电子商务的结合加速了数字化经济的发展，提升了消费者体验与支付便利性
21 世纪 10 年代	移动商务和跨境电商兴起：智能手机普及，Apple Pay 推出，跨境电商成为全球贸易新趋势	移动设备的普及改变了消费者行为，推动了跨境电商的全球化，移动商务进一步优化了消费者的购物方式
21 世纪 20 年代	数字货币与区块链技术应用：数字货币（如比特币）和去中心化金融对电子银行和电子商务产生深远影响，AI 和大数据提升购物体验	区块链技术和数字货币推动金融创新，去中心化金融（DeFi）变革传统银行和支付系统，电子商务更加智能和个性化

表 5-3 反映了电子银行到电子商务发展的重要节点及其背后的核心技术与影响，展现了金融与商业领域的数字化进程。

二、从传统的经销商到电子商务的创新模式

从传统的经销商模式到电子商务的创新模式涉及多个层面的变化和创新，主要体现在商业模式的转型、技术的应用以及消费者体验的变革。

传统经销商模式与电子商务创新模式的不同如表 5-4 所示。

表 5-4　传统经销商与电子商务创新模式的不同

方面	传统经销商模式	电子商务创新模式	核心变化
经营模式	依赖实体店铺，面对面销售产品，货物通过经销商层层分销	基于互联网平台，直接面向消费者（B2C）或通过中间平台（如淘宝、亚马逊）进行销售，省去中间分销环节	通过互联网平台直接销售，减少中间环节，降低成本，提升效率

续表

方面	传统经销商模式	电子商务创新模式	核心变化
库存管理	需要大量库存和仓储空间，库存管理依赖于线下物流和供应链管理	采用数据驱动的供应链管理，使用大数据和智能预测技术优化库存和物流管理，甚至采用零库存模式（如直销）	通过技术优化库存管理，降低库存成本，提高供应链效率，快速响应市场需求
消费者触达	消费者只能通过线下实体店接触商品，受地理位置限制，营销渠道有限	消费者通过网络和移动设备可以随时随地浏览和购买商品，企业可以通过多种数字化渠道进行精准营销和推广（如社交媒体、搜索引擎）	扩大了客户基础，打破了地理限制，通过精准营销提升销售转化率
营销方式	传统广告和促销手段，如电视广告、报纸广告、店内促销等，较难量化效果	利用数字营销工具（如SEO、社交媒体广告、内容营销）进行精准投放，数据分析技术可以实时监控效果和调整策略	营销方式更加数字化、精准化，能有效提高营销效率和效果，广告效果可追踪、可优化
消费者体验	实体店面体验，顾客需到店购物，受到营业时间和服务水平的限制	电商平台提供24小时服务，用户通过智能推荐、个性化购物体验和方便的支付方式（如移动支付）完成购物	提供更加灵活和个性化的购物体验，用户体验得到显著提升，交易过程更加便捷
物流和配送	商品配送依赖于线下物流体系，配送时间较长，通常需几天到数周不等	采用现代物流和快递系统，如次日达和即日达服务，部分平台甚至提供无人机配送或自提点服务，物流速度和服务质量大幅提升	配送服务速度更快，服务质量更高，用户期望和体验得到了显著改善
技术应用	技术应用较少，主要依赖线下运营和管理工具	依托大数据、云计算、人工智能等新兴技术，优化库存、物流、营销、客户服务等环节，电子商务平台通过技术创新提升整体效率	技术驱动下的全方位升级，提升了运营效率，改善了企业与客户的互动方式
支付方式	传统支付方式主要是现金或银行卡支付，交易流程较为复杂	电子支付方式多样化，包括移动支付（如支付宝、微信支付）、信用卡、数字货币等，支付流程简化，交易更加快捷安全	支付方式更加便捷和多样化，交易过程安全高效，提升了用户的购物体验

续表

方面	传统经销商模式	电子商务创新模式	核心变化
全球化拓展	国际市场拓展依赖于建立海外实体店或通过第三方代理商，成本较高	通过跨境电商平台，如亚马逊、速卖通等，可以轻松进入全球市场，打破国界限制，快速拓展海外业务	通过电商平台实现全球化拓展，成本更低，效率更高，市场覆盖范围更广
消费者反馈与互动	消费者反馈渠道有限，主要依赖售后服务或店内反馈，沟通效率较低	电商平台提供多种在线反馈机制，如产品评价、在线客服、社交媒体互动等，消费者的意见可以实时传达并迅速得到响应	消费者反馈渠道多样化，互动更加便捷和及时，企业可以快速了解市场需求并做出相应调整

表 5-4 展示了从传统经销商模式向电子商务创新模式转型中的主要变化和创新点，表明电子商务的兴起不仅改变了企业的运营方式，还深刻影响了消费者的购物体验和市场全球化发展进程。

三、电子商务新模式与新业态

电子商务新模式与新业态的出现，标志着数字化、智能化和创新驱动的电子商务生态正在迅速发展。随着技术进步、消费习惯变化以及市场竞争的加剧，电子商务逐步从传统的 B2B、B2C 模式演变为更加复杂、多样化的业务形态。一是社交电商，结合社交媒体和电子商务的模式，通过社交平台上的用户关系网络实现商品销售和推广。典型代表为微信小程序、抖音电商等。二是内容电商，通过内容创作和分享来吸引用户，对内容和商品进行整合，实现内容变现和商品销售的双赢模式。典型代表包括知识付费平台、直播带货等。三是共享经济，基于共享理念和资源优化利用，通过在线平台实现资源共享和交换，如共享单车、共享办公空间等。四是跨境电商，利用互联网和国际物流，突破地域限制，进行跨国贸易和跨境销售，开拓海外市场。典型代表包括跨境电商平台和代购服务。五是生鲜电商，针对生鲜食品的特点和需求，建立在线购物平台，提供新鲜、优质的食品和配送服务。典型代表为生鲜电商平台和农产品直采平台。六是智能零售，利用物联网、大数据和人工智能等技术，实现零售业务的智能化和自动化，提升用户体验和运营效率。典型代表为智能自助购物店、智能货架等。七是定制化电商，根据用户需求和偏好，提供个性化的商品和服务定制，实现定制化生产和个性化体验。典型代表为定制化衣物、定制化家居等。

电子商务的新模式与新业态代表了数字经济时代商业模式的多样化和创新。随着技术的不断进步，社交电商、直播电商、社区团购、跨境电商、无人零售、VR/AR 电商等新模式应运而生，极大地提升了消费者的购物体验，重塑了市场结构和企业经营模式。这些新模式不仅推动了线上线下的深度融合，也为消费者和商家提供了更多的选择和发展机会。未来，随着技术和消费习惯的不断变化，电子商务将继续探索更多创新业态，推动全球商业生态的转型升级。

四、互联网环境下的十大电子商务新场景

在互联网环境下，电子商务不仅通过技术创新和消费者行为变化不断进化，还催生了许多新兴的购物场景。以下是十大电子商务新场景，它们体现了电子商务在智能化、互动性和个性化方面的深度发展。一是虚拟购物体验，通过增强现实和虚拟现实技术，消费者可以在虚拟环境中进行真实感十足的产品体验和购物。二是人工智能导购，利用人工智能技术，个性化推荐和导购系统将成为电商平台的标配，为用户提供更符合其需求和偏好的购物体验。三是社交电商，社交媒体平台与电商功能的融合将进一步加深，用户可以直接在社交平台上进行购物、交易和分享。四是智能物流和配送，自动驾驶车辆、无人机等新技术的应用将使得物流配送更加智能化、高效化和环保。五是区块链技术应用，区块链技术的应用将提高电商平台的交易安全性和透明度，加强商品溯源和防伪能力。六是实时个性化定制，利用大数据和云计算技术，电商平台将实现实时的个性化定制服务，为用户提供定制化的产品和服务。七是跨境电商，随着全球贸易的进一步开放和数字化技术的普及，跨境电商将成为电商行业的重要增长点。八是网购直播，直播电商将进一步普及和发展，消费者可以通过直播平台观看产品展示和购物直播，实现即时交易。九是智能支付和结算，移动支付、无现金支付等智能支付方式的普及将促进电商交易的便捷和安全。十是区域性电商平台，基于地理位置和区域特色，打造线上线下相结合的区域性电商平台，推动地方特色产品和服务的销售和推广。

这些新兴的电子商务场景融合了智能化技术、社交互动和个性化服务，不仅提升了购物的便捷性和体验感，还极大地改变了消费者的行为模式。随着技术的进一步发展和消费者需求的变化，电子商务场景将继续创新，推动全球购物生态的深度变革。

五、电子商务与金融科技创新一体化新潮流

电子商务与金融科技的创新一体化正在形成新的潮流，推动了数字经济的加

速发展。随着电子商务平台的不断扩展和金融科技（FinTech）的迅速进步，两者的深度融合为消费者、企业和金融机构创造了全新的商业模式和金融服务方式。一是移动支付和数字货币，随着移动支付和数字货币的普及，用户可以更方便地在电子商务平台上完成支付，提高了支付的便捷性和安全性。二是智能支付技术，利用人工智能和大数据分析技术，实现智能支付功能，包括智能识别、智能风控和智能推荐等，提升了支付的智能化和个性化。三是金融科技风控，借助大数据、人工智能和区块链等技术，加强对电子商务交易的风险识别和控制，提高了支付的安全性和可靠性。四是分期支付和消费金融，提供分期支付和消费金融服务，为用户提供更灵活的支付方式，促进了用户消费意愿和购买力。五是信用评估和信用支付，利用大数据和人工智能技术，对用户信用进行评估，实现信用支付功能，提高了用户的购物体验和信任度。六是区块链技术在支付领域的应用，利用区块链技术提升支付的透明度、安全性和效率，实现了跨境支付、供应链金融和数字货币支付等创新应用。七是虚拟银行和数字化金融服务，发展虚拟银行和数字化金融服务，为电商用户提供更便捷的金融服务，如贷款、投资和保险等。八是金融科技创业企业的兴起，越来越多的金融科技创业企业致力于为电商行业提供创新的支付解决方案和金融服务，推动了行业的发展和竞争。

电子商务与金融科技创新一体化正在引领数字经济的未来潮流。这种融合不仅优化了支付体验和资金流动，还为消费者和商家提供了更多的金融选择与保障，推动了全球电子商务生态系统的不断创新和发展。在未来，随着区块链、AI、数字货币等技术的进一步发展，电子商务与金融科技的结合将会更加紧密，带来更加智能化、全球化的商业环境。

六、电子商务与制造业一体化新展望

电子商务与制造业的一体化正成为全球制造业转型升级的重要趋势，推动着传统制造业向数字化、智能化方向发展。通过电子商务与制造业的深度融合，制造业企业不仅能够更精准地对接市场需求，还能通过数字技术优化生产和供应链管理，实现柔性生产、按需定制和高效协同。一是智能制造与工业互联网。制造业将通过智能制造和工业互联网技术，实现生产过程的数字化、自动化和智能化管理，包括智能工厂建设、设备互联、数据分析等，提高生产效率和产品质量。二是定制化生产与柔性制造。利用数字化设计和柔性制造技术，实现按需定制化生产，根据客户需求快速调整生产线，提高生产灵活性和适应性，满足多样化市场需求。三是供应链优化与智能物流。通过供应链管理系统和智能物流技术，实现供应链各环节的协同优化，包括订单管理、库存控制、配送等，提高供应链效率和响应速度。四是电子商务平台与制造业合作。电子商务平台与制造业企业将深度合作，共享资源和数据，实现生产与销售的紧密对接，提高销售渠道覆盖率和市场反应速度。五是智能营销与客户服务。利用大数据和人工智能技术，实现智能营销和个性化客户服务，根据客户行为和偏好进行精准营销和定制化服务，提升客户满意度和忠诚度。六是生产端服务化与产品升级。制造业将从单纯生产产品转变为提供产品与服务一体化的解决方案，包括售后服务、定期维护、产品升级等，增加产品附加值和客户黏性。七是数字化管理与企业效率提升。企业将借助信息化技术实现内部管理的数字化和智能化，包括人力资源管理、财务管理、生产计划等，提高企业管理效率和决策水平。八是跨界合作与产业链创新。制造业企业将与互联网、科技企业等跨界合作，共同创新产品和服务，拓展产业链价值链，推动产业链升级和转型。

电子商务与制造业的一体化是未来制造业转型升级的重要趋势，通过数字化技术、智能化生产和柔性供应链，制造业企业能够更好地适应市场需求的变化，提升生产效率和竞争力。尽管面临数据安全、成本投入等挑战，但随着区块链、人工智能、5G 等技术的发展，这一融合将为制造业带来更加广阔的创新空间和发展机遇。

七、金融科技的兴起与电子商务融合的双重优势

金融科技的兴起与电子商务的融合既推动了金融服务的创新，又大幅提升了电子商务的效率和用户体验。这种融合通过技术创新实现了支付方式的多样化、资金流动的加速、风控能力的增强，并推动了全球电子商务的普及。

金融科技与电子商务融合的双重优势如表 5–5 所示。

表 5–5　金融科技与电子商务融合的双重优势

方面	金融科技的优势	电子商务的优势	融合带来的双重优势
支付方式	金融科技带来了移动支付、数字钱包、区块链支付等创新，支付过程更加便捷、安全且多样化	电子商务平台支持多种支付方式，为消费者提供了灵活的支付选择，提升了购物体验	支付方式的创新提高了交易效率，降低了支付成本，增加了消费者的支付便捷性和安全性，促进了电子商务的快速发展

续表

方面	金融科技的优势	电子商务的优势	融合带来的双重优势
金融服务的普及化	通过金融科技，金融服务变得更加包容，如小额贷款、P2P 借贷、众筹平台等，帮助中小企业和个人获得融资机会	电子商务提供了广泛的市场和销售渠道，帮助中小企业快速扩展业务规模，打破了传统市场的进入壁垒	融合后，中小企业不仅可以通过电子商务平台接触到更多消费者，还可以通过金融科技获得资金支持，帮助其业务成长，提升市场竞争力
消费者信用管理	金融科技利用大数据、人工智能等技术进行消费者信用评估，提供更加精准和动态的信用分析	电子商务平台可以通过消费者的历史交易数据、购物行为等信息对消费者进行评估，帮助卖家降低交易风险	通过大数据和 AI 进行信用管理，使电子商务平台能更好地评估消费者信用，降低了欺诈风险，提升了平台的安全性和信用度
风险控制	金融科技通过实时数据分析、机器学习等技术提升了金融风险控制能力，能够迅速发现并应对潜在的金融风险	电子商务平台可以利用金融科技工具进行风险管理，降低欺诈、假冒伪劣商品的风险，增强平台的整体风控能力	融合后，电子商务中的交易和支付过程更加安全，金融科技的风控机制提升了电子商务平台的稳定性，增强了消费者对平台的信任
全球市场拓展	金融科技提供了跨境支付、国际结算等服务，降低了全球金融交易的成本和复杂性	电子商务平台通过全球化拓展，能够触及更广泛的国际市场，突破传统的地理和时间限制	电子商务平台利用金融科技实现跨境支付和交易，帮助企业迅速进入国际市场，简化跨境交易流程，推动全球电商市场的蓬勃发展
个性化金融产品	金融科技利用大数据分析和机器学习技术，推出了定制化的金融产品，如个性化贷款、保险和投资建议	电子商务平台通过数据挖掘和分析，为用户提供个性化的购物体验，如产品推荐、优惠方案等	通过融合，用户不仅可以获得个性化的金融产品，还能在电子商务平台上享受个性化的购物服务，提升整体用户体验
金融交易自动化	金融科技通过智能合约、机器人顾问等技术，实现了金融交易的自动化处理，提升了金融业务的效率	电子商务平台通过自动化管理订单、库存、物流等环节，实现了电商运营的高度自动化	融合后，金融交易和电商运营流程更加自动化，减少了人为干预，提升了整体运营效率，降低了成本，增强了业务的快速响应能力

续表

方面	金融科技的优势	电子商务的优势	融合带来的双重优势
融资渠道多样化	金融科技提供了多样化的融资方式，如区块链融资等，为企业特别是初创企业提供了更广泛的融资渠道	电子商务平台让初创企业能够以低成本进入市场并快速实现业务增长，帮助其积累品牌知名度和客户资源	通过金融科技的多样化融资方式，初创企业可以更容易地获得资本支持，并通过电子商务平台拓展业务，缩短从融资到市场化的周期，加速企业成长
数据驱动的决策能力	金融科技利用大数据和AI，实时分析市场趋势、用户行为等信息，帮助企业制定更加科学的金融和投资决策	电子商务平台通过数据分析消费者购物习惯、偏好等信息，帮助企业优化产品组合和营销策略	融合后的数据驱动能力更加精准，帮助企业在资金配置、风险管理和市场营销上做出更明智的决策，提升企业的竞争力

综上所述，金融科技与电子商务的融合实现了支付方式、融资渠道、风险管理、全球市场拓展等多个方面的创新和优化，极大地提升了企业的运营效率和消费者的体验。这种双重优势为企业带来了更强的竞争力，并推动了全球数字经济的进一步发展。

第四节　生成式人工智能的新应用

生成式人工智能是一类通过深度学习模型生成新的数据内容的技术，已在多个行业掀起创新浪潮。其应用不仅限于图像、文本生成，还逐步扩展到更广泛的领域，如音频、视频生成、设计创作、药物研发等。

人工智能可以被视为一种智能的模拟，类似于给计算机装备了模拟人类智能的“大脑”。生成式人工智能可被比喻为一位创作型艺术家或作家，它能够从学习到的知识和经验中创造出全新的作品。与传统的机器学习算法不同，生成式人工智能不仅能够理解和模仿已有的数据，还能够创造出与之不同但合乎逻辑的新内容。

生成式人工智能的新应用在多个领域展现了广泛的创新潜力，从文本、图像生成到复杂的医疗、金融、设计等场景，生成式人工智能正在改变传统的工作流程与商业模式。未来，随着技术的不断进步，生成式人工智能的应用将进一步拓展，为各行业提供更加智能、高效的解决方案。

一、人工智能经历了四个发展阶段

人工智能经历了四个主要的发展阶段，每个阶段都有不同的技术突破和应用特点。这四个阶段为人工智能从概念提出到现实应用的发展提供了清晰的路径。

人工智能的四个发展阶段如表 5-6 所示。

表 5-6　人工智能的发展阶段

时间	主要技术	代表应用	局限性
20 世纪 50 年代至 20 世纪 70 年代	符号推理、专家系统、逻辑推理	医学诊断（MYCIN）、化学分析（DENDRAL）	仅适用于特定领域，无法处理复杂场景，需要手动输入大量规则
20 世纪 80 年代至 20 世纪 90 年代	感知器、神经网络、监督学习、无监督学习	语音识别、图像识别、简单的自动化控制	计算资源有限，训练速度慢，容易过拟合，效果受限
21 世纪 10 年代	深度神经网络（DNN）、卷积神经网络（CNN）、生成对抗网络（GAN）	语音助手（Siri）、自动驾驶、机器翻译、智能推荐系统	依赖大量数据，计算成本高，训练时间长，模型缺乏透明度，解释性差
21 世纪 20 年代至今	强化学习、深度强化学习、元学习、自监督学习	无人驾驶、复杂游戏（AlphaGo）、机器人控制、金融投资	仍在探索通用智能，现有技术多应用于单一任务，通用人工智能（AGI）尚未实现

二、人工智能的优势与特点

人工智能具有许多显著的优势与特点，推动了多个行业的变革和创新。一是智能化处理。人工智能系统能够模仿和执行人类智能的各种任务，包括学习、推理、问题解决等，具备智能化处理能力。二是数据驱动。人工智能系统能够从大量数据中学习和提取规律，通过数据驱动的方式不断优化和改进自身的性能。三是自动化。人工智能技术可以实现许多重复性、烦琐任务的自动化处理，提高工作效率和生产效率。四是高效性。人工智能系统能够在短时间内处理大规模数据并做出高效决策，加快了问题解决和决策制定的速度。五是准确性。在合适的数据和模型支持下，人工智能系统可以达到比人类更高的准确性和精度，避免了人为因素带来的误差。六是持续学习。人工智能系统具有持续学习和适应能力，能够根据不断变化的环境和数据更新自身模型和算法，保持与时俱进。七是多领域应用。人工智能技术涵盖了多个领域，包括自然语言处理、计算机视觉、机器学习、深度学习等，可以应用于各种不同的场景和行业。八是创新性。人工智能技术的不断发展和创新推动了科技进步和产业革新，为人类社会带来了许多新的应用和解决方案。这些优势和特点使得人工智能成为当前科技领域中备受关注和重视的研究方向，对各行各业的发展和进步都具有重要的推动作用。

三、科技创新推动人工智能到生成式人工智能的发展

科技创新对人工智能的发展起到了关键推动作用，尤其是在生成式人工智能的发展过程中，经历了一系列重要的重大转变和进步。一是从符号推理到机器学习。传统的人工智能方法主要依赖于手工编写的规则和算法，即符号推理系统。然而，这种方法在处理复杂的现实问题时面临着挑战，因为人类很难将所有的知识和规则手动编码到系统中。随着机器学习技术的兴起，特别是深度学习的发展，人工智能开始转向从数据中学习规律和模式的方法，而不是通过手工编写规则。二是从监督学习到生成式模型。在机器学习领域，监督学习是最早得到广泛应用的方法之一，其核心思想是从带有标签的数据中学习输入和输出之间的映射关系。然而，监督学习往往需要大量标记数据，且对数据的分布有一定的假设。生成式模型则是一种新兴的方法，它不仅可以学习数据的分布和特征，还可以生成新的、具有创造性的数据，为科技创新提供了更多可能性。三是创造性应用的出现。生成式人工智能的发展为创造性应用带来了新的机遇。生成式模型可以用于图像生成、音频生成、自然语言生成等任务，为艺术、设计、娱乐等领域带来了全新的体验和可能性。例如，生成对抗网络可以生成逼真的图像和视频，变分自编码器可以用于图像生成和语义插值，这些技术都为科技创新带来了新的动力和方向。四是多领域融合的趋势，生成式人工智能的发展促进了多个领域之间的融合与合作。例如，在医疗领域，生成式模型可以用于医学图像的生成和分析；在创意产业中，生成式模型可以用于艺术创作和设计；在金融领域，生成式模型可以用于金融风险预测和交易生成。这种多领域融合的趋势将进一步推动科技创新的发展，为社会和经济带来更多的机遇和挑战。

科技创新推动了人工智能从简单的逻辑推理逐步发展到生成式人工智能，使得人工智能不仅能够理解和分析，还能创造和生成新的内容。这种发展极大地拓展了人工智能的应用范围，并在各行业中发挥了重要作用。从图像生成到文本创作，从娱乐产业到医疗、教育等领域，生成式人工智能正成为推动社会和经济变革的重要力量。生成式人工智能的发展标志着科技创新的新阶段，其带来的创造性应用和多领域融合将推动科技创新迈向新的高度。

四、生成式人工智能的优势与特点

生成式人工智能是一种人工智能技术，通过学习大量数据并模拟人类创造力和想象力，能够生成具有一定创意性和逼真度的内容，如图像、音乐、文本等。生成式人工智能具有以下优势与特点：一是创造性和想象力。生成式人工智能能够生成新的内容，如图像、音乐等，具备一定程度的创造性和想象力，能够生成独特且具有新颖性的作品。二是多样性和创新。生成式人工智能可以生成多样化的内容，有助于促进创新和多样化发展。它能够生成各种风格和形式的作品，为创意产业带来新的可能性。三是个性化和定制化。生成式人工智能可以根据用户的需求和偏好生成个性化的内容，提供定制化的服务和体验，满足用户多样化的需求。四是自动化和高效性。生成式人工智能能够自动地生成内容，提高生产效率和工作效率。相较于传统的人工创作方式，它能够在短时间内生成大量的内容。五是无限延展性。生成式人工智能的生成能力具有无限的延展性，可以持续不断地生成新的内容，满足不断增长的需求和市场。六是自我学习和进化。一些生成式人工智能系统具有自我学习和进化的能力，能够从生成的结果中不断学习和优化，提高生成的质量和效果。七是应用广泛。生成式人工智能可以应用于各种领域，如艺术创作、音乐创作、影视制作、设计等，为不同行业带来创新和变革。生成式人工智能具有创造性、多样性、个性化、自动化等特点，为各行业带来了全新的发展机遇和应用前景。

五、生成式人工智能带来的新业态与新趋势

生成式人工智能的出现带来了许多新业态和新趋势。一是艺术和创意领域的创新。生成式人工智能在艺术创作、音乐创作、文学创作等领域展现出巨大的潜力，可以生成独特的艺术作品、音乐曲目、文学作品等，为艺术家和创作者带来新的灵感和创意。二是虚拟现实和增强现实技术的发展。生成式人工智能与虚拟现实和增强现实技术的结合，可以创建更加逼真和沉浸式的虚拟世界和体验，为游戏、娱乐、教育等领域带来全新的体验和可能性。三是个性化内容生成。基于生成式人工智能的技术，可以根据用户的偏好和兴趣生成个性化的内容，如个性化推荐、定制化产品设计等，提供更加个性化和精准的服务。四是影视和媒体制作的革新。生成式人工智能可以用于影视和媒体制作，帮助制片人和导演生成剧本、场景、角色等元素，提高制作效率和降低成本。五是医疗保健领域的应用。生成式人工智能可以用于医学影像分析、基因组学研究、药物设计等方面，帮助医疗保健行业提高诊断准确性、提供个性化治疗方案等。六是自然语言处理和对

话系统的发展。生成式人工智能在自然语言处理和对话系统方面也有广泛的应用，可以生成自然流畅的语言文本和对话内容，为智能客服、智能助手等领域提供支持。七是创意产业的繁荣。生成式人工智能为创意产业带来了新的活力，为广告、营销、设计等行业提供了更多可能性和选择。八是游戏设计和开发的革新。生成式人工智能可以用于游戏设计和开发，帮助游戏开发者生成游戏关卡、角色、故事情节等元素，为游戏行业带来新的创新和体验。

这些新的业态和趋势展示了生成式人工智能在各个领域的广泛应用和潜在影响，为未来的发展带来了巨大的机遇和挑战。

六、研究与开发生成式人工智能的著名科技公司

一是深智能（DeepMind），成立于 2010 年，是一家以人工智能为核心的科技公司，于 2014 年被谷歌收购。其在生成式人工智能领域取得了重要进展，包括生成对抗网络等技术的研究和应用。未来，深智能将继续致力于推动人工智能技术的发展，并探索其在医疗、生物学等领域的应用。二是开放人工智能（OpenAI），成立于 2015 年，是一家非营利性人工智能研究实验室，致力于推动人工智能的发展和应用，并通过开放的方式分享研究成果。OpenAI 在生成式人工智能方面取得了重要进展，如 GPT 系列模型等。未来，OpenAI 将继续开展领先的研究工作，并推动人工智能技术的全球发展。三是谷歌大脑（Google Brain），成立于 2011 年，是谷歌的人工智能研究团队之一，致力于推动深度学习和人工智能技术的发展。Google Brain 在生成式人工智能领域也拥有重要的研究成果，如 WaveNet 语音合成系统等。未来，Google Brain 将继续在人工智能领域进行前沿研究，并推动其在各个领域的应用。四是人工智能研究部（Facebook AI Research），成立于 2013 年，是 Facebook 的人工智能研究部门，致力于推动人工智能技术的发展和应用。Facebook AI Research 在生成式人工智能领域的研究成果有自然语言处理和计算机视觉等。未来，该部门将继续在人工智能领域进行前沿研究，并推动其在社交媒体和其他领域的应用。五是微软研究院（Microsoft Research），成立于 1991 年，是微软公司的基础研究机构，致力于推动计算机科学和技术的发展。微软研究院在生成式人工智能领域也拥有重要的研究成果，如深度生成模型（Deep Generative Models）等。未来，微软研究院将继续在人工智能领域进行前沿研究，并推动其在微软产品和服务中的应用。这些科技公司在生成式人工智能领域的研究和开发工作推动了技术的进步，为人工智能的发展和应用带来了新的机遇和挑战。

七、研究与开发生成式人工智能的国内科技公司

许多科技公司正在积极研究与开发生成式人工智能技术。这些公司在自然语言处理（NLP）、图像生成、语音合成等领域取得了显著进展，并广泛应用于多个行业。

国内科技公司在生成式人工智能方面的研究与开发成果如表 5-7 所示。

表 5-7　国内科技公司在生成式人工智能方面的研究与开发成果

公司名称	领域	生成式人工智能应用	技术突破
百度（Baidu）	自然语言处理、语音识别、图像生成	文心大模型（ERNIE）应用于文本生成、对话系统、内容创作等	文心大模型在中文语义理解、文本生成和多模态生成方面取得显著成就
阿里巴巴（Alibaba）	电商应用、自然语言处理、智能客服、图像生成	智能客服“阿里小蜜”、电商推荐系统、自动生成商品描述与海报	生成式人工智能模型在电商营销和图像生成中的应用，提升电商平台运营效率
腾讯（Tencent）	游戏、社交媒体、语音识别、音乐生成、图像生成	AI 作曲助手、游戏角色生成、虚拟形象生成、语音合成	AI 作曲助手在 QQ 音乐上应用，生成虚拟角色和音乐，提升用户体验
华为（Huawei）	图像生成、自然语言处理、云计算	图像生成、多模态生成技术用于智能设备和 AR 应用	结合强大的计算能力和 AI 算法，生成高质量图像和文本
字节跳动（ByteDance）	短视频生成、图像生成、内容创作	短视频自动剪辑、字幕生成、视频内容推荐	通过大数据分析和深度学习技术，自动生成短视频内容，提升创作效率
科大讯飞（iFlytek）	语音合成、语音识别、自然语言处理	语音助手、智能客服、语音转文字、实时翻译	语音合成技术生成自然语音，广泛应用于智能语音助手和客服系统
商汤科技（SenseTime）	计算机视觉、图像生成、视频生成、自动驾驶	虚拟人脸生成、医疗影像分析、视频生成、AR 应用	在虚拟现实、增强现实和自动驾驶中的生成式人工智能技术，推动视觉技术在各领域的广泛应用

续表

公司名称	领域	生成式人工智能应用	技术突破
小米（Xiaomi）	智能设备、图像生成、语音合成	智能家居中图像识别与自动化控制、智能助手生成内容	生成式人工智能优化智能助手和智能家居体验，通过个性化内容增强互动性
京东（JD.com）	电商、智能物流、智能客服、图像生成	自动生成商品描述、商品推荐、物流路线规划、智能客服自动回复	通过人工智能优化商品推荐和物流规划，生成式人工智能提升电商平台的客户体验和物流效率

八、生成式人工智能发展前景展望

生成式人工智能作为人工智能领域的重要分支，展现出巨大的发展潜力，其未来前景令人期待。一是创意和艺术领域的发展。生成式人工智能在创意和艺术领域的应用将会越来越广泛。它可以帮助艺术家和创作者完成新颖的艺术作品，为文学、音乐、绘画等领域带来更多的创作可能性。二是个性化内容生成。生成式人工智能可以根据用户的兴趣和偏好，生成个性化的内容，包括文章、视频、音乐等，提供更加贴近用户需求的服务和体验。三是虚拟世界的建设。生成式人工智能可以用于虚拟世界的建设和生成，包括游戏、虚拟现实环境等。它可以帮助开发者快速生成逼真的虚拟场景和角色，提升虚拟世界的真实感和趣味性。四是医疗诊断和治疗的进步。在医疗领域，生成式人工智能可以用于医学影像的分析和诊断，辅助医生进行疾病诊断和治疗规划。它可以帮助医生更快速、准确地识别病变和异常，提高医疗诊断的效率和准确性。五是智能辅助和助手。生成式人工智能可以作为智能辅助和助手，为人们提供个性化、智能化的服务。它可以根据用户的需求和情境，生成相应的辅助信息和建议，提升用户体验和工作效率。六是创新产品和服务的推出。生成式人工智能将会推动创新产品和服务的不断涌现，包括智能音箱、虚拟助手、个性化内容平台等。它将改变人们的生活方式和工作方式，为社会带来更多的便利和可能性。生成式人工智能具有广阔的应用前景，将在各个领域发挥重要作用，推动社会的进步和发展。

本章深入研究了全球互联经济一体化的发展趋势，为企业家提供了丰富的战略视野，从四个维度为企业带来战略思考：一是 5G 经济生态环境新时代。5G 技术的普及将带来新的商业模式，企业应重视 5G 技术在产品开发、服务和市场拓展方面的机遇。利用5G技术实现智能化生产、提升生产效率，并开发基于5G网络的新型产品和服务，以抢占市场先机。二是数智化供应链经济的新机遇。数智化供应链可以帮助企业实现生产过程的数字化和智能化管理，提高供应链的灵活性和效率。借助数智化供应链优化供应商管理、库存管理和物流运营，降低成本、提升服务水平，增强竞争优势。三是电子商务与电子购物生活新场景。电子商务和电子购物已经成为消费者生活的重要组成部分。企业应加强线上渠道的建设，提升电子商务的用户体验和服务质量。通过创新的电子商务模式和技术手段，打造个性化、智能化的购物体验，提高用户黏性和转化率。四是生成式人工智能的新应用。生成式人工智能将为企业带来新的产品和服务创新，包括个性化内容生成、虚拟世界建设、智能辅助等方面。

企业可以将生成式人工智能技术应用于产品设计、营销推广和客户服务等环节，以提升企业的创新能力和竞争优势。企业家可以根据自身情况和市场需求，积极把握战略机遇，调整战略布局，推动企业持续发展。

第六章

数智时代企业家与专业团队协同

战略创新就是身处云海景象的另辟新径

云海景象可形容企业家置身于一个复杂、多变或充满不确定性的环境中，以应对突如其来的风暴（市场变化）或找到新的航线（市场机会）。在这样的环境里，企业家往往感到迷茫、无所适从，就像身处一片浩瀚的云海之中，难以辨别方向和找到前进的道路。

在当今数智经济快速变化的商业环境中，云海景象代表了信息量巨大、变化迅速的环境，企业需要在这样的环境中寻找新的发展机遇和竞争优势。战略创新可以帮助企业在云海景象中找到自己的定位，抓住机遇，应对挑战，实现持续的发展和竞争优势。

云海景象市场环境思考如图 6-1 所示。

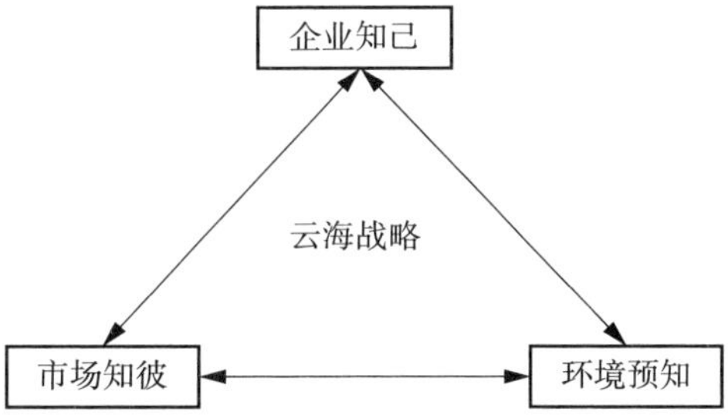

图 6-1　云海景象市场环境思考

本章讨论一个主题：由谁来制定和实施云海战略。一是企业家和高层管理团队。包括首席执行官（CEO）、首席运营官（COO）、首席财务官（CFO）等。这些高层领导者是制定战略的核心决策者，负责设定企业的长远愿景和目标，并确保战略与企业的总体发展方向相符。二是战略规划部门，专门负责市场研究、业务分析和战略规划。他们通常提供市场趋势、竞争对手分析和业务机会的深入洞察，为高层管理团队的决策提供支持。三是创新和研发团队，负责新技术和产品开发。他们的工作是推动企业在市场上保持竞争力和创新性。四是市场和销售团队。他们直接面对市场和客户，负责实施市场扩张战略，以及建立和维护客户关系。五是人力资源和组织发展部门，负责企业文化建设、员工培训和发展，以支持战略的有效实施。

在战略高层团队中，企业家需要具备什么样的战略创新素养，是我们首先分析的问题。战略创新意味着不断地寻找和开拓新的商业模式、市场定位、产品或服务等方面的可能性，以适应不断变化的市场需求和竞争格局。在云海景象中，企业需要不断地审视和调整自己的战略，勇于尝试新的战略思路和方法，以应对各种挑战，抓住机遇。企业家和各专业团队之间的紧密协作，以及对外部变化的快速响应能力，是实现战略创新和维持竞争优势的关键。

另辟新径的战略创新涉及战略模式创新、商业模式创新、技术创新等方面。例如，通过采用新的战略模式来构建企业的全新竞争优势（详见第七章），开发出独特的商业模式来满足不同的市场需求，或者针对新兴市场的技术创新，都可以被视为在云海景象中另辟新径的战略创新。

正因如此，在复杂的商业环境中，企业家需要不断修炼两个重要的战略能力。首先是战略格局的修炼，这是内功之道，企业家必须在一生中不断提升对战略格局的认知和理解（详见第六章到第九章）。其次是战略视野的提升，这是外功之道，企业家需要从不同维度拓展对数智时代新业态的理解（详见第二章到第五章），展现出超前的战略洞察力和创新思维。这两者相辅相成，共同塑造了企业家在竞争激烈的市场中的成功之路。

企业家在战略修炼中需要内外兼修，因为企业的生存与发展与战略基本功密不可分。企业的战略规划取决于企业家的战略策划水平，而战略策划的水平受限于企业家的战略布局与战略愿景。这些战略布局与战略愿景最终取决于企业家的战略格局与战略视野。因此，企业家成功与否往往取决于他们对战略格局和战略视野的修炼和提升。这两者共同构成了企业战略的基石，决定了企业的发展方向和未来发展潜力。

那么什么是企业家战略格局修炼？企业家需要不断在实战中学习和总结，提升对市场、竞争环境和资源配置的理解与深度把握能力。企业家需要深入了解行业的发展趋势和竞争态势，做出正确的战略布局，以适应外部环境的变化，制定长远发展规划和战略目标，并获取竞争优势。企业家的战略格局需要通过多个方面的实战学习、感悟和思考来逐步形成。

企业家在战略格局修炼中需要重点关注的方面：一是行业洞察力。企业家需要深入了解所在行业的发展趋势、竞争格局、市场规模和结构等方面的情况。通过对行业内外部环境的深入洞察，企业家能够更准确地把握机遇和挑战，为企业的战略规划提供有效的支持和指导。二是市场分析能力。企业家需要具备敏锐的市场分析能力，能够识别市场的需求变化、竞争态势和新兴业态及发展趋势。通过市场分析，企业家可以更好地确定市场定位和产品定位，制定相应的营销策略，提高企业在市场中的竞争优势。三是战略规划能力。企业家需要具备系统性思维和规划能力，能够将整体战略与具体实践相结合，制定长远的发展规划和战略目标。通过合理规划企业的发展方向和战略路径，企业家可以更好地引领企业实现长期可持续发展。四是战略预见与风险管理能力。企业家需要具备辨别、评估和管理战略风险的能力，能够在不确定的环境中做出正确的决策，并采取相应的措施来规避和化解风险。这需要企业家具备敏锐的风险意识和应对能力。五是创新意识和能力。企业家需要不断创新，应用新的战略工具和模式，提升企业的多层级竞争优势和创造力；需要鼓励团队成员敢于尝试新战略、新方法，激发创新活力，推动企业实现持续创新和进步。

第一节　数智时代企业家的战略能力

企业家的战略能力就像航海家掌握航海的导航技能一样，需要在动荡的市场海域中准确把握战略方向。他们依靠特有的战略格局与战略视野，以及对外部的深刻洞察力，确保企业战略的正确运用。就像航海家需要依靠星辰、罗盘和地图来确定航线和目的地一样，企业家也需要依靠行业趋势、市场数据和战略规划来指引企业的发展方向。只有准确把握市场动向，制定适合的战略举措，企业才能在激烈的竞争中处于战略的主动地位，实现长期的发展战略。

企业家的战略能力是指在面对外部环境的变化和内部资源的配置时，能够审时度势、制定长远的战略规划，并有效地实施和调整战略的能力，包括对市场趋势的敏锐洞察、有效的资源整合和团队领导能力等方面。

一、企业家的战略能力就是企业的重要核心能力

企业家的战略能力是企业的核心能力之一，因为它直接影响着企业的长期发展和竞争优势。企业家的战略能力涵盖对市场、竞争环境和内外部资源的深刻理解，以及对未来发展方向的准确把握和有效规划。一是洞察力和前瞻性。企业家需要具备敏锐的洞察力和前瞻性，能够及时发现市场变化和机遇，预见行业发展趋势，为企业的长远发展提供方向。二是决策能力和执行力。企业家需要具备良好的决策能力和执行力，能够在复杂的环境中做出准确的决策，并有效地落实到实际行动中。三是创新能力和灵活性。企业家需要具备创新能力和灵活性，能

够不断创新产品、服务、业务模式和管理方式，以适应市场变化和客户需求的变化。四是资源整合和协调能力。企业家需要善于整合和协调内外部资源，包括人力资源、财务资源、技术资源等，以支持企业战略的顺利实施。五是风险管理和应对能力。企业家需要具备较强的风险管理和应对能力，能够识别和评估各种风险，并采取有效的措施加以化解和应对。六是团队建设和领导力，企业家需要建设高效的团队，并发挥良好的领导力，激发团队成员的潜力和创造力，推动企业的持续发展。

企业家的战略能力是企业核心能力的重要组成部分，对企业的发展起着关键作用。只有具备了良好的战略能力，企业才能在激烈的市场竞争中立于不败之地，实现长期的可持续发展。

云海景象大环境如图 6-2 所示。

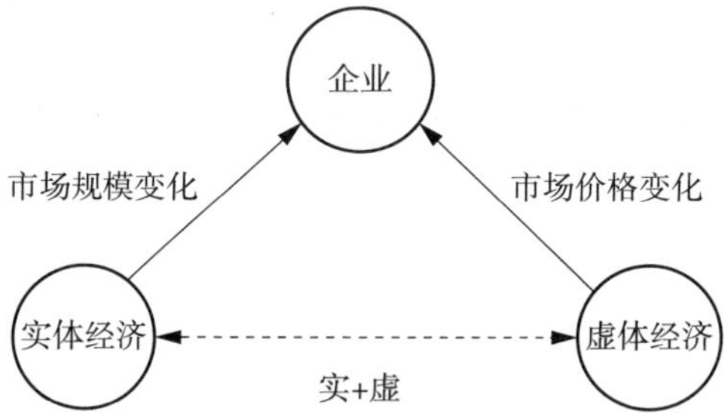

图 6-2 云海景象大环境

二、企业家战略能力的修炼路径

一是深入学习战略管理理论，尤其是数字环境下的战略理论。企业家应该学习战略管理领域的经典理论和最新研究成果，掌握战略管理的基本框架和方法，包括 SWOT 分析、五力模型、价值链分析、波特矩阵等，以及各种战略方法论和案例研究。二是实践战略思维。在实际经营中积极运用战略思维，包括对市场趋势的分析、竞争对手的评估、企业资源的优化配置等。通过参与决策、制订计划、解决问题等方式锻炼战略思维能力。深入了解行业和市场，以及行业内的新技术、新趋势和新机遇。三是持续市场观察和学习。保持对市场和行业的敏感度，持续关注市场变化、竞争动态、消费者需求等信息，不断学习和积累行业知识与经验，为制定有效战略提供基础。四是与专业人士交流和合作。主动与战略管理领域的专家、学者、从业者等人士建立联系，参加相关的研讨会、会议、论坛等活动，与他们交流经验、分享观点，获取新的思路和启发。五是多角度思考和决策。培养多角度思考和全局观的能力，考虑战略决策的长期性、风险与回报、可行性等因素，从整体和长远的角度思考问题，做出理性、有效的决策。六是接受失败并吸取教训。面对挑战和失败，不气馁也不轻言放弃，要善于总结经验教训，及时调整和修正战略，吸取失败的教训，不断积累经验和提升能力。七是不断反思和改进。持续反思和评估自身的战略决策和执行效果，发现问题、改进方法，不断提升战略管理水平和能力。八是不断学习和更新知识，我们身处的世界在不断变化，战略管理理论和实践也在不断发展。因此，作为企业家，要保持谦虚的态度，不断学习和更新知识，保持与时俱进。

三、企业家战略能力还需掌握数字环境下的战略理论

在数字环境下，传统的战略理论需要进行调整和更新，以适应数字化带来的新挑战和机遇。一是平台化战略。在数字环境下，平台经济越来越重要。企业可以通过建立数字平台来连接供应商和消费者，实现价值的最大化。平台化战略强调构建开放式的生态系统，促进多方参与和合作，以实现更高的创新和价值创造。二是数据驱动战略。数字化时代产生和积累了大量数据，企业可以通过数据分析和挖掘来指导战略决策。数据驱动战略强调利用数据来洞察市场趋势、了解消费者需求、优化产品和服务，从而实现竞争优势和业绩提升。三是数字化转型战略。针对数字化带来的变革，企业需要制定数字化转型战略，重塑组织架构、业务流程和文化。数字化转型战略包括技术创新、业务模式创新和组织变革，旨在提升企业的适应能力和竞争力。四是创新生态系统战略。在数字环境下，创新不再是企业内部的事务，其需要通过构建开放式的创新生态系统来实现。创新生态系统战略强调与合作伙伴、供应商、客户和其他利益相关者共同创新，实现资源共享和价值共创。五是数字化营销战略。在数字化环境下，传统的营销方式已经不再适用。数字化营销战略包括内容营销、社交媒体营销、搜索引擎优化等多种手段，通过数字化渠道与消费者进行更加精准和个性化的沟通与互动。

这些战略理论在数字化环境下具有重要意义，可以帮助企业把握数字化变革的机遇，应对数字化带来的挑战，实现可持续发展、提升竞争优势。

四、企业家战略能力的实战方法

一是学习与培训。参加战略管理、市场营销、财务管理等相关课程或培训，提升战略制定与实施的理论知识和实践技能。二是案例分析。学习和分析成功企业家或企业的案例，了解其战略决策、应对挑战的方法和经验教训，从中汲

取启示。三是导师指导。寻找具有丰富经验的企业家或行业专家作为导师，从他们身上获取指导和建议，学习其成功的经验和策略。四是实践探索。在实际创业或经营过程中，积极探索和应用各种战略方法与工具，通过实践不断积累和提升战略能力。五是行业研究。深入了解所处行业的市场环境、竞争格局、发展趋势等，进行行业研究和市场分析，为战略决策提供数据支持和背景了解。六是团队合作。建立多元化、高效的团队，充分发挥团队成员的专业能力和创造性思维，共同制订和实施战略计划。七是持续改进。不断总结经验教训，及时调整和优化战略方案，适应市场变化和企业发展需要，保持战略的灵活性和适应性。通过以上方法，企业家能够不断提升自身的战略能力，更好地应对复杂多变的商业环境。

五、企业家的战略愿景与战略使命是企业发展的重要驱动力

企业家的战略愿景和战略使命是企业发展的重要驱动力，它们指引着企业的发展方向和行动，为企业提供了长期的战略引领和内在动力。

一是战略愿景。战略愿景是企业对未来的长远目标和期望的描述，它反映了企业所追求的理想状态和愿景，是企业在未来所希望达到的状态或境界。战略愿景通常包括对未来市场、产品、技术和企业地位的预期和期望，是企业长期发展的引领方向和目标。战略愿景应该具有挑战性、可实现性和激励性，能够激发员工的热情和积极性。战略愿景通常是一个宏伟的、激励人心的目标，能够引起员工和利益相关者的共鸣。它可以帮助企业家和管理团队在日常经营中保持对未来的信心和动力，指引他们做出正确的决策。

二是战略使命。战略使命是企业存在的原因和目的，是企业为实现战略愿景而制定的具体行动和目标。它是企业在现实中所做的事情，反映了企业的核心价值和存在意义。战略使命通常是对企业所提供产品或服务的描述，以及企业为顾客、员工和社会创造价值的承诺。战略使命可以激发员工的使命感和责任感，体现了企业的核心价值观和文化理念，表达了企业对社会、客户和员工的承诺和责任。战略使命应该具有清晰明确的定位和价值导向，能够激励员工为实现企业使命而努力奋斗，同时能够赢得客户和社会的认可与信赖。

战略愿景和战略使命是企业发展的基石，它们不仅为企业提供了方向和动力，也能够塑造企业的企业文化和品牌形象，吸引和留住优秀的人才，增强企业的竞争力和可持续发展能力。

六、解读华为公司的战略愿景与战略使命

华为公司的战略愿景和战略使命反映了其对未来的长远目标和对企业使命的理解，是公司发展的指导原则和动力源泉。

华为公司的战略愿景“连接一切，智能世界”表达了公司对未来发展的宏伟愿景和目标。这一愿景彰显了华为致力于打造全球连接领域的领军者地位，通过技术创新和行业合作，实现一切物品、数据和人员之间的智能连接，构建一个智能化的世界。这一愿景具有以下三个重要的深层含义和意义：一是全球连接的领导者。华为以“连接一切”为愿景，意味着企业致力于在全球范围内建设先进的网络基础设施，包括 5G、物联网等，实现物与物、物与人、人与人之间的无缝连接。这将为全球信息社会的发展提供强大的支撑，提高社会运行的效率和便利性，从而成为连接领域的领军者。二是智能化的世界。华为以“智能世界”为目标，强调通过连接技术实现智能化的应用场景。这包括智能家居、智慧城市、智能制造等领域，通过人工智能、大数据等技术实现设备、系统和服务的智能化，提升生产力和生活品质，推动社会进步和发展。三是科技创新引领。华为的战略愿景体现了对科技创新的高度重视和信心，认为连接和智能化是未来科技发展的主要方向和趋势。因此，华为将持续加大在基础研究、技术创新和产业应用上的投入，不断推动技术的突破和应用，引领行业发展和变革。

华为的战略愿景是成为全球信息和通信技术行业的领先者，推动数字化世界的普惠连接和智能化发展。华为致力于构建一个更加智能、更加连接的世界，通过技术创新和行业合作，为人们带来更好的生活体验和工作环境。这个愿景体现了华为对未来数字化世界的展望，强调了公司在信息和通信技术领域的领导地位与责任。

华为的战略使命“推动世界进步，创造更美好的未来”体现了公司对社会责任和使命的承诺。这一使命表达了华为作为一家全球性企业的社会担当和责任，以技术创新和商业实践推动社会发展和进步，为人类创造更美好的未来。这一使命激励着华为不断探索创新，不断超越自我，为实现社会的可持续发展做出贡献。

华为的战略使命是通过技术创新和客户价值创造，不断推动数字化世界的发展，实现客户、员工、合作伙伴和社会的共同繁荣。华为致力于为客户提供创新的产品和解决方案，帮助他们提高效率、降低成本、创造价值。同时，华为关注员工的成长和福祉，注重与合作伙伴合作共赢，积极履行社会责任，推动数字化技术的普及和应用，促进社会经济的发展。这个使命体现了华为作为一家全球性

科技企业的责任和担当，以及对社会和客户的承诺。

华为的战略愿景和战略使命在公司的发展过程中起着至关重要的作用，它们指导着华为不断前行、不断创新，致力于成为全球信息和通信技术行业的领先者，并为客户、员工、合作伙伴和社会创造更大的价值。

七、企业家的战略能力决定对战略理论的运用与创新

企业家的战略能力对战略理论的运用和创新至关重要。一是理解市场环境。优秀的企业家应该具备敏锐的市场洞察力和深刻的行业理解，能够准确把握市场趋势和竞争格局，从而指导企业的战略选择。二是制定战略规划。企业家通过对市场环境、竞争对手、内部资源等方面的分析，制定企业的长期战略规划。在这个过程中，他们可能运用各种战略理论和模型，以确保战略的有效性和可执行性。三是创新战略模式。优秀的企业家不断创新战略模式，探索适合企业发展的新路径。他们可能会借鉴现有的战略理论，但更重要的是根据实际情况进行创新和改进，为企业带来竞争优势。四是适时调整战略。市场环境的变化常常要求企业及时调整战略。企业家应该具备灵活的战略调整能力，能够根据市场变化和竞争情况做出及时的反应和调整。五是推动组织执行。企业家需要具备领导能力，能够有效地推动组织执行战略。他们需要与团队沟通、协调和合作，确保战略目标的落实和实现。六是持续学习和创新。优秀的企业家需要不断学习和创新，不断吸收新的战略理论和思想，将其运用到实践中，并不断完善和调整企业的战略，以适应不断变化的市场环境和竞争态势。

企业家的战略能力决定了他们对战略理论的运用和创新能力，对企业的发展具有重要的影响。通过有效运用战略理论，企业家可以更好地指导企业发展，应对市场变化，实现长期的竞争优势。

八、企业家战略能力的提升需要不断的实战积累和经验总结

企业家战略能力的提升需要不断的实战积累和经验总结。在实践中，企业家可以通过不断地尝试、失败和反思，逐步积累经验，提升自己的战略能力。悟高为师或师为高悟的成长规律体现了企业家在实战中学习和成长的过程。一是悟高为师。企业家可以向那些在战略领域取得较高成就的企业家或专家学习，从他们的成功经验中汲取智慧和经验。通过学习他人的成功案例、经验教训和战略思维，企业家可以更快地提升战略能力，避免犯同样的错误，提高成功的概率。二是师为高悟。企业家在实战中需要不断感悟，积累自己的战略经验，并形成独特的战略思维和方法论。通过不断地实践和反思，企业家可以总结出适合自己

企业的战略规律和成功模式，形成自己的战略理论体系。这种师为高悟的学习方式，使企业家能够更好地将理论知识转化为实践能力，逐步提升自己的战略水平。

企业家战略能力的提升需要在实战中不断积累和提升，既可借鉴他人的成功经验和战略思维，也要注重通过自己的实践和反思形成独特的战略理论体系，不断提高自己的战略水平。

企业家通过修炼，可逐步提升自己的战略格局，更好地应对外部市场环境的变化，引领企业实现可持续发展。

九、怎样拓宽企业家的战略视野

企业家需要具备敏锐的市场洞察力和前瞻性思维，准确把握市场变化趋势和未来发展机遇。只有通过不断的实战学习、经验积累，才能构建清晰的战略愿景，为企业的长期发展指明方向，并及时调整战略以适应新的挑战和机遇。

企业家的战略视野拓宽需从多个方面进行：一是行业洞察力。深入了解所在行业的发展趋势、竞争格局、市场规模和结构等情况，包括技术发展、政策变化、市场需求等方面的信息。可以通过行业报告、市场调研、行业研讨会等方式获取相关信息。二是国际视野。关注国际市场的发展趋势和动态，了解国际竞争对手的战略举措和市场布局。可以通过参加国际会议、拓展国际合作、引进国外先进技术等方式拓宽国际视野。三是科技创新。密切关注科技前沿的发展，了解新技术、新产品的应用和影响，积极探索科技创新对行业发展和企业经营的影响，以及如何利用科技创新提升企业竞争力。四是市场分析能力。敏锐捕捉市场变化和客户需求的变化，善于分析市场数据和趋势，判断市场机会和风险。可以通过市场调研、消费者反馈、竞争对手分析等方式提升市场分析能力。五是全局思维。具备系统性思维和整体观念，能够将企业的发展与行业发展、国家政策、全球经济等因素相结合，形成全局性的战略思考和决策。六是人才培养。重视团队建设和人才培养，吸引和培养具有高水平专业知识和战略眼光的人才，形成高效的团队，共同促进企业战略目标的实现。七是学习思考。保持学习的心态，不断积累知识和经验，反思和总结过往的经验教训，不断提升自己的战略思维能力和决策水平。企业家逐步拓宽自己的战略视野，更准确地把握市场动态和行业趋势，为企业的发展制定更加明智的战略规划。

拓宽企业家战略视野的方法如表 6-1 所示。

表 6-1　企业家战略视野的拓宽方法

方法	描述	具体措施
关注全球趋势与宏观经济环境	了解全球市场、政治、科技等动态，研究行业前沿技术，预见市场变化	关注全球经济、科技创新、国际政策，参与全球行业论坛，研究科技发展（如 AI、5G、物联网等）
培养长期规划与远见	制定长远战略目标，关注可持续发展，平衡短期收益与长期发展	制定 3~5 年、10 年战略目标，重视技术创新和企业可持续发展
广泛学习和吸收新知识	持续学习多领域知识，吸收不同领域的思维和经验，拓宽视野	学习经济学、管理学、科技等知识，跟踪全球领先企业的经验和创新模式
建立全球化视野	拓展国际市场，参与全球化布局，理解跨国经营的机遇与挑战	探索跨国市场，参加国际商业峰会、扩大与国际合作伙伴的联系
与智囊团合作	借助外部专家和顾问获取专业建议，丰富企业的战略视角	聘请行业专家、经济学家、管理顾问，建立核心高层战略团队，鼓励团队参与公司战略规划
培养系统思维与全局观	通过全局视角看待问题，识别各部门之间的关系，优化整体战略	运用系统思维分析企业运营，综合考虑市场、财务、供应链、技术等多维度因素
主动适应变革与创新	拥抱技术创新和市场变化，推动企业内部的持续创新，快速适应新环境	关注新技术、新市场的变化，建立企业内部创新文化，鼓励员工提出创新想法并付诸实践
从危机中汲取经验	通过危机应对和复盘总结经验，增强企业的抗风险能力，寻找未来机会	在危机后进行复盘，总结经验，优化企业战略，提高危机管理能力
建立良好的外部网络	扩展人脉，构建外部合作资源，获得更多战略信息和建议，拓展跨行业机会	参加行业会议、商业社交活动，拓展与其他企业家、投资者和行业专家的联系，建立跨行业合作
关注社会责任与可持续发展	平衡企业盈利与社会责任，制定绿色发展和长期影响的战略，树立良好的企业社会形象	推动绿色发展、提高员工福利，参与公益项目，制定可持续发展战略，确保企业长期发展符合社会和环境需求

十、企业家的两项战略基本功修炼是一门必修课

企业家的两项战略基本功修炼——战略格局与战略视野，是企业家成长中的必修课，直接决定了企业的生存与发展。这两项基本功的深度修炼有助于企业家在制定和实施长期发展战略时更加稳健、有远见。一是战略格局，即企业家对企业在更广阔环境中所处位置和角色的理解，以及对企业内外部因素如何影响长期发展战略的认识。它包括对企业外部环境（如市场趋势、竞争格局、政策变化）和内部资源（如企业的核心能力、组织结构、文化等）的综合认知。二是战略视野，即企业家对未来机会和潜在挑战的洞察力，以及能够为企业指明方向和制定远见卓识的战略。这两项基本功对企业家来说至关重要，不仅影响企业的当前决策，也决定了企业的未来战略发展。

企业家的战略格局与战略视野是企业发展的根本驱动力。两者的有机结合不仅能确保企业家在面对内外部挑战时做出正确的决策，还能帮助企业在变化的市场环境中实现可持续的长期发展。这两项基本功修炼的深度，直接影响到企业家对战略模式和战略工具的运用，从而决定了企业未来的生存和成长路径。

举个经典的案例：鬼谷子有两位弟子——庞涓和孙膑。尽管他们都受到了鬼谷子相同的教诲，但最终庞涓败于孙膑，这背后有着深刻的启示。失败的庞涓和成功的孙膑都在学习和运用师傅所传授的知识，但他们个人的战略格局和战略视野决定了他们对知识的运用和创造能力是不同的。

孙膑凭借着开阔的战略视野和深厚的战略格局，能够在复杂的局势中灵活运用各种战略工具，化解危机，实现制胜的主动权；而庞涓虽然也掌握了一定的知识，却因为战略视野狭窄，无法超越局限，最终陷入困境。

这个案例深刻地告诉我们，企业家在面对激烈的商战时，除了学习和掌握战略知识，更需要具备开阔的战略视野和深厚的战略格局。这样的战略能力才能让他们在竞争激烈的市场中脱颖而出。

知识的积累和掌握只是战略能力的基础，真正关键的是如何运用这些知识。企业家需要将知识转化为战略运用能力。开阔的战略视野可以帮助企业家洞察市场的变化和机遇，从而做出明智的决策。只有通过对市场和行业趋势的深入分析与了解，企业家才能及时调整战略方向，抓住机遇，避免风险。

深远的战略格局使企业家能够在复杂的局势中游刃有余，应对各种挑战。深远的战略格局意味着企业家能够理性思考，制定长远的发展规划，并且能够灵活应对各种变化和挑战，始终保持企业的竞争优势。

因此，企业家在修炼战略能力时，需要注重拓宽自己的战略视野，不断提升

对外部环境的洞察力和理解力；同时，要注重提升自己的战略格局，培养全局思维和系统思维能力，以应对不同情况下的挑战和变化，实现企业的长期发展。

第二节　专业化团队战略协同

我们可以将专业化团队战略协同比作一支多元化的音乐团队。在音乐团队中，有各种各样的乐器演奏者，如小提琴手、大提琴手、钢琴师、吉他手等。每位演奏者都是在自己的专业领域有着丰富经验和技艺的专家，他们需要密切配合、相互协调，才能合作演绎出高水准的音乐作品。就像专业化团队战略协同一样，各专业团队成员在战略制定和执行中各自发挥专业优势，共同完成整体战略目标。

专业化团队战略协同就是由不同专业领域的专家组成的团队，在制定、执行和调整战略时，紧密协作、相互配合，发挥各自的专业优势，共同实现整体战略目标的过程。这种协同工作涵盖了不同专业领域的知识、技能和经验的整合，以及跨部门、跨团队之间的沟通与协作。

一个典型的案例是跨部门合作的新产品研发团队。在新产品研发过程中，可能涉及产品设计、工程开发、市场营销、生产制造等多个专业领域。为了确保新产品成功推出，公司需要组建一个跨部门的专业化团队，各个部门的专家通过协同合作，共同完成从产品概念到上市的整个研发过程。例如，产品设计团队负责产品外观和功能设计，工程开发团队负责技术开发和测试，市场营销团队负责市场调研和推广策略，生产制造团队负责生产制造和供应链管理。各个团队通过密切协作和信息共享，共同推动新产品的研发和上市，实现专业化团队战略协同的目标。

一、专业化团队是未来企业发展与创新的主要趋势与潮流

专业化团队作为未来企业发展的主要趋势，不仅能够推动高效的资源利用、技术创新和敏捷应对市场变化，还为员工提供了更好的职业发展路径，提升了团队协同效应。随着全球化和技术进步的不断推进，专业化团队将成为企业发展和创新的核心驱动力，帮助企业在激烈的市场竞争中保持优势。一是技术日新月异。随着科技的不断进步，企业需要应对更加复杂和快速变化的市场环境。在这样的背景下，专业化分工能够使企业更好地应对不同领域的挑战，确保在技术领域保持竞争力。二是跨界融合。跨领域合作和创新已成为推动企业发展的重要动

力。在一个团队中聚集具有不同专业背景和技能的人员，有助于促进跨界融合，创造更多的创新和价值。三是提高效率与质量。专业化团队通常能够更加高效地完成任务，并且更倾向于在其专业领域内提供高质量的服务。这种高效率和高质量有助于企业提升竞争力，赢得市场份额。四是迎合个性化需求。消费者需求日益个性化和多样化，企业需要具有不同专业背景的团队来更好地满足这些需求。专业化团队能够提供更加专业化和个性化的产品和服务，增强企业的竞争优势。五是培养创新文化。专业化团队能够在其专业领域内保持创新性思维，并且更容易形成创新文化。这种创新文化有助于企业不断推出新产品、新服务，并保持市场活力。

专业化团队正成为未来企业发展与创新的主要趋势与潮流，这是由现代企业在面对快速变化的市场环境、技术进步以及日益复杂的业务需求所推动的，有助于提高企业的竞争力、适应市场的变化和满足消费者的个性化需求。

二、怎样发挥专业化团队战略协同优势

要充分发挥专业化团队的战略协同优势，企业需要从战略目标、团队协作、资源配置等多个方面入手，以提升整体的执行效率和竞争优势。一是明确共同目标。确保所有团队成员都清楚理解和认同共同的目标和愿景。这有助于团队成员之间建立共同的合作基础，并激发团队合作的动力。二是有效沟通。建立开放、透明、有效的沟通机制，确保团队成员之间能够及时、准确地交流信息，分享想法和解决问题。这有助于增强团队的凝聚力和合作效率。三是明晰分工。在专业化团队中，明确每个成员的职责和任务，并根据其专业能力和技能进行合理的分工。这有助于提高工作效率，避免重复劳动，确保任务的顺利完成。四是建立信任和尊重。在团队中建立相互信任和尊重的氛围是非常重要的。团队成员应该尊重彼此的专业知识和经验，并相互支持、协作，共同实现团队的目标。五是促进知识共享。鼓励团队成员分享自己的专业知识和经验，形成知识共享的氛围。这有助于促进团队成员的学习和成长，提高整个团队的绩效和创新能力。六是建立团队文化。建立积极向上、充满创新和合作精神的团队文化，激励团队成员发挥自己的专业优势，并在团队中共同成长。七是持续改进和学习。团队应该保持持续改进和学习的态度，不断优化团队的工作流程和合作方式，提高团队的协同效率和创新能力。通过这些方法，可以最大限度地发挥专业化团队战略协同的优势，提升团队协作效率和创新能力，激发团队创新潜能，确保团队成员之间能够畅通有效地沟通，促进思想碰撞和知识交流。

发挥专业化团队战略协同优势的具体措施如表 6-2 所示。

表 6-2 发挥专业化团队战略协同优势的具体措施

团队协同要素	描述	具体措施
明确共同战略目标	团队成员需对企业的长期战略和阶段性目标有清晰的理解和认同	定期召开战略规划会议，确保各团队理解企业愿景与目标，制定清晰的任务分配，并明确衡量成功的关键绩效指标（KPI）
跨部门沟通与合作	鼓励不同专业团队之间有效沟通，减少信息孤岛现象，确保资源和信息共享	建立定期的跨部门会议、项目管理工具和协同平台，确保团队之间的信息流通无障碍，定期进行跨部门培训和团队建设活动
团队角色与职责明确	每个团队成员应清楚自己的职责，充分发挥各自的专业特长，减少工作重叠和资源浪费	制定清晰的角色分配表，明确每个团队成员的职责和汇报路径，确保任务分工合理，并按团队专长匹配工作内容
建立信任与合作文化	鼓励团队之间的信任和合作文化，打破部门间的壁垒，推动整体协作效率的提升	通过团队建设活动、共同的绩效目标等措施，培养团队之间的信任感，鼓励团队成员分享信息、资源和解决方案
资源合理配置	根据项目和任务需求，合理分配资源，避免重复使用和资源浪费，确保团队在有限的资源下高效运作	建立统一的资源调度平台或资源分配制度，根据项目优先级合理分配资金、人力和技术资源，确保资源分配符合企业战略
激励团队协同成果	对有效协作的团队给予认可和奖励，促进团队之间形成积极的协作氛围，推动战略目标的实现	设立团队协作奖励机制，表彰跨部门合作的成功案例，通过奖金、晋升、荣誉等形式激励团队成员的协同表现
持续学习与能力提升	团队需要不断学习新技术和新方法，提高专业能力，以及应对外部挑战和变化的能力	组织定期的培训课程和行业交流活动，鼓励团队成员学习新技能，推动创新思维和持续改进，确保团队紧跟行业发展和技术进步
统一的战略执行平台	利用信息化管理工具，确保团队在战略执行中有统一的平台和工具支持，实现目标和任务的透明化管理	推行项目管理工具、任务分配系统，确保每个团队成员能够实时了解战略进展，跟踪任务完成情况，并及时调整策略

续表

团队协同要素	描述	具体措施
战略反馈与调整机制	建立及时的反馈机制，确保在执行战略的过程中，团队能根据实际情况迅速做出调整，提升整体应变能力	定期举行战略反馈会议，收集团队成员的反馈意见，灵活调整执行策略，确保战略执行过程中快速响应内外部变化
领导层的支持与引导	企业领导层应为团队协同提供支持，确保资源、信息和文化等方面的协作无障碍，营造良好的协作环境	领导层应通过战略指导、资源分配和文化建设，持续为团队协同创造有利条件，并通过定期沟通确保各团队的努力与战略一致

三、专业化团队战略协同优势适应的环境与条件

专业化团队战略协同在复杂多变的环境下，面对跨领域合作和创新、注重团队合作和协作精神、追求成本效益和资源优化等要求，能充分体现其优势。这种协同能力可以帮助组织更好地应对挑战，提高创新能力，优化资源利用，从而取得更好的业绩，提高竞争优势。

一是明确的组织目标和战略方向。确定明确的组织目标和战略方向是专业化团队协同优势的基础。团队成员需要明白他们的工作如何贡献到整个组织的战略目标实现中。二是高效的沟通和信息共享。有效的沟通和信息共享是协同工作的关键。团队成员之间需要建立开放、透明、高效的沟通渠道，确保及时分享信息、解决问题和协调工作。三是明确的分工和职责。每个团队成员需要明确自己的职责和任务，并清楚了解其他团队成员的工作范围和专业领域。明确的分工和职责有助于避免任务重叠和冲突，提高工作效率。四是积极的团队文化和团队精神。积极向上、充满合作精神的团队文化和团队精神是协同工作的重要保障。团队成员之间应该建立相互信任、尊重和支持的关系，共同努力、共同成长。五是灵活的组织结构和工作流程。灵活的组织结构和工作流程有助于组织适应不断变化的外部环境和市场需求。组织应该具有快速决策和执行的能力，以便及时应对各种挑战和机遇。六是持续学习和改进的文化。持续学习和改进的文化是专业化团队协同优势的基石。团队成员应该保持开放的心态，不断学习新知识和新技能，不断改进工作方法和流程。七是强大的领导力和管理支持。强大的领导力和管理支持是专业化团队协同优势的重要保障。领导者需要提供明确的方向和支持，激励团队成员发挥自己的专业优势，共同实现组织的目标。

四、发挥专业化团队战略协同优势应注意的诸多实战问题

发挥专业化团队战略协同优势时，需要注意以下实战问题：一是明确沟通渠道和流程。确保团队之间的沟通渠道畅通，建立有效的沟通流程，以便及时分享信息和协调工作。二是设立明确的目标和责任。确定清晰的目标和责任分工，让每个专业化团队知道自己的任务和目标，并明确各自的责任。三是建立协作文化。培养团队协作的文化氛围，鼓励成员之间分享知识、经验和资源，促进团队之间的合作和互助。四是统一价值观和目标。确保所有团队成员都对组织的价值观和目标有清晰的认识和理解，统一思想、统一行动。五是有效的项目管理。使用有效的项目管理工具和方法，确保项目按时按质完成，避免资源浪费和重复劳动。六是灵活应对变化。适应环境和市场的变化，灵活调整团队的策略和战术，及时做出反应，保持竞争力。七是持续学习和改进。鼓励团队成员不断学习和提升自己的专业技能，持续改进工作方法和流程，不断提高团队的执行力和协同能力。八是解决冲突和问题。及时发现和解决团队内部的冲突和问题，建立有效的冲突解决机制，保持团队的和谐和稳定。

综上所述，发挥专业化团队战略协同优势需要注重团队之间的沟通协作、明确目标和责任、建立协作文化、统一价值观和目标、进行有效的项目管理、灵活应对变化、持续学习和改进，以及解决冲突和问题。

五、建立专业化团队战略协同的内部竞争机制

建立专业化团队之间的战略协同并不意味着要完全消除竞争，而是要在竞争与协作之间找到平衡。一是设立共同目标和奖励机制。确定整个组织的共同目标，并将其分解为专业团队能够理解和实现的具体目标。设立相应的奖励机制，以激励团队合作，并确保奖励能够激发竞争意识。二是跨团队项目和合作。鼓励跨专业团队的项目和合作，以解决复杂问题或推动重大项目。通过跨团队项目，促进知识共享和经验交流，从而提高整体绩效。三是制定透明的绩效评估标准。制定清晰的绩效评估标准，使各团队能够了解自己的表现水平，并与其他团队进行比较。提供透明的反馈机制，让团队成员了解他们在组织中的位置和表现。四是培养健康的竞争文化。建立一种健康的竞争文化，鼓励团队成员追求卓越，并将竞争视为提高整体绩效的手段，而不是削弱团队合作的因素。着重强调竞争应该建立在合作和相互支持的基础之上，而不是割裂和破坏团队合作。五是提供持续的发展和学习机会。为团队成员提供持续的发展和学习机会，使他们能够不断提升自己的技能和专业知识。鼓励团队成员分享所学，促进团队之间互相学习和

成长。六是建立有效的沟通和协作机制。建立有效的沟通和协作机制，以便团队之间能够及时交流信息、分享资源和协调行动。通过定期的会议、沟通平台和项目管理工具，确保团队成员之间的协作和信息流畅。通过以上方法，可以建立一个既有竞争又有协作的内部竞争机制，促进专业化团队之间的战略协同，提高整体绩效和创新能力。

构建专业化团队战略协同的内部竞争机制的具体措施如表 6-3 所示。

表 6-3　构建专业化团队战略协同的内部竞争机制的具体措施

竞争机制要素	描述	具体措施
明确竞赛规则与标准	制定公平透明的竞争规则，量化考核指标，确保团队有明确的竞争方向和目标	建立清晰的考核标准，如项目完成时间、创新成果、客户满意度等，并定期公布竞赛规则和评分方式
鼓励创新与突破	激发团队的创新潜力，鼓励突破现有框架，推动企业持续创新	设立创新激励机制，提供创新奖金、晋升机会或额外资源支持，鼓励团队尝试新方案和思维方式
创建动态调整机制	允许根据市场变化和团队表现调整竞争规则，确保竞争机制的灵活性	定期收集反馈，允许根据实际情况调整竞赛规则，及时优化竞争策略以适应市场变化
设立团队竞赛奖励	为表现优秀的团队提供奖励和荣誉，促进团队积极参与竞争和协作	设立即时奖励（如奖金）和长期激励（如晋升、荣誉称号），激发团队参与竞争的动力
促进跨团队协作与竞争	鼓励跨部门协同工作，在协作中竞争，推动整体创新和目标实现	设置跨部门协作项目，推动资源共享，组织跨团队的竞争活动，形成协作与竞争并存的良性循环
推动资源优化分配	基于绩效和贡献分配资源，激励团队通过竞争赢得更多的资源支持	优先为绩效优秀的团队分配资金、人才等资源，同时确保资源分配公平，激发团队提升表现
搭建公开透明的评估体系	使用透明的评估标准和系统，让竞争过程公开透明，促进健康竞争氛围	采用公开透明的评估标准，定期展示各团队的竞争成绩，让团队了解竞争表现和改进方向
定期举行内部竞赛活动	定期组织团队竞赛，激发团队的竞争意识和创新动力	举办定期竞赛项目，如创新挑战、技术攻关赛，结合企业战略目标激发团队的竞争和创新能力

续表

竞争机制要素	描述	具体措施
管理层的引导与支持	管理层提供资源、战略指导和示范作用，推动竞争机制的有效运行	管理层参与竞争机制的制定，提供战略支持，表彰优秀团队，激励团队协作竞争
确保竞争与文化融合	将竞争机制与企业文化相结合，推动健康的竞争文化，避免过度竞争导致负面影响	鼓励健康竞争，促进团队内部和跨部门的积极互动，保持协作文化，推动竞争机制与企业文化的深度融合

第三节 提升机遇认知

什么是机遇认知？机遇认知就好比在茫茫大海中发现岛屿的能力。只有具备清晰的眼光和正确的判断，才能及时发现遥远的岛屿，抓住机会登陆并开发其潜力。

换句话说，机遇认知是指个人或组织对潜在机遇的发现、理解和利用能力。它包括对市场、技术、社会和经济等方面的变化的敏感度，以及对这些变化所带来的机遇的识别和利用能力。机遇认知能力不仅涉及对外部环境的观察和分析，还包括对内部资源和能力的充分发挥，以应对和利用外部环境的变化。举一个众所周知的案例，哥伦布得到西班牙女王伊莎贝拉一世的支持，于 1492 年开始了西班牙航海。哥伦布带领西班牙探险队向西航行，原本目的是寻找一条到达东方的新航线，但意外发现了美洲大陆。这个事件改变了人类历史的发展轨迹，说明哥伦布具备强大的机遇认知能力。这也展示了机遇认知的重要性，只有对外部环境有准确的认识和敏锐的感知，才能抓住机遇并取得成功。

一、企业家如何提升战略机遇认知能力

企业家提升战略机遇认知能力是非常重要的，这意味着他们能够准确识别并利用市场上的机遇，从而为企业的发展找到更加有效的方向。一是战略前瞻性。企业家应具备未雨绸缪的意识，通过对行业发展趋势和未来走向的分析，提前制定相应的战略和规划，为企业的长期发展奠定基础。二是创新思维与跨界合作。培养创新思维，鼓励团队提出新想法和解决方案，同时寻求跨界合作，借鉴其他行业的成功经验，拓宽视野。三是学习与知识更新。不断学习新知识，关注行业前沿技术和趋势，参加行业会议、研讨会及专业培训，增强对市场机遇的认知。

四是拓展人脉与资源。积极拓展人脉和资源，与同行业的专业人士、投资者、合作伙伴建立联系，通过交流获取更多信息和机遇。五是创新思维和敏锐的洞察力。企业家需要具备创新思维和敏锐的洞察力，发现并抓住那些别人未曾发现的机遇。这需要不断培养思维的灵活性和创造性，关注细节，善于观察和思考。六是分析和预测市场趋势。通过数据分析、市场调研和趋势预测等方法，企业家可以更准确地把握市场发展趋势，发现潜在的机遇点。七是战略规划和执行能力。企业家需要制定清晰的战略规划并有效地执行，以实现公司的长期目标。这包括制订战略计划、目标设定、资源配置、团队建设等方面。八是风险意识与应变能力。提高对市场风险的敏感度，及时发现和应对潜在风险，灵活调整战略，化挑战为机遇。通过以上方法，企业家可以提升自身的战略机遇认知能力，更好地把握市场机遇，实现企业的持续发展。在竞争激烈的商业环境中，市场机遇的发现和利用对企业的成功至关重要。

二、企业的竞争是机遇认知能力的竞争

企业的竞争本质是机遇认知能力的竞争，这意味着企业是否成功取决于其能否准确识别、把握和利用市场中的机会。随着市场环境的日益复杂和快速变化，企业的竞争不再局限于产品和服务层面的较量，而更取决于企业家及其团队对机遇的敏锐感知和高效应对。一是及时发现机遇。企业家和管理团队对市场的深刻洞察和敏锐感知，能够及时发现市场中的机遇点，抓住行业变革和市场趋势的蛛丝马迹，为企业发展提供重要的机会。二是灵活应对挑战。机遇认知能力强的企业能够更快速地调整战略和业务模式，应对市场环境的变化和挑战，从而更好地保持竞争优势，避免被市场淘汰。三是保持创新与领先地位。通过不断地认知市场机遇，企业可以更有针对性地进行创新，推出符合市场需求的新产品和服务，从而在行业内保持领先地位，抢占市场份额。四是资源配置与战略布局优化。机遇认知能力强的企业能够更加准确地配置资源，优化战略布局，将资源集中投入具有潜力和前景的领域，实现资源的最大化利用和价值创造。五是抢占市场先机。通过对市场机遇的准确把握，企业可以提前布局和介入，抢占市场先机，建立起竞争壁垒，防止竞争对手追赶，保持市场份额和优势地位。因此，企业的竞争实际上是机遇认知能力的竞争，谁能更好地抓住市场机遇，谁就能在激烈的市场竞争中脱颖而出，实现长期的成功和持续的发展。

三、机遇认知能力的提升带来新的市场机会与创新发展

机遇认知能力的提升可以带来新的市场机会与创新发展。一是发现新的市场

需求。通过对市场和消费者的深入了解，企业可以发现新的市场需求和潜在机会。这些需求可能是以往未被满足或被忽视的，通过抓住这些机会，企业可以开发出符合市场需求的新产品或服务，实现创新发展。二是抓住行业变革的先机。行业变革往往伴随着新的市场机会和发展趋势。通过对行业发展趋势的准确把握和预测，企业可以提前布局，抓住行业变革的先机，推出具有竞争优势的新产品或服务，实现创新发展。三是拓展新的业务领域。机遇认知能力强的企业能够发现并抓住与自身业务相关的新的业务领域或市场空白点。通过拓展新的业务领域，企业可以实现多元化发展，降低经营风险，促进企业持续健康发展。四是提升产品或服务的差异化竞争优势。通过对市场机遇的准确把握，企业可以更好地满足消费者的个性化需求，提升产品或服务的差异化竞争优势。这有助于企业实现持续的创新发展。五是引领行业发展方向。机遇认知能力强的企业往往能够成为行业的领导者和引领者，通过创新发展和开拓新的市场机会，引领行业发展方向，推动整个行业持续健康发展。

因此，提升机遇认知能力可以带来新的市场机会和创新发展，有助于企业在竞争激烈的市场环境中保持竞争优势，实现可持续的增长和发展。

四、企业家的战略视野决定战略机遇认知

企业家的战略视野对战略机遇的认知至关重要。一是行业知识和经验。企业家在特定行业的知识和经验会影响他们对行业内机遇的认知。深入了解行业的趋势、竞争格局和市场需求，有助于他们发现潜在的战略机遇。二是市场洞察力。优秀的企业家通常具有敏锐的市场洞察力，能够识别并抓住市场变化和新兴趋势。他们对市场的深入了解使他们能够更好地发现和利用战略机遇。三是创新意识。企业家通常具有强烈的创新意识，能够不断寻找新的商业模式、产品或服务，以满足市场需求或创造新的需求。他们对创新的追求帮助他们发现战略机遇，并将其转化为商业成功。四是全局思维。优秀的企业家具有全局思维，能够从宏观的角度看待市场和行业的发展趋势，以及与其他领域的关联。这种全局视野使他们能够更好地把握战略机遇，并制定相应的战略规划。五是风险承受能力。成功的企业家通常具有较高的风险承受能力，他们敢于尝试新的商业机会，并愿意承担失败的风险。这种勇于冒险的精神使他们更容易发现并利用战略机遇。

综上所述，企业家的战略视野受到多种因素的影响，包括行业知识和经验、市场洞察力、创新意识、全局思维和风险承受能力等。这些因素共同决定了他们对战略机遇的认知，帮助他们在竞争激烈的商业环境中保持敏锐的洞察力，并抓住战略机遇实现企业的发展。

五、怎样提升战略机遇认知能力

提升战略机遇认知能力需要企业家和管理者具备一定的观察力、洞察力和反思能力，以及对外部环境的敏感度。一是了解行业和市场趋势。深入了解所在行业的发展趋势、市场需求变化以及竞争格局，关注市场新闻、行业报告和研究数据，以帮助识别潜在的机遇。二是积极学习和更新知识。持续学习和更新知识是提升认知能力的关键。通过阅读书籍、参加行业会议、接受培训等方式，不断拓展自己的知识面，从而更好地理解和把握战略机遇。三是建立广泛的人脉关系。与行业内的专家、同行、合作伙伴和客户建立良好的关系，交流经验、分享观点，获取新的想法和信息，有助于发现战略机遇。四是加强市场调研和数据分析。定期进行市场调研和数据分析，收集和整理市场信息和数据，发现市场变化和新兴趋势，从而及时把握战略机遇。五是培养创新意识和思维方式。鼓励团队成员提出新的想法和创新解决方案，建立创新文化和氛围，促进组织对战略机遇的敏感度和发现能力。六是定期进行战略规划和评估。定期进行战略规划和评估，审视组织的战略目标和方向，识别可能的机遇和挑战，制订相应的战略和行动计划。七是保持灵活性和适应能力。面对不断变化的外部环境和市场条件，保持灵活性和适应能力，及时调整战略和行动，以应对新的机遇和挑战。通过这些方法，企业家和管理者可以提升对战略机遇的认知能力，更好地把握机遇、应对挑战，实现组织的持续发展。

战略机遇认知能力提升途径如表 6-4 所示。

表 6-4　战略机遇认知能力提升途径

提升途径	描述	具体措施
关注市场动态与趋势	持续关注市场变化、行业动态和新兴趋势，以及时发现潜在的机遇	定期进行市场调研、参与行业会议、关注科技创新与政策变化，了解市场动态和趋势
加强数据分析能力	运用大数据和分析工具，洞察市场机会并预测消费者需求和行为	建立数据分析团队，使用数据分析工具（如大数据、AI 等）进行市场分析和客户需求预测，制定数据驱动的决策
培养创新思维与前瞻性	通过创新思维和前瞻性规划，提前识别未来可能的发展机会	鼓励企业内部创新文化，开展创意讨论会、头脑风暴，培养员工的创新能力；定期进行战略规划，前瞻未来市场需求

续表

提升途径	描述	具体措施
建立灵活的组织结构	企业需具备灵活的组织结构，以快速响应市场中的新机会	实施扁平化管理，减少决策链条，推动跨部门协作，提升团队灵活性和快速反应能力
定期进行行业对标分析	通过对标领先企业，了解竞争对手如何捕捉机遇，并据此调整自身策略	对标行业内领先企业，分析其战略、市场反应速度和创新能力，从中汲取经验并调整自身战略
提高对外部环境的敏感度	对宏观经济环境、政策变化和国际形势保持敏感，抓住政策和环境带来的新机会	定期关注经济、政治、科技等领域的变化，参与与政府、政策制定者的互动，识别新政策带来的潜在机会
提升跨领域知识储备	提升企业家及管理层对不同行业和领域的认知，帮助识别跨行业或跨领域的创新机会	提供管理层跨行业学习机会，鼓励阅读、研究不同行业的成功案例，并从其他行业汲取创新和发展思路
激励内部创新和探索	鼓励员工在日常工作中探索新的机会，激发内部创新活力	设立内部创新奖项，支持员工尝试新的想法和项目，建立创新激励机制，允许团队探索新的市场和产品机会
打造外部合作网络	通过与外部合作伙伴、供应商、客户等建立紧密联系，获取更多市场信息和合作机会	建立与行业协会、创新公司、供应商的合作关系，参与合作项目，获取市场一线信息，定期开展客户调研，了解需求变化
提升风险管理能力	在识别机会的同时要关注潜在风险，平衡机遇与风险之间的关系	建立风险管理体系，对每个机遇进行全面评估，设定风险控制机制，确保企业在把握机遇时能够有效规避相关风险

六、企业家战略机遇认知的失败案例

济南轻骑公司曾是国内摩托车市场的主要制造商，并且成功进行了上市融资，然而，该公司未能抓住未来轿车新兴产业的机遇，导致错失了一个重要的企业战略调整期。随着摩托车市场的逐渐萎缩，公司最终走向衰败。导致企业家战略机遇认知误判的原因有以下几个：一是战略敏感度不足。企业未能对未来国内轿车新兴产业的发展趋势和潜在机遇保持敏感度，缺乏对市场的深入洞察和前瞻性的战略规划。这使得企业未能及时调整战略，适应市场变化。二是对市场变化趋势认识不清。随着市场环境的变化，摩托车市场逐渐萎缩。企业没有及时意识到市场变化带来的挑战和机遇，导致错失了未来轿车新兴产业的发展机会。三是忽视了对竞争对手的战略研究。企业忽视了竞争对手在新兴产业中的行动和战略，错失了借鉴和学习的机会。竞争对手意识到新兴产业的潜力，并采取了相应的战略行动，从而取得了先机。四是资金和资源分配不当。企业过于专注摩托车市场，将大量资金和资源投入该领域，而忽视了对未来轿车新兴产业的投资和发展。这导致企业未能及时应对市场变化以及错失了发展新兴产业的机会。五是缺乏正确的发展战略。企业未能从市场变化中吸取教训并及时调整战略。这表明企业面对市场变化的灵活性和反应能力不足。这些因素导致企业在战略机遇认知上的失败，提醒企业家在面对市场变化时要保持敏感度，不断学习和反思，及时调整战略，以适应市场的变化和发展。

第四节　创造发展机会

机会就像一扇打开的门，等待着勇敢者去探索。企业家的机会往往是通过创造而非等待来实现的。在商业世界中，成功的企业家通常是那些能够识别并利用现有的资源和环境，创造新的市场或满足现有市场需求的人。他们通过创新、创业和创造价值来开拓机会，而不是被动地等待机会的到来。

创造发展机会，指的是通过创新思维、战略规划或行动，开辟新的商业领域或改进现有业务模式，从而为企业的发展创造新的机会和可能性。这包括寻找新的市场需求、开发新的产品或服务、拓展新的客户群体、发掘新的合作伙伴关系等。

创造发展机会不仅依赖于企业的外部环境，还需要企业在内部建立有效的创新机制、优化资源、推动数字化转型等。通过主动识别未满足的需求、利用技术创新和拓展市场，企业能够在竞争中获得持续的增长动力。领导者的远见、团队的创新文化和战略合作伙伴关系的建立，都将为企业创造更多的机会，推动企业向前发展。

一、企业家的战略能力越强，发展与合作机会越多

强大的战略能力使企业家能够洞察市场变化、抓住机遇、应对挑战，从而获

得更多的发展与合作机会。一是有效应对市场竞争。通过深入的市场分析和对竞争对手的战略评估，企业家可以制定更具有针对性的战略，提高企业在市场中的竞争力。二是抓住发展机遇。企业家能够准确判断市场趋势和发展方向，及时调整战略布局，抓住市场机遇，迅速做出反应并采取行动。三是拓展合作伙伴关系。强大的战略能力让企业家能够在行业内外建立广泛的合作伙伴关系，包括与供应商、客户、投资者、政府机构等的合作，共同推动企业发展。四是实现战略创新。企业家可以通过创新思维，打破传统模式，开拓新的业务领域，探索新的商业模式，为企业发展带来新的增长点。五是应对挑战与风险。战略能力强的企业家能够更加敏锐地感知市场变化和潜在风险，及时制定应对策略，降低风险并化挑战为机遇。

企业家的战略能力越强，他们在面对市场竞争和变化时的应对能力就越强，从而能够获得更多的发展与合作机会，推动企业持续健康发展。

二、企业家的战略格局往往左右发展机会的创造能力

企业家的战略格局对发展机会的创造能力起着关键的作用。战略格局指的是企业在市场中的定位、发展方向以及与外部环境的关系等方面的整体布局和规划。

一个良好的战略格局能够帮助企业家更好地把握市场趋势、识别潜在机会，并有效地利用自身的资源和优势来创造新的发展机会。具体来说，战略格局对发展机会的创造能力产生四个方面的影响：一是定位和差异化。一个清晰明确的定位能够帮助企业明确自己在市场中的地位和价值主张，从而更好地发现并把握符合自身定位的发展机会。通过差异化的战略，企业可以在竞争中创造独特的价值。二是市场洞察力。战略格局的构建需要对市场进行深入洞察和分析，了解市场的规模、增长趋势、竞争格局等，从而能够更准确地识别和把握市场机会。三是创新能力。一个具有创新意识和创新能力的企业，在战略格局的指导下，能够不断地提出新的商业模式、产品或服务，从而创造出新的发展机会。四是合作与开放。战略格局的构建还需要考虑与外部环境的合作与开放，通过与其他企业或组织的合作，共同开发新的市场和业务模式，创造更多的发展机会。

因此，一个明晰、灵活的战略格局能够为企业家提供更多的发展路径和创业机会，帮助他们更好地应对市场变化，实现企业的长期发展目标。

三、企业家的战略视野直接决定创造发展机会

企业家的战略视野直接决定他们对发展机会的认知和把握能力。战略视野指

的是企业家对市场、行业和整体经济环境的深刻理解和前瞻性的洞察力，以及对未来发展趋势的敏感度和预见性。

一个开阔、前瞻的战略视野能够帮助企业家更好地把握市场的变化和趋势，及时发现新的商业机会，并做出相应的战略规划和决策。具体来说，战略视野对创造发展机会的作用主要体现在以下四个方面：一是洞察市场趋势。具有良好战略视野的企业家能够准确把握市场的发展动向和趋势，包括消费者需求变化、新技术应用、竞争格局变化等，从而及时发现市场中的新机会。二是发现市场空白。通过对市场的深入分析和对消费者需求的洞察，企业家可以发现市场中的空白和未被满足的需求，从而创造出新的产品或服务，填补市场空白，获得竞争优势。三是预见未来趋势。良好的战略视野使企业家能够预见未来的发展趋势和变化，及时调整战略布局和业务模式，抢占先机，实现持续发展。四是敏锐的市场感知能力。战略视野使企业家能够保持敏锐的市场感知能力，快速响应市场变化，灵活调整战略和策略，从而更好地抓住发展机遇，避免市场风险。

企业家如果具备开阔、前瞻的战略视野，就能够更好地发现和把握发展机会，为企业的持续发展提供有力支撑。

四、专业化团队战略协同是创造发展机会的重要因素

在当今复杂多变的商业环境下，企业往往需要各个专业领域的专业知识和技能才能应对市场竞争和变化。通过建立专业化团队，并使其紧密协作，可以有效地整合各种资源和能力，提升企业的综合竞争力，创造出更多的发展机会。

专业化团队战略协同对创造发展机会的作用主要体现在以下四个方面：一是综合资源优势的增强。不同专业团队具有不同的专业知识和技能，通过协同合作，可以整合各种资源和能力，充分发挥各团队的优势，从而更好地应对市场挑战，创造发展机会。二是创新能力提升。专业化团队之间的合作和交流可以促进创新思维和创新能力的提升，通过共享知识和经验，激发出更多的创新想法和创意，为企业创造出新的发展机会。三是敏捷应对市场的变化。专业化团队之间的紧密协作可以使企业更加敏捷地应对市场变化和需求变化，及时调整产品和服务，满足客户需求，从而抓住市场机遇，实现持续发展。四是提升绩效效率。专业化团队之间的协同合作可以优化资源配置和任务分工，提升工作效率和绩效表现，从而为企业创造更多的发展机会。

专业化团队战略协同是企业创造发展机会的重要保障，通过团队间的协作，可以更好地发挥团队的专业优势，提升企业竞争的“硬实力与软实力”，创造出更多的商机和发展机会。

五、企业家要善于从舒适区进入行业创新的探索区

企业家需要善于走出自己的舒适区，勇于进入行业创新的探索区。舒适区指的是企业习惯的、熟悉的商业模式和经营方式，而探索区是指行业内的新领域、新技术和新业务模式。通过不断尝试新的想法、技术和市场，企业家能够引领行业变革，并为企业创造新的发展机遇。

在不断变化的商业环境中，企业如果一味停留在舒适区，往往会错失市场机遇，导致业务发展受阻。只有勇于走出舒适区，积极进入行业创新的探索区，才能更好地应对市场变化，找到新的发展机遇，并保持竞争优势。

走出舒适区，进入探索区，企业家需要具备以下五个方面的战略能力：一是开放的思维。要有开放、包容的思维，接受新的观念和思想，不断学习和探索行业的新知识和新技术。二是创新的意识。要有创新的意识和精神，勇于尝试新的商业模式和经营方式，不断创新产品和服务，满足市场需求。三是敏锐的洞察力。要具备敏锐的市场洞察力，能够发现市场变化和新的商机，及时调整战略，抓住机遇。四是资源整合能力。要善于整合内外部资源，包括人才、资金、技术等，为创新和探索提供支持和保障。五是风险承担能力。要有承担风险的勇气和决心，面对不确定性和挑战保持坚定的信心，勇于冒险尝试，不怕失败。

从舒适区进入行业创新的探索区是企业家必须具备的关键能力之一。通过识别现有业务的局限性，树立创新意识，培养风险管理能力，推动团队赋能和组织变革，企业家可以带领企业进入新的增长领域。虽然探索区充满不确定性，但只有不断追求创新和探索，企业才能保持长期的竞争力和发展动力。

六、要永远铭记现有市场的奶酪是有限与短暂的

企业家必须永远铭记“现有市场的奶酪是有限与短暂的”，这句话反映了市场环境的动态性与不确定性。现有市场的成功和收益虽然可能带来一段时期的稳定和利润，但无法保证企业的长期发展，因为市场环境、竞争格局、技术进步和消费者需求都在不断变化。

《谁动了我的奶酪》讲述了四个角色在一个迷宫中寻找奶酪的故事，奶酪代表了人们追求的目标和幸福。故事中，有些角色过于依赖现有的奶酪，当奶酪消失或变质时，他们就陷入了困境；而另一些角色敢于探索新的区域，寻找新的奶酪，最终取得了新的发现和发展目标。

企业家应该像故事中那些积极寻找奶酪的角色一样，保持开放的心态，勇于接受变化，不断寻找新的市场奶酪。企业家需要时刻警惕市场的变化，并且敢于

冒险、敢于尝试新的方法和策略。那些过于依赖现有市场奶酪的企业，可能会在市场变化中陷入困境；而那些能够及时发现并抓住新的市场机会的企业，将会在竞争中发现新的市场机会。

在商业世界中，市场环境和消费者需求都在不断变化，原有的奶酪（市场机会）可能会逐渐消失或变得不再适用。因此，企业家需要具备敏锐的市场洞察力和灵活的应变能力，不断寻找新的市场机会和业务模式，及时调整战略，以适应市场的变化。只有不断寻找新的奶酪，企业才能在动态变化中保持竞争优势，实现持续发展。

企业家要时刻牢记，现有市场的奶酪是有限和短暂的。无论是技术变革、消费者需求变化，还是竞争加剧，市场的现状都可能随时发生改变。企业家必须保持危机意识，不断推动创新、优化运营，并主动开发新市场和新业务。只有制定前瞻性的战略、提升风险应对能力，企业才能在激烈的市场竞争中获得长期发展。

第五节　发掘科技新潜能

“发掘科技新潜能”是一个极具战略性和前瞻性的主题，涉及技术创新、科研突破以及新兴领域的探索。企业科技新潜能指的是企业在科技领域尚未被完全发掘和利用的潜在能力与机会，包括未被充分挖掘的技术创新、未被发现的市场需求、尚未开发的商业模式等。发掘科技新潜能可以带来创新的产品、服务和商业新业态。通过在这些领域发掘科技新潜能，可以推动技术的飞跃和社会的全面进步，开拓更广阔的发展前景。

一、企业家发掘科技新潜能的方法

一是科技研究和技术跟踪。密切关注科技领域的最新进展和研究成果，掌握科技发展的前沿动态。二是创新实验和探索。鼓励团队进行创新实验和探索，提供资源和环境支持，让员工尝试新的想法和技术应用。三是产业对接和合作。与科研机构、高校、行业专家等建立合作关系，共同探索和研究新技术，寻找应用场景和商业机会。四是用户反馈和需求调研。与用户进行深入沟通，了解他们的需求和痛点，探索能够满足用户需求的科技创新方向。五是投资和孵化。投资或孵化科技初创企业，支持它们进行技术研发和商业化探索，从中发现有潜力的科技新潜能。通过以上方法，企业可以发现和利用科技领域内的新潜能，促进创新和发展，保持竞争优势。

二、企业家发掘科技新潜能的案例

企业家在发掘科技新潜能的过程中，往往通过结合市场需求、创新技术和战略愿景，推动企业的发展。腾讯公司是发掘科技新潜能的典型案例之一，在互联网行业和移动支付领域，腾讯取得巨大发展：一是微信的推出和发展。微信由腾讯于 2011 年推出，最初是一款简单的即时通信应用。随后，腾讯通过不断地创新和迭代，将其发展成为一个具备社交网络、消息传递、游戏、购物、公共服务接入等多种功能的社交平台。二是移动支付和金融服务的革新。微信支付是腾讯在移动支付领域的主要成就。它不仅改变了中国的支付习惯，也促进了无现金交易的普及。微信支付通过与商家和服务提供商的广泛合作，为用户提供便捷的支付解决方案。三是生态系统的构建。腾讯通过微信和其他平台，为企业提供了丰富的商业机会，包括广告、公众账号、小程序等。这些工具使企业能够在腾讯的生态系统内接触到广泛的用户群体。腾讯通过整合各种内容和服务，如新闻、音乐、视频、健康、教育等，进一步加强了用户对其平台的黏性。用户可以在一个平台上满足多元化的需求。腾讯鼓励第三方开发者和企业在其平台上开发新的应用和服务。通过这种方式，腾讯的生态系统不断丰富和扩展。这种生态系统策略有效地促进了用户黏性提升和服务多元化。四是跨行业合作与整合。腾讯通过与不同行业的企业合作，将其技术和服务整合到更广泛的生活场景中。例如，它在零售、医疗、教育等领域提供数字解决方案。五是数据驱动和人工智能。腾讯利用其庞大的用户数据，通过大数据分析和人工智能技术，不断改善用户体验、优化服务。

这个案例充分展示了企业家如何通过发掘技术的潜能，并将其与市场需求和商业模式相结合，实现了颠覆性的创新。企业家需要具备远见和战略思维，能够识别未来趋势，并有效地利用技术推动企业的发展。通过这些科技新潜能的发掘，腾讯不仅在互联网行业取得了领先地位，也在移动支付等新兴领域取得了显著创新突破。

三、科技新潜能是无穷大的新市场

“科技新潜能是无穷大的新市场”这一观点深刻反映了科技创新与市场机会之间的互动关系。科技的快速发展不仅带来了技术的进步，更打开了无穷尽的商业机会，催生出全新的市场和行业，推动了经济和社会的持续变革。

科技新潜能被视为一个无穷大的新市场，这是因为科技的不断进步和创新为企业带来了无限的发展机遇和可能性。一是技术的迭代和突破。科技领域的不断创新和技术的迭代更新，为企业提供了源源不断的新机遇。新的科技突破和发展往往会带来新的产品、新的服务和新的商业模式，为企业创造了新的市场空间。二是新兴技术的应用和普及。随着新兴技术如人工智能、大数据、物联网等的应用和普及，涌现出了许多新的商业应用场景和市场需求。企业可以通过抓住这些新兴技术的应用机会，开拓新的市场领域。三是数字化转型和产业升级。随着数字化转型的深入推进和产业升级的不断进行，许多传统行业面临着新的挑战和机遇。企业可以通过利用科技新潜能，加速数字化转型，实现产业升级，从而在新的市场中获得竞争优势。四是全球化市场的拓展。科技的发展使得市场逐渐趋向全球化，企业可以利用科技手段跨越地域和国界，拓展全球市场。新的科技工具和平台为企业提供了更广阔的发展空间，使其能够更好地适应全球化竞争的挑战。五是创新驱动和创业生态。科技新潜能的无限可能性激发了企业的创新活力，推动了创业生态的不断壮大。企业可以通过不断的创新和实验，探索新的商业模式和市场机会，实现持续的增长和发展。

科技的无限潜能不仅驱动了现有市场的扩展，更创造了全新的商业领域。科技创新与市场机会相辅相成，在这无穷大的市场中，每一个技术突破都有可能开启一个全新的经济版图。

四、企业家要有科技新潜能的前瞻性战略思考

企业家确实需要对科技新潜能进行前瞻性的战略思考，这对确保企业在快速变化的市场中保持竞争力和创新能力至关重要。一是了解未来科技趋势。企业家需要深入了解可能影响其行业的新兴科技趋势，如人工智能、机器学习、物联网、区块链等。这需要持续的学习和研究，以便于预见这些技术改变市场需求、消费者行为和业务运作模式的方式。二是创新和研发投入。企业家应投资于创新和研发，探索如何将新兴科技应用于产品或服务的改进和开发中。这不仅包括技术研发，还包括新业务模式的探索。三是风险管理与合规性。随着新技术的应用，企业家需要考虑相关的法律、伦理和安全问题，确保合规性和降低潜在风险。四是人才培养和团队建设。企业家需要建立一个能够适应新科技的团队，包括培训现有员工和吸引具有相关技能的新人才。五是客户需求的预测。了解和预测消费者的未来需求是成功的关键。企业家应考虑如何利用新技术来满足这些需求，同时提高客户体验。六是建立合作伙伴关系。在技术快速发展的今天，单靠一家企业的力量往往难以涵盖技术的各个方面。因此，建立战略合作伙伴关系至关重要。七是持续适应性。企业家需要具备快速适应市场变化的能力，灵活调整战略来应对新兴技术带来的挑战和机遇。八是可持续发展。在探索科技新潜能的同时，需要考虑其对环境和社会的影响，确保技术

的应用和发展符合可持续性原则。通过这些前瞻性战略思考，企业家可以更好地在快速变化的科技环境中抓住新机遇，同时有效应对挑战。

企业家在发掘科技新潜能时需要具备的前瞻性战略思考如表 6–5 所示。

表 6–5 企业家在发掘科技新潜能时需要具备的前瞻性战略思考

要素	说明	重要性	实际应用
趋势洞察	识别并理解当前科技发展的趋势和潜力，如人工智能、物联网、区块链等	高：科技趋势会直接影响未来市场机会	企业家需要密切关注科技领域的创新动态，了解新技术的应用场景，预见可能的市场变化和商业模式转变
技术与市场结合的判断力	评估新兴技术与市场需求的结合点，找到技术落地并创造价值的领域	高：技术只有与市场需求结合才能产生价值	例如，人工智能可以应用于多个行业，企业家需要判断在哪些行业中它能够带来显著的商业价值并且有市场需求
长期视野	保持长远眼光，规划技术发展的路线图，并为未来的技术演变和市场变化做好准备	中：技术演进通常需要长时间周期	例如，马斯克的特斯拉不仅瞄准当前电动汽车市场，还着眼于未来能源储存和自动驾驶的长期市场潜力
创新风险承受力	接受技术创新带来的不确定性和潜在失败，并具备在失败中学习和调整战略的能力	高：创新通常伴随着高风险	企业家需要建立容忍失败的文化，在面对技术创新失败时快速调整战略，如亚马逊早期的多项技术失败案例
资源配置的灵活性	识别科技潜能后能够快速调整资源配置，支持研发和技术落地	中：快速行动能抓住科技发展的先机	例如，比尔·盖茨在微软早期迅速将资源投入操作系统和办公软件的开发中，确保微软在个人电脑软件市场中的领先地位
技术人才的获取与培养	吸引和培养能够驾驭新兴技术的人才，确保团队具有创新能力和前沿技术掌握能力	高：科技公司需要依赖顶尖技术人才	企业家应投资于技术团队的建设，如谷歌通过收购人工智能初创企业吸引顶尖 AI 人才
前瞻性投资战略	提前布局可能爆发的新兴技术市场，进行技术研发和战略性投资，确保在市场增长前占据有利位置	高：抢先进入新兴市场可以获得先发优势	例如，贝索斯通过早期布局云计算市场，创建了 AWS，成为云计算行业的领军企业

续表

要素	说明	重要性	实际应用
全球视野与合作	拥有全球化的视角，善于借助全球的资源和合作伙伴关系，推动技术的创新和市场拓展	中：科技新潜能往往具有全球影响力	企业家可以通过全球的合作与投资，借鉴国际创新模式，如华为在全球范围内投资 5G 研发，布局全球市场
社会与环境责任意识	在发掘科技潜能的同时考虑其对社会和环境的影响，推动可持续的科技发展	低：科技发展与社会责任紧密相关	企业家应关注清洁能源、绿色科技等领域，如特斯拉推动可持续能源的应用，符合社会的长期发展趋势
技术创新的商业化能力	将技术创新有效转化为商业产品或服务，并迅速投入市场，满足用户需求	高：只有商业化才能实现技术的经济价值	例如，苹果通过不断优化其智能设备和软件服务，成功将技术创新转化为全球广泛使用的产品

五、企业家需要蓝海战略的科技创新视角

企业家在科技创新中应用蓝海战略（Blue Ocean Strategy），可以帮助他们跳出传统竞争格局，通过发掘未开发的新市场空间，实现技术突破和市场领先。蓝海战略的核心是摆脱红海中的激烈竞争，创造出新的需求和市场，从而形成独特的竞争优势。

企业家需要结合蓝海战略和科技创新来开拓新市场和创造需求。蓝海战略主张企业应避免在充满竞争的红海市场中争斗，去寻找或创造新的市场空间（蓝海），以避免直接竞争。科技创新在实施蓝海战略中扮演了关键角色：一是创造新市场。通过科技创新，企业家可以开发全新的产品或服务，这些产品或服务能满足之前未被识别或未被满足的消费者需求。二是重构行业界限。科技可以帮助企业重构传统行业的边界。通过引入新技术，企业可以创造独特的价值主张，吸引新的客户群体。三是改善成本效益。科技创新可以使企业更有效率，降低成本。在蓝海市场中，成本优势可以帮助企业在创造新市场的同时保持盈利。四是增强用户体验。科技可以用来改善用户体验，提供更为个性化、便捷和高效的服务，从而吸引客户并建立品牌忠诚度。

企业家在运用蓝海战略进行科技创新时，需要持续关注科技发展新趋势，理解这些趋势如何改变消费者需求和市场结构，并且敢于冒险尝试新的业务模式和技术应用。通过这种方式，企业家可以发现和开发蓝海市场，实现企业的持续

增长。

企业家在科技创新中应用蓝海战略，需要跳出现有的行业框架，发掘新技术带来的市场机会，通过颠覆性创新、跨界融合和前瞻性思维，开辟全新的市场空间。在这一过程中，企业家不仅要创造独特的用户价值，还需要平衡创新和成本，通过技术生态的可持续发展形成长期竞争优势。蓝海战略的核心在于通过科技创新，创造出新的市场需求和商业模式，实现差异化的领先地位。

第六章探索了云海战略由谁来做的战略问题，明确了企业家在战略操控与管理中的核心作用，也强化了企业家在战略制定和执行中的核心角色，分析了企业家与企业内部专业团队之间的战略协同作用。这一章从五个不同的视角进行了实战性探索，每个视角都对企业的战略管理至关重要。一是企业家的战略能力。着重分析了企业家在制定和执行战略中的关键作用，强调了企业家在理解市场动态、预测未来趋势以及制订长远计划方面的能力。二是专业化团队战略协同。探讨了在企业家的领导下，不同专业团队如何有效合作，以共同实现企业战略；强调了跨部门协作的重要性，以及如何整合不同专业知识和技能以促进战略实施。三是提升企业家的机遇认知。分析了企业家如何提高对市场机遇的认知能力，着重于培养企业家识别新机遇、适应市场变化的能力。四是创造发展机会。讨论了企业家如何主动创造和把握发展机遇，包括新市场的开拓和新产品的创新；强调了创新思维和前瞻性在驱动企业持续成长中的重要性。五是发掘科技新潜能。探讨了企业家如何利用科技创新来寻找新的商业机会和优化现有业务；强调了对新兴技术趋势的理解，以及如何将这些技术应用于企业战略与策略。

这一章强调了企业家在战略制定和执行中的核心作用，以及与企业内部团队的有效协同。通过这些多维度的探索，企业家需要构建一个适应市场变化、实战性强的战略体系。这样的体系不仅能帮助企业应对当前的挑战，还为未来的长期发展提供了坚实的战略支撑。

第七章

数智时代五大资源的构建与配置

云海战略就是在不确定的市场环境下的突破重围

本章将深入分析云海战略的构建过程，并结合前六章的内容进行具体应用。基于市场多维度分析、企业家与战略团队的协同作用，以及必备的战略素质与能力，我们来构建并创新云海战略，确保其与企业实战环境紧密结合。

在数智时代，企业的发展越来越依赖于资源的有效构建与配置。数智时代的五大关键资源分别是数据、技术、人才、资本以及生态系统。一是市场多维度分析。涵盖环境识别、机会与风险评估、资源与能力评估，以全面了解当前市场趋势、技术进步、客户需求、竞争对手情况及政策法规变化。二是企业家与战略团队协同。共享清晰的战略愿景，确保信息流畅交流，实现团队成员间有效协作，共同制定实施战略规划。三是战略能力分析。集中于领导力、创新能力、适应性，确保企业家和领导层能够引导团队，适应市场变化，并不断寻求创新解决方案。四是云海战略体系的应用。包括：核心体，强化企业的核心技术和内部创新能力，确保在行业中保持一定的领先或相对领先地位，引领企业技术革新；生态体，构建数字化合作平台，实现与合作伙伴的深度数据整合和创新协同；联盟体，在数字平台上建立行业联盟，共享市场洞察和技术创新；融资体，采用多元化融资策略，确保企业在数智时代的发展和投资得到充足资金支持；环境体，密切关注外部环境变化，灵活调整战略，以适应市场和政策变化。

战略模式的灵活组合。根据企业的发展阶段和市场环境，灵活选择不同的资源组合模式，如核心体 + 生态体、核心体 + 生态体 + 联盟体等，以适应不同的战略需求。

云海战略的持续创新与迭代。结合实战环境变化，不断调整和优化战略方案，引入敏捷管理和迭代思维，以应对市场的快速变化。

通过以上步骤，企业可以高效地运用云海战略体系，构建更全面、灵活、具有前瞻性的云海战略框架，为企业在数智时代提供坚实的战略支持，确保其长期发展与多种竞争优势的打造。

在云海战略体系中，企业不仅要依赖其核心竞争优势，还需通过与外部环境的协同作用来增强其在市场上的绝对竞争优势、比较竞争优势、相对竞争优势或综合竞争优势。例如，一家技术公司依赖其创新的核心技术（核心体）作为竞争优势，同时通过与其他科技公司的合作（联盟体）、有效的资金筹集（融资体）和对市场趋势的适应（环境体）来强化其市场地位。这种综合性的战略布局能够帮助企业在不断变化的市场环境中寻找新的发展机遇，并实现长期战略目标。

我们对这四种竞争优势进行一些分析：一是绝对竞争优势。企业在某个领域或市场中明显和绝对的领先地位，通常基于成本、效率、资源获取等方面的优势。这通常是企业竞争优势的起点，关键在于在某一方面明显超越竞争对手，为企业在市场上打下坚实的基础。二是比较竞争优势。比较竞争优势是指企业在特定领域或功能上相对于竞争对手的优势，如品牌、产品质量、客户服务等。比较竞争优势更具体、更加侧重于与竞争对手的直接比较，在特定市场或领域实现差异化突破。比较竞争优势通常关注于特定的领域或功能，是企业在市场上站稳脚跟的基础。三是相对竞争优势。一旦企业在某个方面建立了比较优势，接下来会寻求在更多方面（如品牌、产品质量、客户服务等）建立相对于竞争对手的优势。这种优势通常更具体，更加侧重于与竞争对手的直接比较，并在特定市场或领域内实现突破。四是综合竞争优势。这是竞争优势的最高层次，意味着企业在多个方面都建立了优势，能够在各个层面超越竞争对手。拥有综合竞争优势的企业通常在市场上处于领导地位，具有更强的市场影响力和更稳固的市场地位。

这四种竞争优势反映了企业从建立单一优势到全面领先的发展过程。企业在不同发展阶段可能重点关注不同类型的竞争优势，但最终目标是实现综合竞争优势，从而在市场中获得更强的控制力和影响力。

在云海战略体系下，企业致力于构建和提升不同层级的竞争优势，以便在市场上获得领先地位。这个过程可以按以下步骤进行优化：一是建立绝对竞争优势。企业首先专注于某一关键领域（如成本、技术、服务等），努力在这一领域内获得明显的、无可匹敌的优势。二是发展比较竞争优势。随后，企业扩展其优势领域，将原有的绝对优势转化为在多个具体领域与竞争对手相比具有优势的状态。三是加强相对竞争优势。企业进一步在更广泛的范围内建立优势，比如在品牌、产品质量、客户服务等更多方面相对于竞争对手建立优势。四是实现综合竞争优势。最终，企业在多个方面建立优势，形成综合竞争优势，这使得企业在市场上占据全面领先的地位。

通过这一层级逐步提升的过程，企业能够更有效地适应和引领市场变化。在实战操作中，企业需要根据自身的资源、能力以及市场环境的变化，灵活调整其战略，不断进行优化和创新。这种动态的战略调整使企业能够持续适应不断变化的商业环境，保持竞争优势。

在这种战略框架下，企业不仅要应对当下的挑战和风险，还要能够预测和准备未来的市场变化，创新其战略模式、产品、服务或运营方式，从而实现持续的竞争优势。云海战略强调的是企业在不确定性中的适应性、创新能力和前瞻性思维。

第一节　创造数智时代综合竞争优势

云海战略是一种全面而灵活的企业战略框架，它结合了数字化、智能化技术和多维度的市场分析，以及企业内部和外部资源的协同合作。云海战略的目的是帮助企业在竞争激烈和不断变化的市场环境中保持竞争优势，实现持续的增长和创新。

我们可以将云海战略比喻为一艘智能化帆船。在这艘帆船上，船长（企业家）和船员（企业团队）需要通过高精度的导航设备（数字化和智能化技术）来准确判断海洋状况（市场分析）。同时，他们需要调整帆布（内部资源）和操纵舵轮（外部合作），以适应不断变化的风向（市场变化）和海浪（竞争环境），确保航行的方向正确，最终到达目的地（企业目标）。

一、云海战略框架的内涵与理念

云海战略框架的内涵与理念体现了一种多元化和动态的战略构建方法，注重在数字化和智能化时代下的战略协同性和效能提升。一是数字技术与智能化作为战略核心。将数字技术和智能化应用作为提升企业运营效率和市场洞察力的关键要素，包括数据分析、人工智能及其他前沿技术，帮助企业在复杂的商业环境中保持敏捷和领先。二是五和战略模型。综合配置核心体、生态体、联盟体、融资体、环境体这五大资源体，强调资源的优化整合和各方协同合作，形成综合的战略竞争优势。三是多维度市场分析。深入分析市场趋势、技术革新、客户需求、竞争状况，使企业能够精准定位，迅速适应市场变化，灵活调整战略。四是企业家与团队的协同。强调企业家与内部团队之间的紧密合作，共同制定和执行战略。促进信息流通，增强组织内部的凝聚力和执行力。五是动态竞争策略。提出五种适应不同市场环境的竞争策略，即进攻性、防守性、危机应对、预警性和创新性，确保企业在各种竞争环境中保持主动。六是全面竞争优势构建。将竞争优势分为核心、绝对、比较、相对等多个层面，形成全方位的竞争优势链，帮助企业在多变的市场环境中稳固地位并持续发展。

云海战略框架通过整合数字化和智能化元素，以及灵活运用多种战略工具和模型，为企业在当今快速变化的市场环境中提供了一个全面、动态且高效的战略管理方法。这一框架不仅强调内部资源和能力的最大化利用，也重视外部合作和生态系统的构建，以实现持续的竞争优势和业务增长。

云海战略的核心内涵与战略理念见表 7–1。

表 7–1 云海战略的核心内涵与战略理念

核心要素	内容	应用
数字技术与智能化	将数据分析、人工智能、前沿技术作为提升效率和市场洞察力的关键工具，帮助企业保持敏捷和领先	利用数字技术实现数据驱动决策，优化运营并增强市场适应能力
五和战略模型	通过核心体、生态体、联盟体、融资体、环境体的综合配置，实现资源的优化整合和协同合作，形成综合的竞争优势	核心体：构建核心能力。 生态体：打造广泛的业务生态系统。 联盟体：形成战略合作伙伴关系。 融资体：确保资金支持。 环境体：适应外部环境变化
多维度市场分析	深入分析市场趋势、技术革新、客户需求和竞争状况，帮助企业准确定位并快速适应市场变化	市场趋势：提前预测变化。 技术革新：抓住技术机会。 客户需求：数据驱动的需求分析。 竞争状况：持续监测对手动态
企业家与团队协同	企业家与团队紧密合作，确保信息流通、战略一致性和组织凝聚力	增强信息流动。 共同制定战略。 提升执行力与团队协同
动态竞争策略	提出进攻性、防守性、危机应对、预警性和创新性五种策略，帮助企业应对不同市场环境中的挑战	进攻性：抢占市场先机。 防守性：保护现有地位。 危机应对：灵活应对突发事件。 预警性：提前识别威胁。 创新性：持续创新
全面竞争优势构建	从核心、绝对、比较、相对等层面构建全方位的竞争优势，帮助企业在多变的市场环境中保持长期领先	核心优势：独有资源能力。 绝对优势：在特定领域占据强势地位。 比较优势：相对于同类竞争者的优势。 相对优势：短期快速增长机会

二、云海战略各种战略工具的综合有机体

云海战略为了拓宽战略视野和提高效能，需要结合其他多种战略工具。这种结合不仅增强了战略的全面性，还提升了对复杂市场环境的应对能力，形成适应快速变化商业环境的综合战略体系。一是 SWOT 分析。云海战略通过 SWOT 分析来评估企业在特定市场环境下的优势、劣势、机会和威胁，从而清晰界定企业的立足点和发展路径。二是波特的五力模型。利用这一模型分析行业的竞争结构，包括现有竞争者、潜在新进入者、替代品、供应商和买家的力量。云海战略运用此模型识别和加强企业在行业中的竞争优势。三是价值链分析。云海战略强调通过识别和优化企业内部的关键活动和流程，来提升整体价值，增强操作效率和客户价值。四是蓝海战略。云海战略借鉴蓝海理念，在未被剧烈竞争的新市场空间中创造需求和机遇，努力在新的市场领域创造独特价值。五是 PESTEL 分析。作为宏观环境分析工具，考虑政治、经济、社会、技术、环境和法律因素，云海战略利用 PESTEL 分析评估外部环境对业务的影响。六是平台战略。基于《平台革命》的观点，云海战略在构建生态体和联盟体时，采用平台思维，促进不同参与者间的协作与互动。七是开放式创新理论。借鉴《开放式创新》的理念，鼓励企业突破内部研发局限，通过外部合作和资源整合实现创新，尤其在核心体建设中采纳开放式创新方法，推动技术和产品创新。八是生态系统思维。基于《竞争的衰亡》的理论，云海战略强调构建企业生态体，强调企业在更广泛的商业生态系统中的角色及与其他实体的互动共赢。

通过结合这些战略工具，云海战略提供了一个强大的分析和构建系统，帮助企业在动态市场中做出综合性或专业化的战略决策，同时，云海战略可以更加全面和深入地分析市场和行业环境，制定更具针对性和有效性的战略方案。这种综合运用使企业能够更好地适应不断变化的市场条件，实现持续的发展和竞争优势。

云海战略融合的多种战略分析工具如表 7-2 所示。

表 7-2　云海战略融合的战略分析工具

战略工具	内容	应用场景	对云海战略的贡献
SWOT 分析	评估企业的优势、劣势、机会和威胁	企业内部资源分析、市场定位与战略调整	帮助云海战略明确企业的立足点和未来发展方向，识别内外部因素对企业的影响

续表

战略工具	内容	应用场景	对云海战略的贡献
波特的五力模型	分析行业竞争结构，包括现有竞争者、潜在新进入者、替代品、供应商和买家的力量	行业竞争力评估、竞争策略制定	帮助云海战略加强行业中的竞争优势，识别企业在市场中的竞争定位
价值链分析	识别企业内部关键活动和流程，提升运营效率和客户价值	内部流程优化、提高客户满意度	云海战略通过优化价值链中的活动，提升整体效率和价值创造能力
蓝海战略	在竞争较小或未开发的市场中创造新的需求和机遇，避免在红海中竞争	新市场开拓、创新产品和服务	帮助云海战略在新的市场领域中创造独特价值，实现差异化竞争
PESTEL 分析	分析政治、经济、社会、技术、环境和法律等宏观因素对企业的影响	宏观环境变化评估、市场进入策略	云海战略利用 PESTEL 评估外部环境，帮助企业适应外部市场条件的变化
平台战略	通过平台模式连接不同参与者，促进协作和互动，构建开放的商业生态系统	构建生态系统、通过平台连接用户和合作伙伴	帮助云海战略在生态体和联盟体建设中应用平台思维，增强协作与创新
开放式创新理论	突破内部研发局限，通过外部合作实现技术和产品的创新	开放创新合作、技术与产品研发的外部资源整合	帮助云海战略在核心体建设中引入外部资源，推动技术和产品的创新
生态系统思维	强调企业在更广泛的商业生态系统中的角色，倡导企业与其他参与者合作共赢	建立商业生态系统，形成与外部实体的长期合作	云海战略通过生态系统思维，构建企业与外部合作伙伴的互动共赢关系，提升长期竞争力

三、云海战略的核心在于对企业竞争优势的细分与构建

云海战略在细化和构建企业竞争优势方面，采取了系统的分层分析方法，深入探讨了企业的内外部环境，并明确了各种竞争优势的类型。通过对核心竞争优势、绝对竞争优势、比较竞争优势、相对竞争优势、综合竞争优势、先期竞争优势和后发竞争优势的细化分析，企业能够系统性地构建和强化其市场竞

争力。

这种战略框架重视深入分析企业的内外部环境，以确定其独特的竞争优势，然后系统地构建和加强这些优势。这有助于企业在市场中定位自身并发展独特的竞争战略。以下是云海战略在细化和构建企业竞争优势方面的详细分析。一是核心竞争优势，包括企业的独特技能、专有技术、品牌影响力等。这些优势是企业长期发展和在市场竞争中的核心支撑。二是绝对竞争优势，是指企业在某个领域或市场中拥有无可匹敌的优势。通常基于独特的资源、专利技术或市场领先地位。三是比较竞争优势，是指企业在成本、效率、产品质量等方面相对于竞争对手的优势。关键在于提高生产效率和降低成本。四是综合竞争优势。综合多方面竞争优势，形成强大的市场地位。通常是核心竞争优势、绝对竞争优势、比较竞争优势的集成。五是先期竞争优势。是指通过率先进入市场或采用新技术等方式获得的竞争优势。关键在于抢先占领市场和建立品牌。六是后发竞争优势。是指后进入市场的企业通过学习、模仿和改进获得的优势。侧重于通过观察前行者的经验教训而进行的优化和创新。

云海战略通过对企业竞争优势的细分，使得企业能够清晰地识别和构建不同层次的竞争力。这些竞争优势包括企业内部核心资源、技术能力以及在市场中独占的先机和学习能力。通过在不同竞争层面上的优势构建，企业能够形成一个整体的、综合的竞争力框架，确保其在数智时代中稳步前行。这种系统化的竞争优势细分和构建过程，不仅帮助企业在短期内占据市场先机，还能支持企业实现长期可持续的发展。云海战略帮助企业识别和发展其独特的竞争优势，并在市场竞争中制定有效的战略方针，从而在激烈的市场竞争中获得话语权、主动权与制胜权。

云海战略力图构建六大竞争优势如图 7–1 所示。

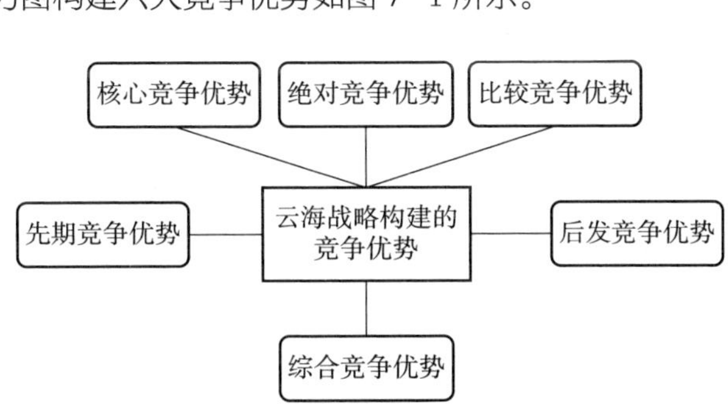

图 7–1　云海战略力图构建的六大竞争优势

四、云海战略致力于打造核心体和外部资源融合的竞争优势链

云海战略致力于通过打造核心体和外部资源的融合，形成一个完整且强大的竞争优势链。这一战略思想强调内部核心资源与外部合作伙伴、生态系统之间的紧密联系，旨在通过高效的协同作用，创造出可持续的竞争优势。

云海战略是在立足于企业核心体的基础优势上，通过整合和利用外部资源来构建竞争优势链的战略方法。这种方法的关键在于如何有效地融合内部核心优势和外部资源，以形成一个更为全面和强大的竞争优势体系。以下是云海战略在这方面的具体运用：一是核心体的强化。企业首先要识别和发展自身的核心竞争优势，如独特的技术、品牌、市场定位或创新能力。这成为推动企业成长和市场竞争的基石。二是生态体的构建。生态体指的是围绕企业构建的供应商、分销商、合作伙伴等的网络。通过与这些外部合作伙伴的紧密合作，企业可以拓展新的市场、技术和资源，从而提高市场适应性和创新能力。三是联盟体的形成。联盟体涉及与其他企业或组织的战略联盟，共享资源和技术，共同应对市场挑战。这有助于企业拓展业务范围，提高市场竞争力。四是融资体的整合。融资体包括企业的资金来源，如银行、投资者、股东等。通过有效的资金管理和融资策略，企业可以保持财务健康和支持持续的发展。五是环境体的适应与应对。环境体涉及企业所处的外部宏观环境，如政策、法规、市场趋势等。企业需要密切关注这些外部变化，并灵活调整战略。

云海战略通过打造核心体与外部资源融合的竞争优势链，帮助企业在数字化和智能化时代中形成一个动态、多元的竞争力网络。这一战略不仅强调内部核心资源的优化，还重视外部资源的整合与协同，最终形成一个全面、可持续的竞争优势链，确保企业在多变的市场环境中保持长期主动优势。

云海战略通过整合内部核心优势和外部资源优势，帮助企业构建一个全面且强大的竞争优势链。这不仅包括加强企业的内部核心能力，也包括在市场上构建有效的合作关系和网络，以及适应并利用外部环境变化，以实现企业的长期可持续发展。

云海战略打造核心体和外部资源融合，构建竞争优势链，如表 7-3 所示。

表 7–3 核心体和外部资源融合的优势

要素	内容	应用	融合效果
核心体	企业的内部核心资源和能力，包括技术创新、品牌、人才等，构成长期竞争力的基础	投资研发，保持技术领先。 强化品牌影响力，提升市场忠诚度。 培养高技能人才，提升执行能力	确保在技术、品牌和人才方面的持续领先。 提高企业长期的竞争力，形成内部竞争优势
外部资源	外部的合作伙伴、供应链、客户和市场资源，帮助企业实现资源整合、市场扩展和创新能力的提升	建立稳定的供应链合作关系。 通过战略联盟引入外部技术与市场资源。 与客户紧密互动，优化服务和产品	提升企业创新能力与市场反应速度。 利用外部资源扩展市场，形成更多元的竞争优势
核心体与外部资源融合	将企业的内部核心体与外部资源有机结合，实现协同效应，提升整体竞争力	核心技术与合作伙伴资源协同创新。 利用外部市场资源扩展新市场。 实现风险分担与合作创新	加速创新和市场扩展速度。 降低市场开拓风险，实现外部与内部资源的优势互补
竞争优势链	通过核心体与外部资源的整合，形成高度协同的竞争优势链，涵盖技术、市场、品牌等多维度的竞争力	内外资源协同，形成创新闭环。 通过数据分析与市场洞察灵活调整战略	形成多层次、多维度的竞争优势链，确保在多变市场中的持续竞争力
动态优化	随着市场和技术变化，持续优化核心体与外部资源的融合，保持竞争优势链的动态性和灵活性	根据市场需求调整核心资源配置。 扩展与外部合作伙伴的生态系统广度和深度	保持竞争优势链的灵活性和动态调整能力，确保企业在不断变化的市场中持续增长

五、云海战略的终极战略目标是构建企业的综合竞争优势

云海战略的终极目标是为企业构建综合竞争优势，确保其在不断变化和高度竞争的市场环境中保持长期主动权。这种综合竞争优势基于企业在多个方面的强

项和特长。一是技术领先。掌握先进技术或独特的专利技术，能够提供创新产品或服务，满足市场需求，保持技术优势。二是品牌价值。建立强大且有影响力的品牌。高品牌认知度和客户忠诚度，能够吸引和保持顾客。三是成本控制，即有效的成本管理和控制能力。通过规模经济、精益生产或其他方式降低成本，提高利润率。四是市场定位，包括清晰的市场定位和目标客户群体。能够精准满足特定市场细分或客户需求，形成市场优势。五是经营管理，包括高效的内部管理和运营流程。实现快速决策和高效执行，提高整体运营效率。六是供应链优势，包括强大和高效的供应链网络。保证产品质量和供应稳定性，降低供应链成本。七是创新能力，包括持续的研发投入和创新文化。不断推出新产品和服务，维持市场竞争力。八是人力资源，包括拥有高素质的员工和领导团队。通过人才的创新和专业技能，推动企业发展。九是客户服务，包括卓越的客户服务和关系管理。建立稳定的客户基础，提高客户满意度和忠诚度。十是适应性和灵活性，包括能够快速适应市场变化和新趋势。灵活调整战略和产品，以应对竞争和市场变动。企业的综合竞争优势通常是这些实力的聚集及相互作用的结果。在不断变化的市场环境中，企业需要不断强化这些优势，以保持竞争地位和实现可持续发展。

运用云海战略构建的企业八种竞争优势如表 7-4 所示。

表 7-4 运用云海战略构建的企业八种竞争优势

优势类型	内容	应用实例
核心竞争优势	企业独有的资源和能力，难以被竞争对手模仿，形成长期竞争力	苹果公司：品牌影响力和产品设计能力为其核心竞争力，难以被模仿
绝对竞争优势	在特定领域拥有压倒性优势，竞争对手难以超越	台积电：在半导体制造中的领先工艺，确保了全球市场的主导地位
比较竞争优势	与行业平均相比，企业在成本、价格或运营效率等方面有显著优势	小米：通过极具性价比的产品和灵活的供应链管理，构建了智能手机市场的比较优势
相对竞争优势	在特定市场环境中具备短期优势，能够快速抓住市场机会	Zoom：在疫情期间快速调整产品以满足远程办公需求，获得了短期市场领先地位

续表

优势类型	内容	应用实例
协同竞争优势	企业内外资源的高效协同，产生更大的市场影响力	亚马逊：通过电商、AWS 云服务和物流网络的协同，形成了综合的市场竞争优势
持续创新优势	通过持续的技术和业务模式创新，企业能够长期保持领先地位	特斯拉：不断创新电动汽车技术和自动驾驶，确保在电动车市场中的领先地位
生态竞争优势	构建开放的生态系统，通过合作伙伴和客户共同成长，形成长期市场影响力	苹果 App Store：将开发者、用户和硬件产品连接在一起，构建了强大的生态系统
市场适应优势	具备快速应对市场变化的能力，通过灵活调整战略和资源，确保企业在动态市场中保持竞争力	阿里巴巴：通过灵活调整电商模式，快速适应消费者需求变化，在市场中保持持续增长

六、企业怎样构建数智时代的综合竞争优势

在数智时代，企业要想构建综合竞争优势，需要通过数字化和智能化技术的深度融合，结合战略资源优化和创新能力提升，打造独特的竞争优势。

企业构建综合竞争优势，需依据五和战略模型模型（核心体、生态体、联盟体、融资体和环境体）来制定战略。一是核心体。利用数字技术强化企业核心竞争力，如通过大数据分析提高决策效率，或利用人工智能优化产品设计和服务。发展数字化产品或服务，创新业务模式，以适应数字化市场需求。二是生态体。构建数字化的供应链和合作网络，与供应商、客户和合作伙伴共享数据和资源，实现协同效应。利用数字平台和工具，如云计算服务，加强生态体内的连接和协作。三是联盟体与其他企业建立战略联盟。共同开发新技术或共享市场资源。通过技术合作，加速数字化产品的研发和市场推广。四是融资体。利用数字化工具和平台进行资金筹集，如通过线上融资平台拓宽融资渠道。在投资决策中加入数字化评估工具，提高资金使用的效率和效果。五是环境体。紧跟数字化时代的市场趋势和技术发展，如物联网、区块链等新兴技术。适应并利用数字化时代的政策环境，如政府对数字经济的支持政策。

在数智时代，企业构建综合竞争优势的关键在于整合数字化和智能化技术，以创新和效率驱动发展。这部分具体内容在第三章进行了不同维度与层次的

阐述。

在数智时代构建综合竞争优势，企业不仅要关注传统的商业策略，还要积极拥抱数字化和智能化技术，将这些技术融入企业的各个方面，从而在激烈的市场竞争中保持领先地位。通过综合运用数字技术和智能化解决方案，企业可以更有效地应对市场变化，把握新的商业机会。

第二节　打造核心体

企业的核心竞争优势是指企业在特定领域的独特优势。企业通过不断深化和扩展其核心竞争优势，并与外部资源进行有效整合，为企业在市场上构建绝对竞争优势、比较竞争优势、相对竞争优势和综合竞争优势提供了坚实的基础。企业一方面通过不断发展和巩固核心优势，另一方面通过与外部其他资源的整合与构建，可以在不同领域和不同市场环境中保持多种竞争优势。

这一节涉及企业的核心体，企业的核心体是指企业在特定领域内的基本优势或专长，这些优势或专长赋予企业竞争优势，使其在市场上脱颖而出。核心体通常包括特定的知识、技能、技术、管理能力或组合这些能力的方式，它们不易被竞争对手模仿或超越。我们可以将企业的核心体比作植物的根系。正如根系为植物提供必需的水分和营养，并支撑植物的生长一样，企业的核心体提供了竞争优势的基础，支撑企业的成长和发展。它深植于企业的文化和操作中，决定了企业的独特性和生命力。

一、云海战略首先强化核心体优势的打造

在云海战略框架中，强化核心体优势的打造是战略实施的首要步骤。核心体是企业赖以生存和发展的基础，它包括企业的核心资源、能力和技术，是企业构建长期竞争优势的关键。强化核心体优势，能够使企业在数字化和智能化时代占据领先地位，确保在复杂的市场环境中持续成长和成功。

云海战略中打造核心体优势的目的是在市场竞争中创造一个坚实的支点，从而能够有效地撬动整个市场，提升企业的市场影响力和竞争力。这一战略的核心在于识别和强化企业内在的独特能力和资源，从而建立竞争优势。一是专注于核心技术和创新。企业应专注于其核心技术的发展和创新，包括专利技术、独特的生产方法或研发能力。持续的技术创新可以帮助企业在市场上保持领先地位。二是加强品牌建设和价值。品牌是企业的重要无形资产。加强品牌建设，提升品牌

知名度和影响力。强有力的品牌可以为企业赢得更多的市场份额和消费者信任。三是优化内部管理和运营流程。高效的内部管理和运营是企业成功的关键。优化这些流程可以提高企业的运营效率和成本效益。四是培养和保持人才优势。人才是企业的重要资源。培养高素质的员工队伍和领导团队对企业的长期发展至关重要。人才优势可以帮助企业在创新、决策和市场适应方面保持领先。五是构建强大的客户关系和服务网络。卓越的客户服务和关系管理可以帮助企业在市场中建立良好的声誉。强大的服务网络可以提高客户满意度和忠诚度。

云海战略通过强化核心体优势的打造，确保企业在技术、品牌、运营、人才、客户关系和资源整合等方面具有不可替代的竞争力。企业通过强化这些内部核心优势，能够在数智时代的市场中占据有利地位，并为未来的扩展和创新奠定坚实的基础。核心体的强大是企业成功的基石，它确保企业能够灵活应对市场挑战，并在行业中长期保持领先地位。

通过强化这些核心体优势，企业不仅能在当前的市场环境中保持竞争力，而且能为长期的发展和市场适应性打下坚实的基础，在面对激烈的市场竞争和快速变化的环境时更具韧性和创新能力。

二、云海战略为中小企业提供了“以小博大”的战略方法

云海战略为中小企业提供了“以小博大”的战略方法，通过灵活运用数字化和智能化技术，中小企业可以充分发挥自身的优势，在有限资源的情况下，打破规模劣势，获得与大企业竞争的机会。

云海战略可以帮助企业以较少的资源实现“以小博大”的战略目标。通过聚焦核心优势、灵活利用外部资源、构建强大的生态体和联盟体，中小企业能够扩大其市场影响力，提高竞争能力，而无须大规模的资源投入。这种战略特别适合资源有限但富有创新精神和灵活性的中小企业，使它们能在有限资源下实现最大化的竞争优势，灵活应对市场变化。这种战略重点在于运用数字化和智能化技术进行精准的市场定位，并通过灵活的战略调整、合作联盟以及创新驱动来提升竞争力。具体而言，中小企业可以通过以下途径实现这一战略：一是数字化和智能化技术的应用。利用数据分析和自动化工具提高业务效率和市场敏感度。二是精准市场定位。通过细致的市场分析，确定目标客户群和市场细分，发展专门化的产品和服务。三是灵活的战略调整。利用组织结构灵活、决策迅速的特点，快速响应市场变化，调整战略。四是合作和联盟。与其他企业或组织建立战略联盟，共享资源和技术，共同应对市场挑战。五是创新驱动。鼓励创新思维，持续推出独特的产品或服务，与竞争对手区分开来。

云海战略为中小企业提供了一套“以小博大”的战略方法，帮助它们在数字化和智能化的时代中，通过技术创新、灵活运营、生态系统合作和差异化竞争策略，突破资源限制，实现规模化和市场领先地位。通过聚焦核心竞争力、借助数字技术、快速创新和构建平台合作，中小企业能够在充满挑战的市场环境中获得持续的竞争优势，寻找到自己的立足点，实现“以小博大”的战略目标。

三、云海战略为大型企业打造“以大博大”的瘦身战略

云海战略为大型企业提供了“以大博大”的瘦身战略，旨在通过优化资源配置、精简组织结构、提升运营效率，帮助大型企业在保持其规模优势的同时，实现更加灵活、高效的运作。这一战略强调通过数字化转型和智能化运营，摒弃传统的大企业臃肿模式，打造精简而有力的竞争体系，提升大型企业在数智时代的竞争力。

一是数字化转型与智能化。大型企业应利用其资源优势进行深度数字化转型，运用大数据、人工智能等技术提升决策的准确性和操作效率。二是内部结构精简与优化。通过审视和改进内部管理及运营流程，企业能够剔除多余层级和过程，增强组织的敏捷性和响应速度。三是战略聚焦。专注于核心业务和市场，避免过度扩张。集中资源于核心优势，以提高竞争力。四是生态系统与平台战略。构建或参与更广泛的生态系统，与合作伙伴共享资源和技术，通过平台战略连接不同市场参与者，创造更多价值。五是持续创新。在维持现有业务稳定发展的同时，不断探索新的增长点和创新机会，保持长期的市场竞争力。六是全球视角与本地化战略。结合全球化优势与本地化策略，以适应不同市场的特殊需求和文化差异。例如，第三章提到的高铁智能制造、商用飞机 C919 制造以及智能汽车制造均涉及“以大博大”战略如何“瘦身”。

云海战略通过“以大博大”的瘦身战略，帮助大型企业在保持规模优势的同时，实现灵活、高效的运营模式。通过精简组织、数字化转型、优化资源配置、推动创新、提升客户体验等多种措施，大型企业可以摆脱传统的臃肿结构，变得更加敏捷和竞争力强大。最终，这种战略方法能够帮助大型企业在数智时代持续扩大其市场影响力，保持长期的竞争优势。

四、云海战略适合于中小企业的“绿叶战略”

云海战略的“绿叶战略”特别适合中小企业，强调通过细致入微、灵活多变的策略在大型企业的庞大竞争格局中找到自己的生存和成长空间。这种战略

方法借助中小企业的灵活性、创新性和资源优化能力，帮助它们在特定市场环境中实现快速增长和竞争优势，形成类似“绿叶”在大树之下依然发展的竞争格局。

“绿叶战略”为中小企业提供了一个战略性框架，在这一框架中，中小企业被视作“绿叶”，也就是生态体；而大型企业则被类比为“红花”，也就是核心体。这样的比喻突出了两者在经济生态系统中的相互补充和互助关系。通过这个框架，中小企业可以发现和利用自己与大型企业之间的互补性，从而在整个经济生态中扮演关键角色。

在这个战略框架下，中小企业可以更好地定位自己的战略方向，采取六个方面的战略与策略。一是合作与协同。中小企业可以通过与大型企业或其他中小企业合作，共享资源和技术，实现互补和协同效应。这样的合作可以帮助中小企业拓展市场、共享风险和降低成本。二是灵活适应市场变化。中小企业通常更加灵活，能快速适应市场变化。利用这一优势，中小企业可以迅速响应客户需求，提供定制化和创新的解决方案。三是专注细分市场。中小企业可以专注于特定的市场细分领域，发展特定的技术或服务，形成差异化竞争优势。四是利用大型企业平台。中小企业可以利用大型企业的分销网络、品牌影响力和资源优势，通过成为供应链的一部分或参与大型企业的生态系统来扩大其影响力。五是强化创新能力。中小企业通常更能灵活运用新技术和创意思维，通过持续的创新，在产品、服务或业务模式上保持竞争力。六是构建强关系网络。通过建立强大的关系网络，包括客户、供应商和行业伙伴，中小企业可以获得更多资源和信息，提高市场反应能力和竞争力。

中小企业实施的“绿叶战略”可以帮助中小企业在大型企业主导的市场中找到自己的位置，发挥特有的优势，这种战略也强调了中小企业在生态系统中的重要作用，促进了整个行业的多样性和创新能力。“绿叶战略”涉及大型企业（红花）或平台经济的上下游众多供应商、经销商等企业，也就是下一节要讲到的如何优化生态体。

“绿叶战略”是云海战略为中小企业量身定制的生存与成长策略，通过灵活创新、专注细分市场、精准资源配置、差异化竞争和生态协同，帮助中小企业在大型企业的竞争环境中找到独特的成长空间。“绿叶战略”强调中小企业应充分利用自身灵活的决策和执行优势，通过技术创新、服务优化和外部资源整合，稳步建立和扩展市场优势，实现持续增长。

五、企业核心体可打造两种战略模式

企业在打造核心体的战略模式时，可以根据自身的规模、行业特点和资源条件，选择“以小博大”或“以大博大”的模式。下面对这两种模式做一介绍。

第一，“以小博大”模式。主要适用于中小企业或初创企业。一是专注于一个小而特定的市场领域，利用专业技能或创新产品来满足这个市场的特定需求。二是灵活性和敏捷性。相较于大型企业，中小企业在决策和行动上更加灵活迅速，能够快速响应市场变化。三是创新和差异化。通过创新的产品或服务，以及独特的业务模式，与大型企业区分开来，形成自己的竞争优势。四是利用大型企业资源。通过与大型企业合作，利用其渠道、资源或品牌影响力，实现自身的快速发展。

第二，“以大博大”模式。主要适用于大型企业或成熟企业。一是资源和规模优势。利用强大的资金、技术、品牌和市场资源，维持和扩大市场领导地位。二是市场和产品多元化。通过多元化的产品和服务，以及广泛的市场覆盖，实现规模的扩张和市场份额的增长。三是系统化管理和创新。在保持现有业务稳定的基础上，进行系统化的创新和管理，以持续提升市场竞争力。四是战略联盟和并购。通过战略联盟或并购其他公司，实现资源整合和市场扩张。

在确定战略模式时，企业需要考虑自身的核心竞争优势、市场定位、资源能力以及行业发展趋势，以确保选择的战略模式能够有效支持其长期发展目标。

六、运用云海战略形成“形小神大”的战略布局

运用云海战略形成“形小神大”的战略布局，一是强化核心体，专注于企业的核心竞争力，如特殊技术、专有知识或独特业务模式。中小企业可以通过专注于特定的细分市场或专业领域，培养深厚的专业能力。二是强大的生态体与供应商、客户、合作伙伴等建立紧密的合作关系，形成互惠的生态系统。利用外部资源和合作伙伴的力量，共同开发新产品、拓展市场，扩大企业影响力。三是构建有效的联盟体，通过战略联盟或合作伙伴关系，分享资源和知识，共同对抗大型竞争对手。利用联盟伙伴的资源和能力进行市场扩张，提高市场响应速度。四是寻求灵活的融资体，利用多样化的融资方式，如银行授信、私募基金、风险投资、合作投资等，确保企业的资金流动性。小型企业可以通过灵活的融资策略快速适应市场变化，抓住商机。五是构建适应性强的环境体，紧密关注外部环境的变化，如市场趋势、技术发展、政策变动等，迅速适应和调整战略。通过灵活适应环境变化，小型企业可以快速抓住市场新机遇。六是创新与敏捷，积极采纳创

新思维，快速响应市场变化，持续推出新产品或服务。小型企业天然拥有较快的决策流程和执行效率，利用这一优势进行敏捷创新。七是数字化和智能化运营，利用云计算、大数据、AI 等技术提升运营效率，优化客户体验。通过数字化转型，实现资源的最大化利用和业务流程的优化。

通过上述方法，小型企业可以利用云海战略的优势，实现“形小神大”的战略布局，即在有限的资源下最大化其市场影响力和竞争能力。

第三节 优化生态体

在云海战略中，优化生态体是企业实现资源整合、市场拓展和创新协同的重要途径。通过构建和优化生态体，企业可以与外部合作伙伴、供应链、客户等利益相关者形成紧密的合作关系，推动共赢与持续发展。优化生态体不仅能够提升企业的整体竞争力，还可以让企业在不断变化的市场中灵活应对挑战。

“生态体”这一概念借鉴了自然生态系统的原理，用来描述在企业环境中相互依存和相互作用的关系网络。在企业领域，生态体包括供应商、客户、合作伙伴、竞争对手以及其他利益相关者。一个健康的生态体能够促进资源共享、合作共赢，并增强整个系统的适应性和竞争力。

我们可以将企业的生态体比作一片生长繁茂的森林，企业就像森林中的一棵大树，它的成长依赖于周围的环境。供应商类似于土壤和水源，为企业提供必要的养分（原材料和服务）。客户则如同阳光，为企业提供生存的能量（收入和市场需求）。合作伙伴好比邻近的树木和植物，与企业共同成长，相互支持。竞争对手则可以被视为生长在同一片森林中的其他树木，相互竞争却共同维持生态平衡。森林的健康生长需要这些元素的平衡和协同作用，正如企业需要一个健康的生态体来支持其持续成长和发展。

一、生态体是云海战略构建企业竞争优势的关键资源

生态体在云海战略中起着至关重要的作用，它是构建企业竞争优势的关键资源。在数字化和智能化的时代背景下，生态体的概念强调的是企业不再是孤立的实体，而是一个更广泛、动态和相互依存的系统的一部分。一是跨界合作。通过与不同行业和领域的企业合作，可以引入新的思维和方法，从而激发创新。生态体鼓励企业与供应商、经销商、合作伙伴甚至竞争对手建立各种形式的合作关系。生态体内部的多样性可以提供更丰富的市场洞察和趋势预测。这些合作关系

也有助于资源共享、知识交流和创新促进。二是协同发展。在生态体内，各方的协同工作能够产生协同效应，使得整个系统的效能大于单个成员的总和。这种协同可以帮助企业更有效地应对市场变化和外部挑战。在生态体内共享资源，如技术、市场渠道和数据，可以减少重复投资和浪费。三是适应性与灵活性。生态体的多样性和动态性要求企业具有高度的适应性和灵活性。这有助于企业快速响应市场变化，抓住新的机会。四是创新驱动。生态体内的互动和合作为创新提供了肥沃的土壤，不同企业的相互学习和知识共享促进了创新的发生。这些创新可能涉及产品、服务、流程甚至商业模式。五是数字化和智能化的融合。在云海战略中，生态体的构建和维护往往涉及大量的数字化和智能化技术。例如，利用大数据分析优化供应链，或利用人工智能提升客户服务效率。

生态体战略要求企业不仅关注自身的发展，还要积极与生态体内的其他成员进行交流和合作，共同构建更为强大和有韧性的商业网络。通过构建和积极参与生态体，企业不仅能够提升自身的竞争力，还能够在更广阔的商业环境中实现持续的成长和发展。

二、运用五和战略模型优化生态体企业竞争优势

运用云海战略中的五和战略模型来优化生态体，企业可以增强以下竞争优势：一是供应链效率提升。通过与生态体内供应商的紧密合作，企业可以优化其供应链管理，减少库存成本，提升供应链的响应速度和效率。二是市场渗透和扩张。与生态体内的分销商和渠道合作伙伴合作，可以帮助企业更有效地扩大市场覆盖范围，提升产品或服务的市场渗透率。三是技术创新和产品开发。与生态体内的技术合作伙伴共同研发新产品或服务，可以加速创新过程，减少研发成本，同时提高产品的市场竞争力。四是风险分散与管理。通过与生态体内多个合作伙伴的合作，可以分散经营风险，特别是在供应链中断或市场波动时更能体现这个优势。五是资源共享与优化配置。企业可以与生态体内的合作伙伴共享资源，如共用市场数据、研发资源等，从而优化资源的配置和使用。六是客户关系和忠诚度提升。通过生态体提供的综合解决方案，可以提升客户满意度和忠诚度，增强客户关系管理。七是品牌联合推广和增值。与生态体内的知名品牌合作，可以共同开展市场推广活动，提升品牌价值和市场认知度。八是反应市场变化的灵活性。通过与生态体内合作伙伴的密切协作，企业可以更快响应市场变化，灵活调整市场策略和产品策略。

生态体的优化不仅可以显著提升企业的竞争力，还可以通过资源共享和合作创新实现市场扩张和可持续发展。

三、高铁制造业生态体案例分析

高铁制造业是一个典型的技术密集型行业，它的生态体包括各种供应商、合作伙伴、政府机构、研究机构等。一是核心制造企业。高铁制造行业的核心通常由大型企业组成，如中国的中车股份有限公司。这些企业通常在技术研发、设计制造方面拥有领先优势。二是供应链合作伙伴。包括为高铁制造提供原材料、零部件、高精尖设备的供应商。例如，钢材、电子组件、先进传感器等的供应商对高铁的质量和性能至关重要。三是技术研发支持。包括高校和研究机构，它们在新材料、节能减排技术、高速动力技术等方面提供研发支持。例如，与清华大学、中国科学院等机构的合作，为高铁技术发展提供了强大的科研支持。四是政府与监管机构。政府部门在规划、资金支持、标准制定等方面对高铁行业有着直接影响。例如，中国政府的强力支持是中国高铁发展的重要动力。五是销售和服务网络。高铁制造企业通常拥有全球销售和服务网络，以满足不同国家和地区的需求。六是国际合作伙伴。与国际高铁制造商如阿尔斯通、西门子等的合作，能够帮助企业获取先进技术和管理经验，提升国际竞争力。

通过这样的生态体构建，高铁制造企业不仅能够保持技术领先，还能够快速响应市场变化，拓展国内外市场，提升整体竞争力。

四、吉利汽车集团的生态体案例分析

吉利汽车集团的生态体案例分析，展现了它在汽车行业中构建一个综合且动态的生态系统，这不仅促进了吉利汽车集团的业务增长，还提高了其在全球市场中的竞争力。吉利汽车集团生态体有以下几个关键方面：一是跨界合作与战略联盟。吉利汽车集团通过与其他行业巨头的合作，如阿里巴巴、百度、腾讯等，强化了其在智能网联汽车领域的发展。这些合作带来了技术创新和资源共享，使吉利汽车集团在智能汽车领域保持领先。二是技术创新与投资。吉利汽车集团在电动车、自动驾驶等前沿科技领域进行了投资，展示了其对未来汽车技术发展趋势的洞察。这些投资不仅加强了其技术库存，也为其带来了新的业务增长点。三是全球化战略。吉利汽车集团通过收购和战略合作，如收购沃尔沃汽车、参与戴姆勒集团的股份，拓展了其全球业务。这些举措使吉利汽车集团能够利用全球资源，提升其品牌影响力和市场覆盖。四是市场与产品多样化。吉利汽车集团不断推出新的产品线，涵盖不同市场细分和消费者需求，如高端品牌领克、新能源汽车品牌吉利汽车集团新能源等，这有助于吸引更广泛的客户群体，并增强其市场竞争力。五是供应链管理与协同。吉利汽车集团在供应链管理上实行有效策略，确保供应链的稳定性和效率。通过与供应商的紧密合作，吉利汽车集团能够确保产品质量，同时降低成本。

吉利汽车集团的生态体战略展示了其如何通过内部资源优化与外部资源整合，构建起强大的竞争优势。这种策略不仅促进了其在中国市场的增长，还扩大了其在全球汽车行业中的影响力。通过不断的创新和合作，吉利汽车集团正在塑造汽车行业的未来。

五、优化企业生态体构建隐形战略模式

优化企业生态体作为一种隐形战略模式，对于企业尤其吉利汽车集团这样的大型企业来说，具有重要的战略意义。以下是吉利汽车集团优化其生态体的案例分析，展示了其如何通过这种隐形战略模式实现竞争优势。一是多元化合作伙伴关系。吉利汽车集团建立了广泛的合作伙伴关系，包括供应商、技术合作伙伴、经销商等。这些合作关系帮助公司获得技术创新、市场拓展和成本效益等多个方面的优势。二是技术创新与共享。吉利汽车集团通过与其他技术公司（如阿里巴巴）的战略合作，共同开发和利用先进的技术资源。这种合作模式促进了技术创新，同时增强了企业的技术竞争力。三是供应链管理。吉利汽车集团在优化其供应链管理方面采取了积极的措施。通过与供应商建立稳定的合作关系，公司能够确保材料供应的稳定性和成本效益，从而提高生产效率和产品质量。四是市场多样化。吉利汽车集团通过与各地经销商和销售合作伙伴的合作，有效拓展了其市场覆盖范围，增强了品牌的市场影响力。五是持续创新和发展。吉利汽车集团不断寻求新的合作机会和技术突破，以持续推动企业的创新和发展。这包括在智能汽车、电动汽车以及其他新兴技术领域的探索。

通过这些举措，吉利汽车集团不仅提高了自身的竞争力，而且构建了一个强大、动态且可持续发展的生态体。这种隐形战略模式使得吉利汽车集团能够灵活应对市场变化，持续驱动创新，并在汽车行业中保持领导地位。

六、五和战略模型整合外部的生态资源提升五种竞争优势

运用云海战略的五和战略模型整合外部生态资源，企业可以提升以下五种竞争优势：一是技术创新优势。整合外部的研发和技术资源，加快技术创新和产品升级的速度。例如，与科研机构或其他技术领先企业的合作，可以帮助企业快速获取最新的技术和知识，促进产品和服务的创新。二是市场拓展优势。通过与合作伙伴的网络整合，企业可以更有效地拓展新市场或扩大现有市场的影响力。例如，通过与地区性强势分销商的合作，可以快速进入新的市场或加深在现有市场

的渗透。三是资源共享优势。整合外部资源，如原材料供应、制造能力、营销渠道等，提升资源利用效率。例如，与供应商建立长期合作关系，共享库存和物流系统，可以降低成本并提高供应链的响应速度。四是品牌联合优势。通过与其他品牌联合推广和市场营销活动，可以提升品牌知名度和市场影响力。例如，与互补品牌的联合营销活动，可以扩大品牌的受众群体并增加市场影响力。五是风险分散优势。通过与多方合作伙伴的合作，分散市场和运营风险。例如，在面对市场波动或经济不确定性时，与多个合作伙伴的合作可以减少对单一市场或客户的依赖，降低风险。

整合外部的生态资源，使企业能够更加灵活和高效地应对市场变化，同时提升自身在技术、市场、资源、品牌和风险管理等方面的竞争优势。

七、构建商业环境中卓越的生态体模式

在商业环境中，优化生态体有以下几种常见模式：一是合作生态模式。企业与多个合作伙伴建立合作关系，包括供应商、分销商、服务提供商等。这种模式强调共赢和资源共享，通过紧密的合作关系实现互利共赢。二是开放式平台模式。企业建立一个开放的平台，邀请外部合作伙伴加入并共同创造价值。例如，技术公司创建开放的软件开发平台，邀请第三方开发者开发应用程序。三是生态链整合模式。企业关注整个供应链的优化，从原材料供应商到终端客户，整合生态链上的所有环节。通过整合，企业可以提升供应链效率和响应速度。四是共创生态模式。企业与合作伙伴共同参与新产品或服务的研发和创新。这种模式通常涉及密切的合作关系和共享的研发资源。五是垂直整合模式。企业通过并购或合作，控制供应链上下游的不同环节，例如从原材料采购到产品制造再到销售的全链条控制。六是跨界合作模式。企业与不同行业的公司合作，以获取新的市场机会或技术优势。例如，汽车制造商与科技公司合作开发智能汽车。七是生态协同模式。在这种模式中，企业与其生态体内的其他企业协同运作，共同对抗竞争对手，通过协同合作获得更大的市场份额和竞争力。

每种模式都有其独特的优势和适用场景，企业应根据自身的业务特性和市场环境选择最合适的生态体优化模式。

第四节　争取联盟体

这里所讲的联盟体，主要是科技或行业联盟体，科技或行业联盟体是指企业

之间为共同的技术目标或行业发展目标而建立的合作关系。这种联盟通常涉及共享资源、知识、技术和市场渠道，以增强成员之间的协同效应和创新能力。科技或行业联盟体的目的通常是促进技术发展、标准制定、市场扩张或应对共同的竞争挑战。

科技或行业联盟体可以被比喻为一个“演奏乐队”。每个联盟体成员就像乐队中的一个音乐家，他们各自擅长不同的乐器。虽然他们的技能和专长各不相同，但当他们协调一致、和谐地合作时，就能创造出令人印象深刻的交响乐。在乐队中，小提琴、铜管乐器、打击乐器等虽各有所长，只有通过精心的组合和协作，才能演奏出完整的乐章。同样地，在科技或行业联盟中，每个企业或组织都贡献自己的专业知识和资源，通过共同努力，实现技术创新、市场拓展或行业发展等目标。

例如，全球半导体联盟（GSA）。GSA 是一个全球性的行业联盟，成员包括半导体公司、设备制造商、材料供应商、软件供应商等。这个联盟推动了半导体行业的技术发展和标准制定，成员间共享市场洞察、研发资源和制造能力，以加速新技术的商业化。

开放移动联盟（OMA）。OMA 是一个国际性的行业联盟，由手机制造商、移动运营商、软件供应商等组成，旨在开发移动通信技术标准。这个联盟通过制定共同的技术规范和协议，促进了移动设备和服务的互操作性和创新。

绿色能源技术联盟。即多家致力于绿色能源技术的公司（如风能、太阳能生产商）组成联盟，共同研发更高效的清洁能源技术，推动环保标准的建立，共同在全球市场上推广绿色能源解决方案。

这些联盟体不仅促进了成员间的协作和知识共享，还提高了整个行业的竞争力，推动了技术创新和市场发展。

一、企业与研究机构的联盟合作模式

企业与研究机构的联盟合作模式是一种有效的战略伙伴关系，旨在结合企业的市场经验和研究机构的科研能力，以促进技术创新和商业发展。这种合作模式具有多种形式，可以根据双方的需求和目标进行定制。一是联合研发。企业与研究机构共同开展研发项目，可以集中资源解决特定的技术难题或开发新产品。二是技术转让和许可。研究机构将其科研成果转让或授权给企业，企业可以利用这些技术改进产品或开拓新的市场。三是孵化器和加速器程序。研究机构提供孵化器或加速器服务，帮助企业在早期发展阶段成长，包括提供办公空间、技术支持、培训和融资等。四是共享资源和设施。企业可以使用研究机构的实验室、设备和其他资源，有助于降低企业的研发成本和风险。五是人才交流和合作培训。企业与研究机构在人才培养和知识交流方面合作，有助于提升企业团队的技术能力和创新思维。六是咨询和专家服务。研究机构为企业提供专业的咨询服务，帮助企业解决特定的技术或管理问题。七是战略合作项目。企业与研究机构在长期项目上建立战略伙伴关系，旨在共同探索新的市场机会或技术领域。

这些合作模式能够帮助企业加速创新过程，降低研发成本和风险，同时为研究机构提供实际应用场景，促进科研成果的转化。成功的合作关系需要基于双方的互信和共赢原则，明确合作目标，有效沟通和协调，以及建立适当的知识产权保护和利益分配机制。

二、海尔集团与清华大学的联盟合作案例分析

海尔集团与清华大学在智能家居和物联网技术领域的合作是一个展示产学研结合优势的典型案例。一是合作内容。智能家电的研发，聚焦于开发具有高度智能化和互联网连接功能的家用电器，如智能冰箱、洗衣机、空调等。物联网技术应用，探索如何将物联网技术整合到家电产品中，实现设备间的智能连接和数据共享。用户体验优化，研究如何通过智能技术提升用户的使用体验，包括个性化服务、远程控制、自动故障诊断等。可持续发展技术，研究在智能家居产品中应用环保和节能技术，以促进可持续发展。二是合作目标。技术领先，将海尔集团在智能家居领域的产品推向技术前沿，保持其市场领导地位。市场拓展，通过创新产品吸引更多消费者，拓展智能家居市场。行业标准制定，在智能家居和物联网领域设立新的技术和服务标准。三是合作形式。共建研发中心，成立专门的联合研发中心，作为合作项目的主要基地。人才培养与交流，包括学生实习、联合研究项目和技术人员交流等。共同科研项目，在特定的技术领域开展具体的研究项目，如智能控制系统的研发。四是合作优势。创新驱动，结合清华大学的科研能力和海尔在家电制造方面的实践经验，共同推动产品和技术的创新。品牌提升，这种高水平的合作有助于提升海尔在智能家居领域的品牌形象。市场竞争力增强，通过研发更先进的智能家居产品，提升海尔在国内外市场的竞争力。行业发展推动，为智能家居和物联网行业的发展贡献先进技术和创新思路。

海尔集团与清华大学的这一合作模式不仅促进了技术创新，还为企业发展和学术研究带来了共赢的成果，展示了高校与企业合作的巨大潜力。

三、谷歌与斯坦福大学的联盟合作案例

谷歌与斯坦福大学的合作是技术与学术界联手的典范，尤其在计算机视觉、深度学习和自然语言处理等人工智能领域。一是合作内容。计算机视觉研究，开发更先进的图像识别和处理技术，应用于谷歌的产品中，如谷歌照片和视频分析工具。深度学习技术，联合研究深度学习算法，以提升机器学习模型的准确性和效率，应用于各种谷歌服务，包括搜索引擎和语音识别。自然语言处理，开发能够更好理解和处理自然语言的算法，以改进谷歌搜索和其他文本相关的产品。二是合作目标。技术创新，将斯坦福大学的前沿研究成果转化为实际可用的技术，推动谷歌产品和服务的创新。改善用户体验，通过引入更高级的 AI 技术，提升用户在使用谷歌产品时的体验，如提供更准确的搜索结果和更自然的交互方式。推动 AI 发展，共同推动人工智能领域的发展，特别是在学术研究和商业应用之间架起桥梁。三是合作形式。联合研究项目，在特定的科研项目中共同投入资源和专业知识。学术交流与合作，包括技术研讨会、研究论文的共同撰写和科研成果的共享。人才培养和流动，为斯坦福大学的学生提供实习和工作机会，同时谷歌能够从大学获得高质量的人才资源。四是合作优势。加速研发进程，结合斯坦福大学的学术力量和谷歌的实践经验，加快从理论到产品的转化速度。提升技术水平，通过合作，谷歌可以利用最新的科研成果来提升其产品和服务的技术水平。促进学术应用，为斯坦福大学提供将其研究成果应用于实际问题的机会，增强研究的实用性和影响力。

这种合作模式不仅推动了人工智能技术的发展，也为商业和学术界提供了互利共赢的合作范例。

四、中小企业与研究机构的联盟合作优势

中小企业与研究机构的联盟合作可以带来许多优势，特别是在加速技术创新、提升产品质量和增强市场竞争力方面。一是获取最新科技和研究成果。中小企业通过与研究机构的合作，能够接触到最新的科学研究和技术成果，从而提高产品和服务的技术水平。二是增强研发能力。许多中小企业可能缺乏足够的研发资源，合作可以使它们利用研究机构的设备、实验室和专业知识，增强自身的研发能力。三是节省成本和时间。自主进行研发需要大量的时间和资金投入，与研究机构合作，可以共享资源，降低研发成本，加速产品开发过程。四是风险分担。研发新产品或新技术往往伴随着高风险，合作可以使风险分摊，降低单个企业承担的风险。五是增强市场竞争力。通过引入创新技术和改进产品，中小企业

可以在市场上获得更强的竞争优势。六是促进人才发展。这种合作可以帮助中小企业吸引和培养高素质的技术人才。七是提升企业品牌形象。与知名研究机构的合作可以提高企业的品牌形象，增强其在市场上的可信度和吸引力。八是拓展合作网络。通过与研究机构的合作，中小企业可以接触到更广泛的行业网络，包括潜在的合作伙伴、供应商和客户。

中小企业与研究机构的联盟合作为双方提供了实现共同目标的途径，特别是在技术创新和市场发展方面。这种合作模式对资源有限但寻求快速发展和技术升级的中小企业来说尤为重要。

五、企业与研究机构的联盟合作新趋势

企业与研究机构的联盟合作目前正展现出一些新趋势，这些变化反映了快速进步的科技环境和不断变化的市场需求。一是跨学科合作。随着科学和技术的发展，越来越多的创新需要跨学科的知识和技能。因此，企业与研究机构之间的合作越来越倾向于跨学科项目，如结合生物技术、材料科学和信息技术等领域的研究。二是开放创新模式。传统的封闭式研发正逐渐转向开放创新。越来越多的企业不仅与外部的科研机构合作，还通过开源平台、众包和合作网络来共享知识和资源。三是数据驱动的研究。随着大数据和人工智能技术的发展，数据驱动的研究成为新趋势。企业与研究机构在数据分析、机器学习等领域的合作日益增加。四是持续合作关系。相较于短期的项目合作，长期的战略伙伴关系正变得更加重要。这种长期合作有助于企业和研究机构共同面对快速变化的技术和市场环境。五是注重知识产权和商业化。随着技术转移和商业化的重要性日益增强，企业与研究机构在合作时越来越注重知识产权的保护和成果的商业化潜力。六是可持续发展和社会责任。企业和研究机构开始更多地关注其合作对社会和环境的影响，可持续发展成为合作项目的重要考虑因素。七是国际合作网络。随着全球化的加深，企业与研究机构的合作正变得越来越国际化。这种趋势不仅增加了合作的多样性，还扩大了创新的影响范围。

这些趋势表明，企业与研究机构的联盟合作正变得更加动态、开放和多元化，这为双方提供了更广阔的创新空间和更大的发展潜力。

六、企业联盟体的潜在优势与特点

联盟体或者称作企业联盟体，是多个组织基于共同目标和利益而建立的合作关系。企业联盟体具有多种潜在优势和特点，能够为成员企业带来显著的益处。一是资源共享。联盟体成员能够共享关键资源，如资金、技术、市场渠道等。这

类似于大脑的神经元，每个神经元虽然只贡献一小部分，但合在一起则构成了强大的网络。二是风险分摊。在联盟体中，各成员企业共同分摊风险。这好比攀岩者通过绳子相连，单个成员的风险被整个团队分摊，减少了单独面对风险的压力。三是市场和技术协同。联盟体中的每个成员都可以在市场开发和技术创新方面发挥自己的特长，就像乐队中每个乐器都发挥其独特的声音，合作产生协同效应。四是提高竞争优势。通过成员间的紧密协作，企业联盟体能够增强整体的竞争能力。这与足球比赛中的团队协作相似，虽然每个球员都有自己的技能，但只有团队合作才能发挥整体优势。

联盟体的特点：一是多样性，联盟体的成员通常来自不同的行业或领域，这样的多样性提供了不同的视角和技能。二是目标导向性，所有成员都围绕共同的目标或项目进行合作。这种目标导向性有助于成员集中精力和资源以实现共同的目的。三是动态性，联盟体的结构和成员关系可能会根据目标和市场条件的变化而变化，这种灵活性是应对市场变化的关键。

企业联盟体不仅能够增强成员企业的战略能力，还能够提供可持续的竞争优势，特别是在快速变化和高度竞争的市场环境中。联盟促进了技术和知识的交流，加速了创新的步伐，并使企业能够共同应对技术快速变化的挑战。通过结盟，企业能够共同对抗更强的竞争对手，增强其在市场中的竞争地位。

第五节　吸纳融资体

融资体可被比喻为企业的“生命线”或“血液系统”。正如人体依赖血液循环来输送氧气和养分以维持生命活动一样，企业也依赖融资体提供必要的资金，支持其运营、增长和扩张。有效的融资体就像健康的血液循环，确保企业获得足够的“营养”以维持其活力和发展。融资体是指企业融资能力，包括企业的融资渠道、融资方式、融资成本等。融资体可以为企业提供资金支持，帮助企业扩大规模、提升技术水平、增强市场竞争力。融资体对企业的发展和扩张至关重要，可以支持企业的研发、生产、营销等各项活动。企业可以获取充足的资金支持，用于技术研发、市场推广等方面，从而提高企业的竞争力和市场地位。这部分内容在第四章进行了详细的介绍。

融资体的功能如图 7-2 所示。

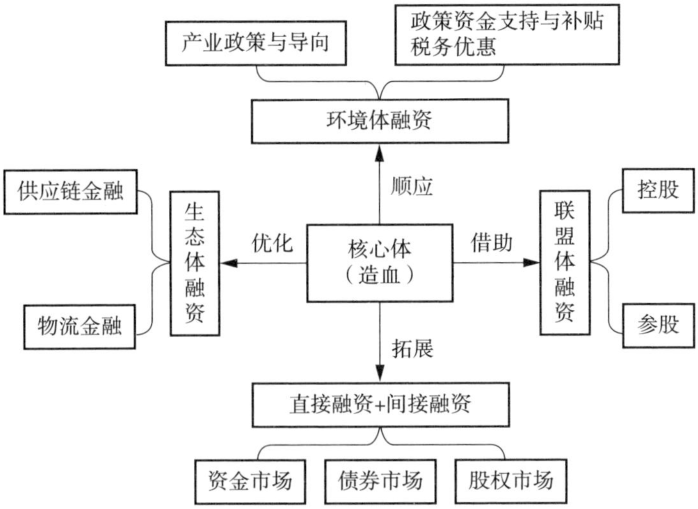

图 7-2 融资体的功能

一、融资体是云海战略构建竞争优势的重要资源

融资体在云海战略中扮演着构建竞争优势的重要角色。作为一种综合性的战略框架，云海战略强调利用多元化的资源来建立和维护竞争优势，其中融资体是支持企业发展和创新的关键组成部分。

为何融资体是关键资源？一是资金支持创新和扩张。无论是研发新产品、拓展市场还是收购并购，足够的资金支持都是必不可少的。融资体为企业提供了实现这些目标的财务基础。二是提高市场适应性。在快速变化的市场环境中，有效的融资体可以帮助企业快速适应市场变化，如通过快速获得资金以应对突发市场机会或危机。三是促进长期战略规划。稳健的融资体支持企业进行长期的战略规划和投资，而不是仅专注于短期收益。四是增强投资者和市场信心。一个强大的融资体可以提振投资者和市场对企业未来发展的信心，有助于提高企业股价和品牌价值。

融资体的构建和管理：一是多元化融资渠道，包括自有资金、银行贷款、风险投资、天使投资等，多元化的融资渠道可以降低资金来源的风险。二是平衡成本和收益，在融资决策时考虑资金成本和预期收益，寻求最优融资结构。三是与业务战略相协调，确保融资决策与企业的整体业务战略和目标相一致。

二、与商业银行通过战略合作提升融资优势

企业与多家商业银行建立战略合作，以提升融资优势。一是多样化融资渠

道。与不同的商业银行合作可以为企业提供多种融资选项，包括长短期贷款、信用额度和特殊融资产品。二是利率和条件优势。与多家银行建立良好的合作关系可以帮助企业争取到更优惠的利率和灵活的还款条件。三是提高信用度。与知名商业银行的合作有助于提升企业的市场信誉，吸引更多的投资者和合作伙伴。四是风险分散。通过与多家银行合作，企业可以分散融资风险，避免过度依赖单一金融机构。五是获取专业建议和支持。商业银行通常会提供财务咨询和专业建议，帮助企业优化融资结构和改善财务管理。六是政府补贴和税收优惠。在某些情况下，企业与商业银行合作会获得政府提供的财政补贴或税收优惠，特别是那些能够促进地方经济发展、创造就业机会或涉及重要技术创新的项目。

为实现这些优势，企业需要维护与银行的长期合作关系，并根据自身发展阶段和资金需求选择合适的银行伙伴。

三、中小企业怎样增强融资体的竞争优势

中小企业增强融资体的竞争优势需要采取一系列适应性和创新性的策略，以应对资源有限和市场准入障碍等挑战。一是多元化融资渠道。除了传统的银行贷款，中小企业还应探索其他融资方式，如天使投资、风险投资、众筹、小额贷款和政府资助计划等。这些渠道可以提供不同的资金来源和条件，帮助企业更好地适应市场变化。二是建立良好的财务记录和透明度。通过维护清晰、透明的财务记录，提高财务报告的质量和可靠性，可以增加投资者和贷方的信任，提高融资成功率。三是加强与金融机构的关系。与当地银行和金融机构建立良好的关系，可以帮助企业更好地理解融资产品，并获得更优惠的融资条件。四是探索政府和行业特定的补贴和贷款。政府和行业组织往往为中小企业提供特定的资助、贷款和税收优惠。了解并申请这些支持可以降低融资成本。五是加强内部资本管理。通过优化现金流管理、减少不必要的支出和增加收入来源，可以提高企业的自我融资能力。六是强化商业计划和增值提案。制订清晰、可行的商业计划，并向潜在的投资者和贷方展示其增值潜力，可以提高融资成功的可能性。七是利用数字化工具。应用财务管理软件和其他数字化工具可以提高企业的财务管理效率和透明度，为投资者和贷方提供准确的财务数据。八是建立品牌和市场声誉。通过有效的市场营销和品牌建设，提高企业在市场上的知名度和信誉，可以吸引更多的投资者和贷方。九是展示创新能力和增长潜力。通过展示企业的创新能力和长期增长潜力，可以吸引风险投资和天使投资等寻求高回报的投资者。十是灵活应对市场变化。通过持续监测市场和经济趋势，及时调整融资策略和商业模式，可以

在不断变化的市场环境中保持竞争力。中小企业需要采取综合策略，强化内部管理，拓宽外部融资渠道，并展现其长期增长的潜力，以增强融资体的竞争优势。

四、初创企业怎样提升融资能力

初创企业提升融资能力是实现持续发展的关键。一是制订清晰的商业计划，确保企业有一个详细的商业计划书，阐明企业的商业模式、市场分析、产品或服务、营销策略、财务预测及团队介绍。这是吸引投资者的基础。二是了解不同的融资渠道，熟悉各种融资方式，如天使投资、风险投资、政府资助、债务融资等，并了解它们的利弊。三是明确资金用途，不仅能提振潜在投资者或贷款者的信心，还有助于企业更高效地利用资金以实现业务目标。四是精简并专注于核心优势，突出企业的核心竞争力和差异化优势，以及了解为什么企业能在市场上脱颖而出。五是提升财务透明度，保持清晰、透明的财务记录，这不仅有助于内部管理，也是吸引外部投资的关键。六是有效利用已有资源，在融资前尽可能高效地利用现有资源，显示出企业的成本意识和资金管理能力。七是制订适应市场变化的计划，展示企业对市场变化的理解和应对方法，表明企业能够适应不确定的市场环境。八是提升沟通和演讲技巧，在与潜在投资者交流时，清晰、自信地表达商业愿景和战略是至关重要的。九是建立强大的团队，构建一个技能互补的团队。投资者或贷款者通常不仅看企业现实与未来的经营发展，也分析与评估企业团队的执行力。初创企业提升融资能力的关键在于准备好一个有说服力的商业计划，建立一个强大的团队，有效地展示其市场潜力，并通过多种渠道寻求融资。

五、陷于困境的企业积极解决融资难的问题

陷入困境的企业在寻求融资时面临许多挑战，如信用评级下降、投资者信心不足等。然而，通过一系列策略和调整，企业仍有可能解决融资难题并逐步恢复稳定。一是重组财务状况。成本削减，审查并削减非必要的开支，提高财务效率。资产重组，出售非核心资产以筹集资金，集中资源于核心业务。二是重新制定业务战略。业务重点调整，重新评估和调整业务模式，专注于最有盈利潜力的领域。市场定位，重新定位企业在市场中的角色，探索新的收入来源。三是提高透明度和信任。增强沟通，与债权人、投资者和其他利益相关者保持开放和诚实的沟通。透明财务报告，提供详细的财务状况和业务计划报告，增强外部利益相关者的信任。四是探索替代融资渠道。政府援助和补贴，寻求政府的贷款、补贴或税收优惠。债务重组，与债权人协商以改善还款条件，减轻财务压力。私募股

权和战略投资者，寻求私募股权基金或行业内的战略投资者支持。五是加强管理和运营。改善管理，强化管理团队，优化运营，改善内部流程和运营效率，降低成本。

陷入困境的企业需要综合运用多种策略来解决融资难题。这包括财务和业务上的调整、增强信任和透明度、探索新的融资渠道，以及改善管理和运营效率。通过这些措施，企业可以逐步恢复稳定并重获融资能力。

六、强化核心体竞争实力可以增强融资优势

为了强化核心体的竞争实力并增强融资优势，企业应注意以下几个方面：一是提升技术和创新能力，企业应不断投资于研发，提升技术水平和创新能力。高水平的技术和创新能力可以吸引投资者，提高融资成功的可能性。二是优化产品和服务，通过改进产品和服务质量来满足市场需求，提升客户满意度。优质的产品和服务能够增加企业的市场份额，提高盈利能力，这对融资是极具吸引力的。三是加强品牌建设，强大的品牌可以提升企业的市场地位，增加客户忠诚度。一个有影响力的品牌有助于企业获得更好的融资条件。四是提高运营效率，通过优化内部管理和运营流程，提高企业的运营效率。高效的运营可以降低成本、提升盈利能力，从而增强融资能力。五是加强财务管理，保持良好的财务状况，如稳定的现金流、合理的财务杠杆和健康的财务结构。良好的财务表现可以增加投资者的信心，有利于融资。六是建立强大的管理团队，培养和吸引具有战略视野的高素质管理团队。有效的领导和管理对企业成功至关重要。七是积极寻求战略合作伙伴，与其他企业建立合作关系，共同开发市场和技术，共享资源，降低运营风险。八是强化风险管理和应对策略，建立有效的风险管理体系，制定应对市场变化的策略，提高企业应对不确定性的能力。通过一系列的管理举措，企业不仅能够提升自身的核心竞争实力，还能增强对外融资的吸引力，从而为未来的持续发展和扩张提供坚实的资金基础。

七、多渠道地吸纳融资可以增强企业的竞争优势

为了增强竞争优势，企业需要通过多渠道吸纳融资，建立一个稳健和多元化的融资体系。每种融资方式都有其优势和风险，企业在选择融资渠道时需要考虑自身的财务状况、发展阶段和具体需求。多渠道融资策略可以帮助企业分散融资风险，并提供更大的财务灵活性。一是多元化融资渠道，包括内部融资，如利润再投资，这是最基本的融资方式，可以降低对外部资金的依赖。银行贷款，传统但有效的融资方式，适合稳定运营的企业。非传统融资渠道，如供应链融资、应

收账款融资等，这些方法可以帮助企业基于其运营活动获取资金。融资租赁，需要昂贵设备的企业，可以通过融资租赁而不是直接购买来降低前期资本支出。股权融资和天使投资，适用于初创企业和快速成长期企业。债务融资，发行债券或通过其他方式进行债务融资。政府补贴和贷款，主要用于研发密集型或高新技术企业。二是优化融资结构，进行融资成本和风险评估，分析不同融资方式的成本和风险，找到最合适的资金组合，使融资渠道与业务战略相一致，确保融资计划支持并符合公司的总体业务战略。三是提高财务透明度和管理效率，建立良好的财务记录，保持清晰、透明的财务记录和报告，增强投资者和贷款机构的信心。建立有效的财务管理，优化资产负债表，提高资金使用效率。四是加强关系和信誉建设，与投资者建立良好的关系，定期与投资者沟通，建立信任和透明度。提高信用评级，维护良好的信用记录，以获得更有利的融资条件。通过多渠道融资，企业不仅能够获得资金上的支持，还能降低因依赖单一融资渠道带来的风险，从而增强其在市场中的竞争优势。

第六节　顺应环境体

环境体可以被比喻为企业航行的海洋。在这片海洋中，不同的风向代表政策法规的变化，海流的变化象征着经济形势的起伏，而水温的变化反映了社会文化和技术发展的变动。正如船只必须根据这些条件调整航向一样，企业也需要根据环境体的变化调整自己的战略方向。环境体也就是企业所处的外部环境，包括经济环境、政策环境、技术环境等。环境体的变化会影响企业的经营状况和竞争优势，因此企业需要密切关注环境的变化，及时调整战略和策略。企业需要不断适应和响应外部环境的变化。

一、环境体是构成企业竞争优势的重要资源

环境体可被看作营商环境，它在构成企业竞争优势方面扮演着关键角色，很好地体现了“天时、地利、人和”的原则。一是天时（政策和市场趋势）。环境体中的“天时”代表了企业所处的宏观环境，包括行业政策、市场趋势、经济状况等。企业需要密切关注并遵循政策导向，准确把握市场脉搏，利用宏观经济环境的优势，以做出明智的战略规划和决策。二是地利（地理和市场位置）。环境体的“地利”涉及企业的地理位置和市场定位。企业需选择合适的地理位置以优化物流、降低成本，并根据其市场定位来适应不同的消费群体和市场需求。三是

人和（社会文化和关系网）。环境体中的“人和”指的是社会文化环境和人际关系网。企业应理解和尊重当地文化习俗，建立良好的社会关系网络，这有助于增进客户忠诚度、改善公共关系和构建合作伙伴关系。

企业成功的关键在于如何有效地融入和利用这些环境条件，以实现其商业目标。在竞争激烈的市场中，企业必须充分利用环境体提供的各类资源和机遇，这对企业的长远发展至关重要。

二、企业在不同环境中的差异化竞争优势

一个企业在不同的环境中所表现出的竞争优势有所不同。环境因素对企业的影响是多方面的：一是市场环境。在不同的市场环境中，企业的产品或服务可能面临不同的需求和接受度。例如，同一产品在一个市场可能因为符合当地消费者的偏好而广受欢迎，在另一个市场则可能需求有限。二是政策法规。不同地区的政策法规对企业的运营影响深远。在有些区域，政策可能支持企业发展，提供税收优惠、补贴等；而在其他地区，企业可能面临严格的监管和税收。三是文化差异。文化因素在区域市场尤为重要。不同的文化背景意味着不同的消费习惯和商业习俗，企业需要适应这些差异以在当地市场获得优势。四是经济条件。经济发展水平、金融聚集状况等经济因素也会影响企业的竞争优势。在经济发达地区，企业可能因为购买力强而获益；在发展中地区，成本优势可能更受重视。五是技术环境。科技发展水平不同的地区可能需要不同的产品技术配置。在技术先进的地区，企业需要不断创新以保持竞争力；在技术落后的地区，可靠和适用的产品可能更受欢迎。企业需要根据所处的具体环境，评估和调整自己的战略，以最大限度地发挥自己的竞争优势。

三、不同的区域环境具有不同的初创科技企业发展土壤

科技企业的发展受多种因素影响，其中地理位置是一个关键因素。某些区域由于其特性和资源，更适合科技企业的发展。这些区域通常具备以下特点：一是强大的技术基础和研发环境。一些地区拥有先进的科研机构、大学和实验室，提供了强大的技术支持和研发环境。二是资本丰富。资金是推动科技创新的重要因素，因此，那些拥有活跃的风险资本市场和投资环境的区域，更适合科技企业的发展。三是政策支持。政府的政策支持对科技企业至关重要，一些地区提供研发补贴、税收优惠和其他激励措施，以促进科技创新和企业发展。四是人才会聚。高素质的人才对科技企业至关重要，拥有丰富人才资源的区域，特别是那些靠近顶尖大学和研究机构的地区，对科技企业尤为有吸引力。五是创业和创新文化。

一些地区拥有浓厚的创新和创业文化，鼓励创新思维和冒险精神，这对科技企业的发展极为有利。六是良好的基础设施。现代化的基础设施，如高速互联网、交通网络、供电稳定性等，对科技企业运营至关重要。七是市场接近性。靠近主要市场或具有高度市场潜力的地区，可以为科技企业提供广阔的商业机会。

对于初创科技企业来说，具有以上几个关键优势，将特别有利于它们的发展和成长，这些区域提供的综合优势，为初创科技企业提供了肥沃的成长土壤，促进了它们的快速发展和技术创新。一个良好的商业环境可以为企业的成长和成功提供必要的资源和条件，使其能够在竞争中保持持续的竞争优势。

四、适合于初创科技企业发展的国内区域案例

国内初创科技企业发展得到了多个区域的有力支持，其中一些区域以其独特的优势成为科技创新的热点。首先，北京中关村被誉为“中国硅谷”，凭借其众多科研机构和顶尖高校，如清华大学和北京大学，为科技初创企业提供了丰富的人才和技术资源。其次，上海张江高科技园区集聚了大量科技企业和研发中心，为初创科技企业创造了丰富的合作机会和良好的技术研发环境。深圳南山区，作为“中国硬件之都”，特别适合硬件相关的科技初创企业，提供了完整的产业链支持，拥有快速的产品迭代能力。杭州则以阿里巴巴为代表，成为互联网和电子商务企业的聚集地，为相关领域的初创科技企业提供了成长的良好环境。成都高新区凭借其优越的地理位置和良好的创业环境，特别是在软件和信息技术领域，吸引了众多初创科技企业。苏州工业园区以其优越的投资环境和政策支持，成为高科技企业和研究机构的聚集地。广州科学城作为中国南部的科技创新中心，其完善的科技园区设施和研发资源，对生物科技、信息技术等领域的初创科技企业具有强大的吸引力。武汉东湖高新区则以光电信息、生物医药为主导产业，集聚了大量科研机构和高校，为初创科技企业提供了良好的技术支持和人才资源。

这些区域通常具有优秀的科研环境、充足的资金支持、活跃的创业氛围和政府的优惠政策，为初创科技企业的成长提供了极大的便利。

五、企业发展怎样选择适合自身的环境体

企业发展选择适合自身的环境是一个关键的战略决策，涉及对外部环境的深入了解和对企业内部资源及能力的准确评估。一是清晰定义企业愿景与目标。这些目标可能包括市场扩张、产品创新、品牌建设等。二是评估内部资源与能力，分析企业的核心竞争力，如技术、人才、管理经验和资金等。了解自身的强项和

短板有助于在外部环境中寻找适合的机会。三是深入研究外部环境，分析目标市场的需求和趋势。了解行业的发展阶段、竞争格局、法规政策等。考虑地理位置对物流、客户接近度、人才获取等方面的影响。研究政府政策、税收优惠、补贴等。四是风险评估，识别和评估潜在风险，包括市场风险、政治风险、技术风险等。五是选择合适的环境，考虑加入行业集群，如科技园区、产业基地等，从中受益于共享资源和协同效应。对于科技型企业，接近研发中心和大学可以带来技术合作和创新激励。考虑到资本的可获取性，金融中心或有丰富融资渠道的区域可能更适合。六是灵活调整战略，市场和环境是不断变化的，企业需要根据外部环境的变化灵活调整自己的战略。七是建立合作网络，积极与外部组织建立合作关系，包括供应商、分销商、行业协会等。

每个企业的情况都是独特的，因此在选择环境时需要根据自身特点和战略目标来进行决策。同时，企业需要持续监测环境变化，根据外部环境的变化调整业务战略和运营模式。

六、企业战略应顺应环境体的变化而变化

企业在制定和调整战略时，顺应环境体的变化至关重要。一是市场和行业分析。企业应定期进行市场和行业分析，以了解当前和未来的趋势、竞争对手的行动、客户需求的变化以及新兴技术的发展。这有助于企业及时调整战略，以应对市场变化。二是灵活的战略规划。企业应采取灵活的战略规划方法，以便快速响应环境变化。这包括设定可调整的目标和计划，以及准备多个战略选择。三是持续创新。在快速变化的环境中，持续创新是企业生存和发展的关键。这不仅包括产品和服务的创新，还包括业务模式、管理方式和技术应用的创新。四是风险管理和应变能力。企业应建立有效的风险管理体系和应急预案，以便在面临不确定性和突发事件时，能够迅速做出反应，并最小化风险。五是培养学习型组织文化。鼓励持续学习和适应性强的组织文化，能够帮助企业更好地应对环境变化。员工的不断学习和成长是企业适应变化的重要资源。六是合理利用技术和数据。利用大数据分析、人工智能等技术，可以帮助企业更好地理解市场动态，预测未来趋势，并做出更加精准的战略决策。七是主动寻求合作和伙伴关系。通过与其他企业、研究机构和政府等建立合作伙伴关系，可以共享资源、技术和信息，增强企业的适应能力和竞争力。

环境体揭示了企业与外部环境之间的复杂动态关系，企业要顺应环境的变化，尤其是政府政策对企业的经营活动具有指导和约束作用。主导企业和中小企业需要根据自身特点和行业特性适应政策变化，实现与外部环境的协同发展。

第七节　数据资产新资源

数据资产好比企业的“黄金矿藏”。这些矿藏蕴藏着巨大的潜在价值，只要能够被正确地开采、加工和精炼，就能为企业带来丰厚的收益和强大的竞争优势。这就要求企业不仅要拥有数据资产，更重要的是要具备挖掘和运用这些数据的能力。

数据资产，可以理解为企业或组织所拥有并管理的一系列价值数据，这些数据涵盖了客户信息、市场趋势、交易记录、生产数据、运营指标等多个方面内容。在当代的商业环境中，数据资产成为一个极为关键的概念，它不是一堆数字和信息的堆砌，而是企业决策、创新和增值的根基。

数据资产的核心在于其能够驱动企业的创新和决策，通过对这些数据的深度分析和利用，企业能够更加精确地洞察市场动态和用户需求，从而提升产品与服务的品质和效率，进一步加强企业的竞争力。这种价值体现不仅在于数据本身所含的信息量，更在于企业如何高效地运用这些数据进行创新和决策，以推动业务的增长和发展。

一、数据资产的类型

数据资产是企业的重要无形资产之一，它可以提供关键的洞察和价值，助力企业做出更明智的决策。数据资产的类型非常多样：一是个人信息，如姓名、联系方式、地址等，还包括顾客的购买记录、偏好和购买周期。二是交互数据，顾客与企业交互的记录，如服务查询、投诉和反馈。三是交易数据，关于产品和服务销售的详细信息，如供应商、库存水平、物流信息等。四是财务数据，企业的收入、成本和利润信息，如预算细节和财务报告，包括利润表和资产负债表。五是运营数据，包括生产流程、产量和质量控制数据，如员工的工作表现、培训记录和职业发展信息。六是市场和研究数据，包括行业趋势、市场规模和消费者行为的数据，以及关于竞争对手的研究和分析数据。七是网络和社交媒体数据，包括来自社交媒体和论坛的数据，如评论和帖子。访问企业网站的用户数据，包括点击率、访问时长等。八是传感器和物联网数据，包括通过传感器收集的设备运行数据，如温度、湿度等环境监测数据。九是法律和合规数据，包括遵守相关法规的记录和数据，以及与客户、供应商和其他合作伙伴的合同信息。

数据资产的有效管理和分析对企业的战略规划、运营优化和客户关系管理等至关重要。随着数据科技的发展，越来越多的企业开始重视数据资产的收集、存储、分析和保护。

二、数据资产适合于哪些行业的企业

数据资产对几乎所有行业的企业来说都具有极大的价值，因为通过收集、分析和应用数据，企业可以在不同方面提高效率、优化运营、增强客户体验并推动创新。以下是九个典型行业，其中数据资产尤为重要。一是电子商务和零售。数据应用：通过分析客户行为、购买历史和偏好来个性化营销和优化库存管理。数据类型：客户数据、交易数据、市场趋势等。二是金融服务。数据应用：风险评估、信用评分、欺诈检测和市场分析。数据类型：交易数据、客户财务数据、市场数据等。三是制造业。数据应用：优化供应链、生产过程监控、产品质量控制和预测性维护。数据类型：生产数据、传感器数据、供应链数据等。四是医疗保健。数据应用：病例分析、患者护理优化、药物研发和流行病学研究。数据类型：患者健康记录、临床试验数据、流行病学数据等。五是技术和信息服务。数据应用：产品和服务创新、用户体验优化、市场分析和趋势预测。数据类型：用户行为数据、交易数据、反馈和评论等。六是交通和物流。数据应用：路线优化、货物追踪、需求预测和车队管理。数据类型：GPS 数据、运输数据、客户订单数据等。七是能源和公用事业。数据应用：能源需求预测、资源分配优化和可持续发展分析。数据类型：消费数据、环境数据、运营数据等。八是教育。数据应用：学生表现评估、课程优化、教育资源分配。数据类型：学生表现数据、教学资源使用数据、教育成效数据等。九是媒体和娱乐。数据应用：内容定制、受众分析、广告优化。数据类型：用户观看习惯、互动数据、市场趋势等。

在当前的数据驱动时代，几乎所有行业的企业都可以从数据资产中获益，无论是通过提高运营效率、提升客户体验，还是通过数据驱动的决策来寻找新的商业机会，重要的是要有能力、有效地收集、处理和分析数据，以从中提取价值。

三、数据资产是企业核心体的重要资源

数据资产构成了企业核心体的重要竞争优势。在当今的数字化时代，数据被视为新型“石油”，对企业来说价值巨大。一是增强决策力，数据资产通过提供精确的市场、客户和业务洞察，帮助企业做出更明智的决策。数据驱动的决策比基于直觉或经验的决策更可靠。二是增强市场洞察力，数据资产可以帮助企业更好地了解市场趋势、消费者需求和竞争环境，从而使企业能够更灵活地调整市场策略。三是优化运营效率，数据分析帮助企业优化流程，提高生产效率，降低运

营成本。四是改进客户体验，企业可以利用客户数据来提高服务质量，提供个性化体验，增强客户满意度和忠诚度。五是风险管理，数据分析可以帮助企业识别和缓解各种业务风险，包括财务风险、市场风险和运营风险。六是创新驱动，企业可以利用数据资产来发现新的业务机会，推动产品和服务的创新。数据资产能够为企业提供独特的市场见解，帮助它们在竞争中保持领先。

因此，数据资产是现代企业竞争中的关键资产，它在企业核心体中发挥着至关重要的作用。企业应重视数据资产的收集、管理和分析，以充分利用，使之成为核心竞争优势的潜力价值。

四、数据资产与五大资源体构建全面竞争优势

数据资产与五大资源体（核心体、生态体、联盟体、融资体和环境体）结合，可以为企业构建全面的竞争优势。一是核心体与数据资产，数据资产强化了企业的核心竞争力。通过高效利用数据分析、市场洞察和产品创新，企业能够不断提升其产品和服务的质量，从而在市场上保持领先地位。二是生态体与数据资产，在生态体中，数据资产促进了更紧密的合作关系。企业通过与合作伙伴共享数据，能够优化整个生态系统的运作，提升供应链效率，加强产品和服务的互补性。三是联盟体与数据资产，在联盟体构建中，数据资产有助于合作伙伴间的信息共享和协同创新。这可以帮助企业拓展新的业务领域，共同应对市场挑战。四是融资体与数据资产，数据资产能提供给投资者和贷款机构更加准确的业务分析和预测，这有助于提高企业吸引投资的能力，拓宽融资渠道。五是环境体与数据资产，企业可以利用数据资产更好地适应和预测外部环境变化，如市场动态、消费者行为、政策法规变化等，从而及时调整其战略，以应对潜在风险和抓住新机遇。

数据资产的有效利用和整合不仅增强了企业在传统资源领域的竞争实力，也为企业在数字化转型和创新方面提供了强大的支撑，使企业在快速变化的市场环境中持续保持竞争优势。

五、数据资产的战略模式新趋势

数据资产的战略模式正在向着更加复杂、综合的方向发展，其中数据驱动型战略和平台型战略是两个关键的趋势。

数据驱动型战略的核心在于利用数据资产来支持和改善企业决策过程，从而提升业务效率和市场竞争力。这种战略模式包含几个关键方面：一是决策支持，利用大数据分析和机器学习技术，从海量数据中提取关键信息，辅助企业做出更

准确的商业决策。二是个性化产品和服务，基于用户数据，创建更加个性化的产品和服务，以满足消费者的特定需求。三是操作效率优化，利用数据分析来优化供应链管理、库存控制、产品设计等业务流程。

平台型战略的目标是构建一个数据生态系统，将不同来源的数据资源整合起来，为用户提供全方位的服务和解决方案。一是数据整合，创建一个统一的平台，汇集来自多个源的数据，提供一站式的数据服务。二是合作共赢，通过与各类合作伙伴共享数据，促进整个生态系统的协同和创新。三是市场拓展，利用平台吸引新的用户群体和合作伙伴，开辟新的市场机会。

在未来的数据资产开发中，我们会看到更多企业结合这两种战略，即在内部采用数据驱动的方法优化自身运营，同时通过外部平台整合更广泛的数据资源，创新商业模式。这种综合应用将使得数据资产战略更加强大和灵活，能够适应不断变化的市场环境和技术进步。

六、数据驱动型战略案例分析

招商银行，作为中国的一家领先商业银行，积极采用数据驱动型战略，以推动业务创新和提升竞争优势。一是客户数据分析。招商银行通过深度分析客户的交易数据和消费行为，形成详尽的客户画像。这些分析能够帮助银行更好地理解客户的金融需求和偏好，并基于此提供个性化服务。二是风险管理。利用先进的数据分析技术，招商银行可以有效监控和评估客户的信用风险和市场风险，及时发现并应对潜在风险，确保银行资产安全和稳健运营。三是产品创新。基于客户数据分析的洞见，招商银行持续推出创新金融产品和服务，以满足客户日益多样化的金融需求，比如智能投资理财产品和个性化信用卡等。四是营销策略。银行通过客户数据分析精准定位目标客户群体，制定个性化营销策略，提升客户满意度和忠诚度，从而有效提高客户参与度和响应率。五是运营效率优化。招商银行通过数据分析优化其业务流程和运营管理，提高效率和效益。数据分析帮助银行识别并解决业务流程中的“瓶颈”，提升运营效率和质量。

招商银行数据驱动型战略的实践，能够更好地满足客户需求，提供更优质的金融服务，同时增强银行的市场竞争力和地位。招商银行的数据驱动型战略是其数字化转型的重要组成部分，通过利用数据来提升决策效率、优化产品和服务，为银行在快速变化的金融市场中保持竞争优势提供了有力支持。

七、云海战略下的数据驱动型竞争优势发展前景

云海战略下的数据驱动型竞争优势发展前景非常广阔，尤其在当前的数智时

代，数据已成为企业战略决策中不可或缺的资源。一是个性化客户体验的提升，通过数据驱动型策略，企业能更准确地分析客户行为和偏好，为客户提供更个性化的服务和产品。这将大幅提升客户满意度和忠诚度，有助于企业在市场上获得更大的竞争优势。二是产品和服务创新，数据分析可以揭示市场趋势和未被满足的客户需求，从而激发新的产品创新和服务优化。在未来，数据驱动的创新将成为企业持续发展的重要动力。三是运营效率的提升，数据驱动策略可以帮助企业优化供应链管理、减少运营成本、提高生产效率。这些改进将有助于企业在激烈的市场竞争中保持领先地位。四是精准营销和市场定位，通过分析消费者数据和市场动态，企业可以更精准地确定目标市场和客户群体，实施有效的营销策略，提高市场渗透率。五是风险管理和决策支持，数据分析能够为企业提供风险预测和管理工具，帮助企业在不确定的市场环境中做出更明智的决策。六是开放式创新和生态系统构建，企业可以通过分享和分析数据，与合作伙伴共同创建强大的业务生态系统。这不仅提升了企业的市场竞争力，还能够通过共享、合作和创新实现共赢。七是数字化转型和领先地位的确立，数据驱动型策略将是企业数字化转型的关键部分，帮助企业在技术和业务模式上保持领先。

随着技术的不断进步和数据分析工具的日益完善，未来企业将更加依赖数据驱动型策略来提升竞争优势。在这个过程中，保护数据安全和隐私、遵守相关法律法规，以及维护数据质量将成为企业面临的重要挑战。

本章深入分析了如何构建云海战略，以及在数智时代如何构建综合竞争优势。该分析涵盖了七个关键维度：一是五大资源的构建与配置，强调企业需要综合考虑核心体、生态体、联盟体、融资体和环境体这五大资源的整合和优化。这一维度的核心在于如何高效利用并协调这些资源，以支持企业的整体战略目标。二是打造核心体，侧重于提升企业的内部核心能力，包括技术实力、创新能力和人才储备。核心体是支持企业持续保持竞争力的基础，需要不断强化和完善。三是优化生态体，这一维度着眼于构建与外部合作伙伴、供应商和客户的良好关系，形成一个协同发展的生态系统。通过资源共享和优势互补，企业能在更广泛的领域中实现创新和增值。四是争取联盟体，聚焦于建立与行业内外伙伴的战略联盟。这些联盟有助于共享知识、技术和资源，同时是企业共同面对市场挑战和开拓新机遇的关键。五是吸纳融资体，涉及如何多渠道融资以支持企业的发展。这包括利用股权融资、债务融资等多元化的融资手段来确保企业有充足的资金支持其战略目标。六是顺应环境体，是指企业如何适应外部环境的变化，包括法规、市场动态、社会文化等因素。企业需要敏锐感知这些变化，以便及时调整战略，以应对市场和行业的变革。七是数据资产新资源，强调数据资产作为一种新兴资源，是在数智时代构建竞争优势的关键。企业需要高效地收集、处理和分析数据，从而在市场洞察、客户行为分析和运营效率提升等方面获得优势。

综合这些维度，云海战略旨在帮助企业通过灵活、创新的方式，在数智时代构建和保持综合竞争优势。这要求企业不仅在技术和数据资产上加大投入，同时需要在组织结构、企业文化和战略合作上做出相应的调整和优化。

第八章

数智化云海战略解读之道

从战略运筹上看企业就是一部百科全书

本章主要内容是对四个经典企业发展史的战略解读，即对这些企业的发展史和方向性战略调整进行分析和阐释的过程。它涉及深入理解这些企业的发展背景、成长环境、核心要素、实施方法以及外部竞争环境对企业的影响等。进行战略解读就像对一幅复杂画作的解析，其中每个颜色、线条和形状都有其特定含义，它们共同构成了整体的画面和故事。

战略解读的目的，主要是确保企业的决策者和执行者对战略有清晰的理解，以便有效地实施这些战略。这包括明确战略的关键要素、目标、资源配置以及预期的战略成果，确保战略与企业的长远发展和市场需求相一致。

战略解读还应包括分析企业内部优势与战略能力、市场环境、潜在风险以及如何有效地整合这些要素以实现战略目标。通过对过去成功或失败的案例进行分析，企业可以从中吸取教训，更好地制定和调整自己的战略。

我们也可以把云海战略解读看成一位经验丰富的天气预报员通过解读各种复杂的气象数据，预测未来的天气变化，帮助人们做出准备和应对措施。同样地，在企业管理中，云海战略解读就是在充分分析企业发展史的基础上，总结或提炼出一套战略理论，提供对未来企业市场和竞争环境的“预报”，帮助企业在变化中找到稳健发展的战略路径。

云海战略解读的实战意义，在于帮助企业领导层更深入地理解市场动态、竞争环境、内部优势、战略能力和潜在风险，从而制定出更加有效的战略决策。它就像一把“锁定未来趋势”的钥匙，打开了企业在复杂环境中稳健前进的大门。

云海战略解读也是对云海战略这一企业战略框架的分析和阐释。这种战略着眼于企业如何通过内部和外部资源的整合，构建竞争优势。它通常包括五个关键组成部分，即核心体、生态体、联盟体、融资体和环境体。这些战略资源协同一致，布局成一个全面的战略体系，支撑企业在激烈的市场竞争中获得不同的竞争优势。

在这里，可以形象地将云海战略比作一艘航船在海上航行。航船（企业）需要一个强大的引擎（核心体），以便在竞争激烈的海域中快速前进。同时，船上需要有一个坚固的结构（生态体）来支撑各种操作，船员（联盟体）之间的合作是至关重要的。航船还需要足够的燃料（融资体）来维持长远的航程，最后，船长（企业领导）需要对天气和海洋状况（环境体）有深刻的理解，以便顺利航行。

假设一家科技企业采用云海战略来提升自身的综合竞争优势。企业首先需要提升自身核心体的竞争优势，核心体关注企业的内部核心能力，包括技术实力、创新能力以及团队专业知识。在数字化时代，这通常涉及利用先进的技术（如人工智能、大数据分析）来优化企业的产品和服务，同时强调内部创新和持续改进。技术创新能力是它的主发动机。通过提高产品质量，加大研发投入，加强专业人才团队战略协同，增强市场竞争的核心实力，该企业在市场上获得并保持技术领先地位。

在此基础上，再谋求外部资源整合的四个竞争优势。一是生态体方面的构建，生态体强调与外部生态系统（包括供应商、客户、合作伙伴等）的紧密联系。企业通过建立开放的生态系统，共享资源，合作创新，实现资源和优势的互补，共同创造价值，形成高效的供应链。二是构建联盟体，联盟体侧重于与行业内外的战略伙伴建立联盟。这包括与其他企业、研究机构等形成战略性合作，共享资源、分担风险，提升整体实力和市场影响力，共同开发新产品和进入新市场。三是融资体方面，融资体涉及企业的资金管理和融资渠道。它通过拓宽多种渠道筹集资金，包括股权融资和合作银行贷款，为创新和扩张提供支持。在数智时代，多元化的融资手段至关重要，以确保企业有足够的资金支持其发展和投资。四是在环境体方面，企业密切关注政策变化和市场趋势，快速适应外部环境的变化。环境体强调企业在外部环境中的适应性和敏感性，考虑法规、政策、社会文化等因素。企业通过有效的战略规划和风险管理，应对外部环境的变化，保持战略灵活性和竞争力。最后，数据资产作为新资源，企业通过分析客户数据和市场数据，提升其战略决策质量和市场反应速度。

云海战略的重点在于充分利用数字化和智能化手段，构建灵活而强大的综合竞争优势这一战略体系。这不仅要求企业内部具备强大的核心能力，还需要企业能够有效地整合外部资源，响应市场和环境的变化。通过这种全方位的战略布局，企业能够在竞争激烈的市场中保持多个方面的竞争优势，实现企业可持续的战略发展。

第一节　中小企业的发展之道——普联软件

中小企业可被比作“在茫茫大海中航行的小船”，需要灵活应对各种挑战，利用其灵活性和创新能力在竞争中不断找到生存和发展的空间。

一、普联软件公司发展史

普联软件公司自 2001 年成立以来，已走过 20 多年的发展历程，其间经历了多次重要的战略转型和业务扩张。以下是普联软件公司发展史。

（一）初创期——专注核心技术的打造与提升（2001—2008 年）

普联软件公司前身为“济南高新通软”，创始人王虎，1950 年 9 月生，清华大学计算机系 1985 级硕士。2001 年，王虎与蔺国强等人一起投资 50 万元创建普联软件，正式从国企“下海”创业。王虎被称为“中国第一代软件人”之一。2001 年 9 月，普联软件公司在济南高新区首批“国家火炬计划软件产业基地”的齐鲁软件园注册成立。2003 年，在发展的困难时期，公司获得了园区济南科技风险投资有限公司资金支持 300 万元，顺利渡过难关。普联软件专注于为大型集团企业提供信息化服务，如集团财务管理、资金管理等。

普联软件公司在纳斯达克上市是其发展历程中的一个关键转折点，也是公司发展轨迹中的一个重要里程碑。2008 年 9 月 9 日，普联软件公司在美国纳斯达克上市，成为济南企业中首家登陆纳斯达克主板的企业。IPO 时募集资金超过 800 万美元，市值达到数亿美元。同年成立普联香港分公司，标志着普联软件公司迈出了国际化步伐，获得了资本市场的认可。

（二）私有化与结构调整（2009—2014 年）

2013 年，从纳斯达克退市并完成私有化，表明公司在应对市场和财务挑战方面采取了灵活的策略。私有化后的结构调整和重点业务的转型，显示了公司适应市场变化的能力。

2014 年完成股改。在此期间，公司加速内部管理和业务结构的调整，以适应市场和战略的变化。这一时期，公司采取了一系列战略行动，通过战略并购和业务整合，显著扩大了其市场影响力和业务范围。普联软件公司是中国石油行业管理软件和服务领域最大的本土供应商之一。

同时，普联软件公司相继在深圳、新疆、成都、巴州等地设立分公司，扩大国内市场的业务覆盖范围，加快国内市场布局，表明了普联软件公司在地域扩张方面的积极策略。普联软件公司成立子公司以更好地管理不同业务领域或区域市场，有助于为特定市场需求提供专业服务。

通过新的子公司和业务扩展，普联软件公司进入新业务领域，展示了公司在产品创新和服务多样化方面的努力，增强了其在软件行业的综合竞争优势。

（三）战略客户拓展与产品创新（2015—2020 年）

2015—2017 年，公司加强产品创新，扩展服务范围，涉足智能化共享服务、大数据应用等新领域。

自 2018 年起，公司加快了对战略客户的拓展，特别是在建筑、石油、化工等领域与中国建筑、中国海油、国家管网等大型央企建立了合作关系。其间，公司的产品和服务从集团财务管控、资金管理、智能化共享服务到大数据应用及信息系统集成等，涉及多个业务领域，展现了其在产品创新和服务深度上的持续进步，构建并完善商业生态系统。通过这些战略措施，公司构建了一个更加完善和多元化的商业生态系统，覆盖了产品开发、销售、服务和技术支持等多个方面。

（四）市场重返与持续增长（2021 年至今）

2021 年 6 月 3 日，普联软件公司在深圳证券交易所成功上市，成为创业板注册制改革后济南市第一家创业板上市企业。公司公开发行股票 2210 万股，募集资金总额约 4.6 亿元，标志着普联软件公司在资本市场的新起点。

2022 年及以后，公司继续深耕于大型集团企业客户市场，通过内生及外延的方式不断拓展产品体系，提升服务质量。公司业务已覆盖石油、化工、建筑、地产及银行、保险等多个行业。

这种积极的市场拓展和生态系统建设，使得公司能够更有效地应对市场的变化和竞争挑战，从而在软件行业中保持领先地位。

（五）核心团队与治理结构

高管稳定性。以董事长蔺国强先生为首的高管团队自公司创立起就加入，保障了公司的稳定发展和决策专业性。

专业能力。高管团队成员具有丰富的相关行业经验，确保了公司战略和业务的高效执行。

普联软件公司持续投入研发。不断探索新技术，以保持其在行业中的技术领先地位。普联软件公司拥有 170 多项软件著作权，获得部级及省市级科技项目近 10 项。多年来研发费用投入持续保持在收入的 10% 以上，2020 年度研发费用超过 5000 万元。

创新文化的培养。普联软件公司通过鼓励创新和奖励创新成果的方式，培养了一种强大的创新文化。

（六）未来挑战与展望

技术创新。随着市场的发展，普联软件公司需要在人工智能、大数据等新兴技术领域持续创新。

市场拓展。公司将面临在全球市场，特别是海外市场的拓展挑战。

行业竞争。面对激烈的行业竞争，普联软件公司需要不断优化其产品和服务，以保持竞争力。

管理挑战。随着公司规模的扩大，普联软件公司需要加强内部管理，提升运营效率。

普联软件公司通过稳健的战略规划、不断的业务创新和有效的管理团队建设，适应市场需求变化，在中国软件服务行业中确立了其重要地位。公司未来的发展将依赖于其如何有效应对技术变革和市场挑战，以及进一步深化和扩大其市场影响力，提升服务质量和客户满意度，以实现可持续发展。

普联软件公司发展历程如图 8-1 所示。

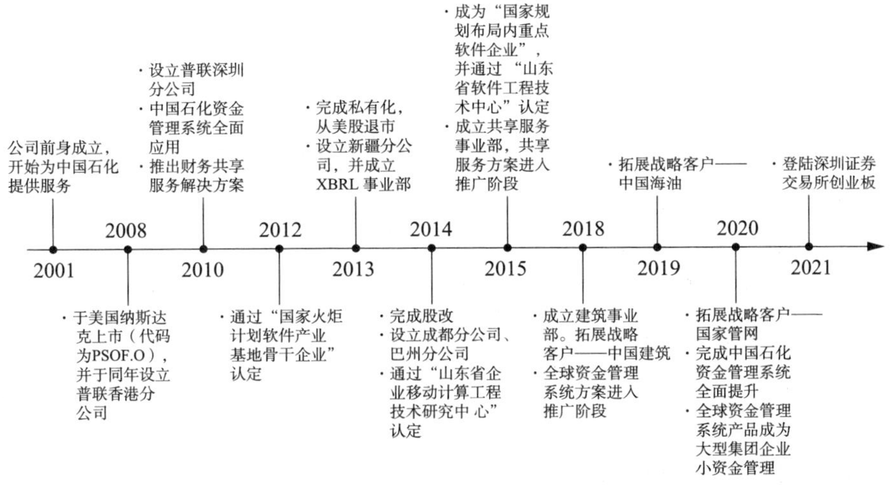

图 8-1　普联软件公司发展历程

资料来源：普联软件公告、普联软件官网、中泰证券研究所。

二、用云海战略体系进行解读

普联软件公司的发展历程是一个典型的国内软件企业艰难成长的故事，运用云海战略体系进行解读，我们可以更深入地了解普联软件公司是如何通过不断的战略调整和业务创新适应市场的变化和挑战的。普联软件公司创业发展的战略路径分析如下。

1. 核心体，技术创新与专业能力

普联软件公司利用 50 万元资本金起家，专注于提升其核心技术能力和产品创新，以确保其在财务信息化软件等核心领域的领先地位。这包括不断研发新技术，提升现有产品的性能，并致力于开发满足大型优质客户需求的定制解决方案。这是公司长久生存与发展的根基，该公司无形资产估值再大，也受制于融资体的限制，难以放大公司的绝对竞争优势。

2. 环境体，灵活应对市场和政策变化

普联软件公司创业地选择了济南省会城市高新区“国家级的软件产业基地”，也就是齐鲁软件园，这是山东区域最好的科技公司环境体，享受相关高新技术产业政策与优惠。由此可见公司注册地选择非常重要。公司紧密关注市场趋势和政策变化，灵活调整其业务策略以适应这些变化。公司通过对市场动态、客户需求和技术趋势的深入分析，制订有效的战略计划，确保在快速变化的市场环境中保持竞争优势。

3. 融资体，多元化的资金渠道

普联软件公司发展的致命“瓶颈”是股权融资，公司经历 20 多年，先后两次上市，可谓波澜起伏、一波三折。股权融资是企业生存与发展的生命线，公司之所以第一次上市选择美国纳斯达克，是因为这个市场对科技企业的估值是非常重要的，标志着普联软件公司迈出了国际化步伐并获得了资本市场的认可。第二次国内上市，也是经历了很多曲折，两次成功上市融资极大地释放或增强了公司的外在竞争优势，构建了绝对竞争实力，也提升了企业在市场的知名度与品牌优势，促进了业务扩张和技术创新。

上市为公司带来了资金和声誉上的显著提升，有助于进一步的业务拓展和技术投资。

4. 联盟体，建立战略伙伴关系

普联软件公司有了融资体的坚实支撑，才开始通过与其他企业，包括同行业和不同行业的战略伙伴建立合作，共同开发新技术，分享市场资源。这些战略联

盟有助于公司更好地适应市场变化，共同探索新的商业机会。

5. 生态体，构建协同的商业网络

通过与多种优质行业的优势客户建立紧密的合作关系，普联软件公司构建了一个互利共赢的商业生态系统。公司与供应商、合作伙伴和客户之间的紧密联系，不仅有助于资源共享和知识转移，还促进了产品和服务的创新。

普联软件公司通过内部核心能力的强化和外部资源的有效整合，在软件行业发展中保持了相对强势的竞争优势。

普联软件公司的发展历程体现了在核心业务上的创新与专注，有效地实现了战略调整和业务创新，建立了强大的市场地位和品牌影响力，显示了其在资本运作和适应外部环境变化方面的灵活性。公司利用资本市场为发展提供动力，同时通过建立战略联盟和生态体系来扩大其市场影响力，这些都是其成功的关键因素。这一发展案例为其他国内科技企业提供了宝贵的战略参考，展示了如何在竞争激烈的市场环境中获得成功。

三、对普联软件公司案例的点评

普联软件公司的案例展示了一家企业如何通过一系列战略举措，经过 20 多年的艰辛发展并获得成功。它的成长轨迹为中小企业提供了重要启示。

第一，重视起步。

起步初期就有明确的发展方向、长远的战略眼光、定位清晰的发展目标、规范的操作流程与严格的标准要求，并根据市场和技术的变化进行及时调整。强化核心竞争实力，建立和提升企业的核心技术和服务优势，不断应对市场变化。利用市场趋势和技术变革为企业发展创造机遇。

第二，注重吸引资本投资。

利用资本市场作为发展的重要渠道，通过上市或吸引投资者来获取资金支持，加速企业发展。充分利用外部资源，建立战略伙伴关系，共享资源和知识。

第三，重视市场定位和品牌建设。

明确市场定位，了解目标客户群体，提供符合其需求的产品和服务。品牌建设，重视品牌形象的建立和维护，通过高质量的产品和服务以及有效的市场传播提升品牌知名度。

第四，融合科技与创新。

科技驱动发展，将科技创新作为驱动企业成长的关键因素，不断投资研发，提升技术实力。响应数字化趋势，紧跟数字化、自动化等技术趋势，通过技术创新提升企业运营效率和市场竞争力。

第五，环境适应性。

关注市场动态，密切关注政治、经济、社会和技术等环境变化，及时调整战略以适应这些变化。文化适应与融合，理解并尊重不同市场和消费者群体的文化差异，制定相应的市场策略。

普联软件公司的成功，证明了中小企业在采取合适的战略和充分利用外部资源时，即使在资源有限的情况下也能实现快速增长和市场竞争力的提升。这为其他中小企业提供了宝贵的参考和借鉴，展示了通过战略思维和创新实践，中小企业完全有可能在竞争激烈的市场环境中获得成功。

第二节　危机企业的化险之道——中国重汽

危机企业可比喻为“在暴风雨中重新扬帆起航”，危机企业的化险之道旨在将危机转化为机遇。

一艘船在狂风暴雨中严重受损，船长和船员必须迅速采取行动修补船只、调整航线，利用风暴后的新风向再次出发。这意味着企业在面对危机时，需要迅速采取措施修正问题、调整策略，并从困境中寻找新的发展机会。通过这样的过程，企业不仅能够存活下来，还可能变得更加强大和有韧性。

一、中国重汽发展史

中国重汽集团的发展历程是中国重型汽车行业的一个缩影，展示了中国在该领域从起步到成熟的整个过程。以下是对中国重汽集团发展史的更详细描述。

（一）破产重组与资本市场步入（2001—2007 年）

2000 年 7 月 25 日，国务院总理朱镕基主持第 74 次总理办公会议，专题研究重汽问题，并形成了会议纪要，主要内容是关于重汽下放和分立重组破产问题。会议决定将重汽集团分为三个部分，分别下放到山东省、陕西省、重庆市管理。主体部分下放山东管理，保留“中国重汽”名称，对下放山东部分参照处置湘潭电缆厂的办法，实施分立、重组、破产，有关银行债务不再实施“债转股”。当时重汽集团资不抵债，属于特困国企，净亏损 70 亿元。国家对新中国重汽按照“彻底解决问题，不留隐患，保证新重汽能够生存发展”的原则，给予五项优惠政策：一是 13 户企业破产，享受国有企业破产政策；二是核销国有银行债务

31.34 亿元；三是核销拖欠税金 3.87 亿元；四是减员分流，国家财政补贴 12 亿元；五是对重汽财务公司，由山东省政府向中国人民银行借款 4.2 亿元转贷给中国重汽。

2000 年 12 月 28 日，经国务院同意，正式批准《关于重汽集团下放山东部分分立重组破产方案的编制》，2001 年 1 月 18 日，中国重型汽车集团有限公司在济南正式宣告成立（以下简称中国重汽），为公司未来的发展奠定了新的基础。

2001 年 3 月 14 日，国务院批准了中国重汽与沃尔沃卡车公司合作生产重型载重汽车可行性研究报告。4 月 26 日，国家计委正式下达关于沃尔沃项目的批文，要求抓紧谈判，力争尽快建设投产。4 月 27 日，中国重汽与清华大学签订了校企合作协议。5 月 21 日，斯太尔飞龙 2000 系列重型车巡展拉开帷幕，中国重汽新产品开发取得阶段性重要成果。

破产重组前的 1983 年，中国重型汽车联营公司（中国重汽的前身）与奥地利斯太尔—戴姆勒—普赫股份公司签订了《重型汽车制造技术转让协议》，引进了斯太尔 91 系列 14~40 吨级重型卡车，还引进了配套的 ZF 变速箱、转向器和富勒变速器，总投资 11.58 亿元。这是新中国历史上第一次全面引进重卡整车技术，全面引进斯太尔技术让中国重型卡车行业彻底走上了正轨，整车生产线由济汽、陕汽和川汽承担，发动机项目由重庆油泵油嘴厂、杭州汽车发动机厂以及潍坊发动机厂承担，变速箱由陕西汽车齿轮总厂（法士特的前身）和綦江齿轮厂承担。1984 年合同生效后，1986 年川汽出产了第一台全散件组装（CKD）的斯太尔，1989 年济汽第一台国产化的斯太尔下线。

重组后的中国重汽的核心技术就是在这个基础上开始不断打造、继承与创新的，形成了具有自主知识产权和自主品牌的 HOWO 卡车，其出口量逐年提升，品牌效应日益明显。SINOTRUK（意为中国的卡车）国际市场知名度越来越高，品牌估值达 30 亿元。

2002 年 10 月 11 日，中国重汽借鉴欧洲当代技术，正式推出拥有自主知识产权的精品汽车——“斯太尔王”系列汽车。

2002 年 10 月 14 日，中国重汽与沃尔沃卡车公司在北京草签了合资合作协议。2003 年 6 月 9 日，中国重汽与沃尔沃卡车公司重型汽车合资项目在北京正式签约。6 月 30 日，商务部批准了中国重汽与沃尔沃合资合作合同。7 月 10 日，合资企业济南华沃卡车有限公司成立。2004 年 3 月 31 日，济南华沃卡车有限公司举行隆重的开业仪式，同日，本土生产的第一辆沃尔沃重型卡车在济南华沃卡车有限公司下线。

2002 年 12 月 18 日，中国重汽召开 2003 年商务大会，做强做大销售网络。

2003 年 10 月 9 日，中国重汽与德国 MAN 公司合作开发的“黄河王子”顺利下线。11 月 20 日，中国科学院与中国重汽签署建立战略合作关系的框架协议。

2003 年 12 月 18 日，中国证监会正式批准中国重汽重组山东小鸭电器方案，中国重汽开始进入资本市场。2004 年 2 月 12 日，经深圳证券交易所核准，山东小鸭电器股份有限公司变更为中国重型汽车集团济南卡车股份有限公司，简称由小鸭电器变更为中国重汽。

2004 年 6 月 16 日，商务部批准中国重汽在香港成立中国重汽（香港）国际资本有限公司。8 月 31 日，在国家发展和改革委员会公布的、由国家认定的企业技术中心评价中，中国重汽技术发展中心由第 175 位跃居第 33 位，超过一汽集团、东风集团而名列行业前茅。

2004 年 10 月 28 日，代表国内重型汽车最先进水平的 HOWO7 系列重卡在中国重汽下线。这不仅标志着我国的重型汽车整车技术开始与国际重型汽车先进技术接轨，也标志着中国重型汽车行业整体水平的提升。该系列重卡的成功推出，为中国重汽在国内外市场上赢得了更多的认可和市场份额。

2005 年中国重汽短期融资券发行 10 亿元。2006 年续发 10 亿元。

2005 年，中国重汽研制开发了 HOWO8 系列（欧 3 达标）、金王子、豪骏、黄河将军等系列车型。2006 年 4 月 18 日，中国重汽集团济南动力有限公司在济南成立。具有国际先进水平的重型汽车发动机生产线正式投入运行。

2007 年，产销量突破 10 万辆，2007 年 11 月 28 日，中国重汽集团以红筹形式在香港主板上市，上市公司名为中国重汽（香港）有限公司，股票代码为 3808，面向全球公开发售，首期融资 99.5 亿港元，成为国内制造业第一只在香港上市的红筹股。

上市为中国重汽带来了新的资金来源，支持了其进一步的技术升级和市场拓展。

（二）技术合作与品牌发展（2008—2016 年）

2009 年 7 月 15 日，中国重汽与德国 MAN 公司签署协议，双方将在技术和资本层面进行长期战略合作，并签署了包括股东协议、技术许可协议、股份购买协议、可转换债券认购协议在内的一系列法律文件。这一合作为中国重汽带来了先进的发动机、车桥及整车技术。10 月，德国 MAN 公司参股“25%+1”64 亿港元。MAN 公司将持有中国重汽 25% 的股权外加一股股权，成为其第二大股东。合作使中国重汽的产品线和技术实力得到了极大的增强，进一步提升了公司在国际市场上的竞争力。

2011 年，汕德卡品牌发布，这一品牌的推出不仅丰富了中国重汽的产品系列，也是公司产品多样化和品牌国际化战略的重要里程碑。

汕德卡品牌的成功加强了中国重汽在高端重卡市场的地位，并扩大了其在全球市场的影响力。2011 年，中国重汽提出了“二次创业”，以与德国 MAN 公司的合作为契机，优化产品结构，全面提升产品质量水平，从速度规模型开始向质量效益型转变。

（三）创新战略与未来展望（2016 年至今）

2016 年，中国重汽庆祝成立 60 周年，这一年标志着公司进入一个新的历史阶段。在这个节点，公司提出了“智能卡车”战略，聚焦未来的技术趋势，旨在在新一轮的产业升级中保持领先地位。

2019 年开始，中国重汽尝试改革供应商体系——供应商数量从 4500 家降至 4000 家，单一供应商被完全消灭。

研发投入占比由 2018 年的 2% 翻番到 2022 年的 4.3%，5 年研发投入 126 亿元，是前 15 年的总和。研发人员由 2018 年的 1102 人增长到 3936 人，增长约 2.5 倍，其中博士从 9 人增长到 83 人。

这一战略的提出体现了中国重汽对行业发展趋势的前瞻性思考，以及对未来市场需求的积极适应。

近年来，中国重汽持续加大在研发方面的投入，不断探索新技术，包括电动化、自动驾驶和智能制造等领域。公司致力于通过技术创新，提升产品质量和性能，满足市场日益多样化的需求。

（四）未来挑战与展望

面对全球汽车行业的快速变化，中国重汽将继续面临诸多挑战，包括技术创新、环境保护标准的提高以及国际市场竞争的加剧。

随着人工智能和自动化技术的发展，公司可能会进一步加大在智能运输解决方案方面的研发投入，力求在智能重型汽车市场中保持领先地位。

中国重汽集团的发展历程反映了一家传统制造企业如何通过不断的技术创新、战略调整和国际合作，在日益激烈的全球市场中稳固和扩大其市场地位。

公司的历史展现了从国内领导者到国际竞争者的转变过程，同时预示着未来在技术和市场两个方面的持续挑战和机遇。中国重汽的未来发展将依赖于其适应全球市场趋势的能力，以及在持续技术创新和智能制造领域的领先地位。

2000—2023 年中国汽车市场的销量如图 8-2 所示。

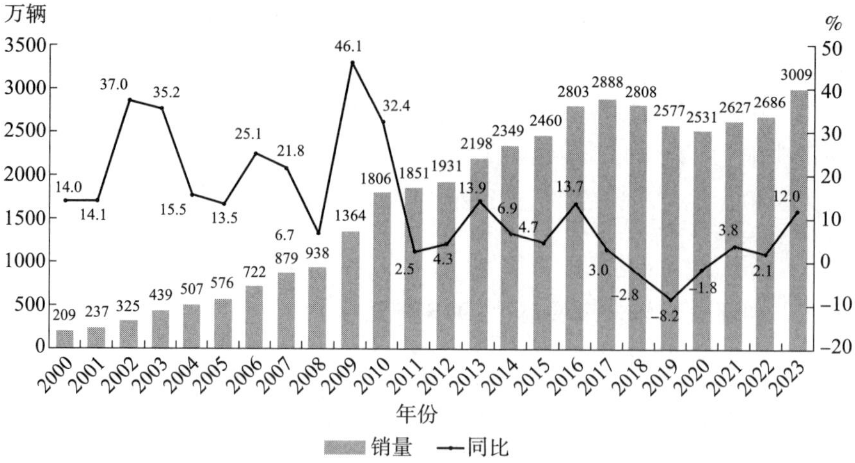

图 8-2　2000—2023 年中国汽车市场的销量

资料来源：中国汽车工业协会。

二、用云海战略体系进行解读

中国重汽集团的发展历程可以通过云海战略的五和模型进行深入解读，这个模型包括核心体、生态体、联盟体、融资体和环境体五个部分。以下是基于这一模型对中国重汽发展史的详细解读。

1. 核心体，技术创新与自主研发

技术合作与自主研发。中国重汽在初期自主研发制造的基础上，通过引进技术，如与奥地利斯太尔的合作，并对技术进行吸收和自主创新，发展出如 HOWO 系列这样具有自主知识产权的产品。

产品升级。推出斯太尔王系列、HOWO 系列重卡等，体现了在产品研发和技术创新上的持续投入和升级。

2. 生态体，市场拓展与客户关系

市场拓展。逐步扩大产品线，覆盖不同市场需求，如推出汕德卡品牌，强化高端市场地位。

客户关系建立。与石油行业等重要客户建立密切关系，了解需求并提供定制化产品和服务。

3. 联盟体，国际合作与战略联盟

与德国 MAN 公司合作，引入先进技术，共同开发产品，提升技术实力和市

场竞争力。

建立战略合作关系。与国内外企业或高校（如清华大学）合作，加强技术研发和人才培养。

4. 融资体，资本运作与投资策略

资本市场融资。如 2007 年在香港主板上市，为技术升级和市场拓展提供资金支持。

多元化融资策略。通过不同渠道筹集资金，如发行短期融资券，保障企业发展需求。

5. 环境体，行业趋势与政策适应

适应市场变化。如提出“智能卡车”战略，聚焦未来的技术趋势，适应智能化和环保的市场需求。

政策适应与优化。根据国家政策调整战略，如响应新能源和环保标准，开发电动化、自动驾驶等新技术。

通过这五个方面的综合运用，中国重汽在技术、市场、资本和环境适应等方面不断优化其战略布局，实现了从国内市场到国际舞台的跨越。中国重汽的发展历程体现了中国制造业的国际化和创新发展的趋势，为同行业企业提供了宝贵的经验。未来，中国重汽会继续加强技术创新，拓展国际合作，以应对全球市场竞争的挑战。

三、对中国重汽案例的点评

中国重汽的发展案例是一个展现中国重型汽车行业进步和国内大型企业国际化的典范。可从以下五个方面进行点评。

第一，技术创新和产品升级。

中国重汽通过引进和吸收国际先进技术，结合自主创新，不断提升产品质量和技术水平。例如，与德国 MAN 公司的合作带来的技术支持和管理经验对公司产品线的提升至关重要。

第二，国际化和市场拓展。

中国重汽的国际合作策略有效地促进了其国际市场的拓展。通过与国际知名企业的合作，中国重汽不仅提高了产品竞争力，也提高了品牌在全球市场的知名度。

第三，经营管理与战略调整。

公司在面临财务困境和市场变化时，通过重组、破产等措施，成功转型。这

显示了中国重汽在危机管理和战略调整方面的成熟。

第四，应对市场变化的灵活性。

中国重汽在面对国内外市场竞争和技术发展的变化时，展现出了良好的适应能力。例如，其“智能卡车”战略正是为了适应未来市场的趋势而提出的。

第五，可持续发展和环境责任。

在全球环保标准日益提升的背景下，中国重汽在电动化和自动驾驶技术上的投入，展示了其对可持续发展和环境责任的关注。

中国重汽的案例是一个成功的企业转型和国际化发展的例子。它通过技术创新、国际合作、灵活的市场策略以及有效的危机管理，在全球竞争中取得了显著的成就。然而，随着全球市场的持续变化和技术的快速发展，中国重汽未来仍需在产品创新、市场拓展以及可持续发展等战略方面不断提升与保持综合竞争优势。

第三节　主导企业的常胜之道——耐克公司

主导企业可比喻为“马拉松赛跑中的领跑者”，也就是在激烈的市场竞争中始终保持领先地位的公司。这种公司不仅要有持久的耐力，还要有不断调整战略与市场策略的能力，使企业有效地抵御竞争压力、保持盈利能力和市场的战略定位。

一、耐克（Nike）公司的发展史

耐克公司是一个典型的从小到大、从弱到强的企业。下面详细展开其发展历程。

（一）创立初期（1964—1971 年）

耐克最初是由菲尔·奈特（Phil Knight）和比尔·鲍尔曼（Bill Bowerman）在 1964 年创立，最初名为蓝带体育（Blue Ribbon Sports）。奈特是俄勒冈大学的中跑运动员，鲍尔曼则是他的教练。创立之初，公司主要从日本进口鞋子并在美国进行分销。

（二）品牌形成（1971 年）

1971 年，蓝带体育推出了自己的品牌鞋子，并将其命名为“耐克”，这个名

称来源于希腊胜利女神 Nike。

同年，公司推出了其标志性的“Swoosh”商标，这个标志由卡罗琳·戴维森（Carolyn Davidson）设计，象征着运动场上的声音和速度。

在这一时期，耐克通过创新的产品设计和大胆的市场营销策略迅速崛起。1972 年，耐克推出了第一双具有气垫技术的篮球鞋“Nike Cortez”，随后推出了 Air Jordan 等经典系列产品。公司与运动明星如迈克尔·乔丹（Michael Jordan）等签约，大幅提升了品牌知名度。

（三）增长和扩张（1970—1980 年）

在 20 世纪 70 年代和 80 年代，耐克通过持续的产品创新和精明的营销策略，逐步在运动鞋市场上占据主导地位。耐克在 1978 年正式更名为 Nike，Inc。20 世纪 80 年代，耐克通过签约像迈克尔·乔丹这样的运动员来推广其品牌，推出了 Air Jordan 篮球鞋，并大获成功。

耐克公司于 1980 年 12 月 2 日在纽约证券交易所上市，并融资了约 2200 万美元。这次上市使得耐克公司能够更好地获得资金支持，以支持其发展和扩张计划。

（四）全球化与多元化（1990—2000 年）

20 世纪 90 年代，耐克开始进一步全球化，不仅在美国，还在全球范围内扩张其市场。同时，公司开始进入运动服装市场，并涉足其他运动品类如足球、篮球、高尔夫等。这一时期，耐克也面临有关其海外工厂劳工条件的争议和批评。

（五）新千年的持续创新（2000 年至今）

进入新千年后，耐克持续推出创新产品，比如 Nike+（与苹果合作的智能运动产品）和 Flyknit 技术的运动鞋。公司也通过收购其他品牌如康威（Converse）和霍奇（Hurley）来多元化其业务。同时，耐克在社会责任方面做出努力，提升了其全球供应链的透明度和可持续性。

（六）数字化转型

近年来，耐克加速了其数字化转型，推出了各种在线销售平台和数字工具，以更好地与消费者互动并优化客户体验。

耐克公司的发展历程表明，通过不断的创新、市场洞察以及有效的品牌推广，一家小公司也能成长为全球知名的行业领导者。

二、耐克公司的供应链特点和优势

耐克公司的供应链特点和优势主要包括：一是全球化供应链网络。耐克公司的供应链网络遍布全球，与众多供应商和制造商建立了稳固的合作关系。这使得公司能够灵活调配资源，及时满足不同地区市场的需求。二是高效的生产和物流管理。耐克公司注重生产和物流的效率，通过先进的生产技术和供应链管理系统，实现了生产周期的缩短和成本的控制，从而提高了产品的竞争力和市场反应速度。三是质量控制和监管。耐克公司在供应链管理中注重质量控制和监管，与供应商建立了严格的质量管理标准和审核机制，确保产品符合公司的品质标准和消费者的期望。四是可持续发展和社会责任。耐克公司积极推动供应链的可持续发展和社会责任实践，关注劳工权益、环境保护和供应链透明度等问题，通过采取一系列措施来改善相关情况，赢得了消费者和社会的认可。

三、耐克公司的战略联盟构建与优势

耐克公司在其发展历程中建立了多个战略联盟，旨在扩大市场份额、加强品牌影响力和拓展业务领域。以下是耐克公司的一些主要战略联盟：一是与运动明星和体育团队的合作。耐克与众多著名运动明星和体育团队签约合作，如迈克尔・乔丹、勒布朗・詹姆斯（LeBron James）、克里斯蒂亚诺・罗纳尔多（Cristiano Ronaldo）等，通过他们的影响力推广品牌，并共同开发签名系列产品，如 Air Jordan 系列篮球鞋等。二是与时尚界的合作。耐克与时尚界的知名设计师、品牌合作，推出联名款式，以提升品牌的时尚性和潮流感。例如，与 Off-White、Supreme 等合作推出的限量版产品备受瞩目。三是技术合作。耐克与其他科技公司合作，共同开发新技术和新产品。例如，与苹果公司合作开发 Nike+ 系列智能运动设备，如 Nike+ 运动手表等，以提供更丰富的运动体验。四是与慈善组织和社会机构的合作。耐克积极与慈善组织和社会机构合作，开展公益活动，关注社会责任和可持续发展。例如，与 Michael J. Fox 基金会合作，推出慈善款式，支持帕金森病研究。

四、用云海战略体系进行解读

耐克公司的发展史通过云海战略体系进行解读，可以从五个核心方面进行分析，即核心体、生态体、联盟体、融资体和环境体。

1. 核心体，技术创新与品牌建设

创新的产品设计。耐克公司始终以技术创新为核心，如 Air Jordan 和 Flyknit 等产品系列的开发。

强大的品牌形象。耐克塑造了鲜明的品牌形象，借助其标志性的“Swoosh”商标和创新的市场营销策略。

2. 生态体，全球化供应链与市场网络

全球供应链管理。耐克建立了一个强大的全球化供应链，覆盖了全球各地的生产和分销网络。

市场拓展与多元化。耐克不断拓展全球市场，同时进入运动服装和其他运动品类，增加市场多样性。

3. 联盟体，战略合作伙伴关系

与运动明星合作。耐克通过与运动明星（如迈克尔·乔丹）的合作，提高了品牌知名度，并推出了成功的产品系列。

与其他行业合作。耐克与苹果等科技公司合作开发了 Nike+ 系列产品，将技术创新融入产品。

4. 融资体，资本运作与市场投资

上市和资本运作。耐克于 1980 年在纽约证券交易所上市，为其后续的扩张和创新提供了资金支持。

5. 环境体，应对外部挑战和社会责任

响应社会责任与环境议题。面对关于劳工条件的争议，耐克改善了其供应链的劳工环境和生产条件。

可持续发展的努力。耐克积极推动供应链的可持续性，减少对环境的影响，并提高透明度。

耐克公司利用其强大的核心体（技术创新和品牌建设）、生态体（全球化供应链）、联盟体（与运动明星和科技企业的合作）、融资体（上市和资本运作）以及环境体（响应外部挑战，尤其在社会责任和可持续性方面的努力）构建了其作为全球领先体育品牌的地位。通过这种模式，耐克不仅成功地应对了市场变化，还在运动装备行业中保持了持续的领导地位。

五、对耐克公司案例的点评

耐克公司作为全球知名的运动品牌，其发展历程为许多企业提供了宝贵的经验教训。以下是对耐克公司案例的点评。

第一，产品创新与品牌形象。

创新。耐克不断通过技术创新（如 Air technology、Flyknit 材料）强化其产品的竞争优势，这一策略成功地维持了其市场领先地位。

品牌。耐克成功塑造了一个强大的品牌形象，通过标志性的“Swoosh”商标和与顶级运动员的合作，在消费者心中留下了深刻的印象。

第二，市场策略与全球扩张。

市场扩张。耐克通过进入各种运动品类和全球市场，有效地扩大了其业务范围。

营销战略。耐克在营销方面的创新同样出色，如引领流行趋势、明星代言、社交媒体运用等，这些都有效提升了品牌的可见度和吸引力。

第三，社会责任与可持续性。

社会责任。耐克曾因海外工厂的劳工问题受到批评，但后来公司积极改善了这一情况，增强了对供应链的监管，并投身于社会责任活动。

可持续发展。近年来，耐克在可持续性方面做出了重要努力，如使用环保材料，减少废物和排放，这体现了其作为行业领导者的责任意识。

第四，数字化转型。

技术整合。耐克有效地整合了最新技术，如数字化营销和在线销售，以更好地适应现代消费者的购物习惯和体验需求。

耐克公司的成功不仅在于其产品的创新和强大的品牌力量，还在于其对市场变化的敏锐洞察、全球市场的有效扩张、对社会责任的重视以及对新技术的积极应用。然而，随着市场竞争的加剧和消费者需求的多样化，耐克仍需不断创新和改进，以维持其市场领导地位。耐克案例教给我们的是，即使已是行业巨头，仍需不断寻求创新和改进，以适应不断变化的市场环境。

第四节　新创公司的崛起之道——OpenAI 公司

新创公司的崛起类似于一场探险旅程，初创阶段就像旅程中的出发点，企业家需要一张地图（商业计划）和指南针（清晰的愿景）。途中，可能遇到山川河流（市场和技术挑战）和未知动物（竞争对手），需要不断调整路线和策略，以达到宝藏之地（市场成功）。

如果将一个新兴行业比作一场棋局，而各个公司则是棋局中的“棋手”。新创公司在这个棋局中起初可能只是一个小角色，但随着时间的推移、战略的实施和竞争优势的聚焦，它们有可能成为影响棋局（市场）走向或棋局结果的关键“棋手”。

一、OpenAI 公司发展史

OpenAI 公司的发展史标志着人工智能领域一个重要且独特的里程碑。以下是 OpenAI 公司的发展历史。

（一）创立（2015 年）

OpenAI 公司于 2015 年由伊隆·马斯克（Elon Musk）、萨姆·奥特曼（Sam Altman）、彼得·蒂尔（Peter Thiel）和里德·霍夫曼（Reid Hoffman）等人共同创立。初衷是作为一个非营利机构，以促进和发展友好的人工智能，以便整个人类社会都能受益。

（二）研究与成就（2015 年至今）

自成立以来，OpenAI 公司积极从事前沿的人工智能研究，尤其在深度学习、强化学习、自然语言处理等领域取得显著成就。其中，比较著名的成果包括开发了先进的自然语言处理模型 GPT 系列、在电子竞技游戏《Dota 2》中以 AI 击败人类高手，以及研发了机器人手臂 Dactyl。

（三）转型为“有限盈利”公司（2019 年）

2019 年，OpenAI 公司宣布从一个非营利组织转型为“有限盈利”公司（OpenAI LP），这是一种新型的商业实体，旨在吸引更多的投资，同时限制投资者的最大回报。这一举措表明了 OpenAI 公司在资金和资源获取方面的新策略，以便在高竞争的人工智能领域中保持领先地位。

（四）与微软的合作（2019 年以来）

2019 年，OpenAI 公司宣布与微软建立合作伙伴关系，微软向 OpenAI 公司投资了 10 亿美元。此举被视为 OpenAI 公司实现其人工智能研究和开发目标的重要一步。微软云计算服务 Azure 成为 OpenAI 公司首选的云平台，同时双方在人工智能领域的研究和开发上密切合作。

（五）GPT-3 的发布（2020 年）

2020 年，OpenAI 公司发布了 GPT-3，这是一个革命性的自然语言处理模型，以其巨大的规模和强大的生成文本能力受到广泛关注。GPT-3 不仅展示了人工智能在理解和生成自然语言方面的潜力，而且开启了商业化应用的新篇章。

（六）商业化和应用扩展

随着 GPT-3 等模型的成功，OpenAI 公司开始探索更多商业化途径，比如通过 API 为企业和开发者提供服务。此外，OpenAI 公司在保持对基础研究的承诺的同时，不断扩大其技术在健康、教育、艺术等多个领域的应用。

OpenAI 公司的发展历程反映了人工智能领域的快速进步和商业化趋势，同时凸显了该公司在推动 AI 安全和道德方面的努力和承诺。

二、OpenAI 公司的供应链

OpenAI 公司的主要业务是人工智能研究和技术开发，并没有像传统制造业那样的物理产品供应链。然而，OpenAI 公司可能会涉及一些特定的供应链和资源，以支持其研究和开发活动。一是计算资源供应链，OpenAI 公司需要大量的计算资源来训练和测试其人工智能模型。这些计算资源来自云服务提供商，如亚马逊 AWS、微软 Azure、谷歌 Cloud 等，或者自建的数据中心。二是数据采集和标注供应链，在进行自然语言处理、计算机视觉等任务时，OpenAI 公司需要大量的数据来训练模型。这些数据来自公开数据集或合作伙伴等，或者通过自己的数据采集和标注团队进行获取和处理。三是硬件设备供应链，OpenAI 公司需要购买和使用一些特定的硬件设备，如高性能服务器、GPU 加速器等，来支持其人工智能研究和开发工作。这些硬件设备可能来自各种供应商和厂商。四是合作伙伴关系和资源共享，OpenAI 公司可能与其他研究机构、公司建立合作伙伴关系，共享技术、数据、人才等资源，以推动人工智能技术的发展。这种合作关系也可以看作一种供应链，通过合作伙伴获取所需的资源和支持。

三、用云海战略体系进行解读

使用云海战略五和战略模型（核心体、生态体、联盟体、融资体和环境体）来解读新创公司 OpenAI 公司的崛起之道，可以提供一个全面的视角来理解它的成功因素。以下是根据五和战略模型对 OpenAI 公司崛起之道的分析：一是核心体。OpenAI 公司的核心竞争力在于其领先的人工智能研究和创新能力。公司专注于开发先进的 AI 技术和算法，这是其市场地位和影响力的基础。OpenAI 公司在自然语言处理、机器学习和深度学习等领域的研究突破，表明了其在 AI 领域的核心优势。二是生态体。OpenAI 公司与科研机构、技术公司和各种行业伙伴建立了合作关系，共同推动 AI 技术的发展和应用。这些合作关系帮助 OpenAI 公司在数据、资源和应用场景上获得支持，加速技术的实际部署和优化。三是联盟体。OpenAI 公司与重要的行业玩家建立了战略联盟，例如与微软的合作，旨在加速 AI 技术的发展并将其商业化。这些联盟不仅提供了资金和资源支持，还帮助 OpenAI 公司扩大其技术的市场影响力。四是融资体。OpenAI 公司通过吸引投资和资金支持来推进其研究和发展工作。例如，从投资者如微软那里获得资金支持，这些资金支持对 OpenAI 公司的研发活动和扩张至关重要。五是环境体。OpenAI 公司在快速发展的 AI 领域内，紧跟行业趋势和技术进步，同时影响着行业标准和政策制定。公司在伦理 AI 和安全研究方面的工作，展示了其对行业环境和社会责任的积极回应。

OpenAI 公司的崛起不仅依赖于其在人工智能领域的核心技术和创新能力，还涉及与广泛生态体的合作、战略联盟、有效的资金筹集，以及对行业环境变化的积极适应。这种综合战略的运用使得 OpenAI 公司能够在竞争激烈的人工智能领域中快速崛起并保持领先地位。

四、对 OpenAI 公司案例的点评

OpenAI 公司的发展案例提供了关于高科技领域，特别是人工智能领域的一个非常有趣的视角。以下是对 OpenAI 公司案例的点评。

第一，创新驱动。

研发领先技术。OpenAI 公司致力于开发尖端的 AI 技术，包括自然语言处理、计算机视觉和机器学习。例如，GPT 系列模型展示了其在大规模语言模型方面的领先地位。

开放科学原则。OpenAI 公司最初以推动 AI 研究的开放性和透明度为宗旨，尽管其策略在后来有所调整，但该公司仍致力于分享其研究成果，促进 AI 领域的整体发展。

第二，市场与社会影响。

合作与竞争。OpenAI 公司与多个行业领袖合作，如微软，推动了 AI 技术的实际应用。同时，它在与其他顶尖 AI 研究机构和公司竞争。

社会责任。OpenAI 面临着如何平衡技术发展与道德、法律和社会影响的挑战。例如，它在 AI 模型的开发和部署中需考虑安全性和伦理问题。

第三，组织模式。

独特的业务模型。OpenAI 公司采取了独特的“盈利限制”公司模式，旨在通过商业化努力支持其研究，同时限制了对利润的追求，以保持其长期的使命感。

第四，技术领导。

影响力和领导地位。OpenAI 公司在人工智能领域的工作为其赢得了国际上的声誉和影响力，成为该领域的重要参与者之一。

OpenAI 公司是 AI 领域创新、实验和应用的先行者，作为 AI 创新的先驱，在技术发展、道德规范与市场适应性方面树立了标杆。面对 AI 的迅速进展，它正在应对技术进化、伦理问题和商业模式的挑战，展现了高科技企业在创新、社会责任与商业成功等方面的全方位竞争优势。

本章通过四个经典案例深入分析了云海战略的重要性和实战应用，展示了五和战略模型在不同类型企业发展中的作用。

第一，中小企业的发展之道——普联软件，这一案例展示了如何通过专注于核心技术、构建稳健的商业生态和良好的客户关系，以及灵活的市场策略，使中小企业在竞争激烈的市场中稳步成长。

第二，危机企业的化险之道——中国重汽，这个案例揭示了危机企业如何通过重组、技术合作、品牌发展以及创新战略，转危为安，从而在面临挑战时找到新的成长机遇。

第三，主导企业的常胜之道——耐克公司，耐克公司的成功强调了持续的产品创新、品牌营销、全球市场拓展以及社会责任的重要性，显示了主导企业如何在市场中保持领先。

第四，新创公司崛起之道——OpenAI 公司，OpenAI 公司的例子展示了新创企业如何在技术创新、道德规范和市场适应性上保持先行者地位，并在快速发展的高科技领域中实现全方位的竞争优势。

这四个案例都从不同角度与实战过程对云海战略五和模型给予了很好的诠释与实证展示。

第九章

未来企业云海战略的实战指导

战略咨询就像航海中的导航系统

本章深入研究战略咨询对企业发展的实战意义。战略咨询也可被视作企业发展的关键指南和加速器。它不仅像医生那样诊断并解决问题，还像经验丰富的航海家，引导企业驶向成功的港湾。战略咨询提供的不仅是问题解决方案，更是对企业未来方向的洞察与引导。在不断变化的商业海洋中，通过精准的市场分析、创新的商业模式设计和有效的竞争策略，战略咨询如同在复杂的海图上绘制出清晰的航线，确保企业能够抵御风浪，捕捉商机，顺利达到目标。在这个过程中，战略咨询不仅是路径的指引者，更是企业成长与创新的策划者。

那么战略的实战指导是什么？战略的实战指导是指为企业未来的发展方向和决策提供的具体、实用的战略建议和行动计划。这种指导通常包含对未来市场趋势的预测、潜在挑战的应对策略以及利用新技术和创新方法的指南。它强调的是实用性和可操作性，帮助企业在快速变化的商业环境中持续创新并保持竞争优势。

战略咨询通常包括九个方面的问题：一是市场分析与定位，分析当前市场环境、趋势和竞争格局。帮助企业确定或调整市场定位，发现新的市场机会。二是业务模式与战略规划，评估和优化企业的业务模式。制定长期发展战略，包括增长战略、多元化战略等。三是组织结构与运营效率，优化组织结构，提高管理效率。改进运营流程，提升生产力和成本效益。四是技术和创新战略，评估新技术的影响和应用潜力。指导企业在创新方面的投资和实践。五是财务规划与管理，提供财务规划和预测。优化资本结构，提高财务稳健性。六是风险管理与应对策略，识别潜在风险和不确定性。制定风险应对和危机管理策略。七是人力资源和文化变革，提供人力资源管理策略，包括人才招聘、培训和发展。促进企业文化变革，以支持战略目标的实现。八是全球化与国际市场扩张，指导企业在全球化过程中的战略规划。建议关于国际市场进入和扩张的策略。九是持续改进与创新，鼓励持续改进和卓越运营，指导创新过程和文化建设。

通过战略咨询，企业能够更好地理解市场动态，制订有效的战略计划，并在竞争激烈的市场中获得持续的竞争优势。

在战略咨询与战略指导中，最紧要的是企业的市场定位。我们可以将市场定位比喻为“在一张大地图上找到自己的独特位置”。这里强调了市场定位的本质——在广阔且复杂的市场环境中，找到企业或产品可以独特而明确的站位的区域。这就像在一张地图上标记出自己的位置一样，让目标客户能够轻松地识别并记住你。

企业怎样做到正确地进行市场定位呢？一是理解目标市场，分析目标市场的特征，包括潜在客户的需求、偏好和行为模式。二是识别竞争对手，研究竞争对手的定位、优势和弱点，了解他们在市场中的表现。三是分析自身优势和能力，审视自身的产品或服务特点、核心优势和潜在的独特卖点（独特销售主张）。四是确定定位策略，基于市场需求和自身优势，确定一种独特的市场定位策略。五是测试和调整，测试市场对所定位策略的响应，并根据反馈进行必要的调整。改进产品特性或调整目标市场，以确保其市场定位策略既符合客户需求又能在竞争中保持优势。

要实现正确的市场定位，除了理解目标市场、识别竞争对手、分析自身优势和能力、确定定位策略以及测试和调整外，还需进一步拓展以下五个方面的工作：一是建立品牌故事和身份，创造一个引人入胜的品牌故事和独特的品牌身份，这有助于在目标市场中建立情感联系和品牌忠诚度。二是顾客细分，对市场进行细分，识别不同的顾客群体和细分市场。这样可以更精准地满足特定顾客群体的需求。三是价值主张明确化，清晰地表达企业的价值主张，确保目标市场能够理解企业的产品或服务的独特价值。四是利用数据和市场研究，利用市场研究和数据分析来支持定位决策，确保企业的策略基于客观和实时的市场信息。五是创新和适应性，保持对新趋势和市场变化的敏感性，适时地调整定位策略以保持竞争优势。确保企业的定位策略能够在竞争激烈的市场中保持差异化或特色化竞争优势。

假设在 2000 年，一个新创企业面临选择开设汽车修理店或者汽车加油站的决策。这确实是一个关于市场定位和未来趋势预测的问题。如果当时选择在城市开设汽车加油站，可能会面临以下情况：一是市场成长性。2000 年，中国的汽车市场正处于起步阶段，尽管当时家庭汽车的普及率相对较低，但这个市场已经展现出快速增长的趋势。因此，选择开设汽车加油站是投资未来增长潜力的决策。二是长期前景。随着经济的快速发展和收入水平的提高，家庭汽车在中国的普及是一个不可避免的趋势。开设加油站可以预先占据市场，为未来汽车数量增长带来的需求提前做好准备。三是竞争环境。2000 年中国家庭汽车数量较少，加油站的竞争可能不像现在这么激烈。这为早期进入市场的企业提供了建立品牌和客户忠诚度的机会。四是政策风险。需要考虑政策变化的风险，如环保政策、城市规划、油品标准等，这些都可能影响加油站的经营。五是资本投入与回报。开设加油站相较于修理厂可能需要更多的初始投资，包括土地、设备和环保措施等，但随着汽车市场的扩大，长期回报可能更显著。

在这种情况下，“机遇”确实是稍纵即逝的，因为它依赖于对市场趋势的准确预测和及时的行动。对于当时的新创企业来说，选择在城市开设汽车加油站，尽管短期内可能看不到显著的回报，但从长远来看，随着家庭汽车的普及和城市化的加速，这可能是一个富有远见的选择。这就是一个战略咨询的市场定位问题。

定制化的战略咨询类似于为特定的客户定制一套高级西服。在这个比喻中，每个客户（企业）都有独特的身材（企业规模和结构）、风格偏好（企业文化和核心价值观），以及特定的场合需求（市场环境和行业挑战）。定制西服的制作过程需要仔细测量、选择合适的面料、考虑客户的风格和场合需求，最终制作出既舒适又合体的西服。同样，定制化的战略咨询也涉及深入了解企业的“身材”，选择合适的“面料”（战略工具和方法），并针对其特定的“场合”（市场机会和挑战）量身定制战略方案。

第一节　新创企业的战略指导

我们可以把新创企业比作“启航的帆船”，其要想顺利到达目的地，需要正确的方向、熟练的航海技能和对天气变化的敏感性。也就是说，新创企业在发展的早期，需要清晰的战略方向、灵活的管理能力和对市场动态的敏锐洞察。在这个关键阶段，企业正处于探索最佳道路、应对潜在挑战并抓住有利机遇的重要时刻。这要求创始人和团队不仅展现出勇气和智慧，还需要具备战略远见，以指导企业的航向正确。

因此，对于新创企业而言，战略指导显得尤为重要。这些企业往往处于变幻莫测的环境中，不仅资源受限，还要面对激烈的市场竞争和不成熟的业务模式。通过战略指导，新创企业不仅能够明确长远目标，还能灵活应对眼前的诸多挑战和抓住即时机遇。

一、新创企业为什么需要战略指导

新创企业在其发展的初期阶段，由于外部环境的多变性，特别容易受到各种影响和挑战。在这个关键时期，战略指导扮演着至关重要的角色。一是构建弹性和适应性。在不断变化的市场环境中，战略指导有助于新创企业建立必要的弹性和适应性，使它们能够迅速应对市场变动，如突发事件或消费者趋势的变化。二是品牌和市场定位。战略指导帮助新创企业在市场中找到独特的定位，并建立明确的品牌身份。这是吸引客户和区分竞争对手的关键。三是激励和团队建设。战略指导还涉及如何激励和构建高效团队，这对初创企业的成功至关重要。合适的团队结构和文化可以显著提高企业的执行能力和创新速度。四是科技利用和数字化转型。在技术快速发展的今天，战略指导还包括如何有效利用科技，特别是数字化工具和平台，以优化运营、提高生产效率和开拓新的销售渠道。五是可持续发展和社会责任。当今企业越来越重视可持续性和社会责任。战略指导可以帮助新创企业在增长的同时，考虑其对环境和社会的影响，建立起负责任和可持续的业务模式。

通过上述多个方面的战略指导，新创企业可以在竞争激烈和资源有限的环境中更好地生存和发展，为长期成功奠定坚实的基础。

二、怎样参与对新创企业的战略指导

参与对新创企业的战略指导涉及多个步骤和关键领域，需要综合考虑企业的特定情况、市场环境和长远目标。以下是一些主要的步骤和考虑因素：一是深入了解企业和市场。开始之前，彻底了解新创企业的业务模型、核心技术、团队组成和市场定位。同时，分析目标市场、客户需求、竞争对手和行业趋势。二是明确企业的愿景和目标。与企业领导沟通，明确企业的长期愿景和短期目标。这些目标应该既有挑战性，又是实际可达成的。三是识别机遇和挑战。分析企业所面临的机遇和挑战，包括内部的资源限制和外部的市场风险。四是制定定制化的战略规划。根据企业的特定情况和目标，制定一套定制化的战略规划。这可能包括市场进入策略、产品发展路线图、资金筹集计划等。五是建立适应性强的执行计划。制订具体、灵活的执行计划，包括短期和长期的行动项目，确保战略能够适应市场和企业发展的变化。六是注重团队建设和文化培养。提供关于团队建设和企业文化培养的建议，这对初创企业的长期成功至关重要。七是关注数据和结果。建议企业建立数据驱动的决策流程，定期审视战略执行的效果，及时调整战略。八是持续沟通和反馈。与企业保持持续沟通，提供定期的反馈和建议，帮助企业评估潜在风险，并制订有效的风险管理计划。

通过这些步骤，可以为新创企业提供全面的战略指导，帮助它们在竞争激烈的市场中稳健发展。

三、新创企业战略指导需要具备的基本条件

为了有效地为新创企业提供战略指导，需要具备以下基本条件：一是清晰的业务愿景和目标。初创企业需要有一个清晰的业务愿景和具体目标，这有助于确保战略指导是针对性的并能够有效地支持企业的长期发展。二是对市场和行业的深入了解。了解目标市场的动态、客户需求、竞争状况和行业趋势对制定有效战略至关重要。三是资源的可用性。初创企业需要确保有足够的资源来实施战略建议，包括资金、人才、技术和其他必要资源。四是开放和适应性强的企业文化。一个能够快速适应变化并愿意接受新想法的企业文化对成功实施战略指导至关重要。五是强大的领导力和管理团队。有效的战略指导需要有能力和愿意推动变革的领导团队，以及一支协调一致的管理团队。六是有效的沟通机制。初创企业应建立有效的内部和外部沟通机制，以确保战略目标和计划被所有相关方理解并得以执行。七是灵活的战略规划能力。在变化迅速的商业环境中，企业需要能够快速调整和适应其战略计划。八是持续的监测和评估系统。设置监测和评估机制，定期检查战略实施的效果，并根据结果做出必要的调整。

具备这些条件可以帮助初创企业更好地理解和实施战略建议，从而在竞争激烈的市场环境中找到成功的战略路径。

四、云海战略体系对初创企业的策划与指导

云海战略体系对初创企业的指导和策划，可从以下五个核心组成着手：一是核心体强化。确定并发展初创企业的核心竞争优势，如创新技术、特色服务或独特的商业模式。关注于内部能力的建设，如技术研发、团队专业技能和产品质量。二是生态体建设。建立和维护与供应商、客户和其他利益相关者的健康生态系统。这涉及寻找合适的合作伙伴，建立稳定的客户关系，以及发展有效的供应链。三是联盟体发展。对于初创企业而言，与外部组织建立战略联盟非常关键，可以是与其他企业、行业协会或研究机构的合作。这些联盟可以提供资源、市场机会和技术支持。四是融资体策略。除与商业银行的正常授信业务以外，还应有长远的融资策略考虑，这是初创企业成功的关键。包括寻找天使投资、风险资本、政府资助或其他的融资方式等。五是环境体适应。初创企业需要密切关注市场趋势、技术变化、政策法规和社会经济环境，快速适应外部环境的变化。

具体策划和指导：第一，战略规划和目标设定，根据企业的核心能力和市场定位，制定明确的战略目标和发展路线图。第二，市场定位和差异化，分析市场需求，明确目标客户群体，制定差异化的市场策略。第三，产品和服务的创新，

鼓励产品和服务持续创新，以满足市场需求和客户期望。第四，品牌建设和营销策略，发展强有力的品牌形象和有效的营销策略来提升市场知名度。第五，团队建设和文化培养，建立高效团队，培养企业文化，增强团队凝聚力和执行力。第六，技术和运营优化，利用先进技术和方法优化运营流程，提高效率和降低成本。第七，风险评估和管理，识别潜在风险，制定风险管理策略，确保企业稳定发展。通过这样的系统性策划和指导，初创企业可以在确保稳定成长的同时，快速适应市场的变化，有效应对挑战。

五、新创企业在战略指导方面所面临的一些困惑与疑虑

新创企业在战略指导方面常常面临以下困惑和疑虑：一是战略聚焦与多元化。新创企业经常纠结于是专注于一项核心业务还是多元化探索。专注可以带来深度和专业性，但可能错过新机会；多元化可以探索更多机会，但可能分散资源和注意力。二是资源分配。资源有限是新创企业普遍面临的问题，如何在技术研发、市场推广、人才招聘等方面平衡有限的资源是一个难题。三是快速增长与稳健运营。新创企业需要快速增长以抢占市场，但快速扩张可能导致运营不稳，如何平衡增长速度和企业稳定性是一项挑战。四是市场定位。在信息不完全和市场快速变化的环境中，如何选择合适的市场细分和目标客户群体，是一大挑战。五是技术和产品的迭代。新创企业在追求技术创新的同时要考虑产品的市场适应性和用户接受度，如何平衡这两者是一大难点。六是融资策略。如何选择融资方式（如天使投资、风险投资、众筹等）以及融资的时机和规模，是许多新创企业头疼的问题。七是合作与竞争的平衡。与其他企业和组织建立合作关系可以带来资源和市场机会，但同时可能面临竞争关系，如何处理这种复杂关系是一个技巧性很强的问题。八是适应外部环境变化。法规政策、市场趋势、技术发展等外部环境的快速变化对新创企业来说是一项挑战，如何灵活适应并及时调整战略是关键。针对这些困惑和疑虑，新创企业需要深入分析自身的优势和市场的需求，明确战略方向，并采取灵活的策略来适应快速变化的市场环境。

六、新创企业在资源受限情况下的长板战略思维

新创企业在资源受限的情况下，采用长板战略思维非常关键。长板战略指的是集中有限的资源和努力，发展和强化企业的核心竞争力，即在某一领域成为最长的“木板”，以此带动整体竞争力的提升。以下是实施长板战略的一些方法：一是识别和专注核心竞争优势，明确企业最擅长的领域，可能是独特的产品、创新的技术、卓越的客户服务或独到的市场洞察。将资源集中在这些领域，以发展

成为市场的领先者。二是明晰市场定位，清楚了解目标市场和客户群体。针对性地满足他们的特定需求，而不是试图迎合所有市场。三是精简运营和产品线，削减不必要的运营成本和边缘业务，专注于最有利可图或最有潜力的产品和服务。四是建立强大的品牌形象，在企业的长板领域内，通过有效的品牌建设和市场推广策略来建立强大的品牌认知度。五是培育关键人才和团队，投资于关键领域的人才发展，包括培训和保留关键员工，这些员工在提高企业核心竞争力方面发挥着关键作用。六是创新和持续改进，在自身长板领域内持续创新，改善产品和服务，确保保持市场领先地位。七是智能利用外部资源，通过建立合作伙伴关系、外包非核心活动、共享资源等方式，智能利用外部资源来补充自身的限制。八是灵活适应市场变化，对市场趋势保持敏感，快速适应市场变化和客户需求的变动。通过这种方式，新创企业可以在资源受限的情况下，通过加强其最强的一面来获得竞争优势，而不是试图在所有方面都做得平均。这种策略有助于在竞争激烈的市场中保持生存之道。

七、新创企业需要“以小谋大”的战略思维

对于新创企业而言，采取“以小谋大”的战略思维是至关重要的。在资源受限的情况下，企业需要发挥自身优势，灵活应对市场变化，并充分利用外部资源。以下是一些关键策略：一是专注于核心竞争优势，新创企业应专注于自己的长板，即核心技术或业务模型。集中资源进行深度挖掘和优化，可以更有效地与大型企业竞争。二是利用外部资源，积极与外部合作伙伴、行业专家和顾问合作，利用他们的经验和资源弥补自身的不足。通过建立战略联盟或合作伙伴关系，可以获得额外的技术支持、市场渠道和资金。三是快速迭代与适应市场，小型企业更加灵活，能够快速适应市场变化。定期对产品或服务进行迭代更新，快速响应客户反馈和市场需求的变化。四是精细化市场细分，对目标市场进行深入分析，找到细分市场的痛点和机会。在小范围内深耕，可以避免直接与大型企业的正面竞争。五是构建独特的品牌价值，新创企业应利用自己的独特性，如创新能力、灵活性或定制服务等，构建与众不同的品牌形象。六是灵活的运营模式，采取灵活的业务模式和运营策略，如按需生产、小批量多样化生产等，以降低成本并满足市场多样化需求。七是控制成本和风险，在资源受限的情况下，严格控制成本，合理规划资金使用。同时，评估各种商业决策的风险，确保企业可持续发展。

通过以上战略，新创企业可以在资源受限的情况下，巧妙利用自身优势，开拓市场，实现快速成长。

八、新创企业初创期的战略指导指南

新创企业在初创期的战略指导非常关键，因为它们设定了企业发展的基调和方向。以下是一个新创企业初创期的战略指导指南：一是清晰定义愿景和使命，清楚地定义企业愿景（未来的目标）和使命（存在的目的）对指导企业的长期发展至关重要。二是市场研究和定位，深入了解目标市场和潜在客户。识别市场需求、竞争格局、客户痛点以及市场趋势，以便确定企业的市场定位。三是差异化和创新，在产品或服务上寻找差异化的元素，确保企业能在市场中脱颖而出。同时，持续创新以适应市场变化和客户需求。四是明确的业务模式，发展一个清晰的商业模式，详细说明如何创造价值、交付产品或服务以及如何获取收入。五是初期财务管理，合理规划和管理初期资金，保持成本效益，同时确保有足够的现金流支持日常运营和未来增长。六是人才招聘和团队建设，构建一个强大的团队，选择合适的合伙人和员工，他们的技能、经验和价值观应与企业目标相符。七是客户关系和网络建设，建立和维护与客户、合作伙伴、供应商和其他利益相关者的关系，这些网络关系对业务的成长至关重要。八是灵活性和适应性，在初创期，市场和业务条件可能迅速变化。保持灵活性，准备好根据反馈和市场情况调整策略。九是品牌建设和营销，即使在资源有限的情况下，也要着手建立品牌识别度。有效利用数字营销和社交媒体来推广企业的品牌和产品。十是风险评估和管理，识别可能面临的风险，并制定应对策略。这包括市场风险、财务风险、技术风险和运营风险。十一是长期规划与短期目标，设置可实现的短期目标，同时保持对长期愿景的关注和规划。

通过遵循这些指导原则，新创企业可以在初创期建立坚实的基础，为未来的成功和增长做好准备。

九、初创企业如何选择专业的战略咨询

初创企业选择专业的战略咨询时，应考虑十个关键因素：一是专业背景和经验，寻找那些具有丰富经验和良好记录的咨询师或咨询公司。他们应该具有与企业所在行业相关的专业知识和经验，以便提供实用和具有针对性的建议。二是理解企业的业务和需求，选择一个能够深入理解企业的业务模式、目标和挑战的咨询师。他们应该能够根据企业的特定情况提供定制化的解决方案。三是口碑和推荐，听取行业内的推荐和反馈。口碑良好的咨询师或公司通常意味着他们有能力提供高质量的服务。四是案例研究和成功故事，寻找那些能够提供具体案例研究或成功客户故事的咨询服务。这些信息可以帮助企业了解他们的工作方式和成

果。五是沟通和合作方式，选择与企业沟通良好、易于合作的咨询师。有效的沟通对于确保企业的需求被理解和满足至关重要。六是成本效益，考虑费用和预期收益。选择提供合理价格且能够带来明确价值的咨询服务。七是灵活性和适应性，选择那些能够灵活适应企业变化需求的咨询服务。初创企业的环境经常变化，因此需要一个能够随时调整策略的顾问。八是持续支持和后续服务，考虑选择能够提供持续支持和后续服务的咨询师。初创企业可能需要长期的指导和支持。九是合作案例的透明度，明确了解咨询师或公司以往合作案例的细节，确保他们的服务和方法与企业的预期一致。十是兼听则明，可与多个咨询师或公司进行沟通，比较他们的服务和战略建议后再做决定。

选择与企业文化相契合，能够建立信任关系的战略咨询。确保他们不仅是外部顾问，而且能够成为企业成长道路上的长期战略合作伙伴。

第二节 困境企业的战略构建

我们可以把困境企业比作航行中遇到暴风雨的船只。在顺风顺水时，这艘船航行平稳，一旦遭遇暴风雨，船只便可能失去控制，航向变得不稳定，甚至有沉船的风险。此时，船只需要有经验的船长（管理团队）和有效的应急计划（战略调整），以及必要时进行修补或改装（重组或改革），才能安全渡过难关。

困境企业是指那些面临重大经营挑战或危机的企业，其可能因为财务问题、市场竞争、管理不善、行业变革或其他外部因素而陷入困境。这类企业通常需要进行重大的战略调整、重组或变革来进行修复，使其再次起航。

2008 年全球金融危机期间，美国汽车制造巨头通用汽车（GM）就是一个典型的困境企业案例。面对财务危机和破产威胁，通用汽车进行了重大的重组和战略调整。一是财务重组。通用汽车进行了深刻的财务重组，包括重组债务、削减成本和优化资产结构。这些措施帮助公司减轻了财务负担，获得了重回市场的机会。二是产品线更新。通用汽车更新了产品线，更加注重于市场需求和未来趋势，如增加对高效能车型的研发和生产。三是技术创新。通过强化技术创新，通用汽车提高了产品竞争力，增强了企业的长期发展潜力。四是政府支持。美国政府的救助对通用汽车的复苏起到了关键作用，提供了必要的资金支持和市场信心。五是管理改革。通用汽车重视管理效率和团队建设，通过优化管理流程，改进决策机制，提升了企业的整体运营效率。

通用汽车的案例对于其他困境企业具有重要的借鉴意义，特别是在如何有效应对危机、进行必要的战略调整和实现业务转型方面。对于那些面临类似挑战的企业而言，从通用汽车的经验中学习到的最重要的教训之一就是，在危机中寻找转型的机会，通过战略创新和积极的管理调整，最终在政府救助和自身努力下成功转型，重回市场领先地位。这个过程就像在暴风雨中受损的船只进行了必要的修理和调整。

一、将企业战略构建做一个建筑施工的比喻

将战略构建比喻为建筑一座大楼的过程，进一步展开涉及八个方面的问题：一是地基调研，就像建筑师需要对地基进行调研以确保建筑的稳固性，企业在战略构建过程中需要分析其内部环境，包括企业文化、核心能力、现有资源和能力。二是外部环境分析，就像考虑建筑周围的环境一样，企业需要分析其外部环境，包括市场趋势、竞争对手、客户需求、技术发展和法规政策。三是设计规划，如同建筑师绘制建筑蓝图，企业需要规划其战略蓝图，确定其长期目标、战略重点领域和优先级。四是资源分配和材料选择，正如选择合适的建筑材料对建筑至关重要，企业在战略执行中需要恰当分配资源，选择合适的技术、人才和资金投入。五是施工过程管理，与建筑过程的监管相似，企业需要在战略实施过程中进行管理和调整，确保战略步骤得以正确执行。六是风险评估和应急计划，就像建筑师需要考虑安全和风险管理，企业也需要进行战略风险评估并制定应对策略。七是持续改进和适应性，建筑一旦完成，可能需要根据使用情况进行调整。同样地，企业在实施战略后，需要根据市场反馈和变化持续优化其战略。八是目标的实现和评估，就像建筑完工后的评估一样，企业需要评估战略实施的成果，比如是否实现了既定的增长目标和市场定位。

通过这种类比，我们可以看到，战略构建是一个全面的、系统的过程，需要企业在多个层面进行精心规划和管理。

二、海尔的前身青岛冰箱厂是怎样进行战略构建的

海尔集团的前身青岛冰箱厂在其早期发展过程中进行了一系列重要的战略构建，使其从一家地方小企业转变为全球知名的家电制造巨头。以下是其战略构建的关键步骤：一是质量管理。1984 年，海尔的前身青岛冰箱厂在张瑞敏的领导下，采取了“砸烂 25 台冰箱”的著名行动，这标志着企业对质量管理的重视和对劣质产品的零容忍政策。二是引入外资和技术合作。1984 年，企业与德国利勃海尔集团合作，引进了先进的冰箱制造技术和管理经验。这不仅提升了产品质量，还引入了国际化的管理思想。三是品牌建设。青岛冰箱厂开始注重品牌建

设，将其品牌命名为“海尔”。品牌战略的实施提升了公司在消费者心目中的形象和市场竞争力。四是市场多元化。海尔逐步扩展其产品线，从冰箱逐渐扩展到洗衣机、空调、电视机等多种家电产品，满足市场的多元需求。五是全球化战略。20 世纪 90 年代起，海尔开始实施全球化战略，先后在美国、欧洲等地设立工厂和销售网络，将业务扩展到全球市场。六是创新和研发。海尔持续加大在产品研发上的投入，推动技术创新，包括开发智能家电产品，以适应数字化和智能化趋势。七是客户导向。海尔提出并实践了以用户需求为中心的经营理念，不断根据市场和消费者的反馈优化产品和服务。八是企业文化和管理模式创新。海尔倡导“人单合一”的管理模式，强调员工的主动性和创造性，促进管理效率和组织灵活性。九是互联网转型。近年来，海尔在互联网时代进一步转型，通过构建智能家居生态系统，进入物联网和大数据领域。

海尔集团的这一系列战略构建不仅提升了其产品质量和品牌形象，还成功地将其从一个地方国企转变为具有全球影响力的多元化集团公司。

三、困境企业的战略构建就是动“大手术”

困境企业的战略构建可被比作进行一场“大手术”。企业面临严重的财务问题、市场竞争失败、管理不善或技术落后等危机，需要采取根本性的变革来挽救形势。这通常包括深入分析和重新思考企业的核心运营、管理结构、市场策略、财务状况和公司文化。

这种战略重构类似于复杂的外科手术，一是组织重构，调整组织结构，优化管理层，精简或重组部门，以提高效率和反应速度。二是财务重组，重整财务结构，包括债务重组、资产出售、成本削减和新的资本引入。三是市场重新定位，重新分析市场和客户需求，调整产品或服务以更好地适应市场变化。四是业务模式创新，探索新的业务模式，可能包括数字化转型、新产品开发或新市场开拓。五是文化变革，改变企业文化，培养创新、灵活和以客户为中心的工作态度。六是技术升级，引入新技术，改进产品或服务，增强竞争力。七是合作伙伴关系重建，建立或重建与供应商、分销商、客户和其他利益相关者的关系，寻求支持和合作。八是领导力变革，需要更换领导团队，引入具有不同视角和经验的新领导力量。

这种“大手术”式的战略转型往往伴随着显著的风险和不确定性，但对于摆脱困境、实现长期可持续发展来说，这往往是必需的。正如外科手术需要精确、有策略地执行以恢复健康一样，困境企业的战略构建也需要精心规划和坚决执行，以便成功转型并恢复增长。

四、困境企业应从哪些方面进行战略构建

对困境企业进行战略构建，需要从多个关键方面入手。这些方面不仅涉及企业内部的运作和管理，还包括外部的市场定位和合作伙伴关系。从四个主要方面进行大的调整与变革：一是内部重组和效率提升。组织结构调整，精简冗余的部门，确保组织结构更加高效和适应市场需求。成本控制，通过削减不必要的开支和优化运营流程来降低成本。员工培训与激励，提升员工技能和士气，确保他们能够更好地适应新的战略方向。二是财务重建。债务重组，与债权人协商，寻求减免债务或更灵活的偿还计划。资金融资，寻求新的投资，包括股权投资、债券发行或其他融资渠道。现金流管理，优化现金流管理，确保短期的财务稳定。三是市场重新定位和业务模式创新。市场研究，深入了解市场动态，重新评估目标客户群和市场机会。产品或服务创新，更新或开发新产品或服务以满足市场需求和趋势。业务模式调整，探索新的盈利模式，如订阅服务、数字化产品或增值服务。四是外部关系和品牌重塑。合作伙伴关系，与供应商、分销商和客户建立或修复关系，寻求支持和合作。品牌重建，通过营销和公关策略提升品牌形象，重塑市场认知。社会责任和可持续性，注重企业的社会责任和环境可持续性，这可以提升品牌价值并吸引现代消费者。

在实施这些战略构建时，关键在于持续评估、灵活调整并且快速响应市场和内部环境的变化。每个步骤都应以数据为驱动，结合企业的实际情况和长远目标进行定制化实施。

五、日航公司的战略构建案例

日本航空（Japan Airlines，以下简称日航）的战略构建案例是典型的困境企业转型故事。日航曾面临严重的财务危机，通过一系列战略构建和改革措施，成功实现了转型。以下是日航转型过程的主要方面：一是财务重组。大规模削减成本，日航进行了大刀阔斧的成本削减，包括裁员、减少航线和航班，以及退役成本高昂的飞机。重组债务，与债权人协商，对巨额债务进行了重组。二是组织和管理重构。管理层变更，引入新的管理团队，对公司的管理和运营进行根本性的改革。提高运营效率，通过改进管理和运营流程，提高了整体的运营效率。三是业务模式调整和市场重新定位。调整航线和服务，优化航线网络，专注于盈利更高的路线和服务。市场定位，重点发展高价值客户群体，如商务旅行和高端旅游市场。四是品牌重塑和市场营销。重建品牌形象，通过各种营销和公关活动重塑品牌，恢复顾客信任。提升服务质量，强化服务培训，提升乘客的飞行体验。

五是投资和创新。技术升级，引入更节能、成本效益高的新型飞机。数字化转型，采用先进的信息技术和数字工具提升运营效率和顾客体验。

日航的成功转型表明，通过全面的战略重构和坚定的执行力，即使面临严重困境的企业也能重获新生。关键在于准确识别问题、制定有效的改革措施，并且勇于实施必要的变革。

六、困境企业与银行达成的债务重组协议

困境企业与银行达成的债务重组协议是一种金融救济手段，用于帮助财务困难的公司重新获得财务稳定。这种协议通常在企业面临债务违约风险时实施，目的是防止企业破产并保护银行的利益。债务重组协议包括以下十个关键方面：一是债务延期。银行可能同意延长债务的偿还期限，以减轻企业的短期财务压力。二是利息减免。为减轻企业的还款负担，银行可能同意减少或暂停收取利息。三是债转股。在某些情况下，银行可能会选择将债务转换为企业的股份，这样银行会从债权人变成企业的股东。四是减免部分本金。在极端情况下，银行可能会同意减免企业的部分债务本金。五是新增贷款。银行可能提供新的贷款，以帮助企业渡过难关，这通常伴随着严格的财务管控和监督条件。六是资产出售。债务重组可能要求企业出售一部分资产，以偿还部分债务。七是经营权变更。作为债务重组的一部分，银行可能要求企业更换管理层，或者引入新的投资者或合作伙伴。八是财务重组和成本削减计划。企业可能需要实施财务重组方案，包括削减成本、改进运营效率等措施，以恢复财务健康。九是监督和报告机制。银行可能要求企业实施额外的财务报告和监督机制，以确保企业遵守重组协议的条款。十是业务聚焦和战略调整。银行可能要求企业调整其业务重点，专注于核心业务领域，以提高盈利能力。

债务重组协议对企业和债权人都具有重要意义。对于企业来说，这可能是避免破产和继续运营的唯一途径。对于债权人来说，虽然可能需要做出一些让步，但这通常比企业破产的损失要小。通过重组，债权人有望在长期内收回更多资金。

七、上汽集团多次走出困境期的案例分析

上汽集团，作为中国的汽车制造巨头，经历了多次行业挑战和转型。以下是上汽集团在不同时期面临的困境、采取的策略以及化解危机的经历：一是21世纪初的竞争挑战。经营困境，中国加入WTO后，汽车行业的国际竞争激烈化。上汽集团面临来自外资汽车品牌的强烈竞争压力。战略调整与竞争策略，上汽集

团选择与国际汽车公司合作，例如与通用汽车和大众汽车建立合资企业，利用外资企业的技术和管理经验提升自身竞争力。战略预期，合资企业的成功使上汽集团迅速提升了其生产技术和市场份额，逐渐在中国汽车市场占据重要位置。二是21 世纪 10 年代的技术变革和市场调整。经营困境，面对全球汽车行业的技术变革，特别是新能源和智能汽车技术的崛起，上汽集团需要进行技术升级和市场定位调整。战略调整与竞争策略，上汽集团开始重点投资新能源汽车和智能汽车技术。加强与国际领先技术公司的合作，通过与高科技公司的合作和自身的技术创新，上汽集团在智能网联汽车领域取得重要进展，为未来的市场竞争打下基础。战略预期，上汽集团不仅成为新能源汽车的主要生产商，还在智能汽车技术方面取得了显著进步。三是近年的市场调整和环保压力。经营困境，随着中国市场对环保和能源效率的要求日益提高，以及汽车市场的整体下滑，上汽集团再次面临调整压力。战略调整与竞争策略，继续加大新能源汽车的研发和生产，同时优化产品线，提升品牌价值和服务质量。战略预期，上汽集团的新能源汽车业务取得显著增长，品牌影响力和市场份额继续保持领先。

通过这些战略举措，上汽集团不仅成功走出了多次困境，还持续加强了其作为汽车制造业龙头企业的市场地位。上汽集团的案例凸显了在激烈的市场竞争和快速的技术变革中取得成功的关键策略。上汽集团通过与国际伙伴的合作引进了先进技术，并结合公司内部的创新力量，有效地调整了市场策略来适应新兴市场的需求。上汽集团的成功在很大程度上得益于其对战略转型的锐意追求，以及开放的合作姿态和对创新的持续投入。这不仅体现了上汽集团对市场变化的敏锐洞察力，也展现了其在战略调整方面的正确把握。

八、困境企业的战略转型面临两种战略场景

困境企业在面临战略转型时通常会遇到两种情况，即可修复战略转型和不可修复或修复与重新投入没有经营价值的战略转型。第一，可修复战略转型。在这种情况下，企业面临的困境通常是由外部市场环境的变化或内部管理问题引起的，但其核心业务和市场地位仍然具有竞争实力。因此，企业可以通过调整和优化现有战略，如重组业务结构、创新产品或服务、提升运营效率、调整市场定位等方式来恢复和提升竞争力。例如，一家因技术落后而陷入困境的企业，通过投资研发新技术或与其他企业合作来实现战略转型。

第二，不可修复或修复与重新投入没有经营价值的战略转型。在这种情况下，企业可能面临的问题是根本性的，如行业衰退、市场需求极度萎缩或企业核心能力丧失等。这时，继续投入资源来修复可能无法带来预期的回报，甚至会造

成更大的损失。因此，企业需要考虑撤离某些市场，出售不再具有核心优势的业务或产品技术，甚至破产等战略举措。

在这两种情况下，企业的决策者需要准确评估企业的内外部环境，谨慎选择战略转型的方向和方式，以确保企业经营的战略利益。

九、困境企业的战略转型有两种战略构建

困境企业在战略转型时面临的两种主要战略构建模式：一是逐步演进式战略转型构建模式，这种战略场景下的企业通常面对的是可预见的市场变化或逐渐累积的业务问题。这些问题是由技术革新、消费者行为变化、市场竞争加剧等因素造成的。在这种情况下，企业需要通过一系列渐进的调整来适应环境变化。包括改进产品或服务、优化供应链、调整市场策略或重组组织结构等。演进式战略转型更多的是在原有基础上的调整和优化，以降低风险并确保平稳过渡。二是颠覆式战略转型构建模式，在这种战略场景中，企业面临的挑战往往是根本性的，需要彻底改变其商业模式或核心运营方式。这通常发生在行业快速变化或企业遭遇重大危机的情况下，如新技术的出现完全改变了行业格局，或者企业因为重大失败需要彻底重建其业务。颠覆式战略转型涉及进入全新的市场、推出创新的产品或服务，或者进行大规模的结构调整。这种转型通常伴随着较高的风险和不确定性，但同时可能带来巨大的机遇。

在实施战略转型时，企业需要综合考虑内部能力、市场环境、竞争态势和财务状况，识别其优势和市场机会，并对潜在风险做出评估，制订出符合实际情况的转型计划，并且持续监测和调整战略与策略以应对不断变化的环境。

十、困境企业需要灵活运用的五种动态竞争策略

困境企业在应对市场挑战和寻找转机时，运用五种动态竞争策略：一是危机性竞争策略，在市场动荡或公司遇到重大挑战时采用。这涉及应对突发事件、监管变化或经济衰退。在这种情况下，企业需要迅速调整其运营和战略以稳定局势。例如，在经济衰退期间，一家零售商会调整其定价策略来吸引对价格敏感的消费者。二是预警性竞争策略，在不断变化的市场环境中，企业需要提前预测并适应市场变化。这涉及对市场趋势、消费者行为和技术发展的持续监测。通过这种策略，公司可以抓住先机，应对潜在的威胁和机遇。例如，汽车制造商通过关注环保趋势提前研发电动汽车。三是创新性竞争策略，适用于所有市场阶段，特别是在技术快速变化的行业中。公司通过持续的产品创新、流程改进或新商业模式创造来保持其竞争优势。例如，一家科技公司不断研发创新的软件解决方案以

保持市场领先地位。四是防守性竞争策略，适用于竞争激烈的成熟市场，企业需保护其现有市场份额不受竞争对手侵蚀。这种策略包括提高产品质量、客户服务、品牌忠诚度或通过价格竞争来维持市场地位。例如，一家食品公司通过增加对其品牌的营销力度来对抗新进入市场的竞争者。五是进攻性竞争策略，适用于市场增长阶段或当公司拓展其业务时。企业通过开发新产品、进入新市场或加强营销活动来主动寻求增长机会。例如，一个电子产品制造商推出新一代高科技产品以吸引新客户群体。

这些动态策略的交替或连环实施，提供了企业从危机中恢复和实现增长的多种战略路径，帮助企业在激烈竞争的市场环境中，积极寻找可立足生存与发展的市场空间。

第三节　主导企业的战略规划

主导企业作为行业生态系统中的“大树”，其根基深厚，枝繁叶茂，不仅自身繁荣，还能为其他小植物提供必要的阳光、空气和营养。在行业生态系统中，这样的企业通常是行业内的标杆和领导者，它们的业务范围广泛，产品或服务在市场中具有较高的认可度。

主导企业的战略决策和战略方向往往能对整个行业造成显著影响。比如，它们通过创新技术或新产品引领行业趋势，或通过规模扩张和战略合作塑造更加广阔的市场格局。同时，它们在供应链中的核心位置，使得许多中小企业和供应商依赖于它们的生存和发展。

主导企业的战略规划就像一位经验丰富的船长为长途航行绘制航线图。这位船长不仅需要考虑当前的海洋状况，还要预测未来可能遇到的风浪，并制定应对策略，确保航行顺利进行。同样，主导企业的战略规划涉及对企业未来发展方向的全面思考和规划，包括市场定位、产品发展、技术创新、竞争对策、投资布局等多个方面。

主导企业的战略规划不仅要确保当前的航行安全，还要预见未来可能遇到的挑战和机遇，并为此做好长期的准备。这种规划要求企业具有前瞻性思维、综合分析能力以及快速应变的能力，以确保其能在变化莫测的市场海洋中稳健航行。

一、主导企业战略规划的战略价值

主导企业的战略规划在企业长期发展中具有重要的战略价值，它不仅决定了企业的未来方向，还直接影响着企业的竞争力、市场地位和可持续发展能力。主导企业的战略规划的战略价值体现在以下七个方面：一是确立长期发展方向，就像一盏指路灯，战略规划帮助主导企业确定长期目标和方向。在竞争激烈的市场环境中，这为企业发展提供了清晰的发展蓝图和战略焦点。二是提高市场适应性，通过对市场趋势和消费者需求的分析，主导企业能够适时调整其产品、服务和营销策略，增强自身对市场变化的适应能力。三是优化资源配置，战略规划使企业能够更有效地分配资源，无论是财务资源、人力资源还是技术资源，确保重点项目和关键领域获得足够的支持。四是驱动创新和技术发展，主导企业通常在其行业中扮演创新引领者的角色。战略规划能够推动企业不断进行技术革新和产品迭代，保持行业领先地位。五是管理与预警风险，通过前瞻性的分析，企业可以预见并准备应对潜在风险，比如市场变动、竞争对手的策略变化、经济波动等，从而降低经营风险。六是塑造竞争优势，良好的战略规划能够加强企业的核心竞争力，包括品牌影响力、市场份额和客户忠诚度等，进而在竞争中占据优势。七是影响行业格局，作为行业的主导者，企业的战略规划不仅影响自身，还可能对整个行业的发展方向和标准产生影响。

主导企业的战略规划通过提供明确的发展方向、提升核心竞争力、增强创新能力、管理风险、推动全球化等，创造了巨大的战略价值。这些战略价值不仅确保企业在当前市场中具有竞争力，还为企业的长期可持续发展奠定了坚实的基础。主导企业的战略规划是一种全面、系统的管理过程，它不仅关系到企业本身的未来发展，也会影响整个行业的发展趋势。

二、主导企业在战略上要有居安思危的战略危机意识

主导企业在制定和执行战略时，具备居安思危的战略危机意识至关重要。这种意识意味着即使企业在市场中占据领先地位，享有稳固的竞争优势，仍然需要保持高度的警惕，未雨绸缪，随时准备应对可能出现的挑战与危机。一是前瞻性市场洞察，主导企业需要不断进行市场研究和趋势分析，预测潜在的市场变化，包括技术进步、消费者行为变化、竞争格局变动等。二是风险管理与应急准备，建立有效的风险管理体系，识别和评估可能影响企业的内外部风险。同时，制订应急计划和危机响应机制，以便在危机发生时迅速且有效地应对。三是持续的创新和适应性，即使企业处于市场领先地位，也要不断推动产品和服务的创新，适应技术发展和市场需求的变化。四是强化组织灵活性和敏捷性，构建一个灵活和敏捷的组织结构，以便快速响应市场和环境的变化。五是长期发展视角，避免仅聚焦于短期业绩，而是以长远的视角规划企业的发展，平衡当前成功与未来潜在

挑战。六是员工和领导力发展，鼓励创新思维和领导力的培养，确保团队能在变化的环境中维持高效运作。七是维持并强化企业核心竞争力，在稳固和发展自身核心竞争力的同时，寻找新的增长机会和市场空间。八是开放合作与外部资源整合，与外部合作伙伴建立良好的合作关系，整合更广泛的资源和能力，以增强企业的综合实力。九是关注社会责任和可持续发展，重视企业的社会影响和环保责任，确保企业的长期可持续发展。

居安思危的战略危机意识要求主导企业在繁荣时期也要保持对潜在风险的高度敏感，提前做好防范措施，确保企业在不确定性中能够保持竞争优势并稳步发展。通过风险管理机制、财务稳健性、创新驱动、数字化技术的运用以及危机应对预案的实施，企业能够在各种挑战中游刃有余，从而保持其市场领导地位。

三、主导企业要有不断否定自己的战略格局

主导企业要有不断否定自己、自我挑战和自我变革的战略格局。这种态度对保持领先地位和长期成功至关重要。一是持续自我审视，定期评估企业的业务模式、市场策略和运营流程，以识别可能的弱点或过时的做法。二是鼓励内部批判，创建一个开放的文化氛围，鼓励员工提出改进意见和新想法，即使这些想法可能与现有的做法相冲突。三是市场和技术趋势的主动适应，密切关注行业趋势和新兴技术，主动适应这些变化，而不是被动应对。四是投资研发和创新，不断投资于研发活动，推动产品和服务的创新，以保持技术和市场领先。五是跨界合作和多元化，探索与不同行业或领域的合作机会，寻求新的业务增长点。六是重视消费者反馈和市场研究，积极收集并分析消费者反馈，以及进行深入的市场研究，以指导产品开发和市场策略。七是灵活调整组织结构，根据市场和业务需求调整组织结构，保持企业的灵活性和适应性。八是学习型组织的构建，建立学习型组织，鼓励员工不断学习和成长，以适应不断变化的市场和技术环境。九是战略备份计划，为可能的市场波动或技术变革准备备份计划，确保企业能够快速应对突发事件，不断更新和调整长期战略规划。

通过这些方法，主导企业可以确保自己始终处于市场和技术发展的前沿，有效应对未来的挑战和机遇。

四、主导企业战略规划所涉及的内容与范围

主导企业的战略规划涉及广泛的内容和多个层次，旨在确保企业在竞争激烈且不断变化的市场中保持领先地位。一是市场定位与分析，确定企业在市场中的位置，包括目标市场、客户群体、市场需求和趋势分析，以及竞争对手的情

况。二是企业使命、愿景和价值观，明确企业的长远目标、核心价值和使命，这些是指导企业长期发展的基石。三是产品与服务规划，根据市场需求和技术发展，规划企业的产品线和服务，包括新产品开发、产品改进和产品生命周期管理。四是技术和创新策略，评估和规划企业的技术方向和创新策略，以保持技术领先优势。五是营销与销售战略，制定营销目标和策略，包括品牌建设、市场推广、销售渠道和客户关系管理。六是供应链与运营管理，优化供应链管理，提高生产效率和运营效能，包括供应商管理、库存控制和质量管理。七是人力资源管理，规划员工发展、招聘计划、绩效管理和培训计划，确保人力资源与企业战略相一致。八是财务规划与管理，预测财务需求，制订预算和投资计划，确保企业财务的健康和持续增长。九是风险管理与合规性，识别潜在风险，制定风险控制和缓解策略，确保企业合规性和风险管理。十是可持续发展和社会责任，考虑环保、社会责任和企业道德，确保企业的长期可持续发展。十一是国际化和全球战略，对于全球性企业，还需规划国际市场拓展、全球供应链管理和国际市场营销策略。

主导企业的战略规划不仅涵盖了从核心竞争力构建到外部环境应对的全面布局，还涉及资源配置、风险管理、合作联盟、数字化创新和可持续发展等多个方面。这些内容和范围构成了企业战略规划的核心，帮助企业在多变的市场环境中制定和调整其长期发展路径。

五、云海战略五和模型对主导企业战略规划的引导诠释

云海战略五和模型对主导企业战略规划的引导，提供了一种全方位、动态且系统化的方式，帮助企业在复杂多变的市场中持续保持竞争优势。一是核心体，强化核心竞争优势，主导企业应专注于强化其核心竞争实力，如技术创新、产品质量、品牌价值等。加大研发投入，推动技术创新，以保持在行业中的技术领先地位。通过内部效率优化和质量控制，提高产品和服务的全面竞争优势。二是生态体，构建协同生态，主导企业应构建和维护一个健康的商业生态系统，包括供应商、分销商、合作伙伴等。通过与这些利益相关者的密切合作，实现资源共享、协同创新，提升整体生态效率。强化与关键合作伙伴的关系，共同探索市场新机遇。三是联盟体，发展战略联盟，与其他行业领军企业或研究机构建立战略联盟，共享知识和资源。在新产品开发、市场扩张等方面与伙伴合作分担风险和成本。利用联盟来拓展业务范围，进入新市场或新领域。四是融资体，多元化融资渠道，主导企业应探索多元化的融资渠道，如公开市场融资、私募融资、战略投资等。利用稳健的财务策略来支持企业的扩张和持续增长。确保充足的资金流

动性，为创新和扩展提供稳定的财务支持。五是环境体，适应外部环境变化，紧密跟踪行业趋势、政策变化、市场动态，以便及时调整战略。加强企业的社会责任和可持续发展实践，以应对社会和环境的挑战。灵活应对市场变化，保持战略的适应性和灵活性。

云海战略五和模型引导主导企业从核心竞争力到外部合作，再到融资和环境应对，形成了一个闭环式的战略体系。这种模型帮助企业在不同的经济和市场环境中能够动态调整，灵活应对，同时应对挑战和风险。

六、主导企业需要外部战略咨询机构的战略建议

主导企业在面对复杂多变的市场环境、技术进步和全球化挑战时，往往需要借助外部战略咨询机构的专业建议来优化其战略规划、提高竞争力和推动持续增长。外部战略咨询机构不仅能够带来客观的视角，还能够通过深入的行业分析、专业知识和最佳实践为企业提供定制化的战略方案。

主导企业在面对市场的多变性和竞争压力时，外部战略咨询机构的专业建议常常是不可或缺的。这些咨询机构提供的战略建议包括以下十个方面：一是市场分析与趋势预测，外部战略咨询机构能提供深入的市场分析和趋势预测，帮助企业把握市场动向，做出更明智的战略决策。二是竞争策略，外部战略咨询机构可以基于深入的行业知识和经验，为企业提供关于如何在竞争中获得多种竞争优势的建议。三是创新与技术发明，鉴于快速变化的技术环境，外部战略咨询机构可以帮助企业识别新的技术机会和创新路径。四是组织结构与运营优化，提供关于如何优化企业内部结构和运营流程的策略，以提高效率和降低成本。五是国际化战略，对于寻求国际扩张的企业，外部战略咨询机构可以提供关键的地区市场分析和进入策略。六是风险管理与合规，协助企业识别潜在风险并制定有效的风险管理策略，同时确保企业符合相关的法规和标准。七是人力资源管理，提供关于如何最有效地管理和利用人力资源的建议，包括培训、人才发展和团队建设。八是可持续发展和社会责任，帮助企业制定与可持续发展相关的战略，包括环保、社会责任和企业道德。九是品牌建设与市场营销，提供关于如何加强品牌影响力和有效的市场营销策略。十是数字化转型，在当前的数智时代，外部战略咨询机构可以指导企业如何有效实施数字化转型，以提升其市场竞争力。

主导企业通过外部战略咨询机构获得战略建议，可以帮助其在快速变化的市场环境中保持竞争力和创新力。这些外部战略咨询机构能够带来客观的视角，提供深入的行业分析和前瞻性的市场洞察，帮助企业在全球化、技术创新、数字化转型、风险管理和可持续发展等方面制定和执行有效的战略。通过利用外部专家

的视角和专业知识，主导企业能够更全面地理解市场，制订更具战略性和前瞻性的发展计划。

七、通用汽车战略规划失误案例

通用汽车作为全球最大的汽车制造商之一，曾经在全球汽车市场中占据举足轻重的地位。然而，通用汽车也经历了多次战略规划失误，尤其在 20 世纪末和 21 世纪初，这些失误导致了其市场份额和盈利能力显著下滑，甚至最终在 2009 年不得不申请破产保护。

通用汽车的历史中确实出现过一些战略规划失误，其中最著名的是发生在 2008 年金融危机前后的战略规划失误。一是市场地位。通用汽车曾是全球最大的汽车制造商之一，拥有强大的市场份额和品牌影响力。产业环境变化。进入 21 世纪，全球汽车产业开始经历重大变化，包括消费者偏好的变化、环保规定的加强以及新兴市场的崛起。二是战略规划失误，忽视小型和节能车型。在 21 世纪初，通用汽车过分依赖于大型 SUV 和卡车的销售，而没有充分投资于小型、节能或混合动力汽车。当油价飙升和人们环保意识增强时，公司未能及时适应市场需求。对新技术的投资不足，相较于竞争对手，如丰田和本田，通用汽车在混合动力和电动汽车技术上的投入相对滞后。财务和运营效率问题，通用汽车的成本结构较高，特别是在劳动力和健康保险方面，导致其在成本竞争中处于劣势。品牌和产品线重叠，通用汽车旗下拥有多个品牌，部分品牌和产品线之间存在重叠，导致资源分散和内部竞争。三是危机和重组。2008 年金融危机爆发后，通用汽车销售额大幅下滑，面临严重的财务危机。政府救助和破产重组，2009 年，通用汽车申请破产保护，并接受了美国政府的救助。公司进行了重大的重组，包括裁员、关闭工厂、剥离部分品牌和重组债务。四是后续转变。在重组之后，通用汽车调整了其战略，包括精简品牌、投资新技术（如电动汽车和自动驾驶技术）、优化成本结构和提高运营效率。

这个案例显示了市场环境快速变化时，企业战略灵活性的重要性。通用汽车过度依赖 SUV 和卡车市场导致品牌管理失控、全球市场布局滞后、对电动车和环保趋势的反应迟钝，以及金融危机中的应对不力。这些失误导致了通用汽车在全球市场中的竞争力逐渐减弱，最终不得不通过破产重组来恢复运营。通用汽车的失败经验为其他大型企业提供了重要的教训，特别是在市场环境快速变化的情况下，企业必须保持对创新和趋势的敏感性，及时调整战略以适应新挑战。

八、诺基亚战略规划失误案例

诺基亚曾是全球移动电话市场的领军企业，尤其在 21 世纪早期，诺基亚一度占据了全球手机市场的最大份额。然而，随着智能手机时代的到来，诺基亚在战略规划上的一系列失误导致其迅速失去了市场主导地位，并最终陷入困境。

诺基亚战略规划失误是一个标志性的企业战略失误案例。一是企业背景。诺基亚是芬兰的一家通信和信息技术公司，曾经是全球最大的手机制造商。二是失误的时间和阶段。大约从 2007 年开始，随着苹果公司推出 iPhone 和之后的智能手机潮流，诺基亚的市场地位受到严重威胁。到了 2010 年，随着 Android 系统的兴起，诺基亚的市场份额进一步下滑。三是战略决策者。在这一时期，诺基亚的 CEO 是奥利－佩卡・卡拉斯武奥（Olli-Pekka Kallasvuo），后由斯蒂芬・埃洛普（Stephen Elop）接替。四是战略失误。诺基亚在智能手机趋势的初期没有给予足够重视。它坚持使用自家的操作系统塞班（Symbian），这个系统在智能手机竞争中逐渐显得过时且不够灵活。诺基亚高管团队未能准确评估 iPhone 和 Android 对市场的影响，对这些变化的应对速度缓慢，错过了转型的关键时期。当诺基亚意识到需要改变时，选择与微软合作，采用 Windows Phone 操作系统，但这一决策未能有效挽回市场地位，主要因为该系统的应用生态和用户体验均不如 iOS 和 Android。战略失误的后果是诺基亚的市场份额持续下降，公司业绩严重受损。2013 年，诺基亚的手机业务被微软收购。五是战略反思与教训总结。诺基亚的案例不仅强调了在快速变化的市场中快速适应和创新的重要性，还体现了企业文化和管理层的战略视野在面对行业变革时的重要作用。

这个案例展示了即使是市场领导者，也会因为对市场变化的反应不够迅速和战略规划以及决策的失误而导致企业迅速失势。该公司未能及时进入智能手机市场、对 Symbian 操作系统的过度依赖、与微软合作的失败、创新不足以及内部决策的僵化，这些失误使诺基亚在快速变化的市场中逐渐失去了竞争优势，进而导致其手机业务的衰落。诺基亚的失败经验为其他企业提供了重要的教训，在快速变化的行业中，企业必须具有强大的市场洞察力和快速调整的能力，创新和用户体验是维持竞争力的关键，而决策的敏捷性也至关重要。

九、国内主导企业战略规划失误案例

国内主导企业的战略规划失误案例可以从多个角度来探讨。公司具体情况和市场环境不同，战略规划失误的原因也各异。这里不指向特定企业，只对一些常见的战略规划失误类型做一些分析。一是过度扩张。有些企业在市场处于上行期，过度扩张导致资源过度分散，无法有效管理。例如，一些房地产企业在高速增长期进行了大规模的土地收购和开发，最终在市场处于寒冷期面临严重的资金压力。二是忽视市场变化。一些传统制造业企业未能及时适应市场需求的变化，比如在消费电子、汽车等行业，未能及时投入新技术（如智能化、电动化）的研发。三是技术创新不足。在技术快速发展的今天，有些企业因为缺乏创新而失去市场竞争优势，如某些国内手机制造商在全球市场的竞争中逐渐落后。四是忽视环境和社会责任。有些企业在追求利润最大化的过程中忽视了环保和社会责任，导致品牌形象受损和消费者信任下降。五是不适当的合作和并购。企业在进行合作和并购时，若未能充分考虑文化融合和战略协同，可能会导致效率低下和投资亏损。六是忽视数字化转型。在数字化和互联网经济迅速发展的背景下，一些企业未能及时进行数字化转型，失去了与消费者的直接联系和市场机会。

这些战略失误案例表明，企业在进行战略规划时需要慎重考虑多个因素，包括市场趋势、技术选择、业务扩展速度、内部资源配置、合规风险和创新能力。盲目扩张、忽视核心业务、错失技术机会以及缺乏国际合规意识，都会导致严重的战略失败。

十、国内商业银行战略规划失误案例

国内商业银行在过去的几十年里通过一系列战略规划实现了快速发展，但也有一些银行由于战略规划失误而遭遇了不同程度的挫折。国内商业银行的战略规划失误案例虽不多见，但仍有一些重要教训值得借鉴。一是风险管理不足。某些银行可能过于追求短期利润，而忽视了长期风险的管理，比如过度放贷或涉及高风险行业，导致坏账率上升，甚至引发流动性危机。例如，恒丰银行作为一家全国性的股份制商业银行，曾经在激烈的市场竞争中迅速扩张。但其在扩张过程中，管理和内控失衡，导致一系列问题出现。恒丰银行因管理不善和内控失效，出现了巨额不良资产和亏损。随着问题的发酵，恒丰银行在 2019 年接受了地方政府和中央政府的注资救助，同时进行了大规模的高管调整和内部整改。二是市场定位错误。部分银行没有准确定位自己的市场，在高度竞争的市场中过度扩张，或忽视了小微企业和个人市场的潜力。例如，包商银行作为地方性股份制银行，长期以来发展较为顺利。然而，过于激进的扩张和不良资产管理不当，最终导致其陷入流动性危机。2019 年，包商银行因流动性危机和不良资产问题被中国人民银行和银保监会接管。此次接管事件成为国内银行业的重要警示，特别是在同业业务管理和流动性控制方面。三是技术投资不当。随着金融科技的发展，一些银行在数字化转型上投资不足或方向错误，无法满足客户的数字服务需求，导致市场竞争优势下降。四是合规性忽视。一些银行在追求业务增长的过程中，忽视了合规性要求，导致遭受重罚，影响了声誉和财务状况。广发银行是中国一家大型股份制商业银行，具有广泛的客户基础和良好的市场信誉。然而，广发银行在 2017 年因一笔巨额违规贷款案导致了严重的信用危机。广发银行因“侨兴债”事件被原银监会处以 7.22 亿元的巨额罚款，并受到行业内的广泛批评。此次事件暴露了广发银行在风险控制和合规管理方面的深层次问题，并对其长期发展产生了负面影响。五是客户服务不足。在客户服务方面的不足，比如服务效率低下、客户体验差，导致客户流失，影响银行的市场份额。六是内部管理失控。内部管理混乱，如领导层决策失误、内部控制不严格，导致各种问题，如欺诈、贪腐等，严重损害银行的品牌和财务状况。

这些案例表明，商业银行在进行战略规划时需要全面考虑市场趋势、风险管理、技术发展、合规性要求和客户服务等多个方面因素，需要不断地审视和调整其战略规划，以应对市场变化、技术创新和监管环境的变动。通过持续的风险管理、创新和客户服务优化，以求确保长期的战略稳健发展。

十一、主导企业战略规划的验证与实战调整

主导企业战略规划的验证与实战调整是企业在实施战略过程中确保其有效性和灵活性的关键步骤。即便经过深入的分析和规划，企业战略在实施过程中往往需要面对实际市场环境的变化和挑战。因此，验证和调整战略不仅能帮助企业及时发现问题，还能通过不断的优化和改进，确保战略能够达成预期目标。

主导企业的战略规划验证与实战，是确保企业在复杂多变的市场环境中能够稳健成长和发展的关键步骤。一是战略假设的验证，对于主导企业而言，战略规划往往基于对市场发展和内部资源的假设。在实战中，需要不断验证这些假设的有效性，例如市场需求预测、技术与行业趋势、竞争态势等。二是快速试错与调整，主导企业应采取灵活的策略，快速实施战略规划中的关键举措，并通过实时反馈进行调整。这种快速试错的过程有助于找出最有效的战略路径。三是关键指标的跟踪，制定和跟踪关键绩效指标（KPIs），确保战略规划与企业的长期目标和日常操作紧密相连。这些指标包括市场份额、营收增长、客户满意度等。四是组织能力的建设，验证战略规划也需要考虑组织内部的执行能力。主导企业需要确保有足够的资源和正确的团队配置来实施战略规划。五是风险管理与应对，主导企业在实施战略规划时应同时制订风险管理计划，识别潜在风险，并准备相应的应对策略，以保证战略实施的顺利进行。六是市场反馈的整合，在战略

实施过程中，主导企业应收集和分析来自市场的反馈，如客户反馈、竞争对手动态和行业趋势，了解战略实施的影响和外部变化，以指导战略的持续优化和调整。七是试点项目和阶段性实施，在全面推广新战略前，通过试点项目或阶段性实施来测试其可行性和分析预期效果，确保企业能够快速适应市场变化和技术进步。

主导企业战略规划实施策略见表 9-1。

表 9-1　主导企业战略规划实施策略

步骤	内容	应用场景	对战略实施的贡献
战略假设的验证	验证战略规划中的关键假设，如市场需求、行业趋势、竞争态势等，确保战略基于可靠数据	新产品市场需求预测。 技术趋势预测验证。 竞争格局评估	确保战略规划符合市场实际情况，避免误判，确保决策基础的可靠性
快速试错与调整	通过小范围试点或快速执行关键战略举措，获取实时反馈并迅速调整战略路径，优化执行效果	新产品或新市场试点。 营销策略快速调整	通过快速试错找到最优策略，缩短决策和优化周期，提升市场反应速度
关键指标的跟踪	制定并跟踪关键绩效指标（KPIs），确保战略规划与长期目标及日常运营保持一致，及时调整战略	市场份额增长跟踪。 客户满意度评估。 财务指标监控（营收、利润）	通过明确的指标跟踪，及时监测战略效果，保持企业目标与战略一致
组织能力的建设	确保组织具备足够的执行能力和资源，如人员配置、技术能力和管理工具，支持战略的有效实施	人才招聘与培训。 数字化转型支持系统	提升企业内部执行能力，确保战略目标能够高效落实
风险管理与应对	制订全面的风险管理计划，识别潜在风险并制定应对策略，确保战略实施过程中应对不确定性和潜在挑战	财务风险评估。 供应链风险管理。 竞争对手突发举措应对	通过全面的风险管理，减少战略实施过程中的突发挑战，确保战略的可持续推进

续表

步骤	内容	应用场景	对战略实施的贡献
市场反馈的整合	收集来自市场的实时反馈，包括客户意见、竞争动态和行业趋势，并据此优化战略，确保战略与市场变化保持同步	客户反馈分析。 竞争对手战略监测。 行业趋势跟踪	实时监测外部市场变化，确保战略规划的灵活性和适应性，提升市场反应能力
试点项目和阶段性实施	在全面推广新战略前，通过试点项目或阶段性实施测试战略的可行性和预期效果，降低风险并提高战略成功率	新产品市场试点。 新技术应用测试	通过试点项目降低全局实施风险，优化战略的执行效果，确保全面推广时的成功率更高

主导企业在战略规划的验证与实战调整中通过战略假设验证、快速试错、关键指标跟踪、组织能力建设、风险管理、市场反馈整合和试点项目，能够在复杂市场环境中保持敏捷性，确保战略实施的成功和稳健成长。

主导企业战略规划的验证与实战调整是一个动态的、不断迭代的过程。通过数据驱动验证、市场反馈收集、灵活调整、团队协作以及借鉴经验，企业能够确保战略在实际执行过程中保持高效性和灵活性。战略的实战调整不仅能使企业更好地应对市场变化，还能通过持续优化战略，提升企业的长期竞争力，从而在竞争激烈的市场中保持领先地位。

本章通过云海战略体系对企业未来发展的实战指导，深入探讨了新创企业、困境企业以及主导企业在不同发展阶段的战略需求和应对策略。这一体系旨在增强企业家的战略驾驭和实战运用能力，面对每个阶段的独特挑战和机遇，提供综合性的解决方案。

对于新创企业，云海战略的关键在于市场定位的明确性和产品或服务的差异化，包括在有限资源下的优化配置、快速的市场适应和产品迭代，以及通过数字化手段构建品牌和用户社群。同时，新创企业需要关注风险管理和预见性规划，确保能够灵活应对市场变化。

困境企业的战略构建则着重于重新评估市场，审视和优化成本结构，创新产品或服务，以及可能的转型和多元化策略。在必要时，这类企业还需进行债务重组和资本重组，以改善财务状况。

对于主导企业来说，云海战略强调增强市场领导地位的同时寻找新的增长机会，持续在创新和研发上投入，巩固和改进企业的生态系统，建立全球化战略视野的同时聚焦区域市场的争夺与创新，积极履行社会责任和推动企业长期发展战略。

这种分阶段、多维度的战略规划，不仅考虑了企业的当前状况和未来潜力，也强调了灵活性、适应性、持续创新和实战总结的重要性。在快速变化的商业环境中，云海战略提供了一个全面而实用的框架，帮助企业识别机遇，应对挑战，实现市场竞争的主动权与制胜权的获取。

云海战略体系为新创企业、困境企业及主导企业在不同的发展阶段提出了以下战略启示：一是长板理论思维，专注并发展企业的核心优势，通过集中资源在所擅长的领域，增强竞争实力。二是市场扩大与自身精简策略，在拓展市场的同时保持企业结构的高效和灵活，通过强化合作和伙伴关系促进共赢。三是应对极端市场变化的策略，建立对市场动态的敏感性，通过预警机制快速识别并应对市场极端变化。四是利用外部资源构建竞争优势，在资源有限的情况下，有效地利用外部资源，如合作伙伴、投资者支持等，以建立竞争优势。五是持续的战略创新，不断挑战现状，通过创新寻求新的增长机会，保持企业的活力和市场敏锐度。

无论企业是处于起步阶段、困境阶段还是居于主导地位，通过整合这些战略要素，云海战略体系都能助力企业在不断变化的市场环境中实现可持续发展。这一体系强调战略灵活性、持续创新和积极适应市场变化的动态策略。

后 记

随着《数智时代企业的云海战略》这本指南的最后一页被翻过，我们的共同旅程暂告一段落。我们衷心希望本书中的见解和策略在这个不断变化的商业环境中为您提供驾驭企业航船的信心。通过深入分析新创企业、困境企业以及主导企业的独特挑战与机遇，我们试图构建一个多维度、系统性的战略框架，帮助您洞察并应对商业世界中的复杂性和动态性。

通过云海战略，我们希望为企业领导者和战略制定者揭示如何在数字化和智能化的浪潮中稳健航行。这不仅是一本关于战略理论的书，更是一本指引实践、探索未知、激发创新的导航手册。我们探讨了如何整合内外部资源，如何灵活应对快速变化的市场，以及如何构建企业的综合竞争优势。

《数智时代企业的云海战略》的核心理念是以资源为中心的战略思考，强调了在资源有限的情况下如何实现长周期环境下的综合竞争优势。本书提倡“长板理论”“市场做大、自己做小”“战略预警”“外部资源利用”以及“不断否定自己的战略创新”，旨在鼓励企业家和领导者不断探索、总结并且迎接新的竞争环境变化。

记住，战略并非一成不变。市场经济唯一不变的，就是变。在企业的发展过程中，您所面对的每一个新挑战都是一个学习和成长的机会。《数智时代企业的云海战略》中的方法和观念可以作为您决策的起点，但真正的智慧在于您如何根据自己的企业环境和市场条件去调整和优化这些战略及策略。

本书不仅是一部战略指南，更是一次深入洞察现代商业环境的探索。战略上唯一预知的就是不完全预知，或不能预知。我们的目的是帮助企业，无论大小，更好地理解在快速变化的市场中稳健成长的必要战略思考。

在本书中，我们共同探讨了“以小博大”的战略思维，以及在数智时代背景下，企业如何有效地应对不断变化的商业场景和挑战。《数智时代企业的云海战略》提供的不仅仅是战略理论和框架，更重要的是它引导企业家和决策者构建和运用这些理论以适应现实世界的复杂性。

通过阅读本书，希望您能够带走对未来商业环境的深刻见解，以及在自己的企业中应用这些战略的信心和准备。无论是面临市场的波动、技术的变革，还是竞争的加剧，您都已经具备了面对这些挑战的战略思维和工具。

值得注意的是，尽管我们提供了详尽的战略框架和工具，但真正的智慧和创新源自您的战略实践和探索。每个企业的情况都是独一无二的，因此，理解、适应并创新这些战略以适合您的具体情况，将是一条通往成长的关键战略路径。

在这个充满不确定性的时代，当您在企业的各种挑战和机遇中航行时，希望《数智时代企业的云海战略》能够为您提供灵感和实际战略支持。我们相信，只要您保持开放、灵活和创新的心态，就一定能在商业的大海中找到自己的航道。祝您在商业的海洋中找到正确的战略方向，并引导您实现持续的战略目标。

最后，感谢您的阅读和陪伴，尽管生活和工作充满着各种不确定性，我们还是期待每位读者保持对未来的乐观态度，不断探索和实验。在商业的海洋中航行，您将面对波涛和挑战，但同时会遇见无限的可能和机遇。愿《数智时代企业的云海战略》不仅是您的战略指南，更是您不断创新和前进的灵感源泉。愿您在未来的商业航程中，不断创新、敢于挑战，最终达到预期战略的彼岸。

《数智时代企业的云海战略》作者团队